Paul Jörs

Römische Rechtswissenschaft zur Zeit der Republik

Paul Jörs

Römische Rechtswissenschaft zur Zeit der Republik

ISBN/EAN: 9783743319073

Hergestellt in Europa, USA, Kanada, Australien, Japan

Cover: Foto ©ninafisch / pixelio.de

Manufactured and distributed by brebook publishing software
(www.brebook.com)

Paul Jörs

Römische Rechtswissenschaft zur Zeit der Republik

RÖMISCHE

RECHTSWISSENSCHAFT

ZUR ZEIT

DER REPUBLIK

VON

PAUL JÖRS
PROFESSOR IN KIEL.

ERSTER TEIL: BIS AUF DIE CATONEN.

BERLIN 1888.

VERLAG VON FRANZ VAHLEN.

MORRENSTRASSE 13/14.

MEINEM OHEIM

FRIEDRICH RASSOW

REICHSGERICHTSRAT IN LEIPZIG.

NAM QVAECVMQVE HOMINES BENE CVIQVAM AVT DICERE POSSVNT
AVT FACERE HAEC A TE DICTAQVE FACTAQVE SVNT.

Vorwort.

Nulla historiae litterariae pars adhuc minus exculta est quam haec de uitis et scriptis ueterum iuris consultorum. (Heineccius Hist. iur. Rom. Germ. 1, 3, 112).

Nicht blos bei Labeo und Capito sondern bei allen Grösseren unter den Jureconsulten sollten wir geprüft oder doch zu prüfen begonnen haben, wie sie geworden, woher ihre Meinungen stammen. Leider glauben unter den Juristen noch immer einzelne an die fungibeln Personen Savignys; und wenn dieser Gläubigen auch nur noch eine kleine Minderzahl ist, so sind doch andererseits derer noch wenigere, die was erhebliches getan haben, um die Individualitäten der einzelnen Consulten ins Licht zu stellen. Und freilich wo man noch keine Individuen vor sich sieht, da kann man sich auch dafür, wie sie geworden, nur wenig erwärmen. Bekker Zsch. d. Sav. Stiftung VI (Rom. Abt.) p. 77 f.

Durch die vorstehenden Aussprüche glaube ich die Wahl des Gegenstandes meiner Arbeit hinreichend gerechtfertigt zu haben. Für die deutsche Rechtswissenschaft besizen wir eine vortreffliche, leider unvollendete Litteraturgeschichte durch den verstorbenen Stintzing — meinen Lehrer, dessen Anregung und Förderung ich auch an dieser Stelle dankbar gedenken möchte — für die römische Jurisprudenz fehlt sie gänzlich. Wir sind auf das beschränkt, was uns die Compendien und Handbücher über Rechtsgeschichte oder Quellenkunde beibringen. Leider ist das neueste derselben, die Quellenkunde von Krüger, erst zu einer Zeit erschienen, als es mir nicht mehr möglich war, dasselbe noch für meine Arbeit nuzbar zu machen.

Wer die gedachte Lücke in der Wissenschaft auszufüllen unternimmt, darf sich nicht verhehlen, dass er es troz der allgemein anerkannten Notwendigkeit einer solchen Arbeit, vielleicht nur wenigen recht machen wird. Ich spreche nicht von den Unvollkommenheiten, welche jeder, auch der besten Arbeit nachgewiesen werden können: der gewissenhafte Autor wird sich ihrer meistens besser bewusst sein als der schärfste Recensent. Die hauptsächlichste Schwierigkeit meiner Anfgabe liegt in ihrer Begrenzung, und sie wird dadurch noch vergrössert, dass ich mir das Ziel gesteckt habe, nicht allein für den Juristen, sondern auch für den Philologen und Historiker zu schreiben. Eine Geschichte der Wissenschaft, gleichviel welches Zweiges, darf sich meines Erachtens niemals blos an die Bekenner des speziellen Faches wenden, sondern muss sich auch einen Plaz in der Litteraturgeschichte als solcher zu erringen suchen. Es ist eine bedauerliche und doch erklärliche Erscheinung, dass die Philologen dasjenige Gebiet der Litteratur, auf welchem die Römer unstreitig am meisten geleistet haben, so sehr vernachlässigt haben, trozdem ihrer gerade hier die dankbarsten Aufgaben harrten. Wenn die gegenwärtige Arbeit in dieser Hinsicht anregend wirken sollte, so wäre einer ihrer wesentlichsten Zwecke erfüllt.

Dieses zwiefache Ziel hat für mich zur Folge, dass ich mehrfach auf Fragen, welche, wenn ich nur für den Juristen oder nur für den Philologen schreiben wollte, überflüssig oder wenigstens als zu weite Abschweifungen von meiner eigentlichen Aufgabe erscheinen möchten, genauer eingehen musste. Indessen habe ich auch bei derartigen Ausführungen mich stets von meinem Thema leiten lassen, und sie nur so weit ausgesponnen, als ich sie für notwendige Voraussezungen desselben erachtete. Auch hoffe ich, dass es mir in diesen Fällen gelungen ist, mancher richtigeren Auffassung Ausdruck zu geben.

Ich beabsichtige vorläufig nicht, die ganze Entwicklung der juristischen Litteratur zu verfolgen, sondern habe mich auf die Zeit der Republik beschränkt; und vielleicht bedarf es gerade dem juristischen Leser gegenüber in dieser Hinsicht einer Entschuldigung. Sie liegt in der Anlage meiner Arbeit. Ich habe versucht, nicht bei einer Zusammentragung von Notizen über die einzelnen Juristen stehen zu bleiben, sondern ein möglichst lebendiges Bild ihrer Persönlichkeiten zu entwerfen, ihr politisches und litterarisches Wirken nicht blos anzudeuten, sondern zu schildern und namentlich auch die Stellung der Jurisprudenz in dem gesammten geistigen Leben der Zeit darzustellen. In ersterer Hinsicht fehlt es für die Kaiserzeit vielfach am notwendigsten Quellenmaterial. Die Notizen über Männer wie Sabinus, Celsus, Iulian sind so dürftig, dass eine Biographie derselben von selbst auf ein Besprechen einzelner Quellen-

stellen hinausläuft: die Arbeiten von Pernice (über Labeo) und
Buhl (über Iulian) haben zur Genüge erwiesen, dass das Interesse
an diesen Männern in der Hauptsache ein Interesse an der Geschichte des materiellen Rechts ist. Die Beziehungen aber zwischen
der Jurisprudenz und der sonstigen Litteratur der Römer sind,
soweit ich zu urteilen vermag, in der Kaiserzeit von durchaus
untergeordneter Art, weil die erstere zu sehr ihre eigenen Bahnen
eingeschlagen hat. Eine Ausdehnung der Arbeit auf die Kaiserzeit würde eine wesentlich andere Anlage derselben bedingen.

Ferner kam es auf eine richtige Abgrenzung der juristischen
Litteraturgeschichte gegenüber der Entwicklung des materiellen
Rechts an. Eine Schilderung der Juristen und vornehmlich ihrer
Einwirkung auf die Rechtsbildung ist ohne die Vorausezung der
Kenntnis der sogenannten inneren Rechtsgeschichte nicht möglich.
Hier konnten aber selbstverständlich nur die Richtwege angedeutet
werden, alles andere musste als bekannt vorausgesezt werden.
Auch der Philologe, der die Geschichte der Jurisprudenz studiren
will, darf sich in dieser Hinsicht nicht mit Verweisungen auf Einzel-
heiten begnügen, sondern muss das Werden des Rechts im Ganzen
und in seinem innern Zusammenhange kennen.

Ein ähnlicher Standpunkt war den neben der Litteratur in
Betracht kommenden Quellen des römischen Rechts gegenüber
geboten. Nur auf die Entwicklung des praetorischen Edicts und
Albums bin ich eingegangen, weil eine richtige Auffassung von
derselben, namentlich der Begriffe von Honorar- und Civilrecht,
sowie eine Feststellung der Grenzen zwischen Legisactionen- und
Formularprocess, für spätere Partieen dieses Buches eine notwendige
Grundlage bildet. Dabei muss ich sehr bedauern, dass mir die
jüngste Arbeit von Wlassak ,Römische Processgeseze' erst zukam,
als die betreffenden Abschnitte des vorliegenden Buches bereits
dem Druck übergeben waren. Für ein Eingehen auf die Differenz-
punkte ist hier nicht der Ort: ich möchte aber betonen, dass, so
sehr mich das Werk unterstüzt und gefördert haben würde, ich
an meinen Ansichten über das Wesen des römischen Imperiums,
über das aebutische und die iulischen Geseze auch jezt noch
festhalte.

Der vorliegenden Darstellung der Geschichte der römischen
Rechtswissenschaft soll eine Sammlung der Fragmente der hier
behandelten Juristen nebst Commentar unter dem Titel FRAGMENTA
IVRISCONSVLTORVM ROMANORVM zur Seite gehen. Dieselbe ist hinsichtlich der in diesem Bande behandelten Juristen nahezu vollendet,

so dass ich hoffen darf, sie demnächst der Oeffentlichkeit übergeben zu können. Um aber an manchen Stellen nicht hier und dort dasselbe sagen zu müssen, habe ich schon in der jezigen Arbeit mich bisweilen auf die spätere bezogen, eine Erleichterung, die man mir hoffentlich nicht verargen wird.

Geschlossen Leipzig im August 1888.

Uebersicht.

Einleitung.

I. **Kaiserliches und republikanisches Recht** 1
Das absolute Kaisertum (1). Das frühere Kaiserreich von Caesar
bis Diocletian: Neue Rechtsbildung (1). Stellung der Kaiser zum
Recht und zur Jurisprudenz (2). Republikanische Jurisprudenz (5).

II. **Das Handbuch des Sex. Pomponius** 8
Fragmente des Enchiridium in den Digesten (8). Kritik von D.
1, 2, 2 (10).

Erstes Kapitel.

Die pontificale Jurisprudenz.

I. **Die Amtstätigkeit der Pontifices** 15
Fas und ius (15). Die Pontifices als Priester aller Gottheiten (16),
als Vermittler sacraler Acte (16) und als Sachverständige (18).
Sacrale Verrichtungen für die Gemeinde (18). Civilrechtliche Tätigkeit (19).

II. **Das pontificale Archiv. — Die Actionen** 20
Das Archiv (20). Ritualvorschriften (20). Ius und actio (21).
Die Actionen im Archiv (23). Formel und Formular (24). Gebet-
formulare (25). Indigitamenta (27). Kalender (29).

III. **Die Responsa** 29
Der Handel um Ciceros Haus a. u. 696—697 (30). Befragung
des Collegiums durch den Pontifex maximus (32), durch die
Magistrate (33) und durch Private (36). Geschäftsordnung, decretum, pro collegio respondere (37). Das Decret eine Begutachtung, kein Urteil (39). Responsa im Archiv (42). Responsa
der einzelnen Pontifices (43). Stellung der Pontifices zur Sacramentsklage im Königsgericht (45) und im ordo iudiciorum priuatorum (50). Der Pontifex maximus (54).

IV. **Die Geheimkunde der Pontifices** 56
Geheimhaltung des Archivs (56). Traditionelle Kunst der Rechtsanwendung im Pontifical-Collegium (57).

V. **Die Königsgeseze** 59
Geseze der Könige (59). Nachrichten über das Ius Papirianum (61).
Untergang von Königsgesezen im gallischen Brande (62). Auf-
tauchen derselben (63) und des Ius Papirianum (64) im siebenten
Jahrhundert.

VI. Die Zwölf Tafeln und das ogulnische Gesez . . 65
Stellung der Pontifices zum Zwölf-Tafel-Gesez (66). Legisactionen (67). Der gallische Brand (68). Das ogulnische Gesez (69).

VII. Ap. Claudius Caecus und Cn. Flavius 70
Veröffentlichung der Actionen (70). Persönlichkeit des Ap. Claudius und Cn. Flavius (72).

VIII. Ti. Coruncanius 73
Leben (73), juristische Bedeutung (76). Freigebung der Jurisprudenz (78).

IX. Die praktische und litterarische Tätigkeit der
Juristen 80
Das Caviren (80), Agiren (82) und Respondiren (83). Contro-
versen, juristische Disputationen (84). Actionensammlungen (86),
Responsensammlungen (90).

X. Die Interpretation 91
Verhältnis der Geschäftsformeln zum Zwölf-Tafel-Gesez (91). Interpretation desselben mittelst des Cavirens (93), Agirens (94)
und Respondirens (95). Auctoritas prudentium (96). Interpretation späterer Geseze (97). Offizielle Redaction der Legisactionen (98).

XI. Sex. Aelius Paetus Catus 99
Sein Leben (99). Stellung zu den Zeitfragen (101). Ius Aelianum (103). Tripertita (104). Apokryphe Werke (110). Juristische Bedeutung des Sex. Aelius (110).

Zweites Kapitel.

Recht und Juristen seit den punischen Kriegen.

XII. Landrecht und Weltrecht 113
Auftreten des Weltrechts (113). Name ius gentium (114). Kennzeichen des Weltrechts (115).

XIII. Die äusseren Bedingungen für das Weltrecht . 116
Aelteste Bündnisse mit Italikern (117). Hellenen und Phoini-
kiern (117). Internationaler Verkehr seit den punischen Kriegen
(118). Clientelstaaten (119), Provinzen (120). Verbreitung der
Römer im Auslande (121). Soziale Verhältnisse in Italien (122).
Das beginnende Weltreich (125).

XIV. Die innere Entwicklung des Weltrechts . . . 126
Conubium und Comercium in Italien (127). Einwirkungen grie-
chischen Rechts (129). Gegenseitiger Rechtsschuz (130). Ent-
stehung von Fremdenrechten (133). Rechtsverhältnisse in den
Provinzen (136). Zeitliche Verhältnisse des Weltrechts (139).
Das Weltrecht als römisches Fremdenrecht (141). Reception
des Weltrechts in das städtische Recht (147). Landrecht und
Weltrecht neben einander (154).

XV. Anfänge des praetorischen Edicts und der Klagformeln 156
Imperium des Praetors (156). Das Edict (158). Klagformeln in fremdenrechtlichen Processen(161) und neben den Legisactionen im Bürgerprocess (166). Die Klagformeln als Mittel der Reception des Weltrechts (170). Erweiterungen des städtischen Rechts durch die Gesezgebung (171) und das praetorische Edict (172).

XVI. Das aebutische und die iulischen Geseze . . . 174
Berichte des Gaius und Gellius (175). Das praetorische Imperium als Grundlage der Klagformel (177). Das aebutische Gesez regelt die Beziehungen zwischen Legisactionen und Klagformeln (179). Centumviralprocesse (182). Nach dem aebutischen Gesez soll der Formfehler in der Legisaction den Processverlust nicht mehr nach sich ziehen (186). Inhalt der iulischen Geseze (189).

XVII. Civilrecht und praetorisches Recht 192
Feststellung der Begriffe (192). Verhältnis derselben zum Weltrecht (195). Praetoren und Pontifices (196).

XVIII. Die Cautelarjurisprudenz 199
Uebersicht (199). Die Stipulationen (200), die Mancipation (201) und die leztwilligen Verfügungen (leges) (206). Leges in Rechtsgeschäften unter Lebenden (211). Mitwirkung der Juristen (217).

XIX. Edition und Postulation 219
Das Ediren (220) und Postuliren (221) der Klagformel. Mitwirkung der Juristen (223).

XX. Die Wirksamkeit der Juristen als Respondenten 224
Responsa im engern Sinne (225). Auslegung der Rechtsgeschäfte (225) und Geseze (226). Die Regularjurisprudenz und die theoretische Litteratur (228). Stellung der Respondenten zum Praetor und Richter (228). Form der Responsen (230).

XXI. Der Rechtsunterricht 231
Verhältnis zwischen Lehrer und Schüler (231). Praktischer (232) und theoretischer Unterricht (234).

XXII. Gerichtliche Tätigkeit der Juristen 238
Praetur und Jurisprudenz (238). Laienrichter und Juristen (239). Das Consilium (240). Sachwalter und Juristen (243).

XXIII. Die juristische Schriftstellerei 243
Sammlungen von Geschäfts- und Klagformeln (244). Bearbeitung des praetorischen Rechts (245). Responsensammlungen (245). Commentare (246). L. Acilius (247). Isagogisch-propaedeutische Schriften (248). Regularjurisprudenz und systematische Arbeiten (249). Einwirkungen des Hellenismus (250). Umfang der juristischen Litteratur (250). Gleichförmigkeit des Inhalts (250). Fälschungen (251). Stil (251). Blos praktisch tätige Juristen (252).

XXIV. Allgemeine Lebensverhältnisse der Juristen . 252

Die ‚Alten‘ (*ueteres*) (252). Frequenz der Consulenten bei den Juristen (253). Ansehen der Juristen (255). C. Marcius Figulus (256). Ehrende Beinamen (256). Juristen aus vornehmen Häusern (257). Unentgeltlichkeit der Consultationen (257). Juristen im politischen Leben (258). Geringschäzige Aeusserungen über die Jurisprudenz (260). Der juristische Beruf (261). Natürliche Beanlagung des Römers für die Jurisprudenz (263). Das Recht bei den Dichtern (264). Der wirtschaftliche Sinn der Römer (266).

XXV. M. Porcius Cato 267

Uebersicht über Catos Leben (267). Charakteristik (268). Wirtschaftliche Grundsäze (272). Schriftstellerei im allgemeinen (274). Cato als Jurist (275). Reden (276). Responsen (277). Juristische Schriften (277). *Commentarii iuri ciuilis* (278). *Praecepta ad Marcum filium* (280). Ueberblick (281).

Drittes Kapitel.

Die Regularjurisprudenz.

XXVI. Der jüngere M. Porcius Cato 283

Erziehung (283). Ligurischer (284) und makedonischer Feldzug (285). Familienleben (285). Tod (287). Charakteristik (288).

XXVII. Die Rechtsregeln 289

Fragmente Catos (289). Rechtsregeln der älteren Jurisprudenz (290). Ausgangspunkte der Regularjurisprudenz (291).

XXVIII. Wesen und Begriff der Regularmethode . 295

Catos Fragment : D. 45, 1, 4, 1. (295). Die ‚Unterscheidungen‘ (298). Die Regularmethode als theoretische Jurisprudenz (299).

XXIX. Unvollkommenheiten der Regularmethode . 301

Verschiedenartige und unvollständige Fassung der Regeln (301). Zu eng oder zu weit gefasste Regeln (302). Mängel an den Fragmenten Catos : (Fr. 1 : D. 45, 1, 4, 1) (303) und Fr. 2 : *regula Catoniana* (303).

XXX. Entwicklung und Bedeutung der Regularjurisprudenz 305

Unbewusste Anwendung von Rechtsregeln (305). Formulirte Regeln vor Cato (306). Pomponius über Cato (308). Cato als Schöpfer einer neuen Litteraturgattung (310). Mit der Regularjurisprudenz beginnt die wissenschaftliche Behandlung des Rechts (310). Anlage und Disposition des Werkes Catos (311). Griechische Einflüsse möglich, aber nicht nachweisbar (312).

EINLEITUNG.

I. KAISERLICHES UND REPUBLIKANISCHES RECHT.

Das römische Recht hat in seiner Entwicklung vier Perioden durchlaufen: die beiden ersten fallen in die Republik, die beiden lezten in das Kaisertum.

Die späteste dieser Epochen, die des absoluten Kaisertums, zeigt entschieden die geringste wissenschaftliche Leistungsfähigkeit. Das Altertum und damit auch seine Rechtswissenschaft hat sich ausgelebt, eine neue Zeit bricht herein. Sie hat die morsch gewordene antike Cultur über den Haufen geworfen, aber sie hat zunächst keine ebenbürtige gehabt, die sie an ihre Stelle sezen konnte. Man arbeitete auf juristischem Gebiete mit dem Gute vergangener Jahrhunderte, und doch war man nicht mehr fähig, die grossen Schöpfungen classischer Bildung in sich aufzunehmen, zu verarbeiten und etwas Eigenartiges, Neues daraus zu gestalten. Man begann das Notwendige auszuwählen, man excerpirte und codificirte die Arbeit besserer Zeiten und suchte sie dem praktischen Bedürfnis wie dem wissenschaftlichen Verständnis der Gegenwart anzupassen.

Dass die Periode des früheren Kaiserreichs von Caesar bis auf Diocletian in der Jurisprudenz den Höhepunkt der Entwicklung bildet, ist nicht zu bezweifeln. Hier liegt die lezte grossartige Culturentfaltung, welche das römische Altertum aufzuweisen hat. Aus dieser Zeit stammt zum grössten Teil das Material, das uns durch die Gesezbücher der vierten Periode überliefert ist und das durch die Reception des römischen Rechts unser Recht geworden ist. Die Bedeutung dieser Epoche liegt jedoch nicht darin, dass sie wesentlich neue Gesichtspunkte in das Recht einführte.

Allerdings soll damit nicht gesagt sein, dass überhaupt keine neuen Gedanken im Recht auftauchten. Es steht sogar am An-

1

fang dieser Zeit eine mit bewundernswerter juristischer Feinheit ausgearbeitete sozial-politische Gesezgebung des Augustus, welche den ausgesprochenen Zweck hatte, die Gesellschaft auf eine neue Grundlage zu stellen, und in folge dessen tief in das Privatrecht eingreifen musste. Die Rechtswissenschaft hat sich mit diesen Gesezen befasst und sie in grossen Werken bearbeitet, aber sie in den Bau des Rechts als organische Bestandteile einzufügen hat sie nicht vermocht. Es giebt vielleicht kein so sprechendes Zeugnis für die Gediegenheit des römischen Rechts und für das juristische Verständnis der ersten Kaiserzeit als diese Erscheinung: der gesunde Kern des Rechts hat die aus politischen Gründen erfolgte Durchbrechung seiner bisherigen Grundsäze zurückgewiesen, so viel Scharfsinn man auch im Einzelnen auf die Auslegung der julischen und papisch-poppaeischen Ehegeseze verwenden mochte. Die kaiserliche Gesezgebung der vierten Periode konnte diese verdorrten Zweige und Aeste mit Leichtigkeit von dem gesunden Stamme abschneiden, ohne dass er irgend welchen Schaden litt.

Aber wir begegnen auch anderen Neuerungen, welche dauernde Bestandteile des römischen Rechts geworden und geblieben sind: das Fideicommissrecht und das materielle Noterbenrecht sind fraglos bedeutende neue Errungenschaften. Indessen einmal wird die genauere Betrachtung die Wurzeln für diese und ähnliche Institute schon in früherer Zeit finden, und vor allem hält die kaiserliche Periode in dieser Hinsicht einen Vergleich mit der republikanischen nicht aus.

Um nun zu einer positiven Würdigung der Leistungen der Kaiserzeit zu kommen, müssen wir einen kurzen Blick auf die Verhältnisse werfen, unter welchen die Jurisprudenz erblüht ist. Die Republik ist erfüllt von den schwersten Kriegen, ihr Todeskampf ist grossartig: die Kaiserzeit brachte der erschöpften Welt die langersehnte Ruhe — Augustus hat das oft genug proclamirt — sie ermöglichte es, dass sich länger als zwei Jahrhunderte ein Geschlecht nach dem andern der Arbeit des Friedens hingeben konnte.

Es ist allerdings wahr, dass die Kaiser im ersten Jahrhundert einen ständigen Kampf mit dem Senat geführt und ihm das Mitregiment, welches er nach der Verfassung des Augustus beanspruchen konnte, oft mit gewaltsamen Massregeln abgestritten haben. Und ebenso ist es wahr, dass sie oft mit Grausamkeit dabei verfuhren, oft auch argwöhnisch die selbständige Regung des freien Willens hervorragender Männer zu Boden schlugen. Aber diese vielbesprochenen Grausamkeiten der Kaiser trafen vorzugsweise die höchsten Spizen. Die Millionen des Reichs haben sich fort-dauernd eines trefflichen Wolstandes erfreuen können, wie sie ihn während der Republik nicht gehabt haben. Man betrachte nur das Aufblühen der früher so empörend misshandelten Provinzen. Die Ordnung der Verwaltung, die Sicherheit des Verkehrs und der Grenzen, die grossartigen Strassenbauten, der Aufschwung des See-handels sind gegenüber den Zuständen der Republik Segnungen, welche man bei der Beurteilung der Kaiserherrschaft wol in Be-tracht zieben sollte [1].

Sie sind auch für das Recht von weittragender Bedeutung geworden. Es gab jezt einen Wolstand, auf dem sich ein reger Verkehr entwickeln konnte, einen Staatskörper, in dem die Rechts-pflege gedeihen konnte. Der schon in der Republik angebahnte Ausgleich zwischen Italien und den Provinzen war jezt zur voll-endeten Tatsache geworden. Alle Teile des Reichs sandten ihre tüchtigsten Kräfte nach Rom. Das gilt auch von den Juristen: Julian und Sex. Caecilius sind Afrikaner, Gaius stammt aus Vorder-asien, Papinian und Ulpian aus Syrien. Es ist unbestreitbar, dass die übrigen Wissenschaften im Absterben waren und dass die Luft, welche um den Kaisertron wehte, wesentlich dazu beigetragen hat diesen Process zu vollenden. Die freie Geistesregung hätte dem neuen System gefährlich werden können. Um so mehr ist es anzuerkennen, dass die Kaiser für die Rechtswissenschaft nicht blos persönliches Interesse gezeigt, sondern ihr geradezu die Bahnen bereitet haben. Man denke nur an die unermüdliche Tätigkeit Hadrians in der Justizverwaltung, an die grossartige Arbeit der kaiserlichen Berufungsinstanz, an das Rescriptenwesen und die In-structionen der kaiserlichen Statthalter.

Mit klarem Blick haben die Kaiser erkannt, dass Sicherheit des Rechtswesens und Vertrauen der Massen auf die Rechts-sprechung Grundpfeiler eines geordneten Staatswesens sind. Sie haben die Jurisprudenz eng an sich gekettet und aus ihr einen nicht geringen Teil ihrer Macht gezogen, indem sie dem moralischen

---

[1] Mommsen R. G. V, 4: Das Greisenalter vermag nicht neue Ge-danken und schöpferische Tätigkeit zu entwickeln, und das hat auch das rö-mische Kaiserreich nicht getan; aber es hat in seinem Kreise, den die, welche ihm angehörten, nicht mit Unrecht als die Welt empfanden, den Frieden und das Gedeihen der vielen vereinigten Nationen länger und vollständiger gehegt als es irgend einer andern Vormacht gelungen ist.

und wissenschaftlichen Ansehen der uralt hergebrachten Rechts-
bescheide *(responsa)* die Kraft der äusseren Geltung verliehen.
Sie haben die tüchtigsten Juristen in die höchsten Aemter des
Reichs gesezt und ihrer Kenntnis so einen Boden geschaffen, aus
dem dieselbe stets neue Nahrung ziehen und ihre Früchte der
Welt zu gute kommen lassen konnte.

Dabei sind die Kaiser durchaus von der Einsicht durch-
drungen, dass sie der Wissenschaft keine Fesseln anlegen dürfen.
Man wird wenig Beispiele auffinden können, welche einen Druck
der Kaiser auf die freie wissenschaftliche Bewegung der Juristen
zeigen — es geschah das nicht einmal, wenn sie wie M. Labeo
politische Opposition machten — man wird viele Tatsachen anführen können, welche beweisen, wie stark die kaiserliche Gesezgebung von den Juristen beeinflusst, ja oft geradezu gemacht wurde.
Daher ist es auch gekommen, dass der Juristenstand selten zur
Augendienerei der Herrscher herabsank, sondern eine ununter-
brochene Reihe tüchtiger Charaktere aufweisen konnte, welche sich
mit Stolz ihrer hohen Aufgabe, das R e c h t in der Welt zur W a h r-
h e i t werden zu lassen, bewusst waren.

Unter diesen Umständen ragte die Jurisprudenz in der ersten
Kaiserzeit hoch über alle andern Disciplinen hervor: die Philosophie hat zwar noch einen Aufschwung versucht und nennenswerte
Leistungen hervorgebracht, aber auch unendlich viel Unheil ange-
richtet, indem sie einen hohlen Tugendstolz proclamirte, unter
welchem sich nur zu gern politische Opposition verbarg, bis sie
schliesslich von den Kaisern in Sold genommen wurde; die Beredsamkeit sank zum gedankenlosen Wortgeklingel herab; die Dichter
erstarben in Demut vor den Herrn der Welt; die Geschichtsschreibung stand unter strenger Controle, und wenn sie in freieren
Zeiten noch eine so geniale Leistung wie die Werke des Tacitus
hervorbringen konnte, so zeigt dies von Hass und Schwermut ge-
tränkte Zeitbild nur um so deutlicher, wie drückend man die
Fesseln empfand; allmählich verliess man die Gegenwart gänzlich
und wandte sich in Stoff und Sprache der Bearbeitung und Nachahmung vergangener Zeiten zu[1]. In der Iurisprudenz allein herrschte
noch wissenschaftliche Freiheit, sie arbeitete für die Gegenwart,
sie gab der römischen Sprache eine Formvollendung, welche an
markiger Gediegenheit, an sachgemässer Kürze und Praecision alle
früheren Leistungen hinter sich liess. Trozdem fehlt das, was die

---

[1] Tac. Ann. 2, 88: *vetera extollimus recentium incuriosi.*

Republik auch auf juristischem Gebiet kennzeichnet, die stete Bewegung, fast gänzlich. Seit Augustus ist das Recht stabil geworden — aber es ist nicht schwach geworden, nicht in den Zustand der allgemeinen Versumpfung geraten. Und je weniger das Recht neue Stoffe in sich aufnahm, um so mehr warf sich die Wissenschaft auf seine Durcharbeitung. Sie brachte die Erkenntniss des innersten Wesens des Rechts zu einer nie wieder erreichten Vollendung: Vertiefung in das vorhandene Recht ist die Signatur der classischen Jurisprudenz der Römer.

Indessen die geschichtliche Betrachtung darf bei dieser Bewunderung des classischen Rechts nicht stehen bleiben. Nicht der Vollendung allein, sondern vor allem dem Werden und Wachsen gebührt ihre Aufmerksamkeit. Der Rechtsstoff ist der Hauptsache nach in republikanischer Zeit zusammengetragen. Ebenso hat die Wissenschaft bereits die Methode gefunden, mittelst deren sie das Material zu einem kühnen Bau verarbeitete. Auch hier hat die Kaiserzeit, obwol sie Einzelnes änderte, dennoch in der Art der Behandlung und Darstellung nichts wesentlich Neues hinzugebracht. Aber die späteren Classiker haben die Arbeiten der ‚Alten‘ (*veteres*) mehr der Ausschmückung halber als gelehrte Zutaten herangezogen ohne sie eigentlich zu benuzen. Mit geringen Ausnahmen (wie Celsus) haben sie dieselben jedenfalls nicht eingehend bearbeitet, vielleicht zum grossen Teil nicht einmal mehr gelesen. Ihre Citate haben sie meistens aus zweiter Hand[1]. Vielleicht war nur das berühmteste Werk der Republik, das Civilrecht des Q. Scaevola, noch ein Gegenstand des allgemeinen Studiums, im übrigen bildeten namentlich Labeo und Sabinus die grossen Durchgangspunkte, welche die früheren Arbeiten in ihren Büchern aufnahmen und so der Nachwelt übermittelten. Aber die Anregung jener ‚Alten‘ hatte gewirkt und Früchte getragen, wir können den Zusammenhang nur nicht mehr so genau erkennen, weil wir auch von Labeo und Sabinus nur Bruchstücke besizen und den späteren Juristen das historische Studium selbst fern lag.

Die republikanische Jurisprudenz gipfelt in der Schöpfung der Rechtsbegriffe. Die Kategorien des Kaufes, der Miete, des Darlehns u. s. w. sind von ihr festgestellt.

Wenn man diese Entwicklung verfolgen will, so muss man einen doppelten Weg einschlagen. Einmal ist das Wann und Wie

---

[1] Ueber diese Frage handelt: Sanio Zur Geschichte der römischen Rechtswissenschaft. Ein Prolegomenon. 1858.

der Entstehung der Rechtsinstitute selbst zu untersuchen — das
ist Aufgabe der Geschichte des materiellen Rechts —, weiter muss
man dem Beginn und Verlauf der geschichtlichen Bewegung nach-
gehen, welche jene Rechtsbegriffe hervorgebracht hat. Ihre Nieder-
schläge auf juristischem Gebiet sind mannigfaltig, sie zeigen sich
in der Gesezgebung und in der Ausbildung des practorischen Rechts,
sie zeigen sich vor allem, ja finden ihren bestimmtesten und mass-
gebendsten Ausdruck in der Tätigkeit der römischen Juristen. Nur
die leztere wird das Thema der folgenden Blätter sein.

Aber die Rechtsbegriffe sind nicht von Anfang an vorhanden
gewesen sondern eine verhältnismässig späte Frucht wissenschaft-
licher Erkenntnis. Allerdings hat man von jeher das Recht behandelt, zwischen der älteren und jüngeren Art der Behandlung
ist jedoch ein tiefgehender Unterschied. Die Grenze dieser beiden
Perioden fällt mit derjenigen zusammen, welche man in der Geschichte des Privatrechts zu machen pflegt, wenn man die Zeit
des ,strengen Civilrechts' (*ius strictum, ius ciuile*) von der des ,bil-
ligen Weltrechts' (*ius aequum, ius gentium*) sondert. Die ältere
Entwicklung schliesst für die Darstellung der Jurisprudenz ab mit
den Tripertita des Sex. Aelius. Wenn man die beiden Epochen
mit Namen charakterisiren will, so kann man sie bezeichnen als
Zeit der empirischen und dogmatischen Jurisprudenz[1], und ihre
Leistungen als Rechtskenntnis oder Rechtskunde und Rechtsver-
ständnis oder Rechtswissenschaft[2].

Gegenstand unserer Darstellung ist die zweite republikanische
Periode, mit andern Worten die Entstehungsgeschichte einer wissenschaftlichen Jurisprudenz. Aber diese Entwicklung kann nicht zu-
sammenhanglos für sich allein betrachtet werden. Es wird nötig
werden, um ihren Gegensaz zu der vorhergehenden Epoche klar-
zustellen, diese selbst einleitungsweise zu behandeln[3]. Ausserdem
ist der Bruch kein so vollständiger, dass man die Methode und
die Leistungen der älteren Epoche gar nicht mehr berücksichtigt
hätte: Vieles ist übergegangen, manche Grundpfeiler der römischen

---

[1] Wir werden unten die erste Periode nach ihren Vertretern als Zeit
der pontificalen Jurisprudenz bezeichnen.

[2] Man darf die Ausdrücke Jurisprudenz und Rechtswissenschaft streng
genommen nicht gleichbedeutend gebrauchen. Der erstere ist weiter, umfasst jede fachmässige Beschäftigung mit dem Recht, der leztere nur die
innere Ergründung desselben.

[3] Es ist dabei das Princip verfolgt nur die Spizen der Entwicklung
zu berühren. Erst seit der gracchischen Zeit ist Vollständigkeit angestrebt.

Jurisprudenz z. B. das Responsenwesen sind zu allen Zeiten dieselben geblieben. Unsere eigentliche Darstellung wird um die Zeit der gracchischen Revolution beginnen. Wir werden einem sehr regen Leben auf juristischem Gebiet begegnen. Eine Zeit so fieberhafter Aufregung wie das lezte Jahrhundert der Republik spannt die menschliche Schöpfungskraft im höchsten Grade an. Dabei soll keineswegs in Abrede gestellt werden, dass die Leistungen oft noch unvollkommen sind, dass die Arbeiten der republikanischen Juristen, was Feinheit der Durchbildung anlangt, denen der Kaiserzeit nicht an die Seite gestellt werden können. Es wäre ein Wunder, wenn eine in der Entwicklung begriffene Methode anders als unvollkommen. gehandhabt worden wäre. Dennoch darf man von der republikanischen Jurisprudenz nicht gering denken. Es geht hier — man gestatte einen Vergleich — in der Wissenschaft genau wie in der Kunst. Der Dilettant wird immer die Gemälde am höchsten schäzen, welche den Gipfelpunkt einer Kunstperiode darstellen, weil hier am meisten geleistet ist, ja er wird die Epigonen höher stellen als die Vorläufer, weil jene noch mit den Mitteln, mit der Technik einer grossen Kunst arbeiten, diese unbeholfen erscheinen im Vergleich mit den grossen Meistern. Der Kenner legt einen ganz andern Masstab an: Er fragt sich, was hat dieser oder jener Künstler von seinen Vorgängern überkommen, wie hat er damit gewirtschaftet, wie hat er es umgestaltet und was hat er aus eigenem Geist hinzugetan? Mit anderen Worten sein Massstab ist ein relativer, er beurteilt nicht die Leistungen an sich, sondern die schöpferische Kraft, die sich in ihnen ausspricht, für ihn ist die Kunst ein Können. Und wenn wir den gleichen Gesichtspunkt herrschen lassen bei einer Vergleichung der republikanischen und kaiserlichen Jurisprudenz, so müssen wir sagen, dass die erstere der lezteren zum mindesten ebenbürtig ist. Mit diesem Massstab gemessen dürfte Q. Scaevola vielleicht der grösste römische Jurist sein.

Die Arbeit soll fortgeführt werden bis auf Ser. Sulpicius Rufus. Die jüngere Generation, welche zum Teil schon unter Caesar, zum Teil erst unter den Triumvirn und Augustus zur Blüte gelangt ist, gehört der Art ihrer Arbeit nach mehr der Kaiserzeit als der Republik an. Ser. Sulpicius ist es gewesen, der über Scaevola hinausgehend so recht eigentlich das Programm entfaltet hat, welches die Folgezeit weiter entwickelt hat. Die Resultate der Vergangenheit zusammenfassend weist er neue Bahnen, auf welchen seine Schule fortschreitet, und welche seitdem nicht mehr verlassen sind.

So fällt das Ende unserer Betrachtung fast genau mit dem
Ausgang der Republik zusammen: Scr. Sulpicius starb im Januar 711.
Ende 712 wurde das lezte Heer vernichtet, welches die Republik
der Monarchie gegenübergestellt hat. Das Schlachtfeld von Phi-
lippoi hat man mit Recht als das Grab der Republik angesehen.

II. DAS HANDBUCH DES SEX. POMPONIVS.

Quellen der Geschichte der römischen Rechtswissenschaft
sind einerseits die Bruchstücke aus den Werken der zu behandelnden Juristen, andrerseits zerstreute Notizen bei den verschiedenen Schriftstellern. Nur eine Quelle besizen wir, welche den
ausgesprochenen Zweck hat, uns einen kurzen Abriss der juristischen
Literaturgeschichte zu geben. Sie bedarf einer vorausgehenden
Betrachtung, damit wir sichere Grundlagen für ihre Verwertung
gewinnen. Sie ist erhalten in einem Fragment der Digesten Iusti-
nians (1, 2, 2) und stammt aus dem wahrscheinlich unter Hadrians
Regierung[1] verfassten Handbuch (*enchiridium*) des Juristen Sex.
Pomponius.

Wir haben unter diesem Titel in der justinianischen Compi-
lation sechs Fragmente, von denen drei die Rubrik *libro singulari*,
drei dagegen *libro primo, secundo enchiridii* tragen. Betrachten
wir zunächst die Bruchstücke der ersteren Classe.

D. 1, 2, 2 ist eine längere rechtshistorische Abhandlung, welche
in drei Abschnitte zerfällt. Die Paragraphen 1—12 (*de iuris origine
et processu*) erörtern die Entstehung der bekannten Rechtsquellen:
*lex, auctoritas prudentium, plebiscitum, senatusconsultum, constitutio
principis*. Der zweite Teil (§ 13—34) giebt die Entwicklung der
Magistratur, der dritte (§ 35—53) die der juristischen Litteraturgeschichte[2].

D. 50, 16, 239 giebt eine Reihe von Definitionen technisch
juristischer Ausdrücke[3].

D. 1, 1, 2 führt, wenn die Stelle bei Pomponius in einem
ähnlichen Zusammenhange stand, wie der ist, in welchem sie in
den Digesten zu den Worten Ulpians (1, 1, 1) gebracht wird,
Beispiele auf für Institute des *Ius gentium* (Götterverehrung, Liebe
zu den Eltern und zum Vaterlande)[4].

Da nun diese drei Fragmente notwendig aus derselben Mo-

---

[1] Fitting Alter der Schriften p. 8.
[2] Vgl. Sanio Varroniana p. 5 ff.
[3] Ebend. 228 ff.
[4] Ebend. 227—8.

nographie des Pomponius stammen, so ist die Folgerung unabweisbar[1], dass das Werk nicht eine specifisch rechtshistorische Schrift darstellte, sondern ein allgemeineres juristisch-propädeutisches Handbuch, worauf ja auch der Name (ἐγχειρίδιον = *manuale*) hindeutet. Nun ist aber unverkennbar, dass die Stücke der zweiten Classe (*lib. I u. II enchiridii*) einen ganz gleichartigen Charakter tragen. D. 38, 10, 8 enthält eine Begriffsbestimmung, wie wir deren schon in D. 50, 16, 239 fanden. D. 46, 3, 107 giebt eine Teilung der Erfüllungsarten von Obligationen in *naturales* und *ciuiles* mit den nächstliegendsten Beispielen. D. 26, 1, 13 scheint einer Aufzählung derjenigen Personen entnommen, welche bei der Rechtsvertretung eines Mündels vorkommen können.

Alle diese Fragmente sind durchaus einfach, enthalten sich jedes Eingehens auf schwierige Fragen. Ein inhaltlicher Gegensaz zwischen denen der ersten und zweiten Classe ist nicht vorhanden. Wir haben ein Handbuch vor uns, das für den juristischen Anfänger, vielleicht auch für den Laien berechnet zu sein scheint. Es enthält demgemäss sowol Definitionen von Grundbegriffen des Rechts, die notwendigsten Kategorien (*genera*), wie eine kurzgefasste Uebersicht über die Geschichte der Entstehung und Ausbildung der Rechtsquellen.

Wie verhält sich nun aber der liber singularis zu dem aus zwei Büchern bestehenden Werke? Den ersteren als ein Einleitungsbuch (*de origine iuris*) zum lezteren (*de ipsius iuris interpretatione*)[2] zu fassen, scheint wegen des gleichartigen Charakters der Fragmente unzulässig. Näher liegt es an eine umgearbeitete zweite Auflage[3] zu denken, sei es dass das längere Werk später verkürzt herausgegeben wurde, oder dass der *liber singularis* erweitert wurde. Für beides liegen Analoga aus dem Altertum vor[4]: Varro schrieb seine ‚Altertümer‘ zuerst in 41 Büchern und gab später daraus einen Auszug (ἐπιτομή) von 9 Büchern. Ebenso lieferte er von den 15 Büchern seiner berühmten illustrirten Biographien

---

[1] vgl. Sanio Varr. p. 2 u. öfter.

[2] So Sanio Varr. 225 f.

[3] Dieser Begriff ist dem Altertum keineswegs fremd: vgl. z. B. den Titel in den Vat. fr. 247: *Paulus libro I editionis secundae de iurisdictione* [*praetoris*] *tutelaris*.

[4] Vgl. für die folgenden Beispiele Teuffel R. L. G. 166, 4. 5; 397; 186, 7; 377.

(*Imagines*) eine Volksausgabe in 4 Büchern. In späterer Zeit hat
der Kirchenschriftsteller Lactantius seine *Institutiones diuinae* aus
7 Büchern in eines zusammengezogen. Auf der andern Seite
finden wir, dass Cicero seine *Academica* aus 2 Büchern (die sog.
priora) in 4 (*posteriora*) erweitert[1]. Vor allem soll darauf auf-
merksam gemacht werden, dass die Digesten sowol den Edicts-
Commentar des Paulus in 80 Büchern als den aus 23 Büchern
bestehenden Auszug[2] neben einander excerpiren. Es darf uns also
nicht wundern, wenn die Compilatoren auch die beiden Ausgaben
von Pomponius' Handbuch neben einander benuzen[3].

Für die Kritik der rechtsgeschichtlichen Teile des Handbuchs
muss man sich zunächst immer vor eine dreifache Frage stellen:
Was hat Pomponius selbst geschrieben, was haben die justinianischen Compilatoren von seinem Text wiedergegeben und wie ist
dieser justinianische Text uns überliefert? — Die weitere Untersuchung, welche Quellen Pomponius benuzt hat, soll später angestellt werden. Aber schon hier mag hervorgehoben werden, dass
seine Nachrichten nichts weniger als zuverlässig sind, sondern bisweilen grobe historische Unrichtigkeiten zeigen. Dahin gehört z. B.
die Verwechslung des Redners L. Crassus mit dem Juristen P.
Crassus (§ 40), die Bezeichnung des P. Rutilius als Proconsul von
Asien (§ 40), während er sich seine Verurteilung als Legat des
Q. Scaevola zuzog. Papirius, der Sammler der königlichen Geseze
führt einmal den Vornamen Sextus (§ 2), später (§ 36) Publius[4].
Die Sprache und Darstellungsart in dem uns vorliegenden

---

[1] Ciceros eigene Worte darüber (ad Att. 13, 13) sind lehrreich: *Com-
motus tuis litteris . . . totam Academiam . . . ex duobus libris contuli in
quattuor. grandiores sunt omnino quam erant illi, sed tamen multa detracta.*
Ganz ebenso können wir uns die Umarbeitung des Pomponius denken. In
der zweiten erweiterten Auflage können Stücke fortgefallen sein (etwa der
Artikel *de origine iuris*); und das kann der Grund gewesen sein, dass sich
beide Arbeiten neben einander erhielten.

[2] Derselbe führt die Titel: *liber breuium* (z. B. D. 4, 6, 8), *breuis
edicti* (D. 27, 8, 10) und *ad edictum de breuibus* (Vat. fr. 310).

[3] Dass der Index florentinus nur Πομπωνίου ἐγχειριδίου βιβλία δύο
nicht den *liber singularis* nennt, beweist bei seiner bekannten Unvollständig-
keit nichts gegen die aufgestellte Erklärung.

[4] Genaueres s. bei Dirksen Versuche zur Kritik u. Ausl. der Quellen
des R. R. p. 207—215.

Texte des Pomponius ist nachlässiger und fehlerhafter als die irgend eines anderen Digestenfragments. Zuweilen ist nicht einmal eine grammatische Sazconstruction möglich. Man hat in folge dessen die vielen schadhaften Stellen durch die mannigfaltigsten Conjecturen zu heilen gesucht. Der Grund liegt aber viel mehr in der mangelhaften Sorgfalt der justinianischen Compilatoren als in einer besonders schlechten Ueberlieferung. Für die Verfasser der Pandekten kam es auf wissenschaftliche, namentlich historische Genauigkeit viel weniger an als auf Kürze. Eine rechtsgeschichtliche Belehrung war für sie durchaus Nebensache, historische Kenntnisse mochten für ihren Zweck wol nüzlich und angenehm erscheinen, aber nicht notwendig. So haben sie den Artikel über Rechtsgeschichte aus dem Handbuch des Pomponius übertragen aber dabei gestrichen, was ihnen irgendwie entbehrlich schien. Beweise werden im Laufe der vorliegenden Arbeit mehrfach begegnen. Hier mögen einige Worte über die Methode der justinianischen Compilatoren im Allgemeinen am Plaze sein, damit das, was später im Einzelnen von unserm Fragment behauptet werden muss, der Analogie anderer Digestenteile nicht entbehre.

Die Pandektenkritik sucht heutzutage schadhafte und unverständliche Stellen grösstenteils durch Annahme von Interpolationen oder Textcorruptelen zu erklären. Die Compilatoren haben aber durch Streichungen viel mehr gesündigt als durch Einschiebungen und die Ueberlieferung der Digesten gehört zu den besten, welche wir aus dem Altertum besizen. Das Bedürfnis ein möglichst kurzes Gesezbuch zu haben, das Bestreben alles praktisch nicht Brauchbare wegzulassen ist so natürlich: dass man bedeutende Kürzungen vornahm, ist deshalb kein Wunder. Die Compilatoren wählten eben nicht blos die passendsten Stücke aus den alten Juristen aus, sondern strichen auch innerhalb dieser Stellen noch sehr Vieles hinweg [1].

Am lehrreichsten sind in dieser Hinsicht Vergleichungen des Textes von Ulpians Sabinus-Commentar, wie wir denselben in den Vaticanischen Fragmenten und in den Digesten erhalten haben. Die ersteren sind zwar verstümmelt, aber mit Hülfe der lezteren ziemlich sicher zu ergänzen [2]:

---

[1] Näheres s. b. Dirksen Civ. Abhandl. I, 212 ff.
[2] Ich gebe die Ergänzungen von Mommsen in seiner Ausgabe Berlin 1861.

Vlp. libro XVII ad Sab.

Vat. fr. 70.	D. 7, 1, 9, 7.
Nam et Trebatius scribit siluam *caeduam posse fructuarium caedere sicut pater familias caedebat.* item ut arundinetum *caedat fructuarius, quod caedendi causa pater familias* alebat, non, puto, prohibetur. *Item poterit uendere, licet pater familias uendere* non solebat, sed ipse uti: *ad modum enim referendum est non ad qualitatem utendi.*	Nam et Trebatius scribit siluam caeduam et harundinetum posse fructuarium caedere, sicut pater familias caedebat, et uendere, licet pater familias non solebat uendere, sed ipse uti: ad modum enim referendum est non ad qualitatem utendi.

Der Text der Vaticanischen Fragmente steht dem Wortlaut Ulpians unzweifelhaft näher. In den Digesten werden die *silua caedua* und das *harundinetum* zusammengefasst, der ganze Saz erscheint als Citat aus Trebatius, während die Vaticanischen Fragmente uns zeigen, dass dieser Jurist nur von dem Schlagholz spricht, dagegen die Ausführungen über das Röhricht dem Ulpian angehören.

Ein weiterer Vergleich aus demselben Buch Ulpians ist noch lehrreicher für unseren Zweck:

Vlp. libro XVII ad Sab.

Vat. fr. 71.	D. 7, 1, 12 pr.
De ligno Labeo ait ... *Idem ait* ... Materiam tamen ipse *succidere quantum ad uillae refectionem poterit, ut putat* Neratius lib. III membranarum, *quemadmodum calcem, inquit, coquere uel arenam fodere aliudue* quid aedificio necessarium *sumere.*	... Labeo ait ... Materiam tamen ipsum succidere quantum ad uillae refectionem putat posse, quemadmodum calcem, inquit, coquere uel harenam fodere aliudue quid aedificio necessarium sumere.

Man sieht hier wieder eine historische Nachlässigkeit der Compilatoren. Indem sie ,*Neratius lib. III membranarum*' streichen, wird ,*Labeo*' das Subject zu ,*putat*' und das Citat damit ein falsches.

D. 7, 2, 1, 2 fehlt die ganze wissenschaftliche Polemik Ulpians, welche Vat. fr. 75 erhalten ist. Ebenso ist in den Digesten am Ende des § 3 die gegenteilige Ansicht des Vindius weggelassen.

Es mag an diesen Beispielen genügen. Auch die übrigen Stellen der Digesten, bei denen eine Controle durch die Vatica-

nischen Fragmente möglich ist, zeigen dasselbe Resultat. Sie
weisen Streichungen von Worten und Säzen oft bedeutenden
Umfanges auf. Auch die Abänderungen erklären sich stets
aus dem Bestreben den Text Ulpians zu kürzen. Zusäze sind
selten und so geringfügig, dass sie nicht in Betracht kommen.
Ebenso sind Vergleichungen möglich zwischen dem Text von
Paulus' Sententiae im Breviarium Alaricianum und in den Digesten.
Allerdings ist auch das westgotische Gesezbuch stark verdünnt,
und die Digesten haben manches, was dort fehlt. Dennoch ist
für die Digesten das Resultat auch hier, dass sie bedeutend gekürzt haben [1].

Auch ohne Vergleichung mit anderen Werken zeigt der Text
der Pandekten allein bisweilen, dass Worte, speciell Anführungen
aus der Litteratur, weggefallen sind. Das ist namentlich dann
der Fall, wenn auf ein früheres Citat Bezug genommen wird, das
aber in der betreffenden Stelle nicht zu finden ist [2].

Wenn also da, wo eine Kritik der Digesten möglich ist, und
besonders da, wo eine so gute Ueberlieferung der juristischen
Litteratur vorliegt, wie sie die Vaticanischen Fragmente bieten,
sich das Bemühen der Compilatoren offenbar als ein auf Kürzung
ihrer Texte gerichtetes darstellt, namentlich wenn sich zeigt, dass

---

[1] Man vergleiche z. B. Paul. Sent. 5, 14 u. 16 mit D. 48, 18, 18:

Paul.		Dig.	
14, 1		fehlt	
2	=	pr.	
fehlen		1—3	
16, 1		fehlt	
2	—	4	aber verkürzt, so dass die Stelle einen all-gemeineren Sinn giebt
3		fehlt	
4	—	5	die Beschränkung „in rebus dubiis" ist weg-gelassen
5—7		fehlen	
8	=	6	
fehlen		7—10	

[2] Dahin gehört z. B. D. 10, 4, 7, 7 (aus Vlp. ad ed. 24): *Ibidem non
male Pomponius iungit* — ohne dass vorher angegeben wäre, wo die Stelle
bei Pomponius zu suchen ist. Ebenso D. 17, 2, 52, 17 (Vlp. ad ed. 31):
(*Neratius*) *ibidem ait*; D. 33, 4, 1, 15 (Vlp. ad Sab. 19); *Ibidem Mela con-
iungit*; D. 37, 6, 1, 8 (Vlp. ad ed. 40): *Ibidem Iulianus ait*; D. 37, 10, 3, 8
(Vlp. ad ed. 41): *Ibidem Iulianus quaerit*. Vgl. auch D. 34, 2, 19, 6 (Vlp.
ad Sab. 20); *Idem Celsus* — ohne dass Celsus unmittelbar vorhergeht.

man gern das historische Material, welches in den Controversen
lag, über Bord warf, weil es keinen praktischen Wert mehr hatte,
so werden wir diesen Gesichtspunkt vor allem bei dem rechtsgeschichtlichen Fragment des Pomponius walten lassen müssen[1]. Wir
werden uns, ehe wir zu einer Aenderung des Textes schreiten,
zunächst immer fragen, ob nicht Gedanken oder Worte, welche bei
Pomponius gestanden haben müssen, ausgefallen sind. Allzu umfangreich dürfen wir uns freilich die Ausführungen des Pomponius
auch nicht denken. Sie sind eben nur als spezieller Titel einer
juristischen Encyklopädie, nicht als eine eigene Rechtsgeschichte
aufzufassen.

---

[1] Schon der Anfang ist weggefallen. Sanio Varr. 223.

ERSTES KAPITEL.

DIE PONTIFICALE JURISPRUDENZ.

I. DIE AMTSTÄTIGKEIT DER PONTIFICES.

Alle Untersuchungen über das Werden des römischen Rechts müssen ausgehen von dem Verhältnis zwischen dem göttlichen und menschlichen oder dem sacralen und civilen Recht (*fas* und *ius*). Beide Gebiete sind, so weit unsere historische Kenntnis uns zu urteilen befähigt, inhaltlich stets auseinandergehalten worden [1].

Fas ist das Recht der Gottheit gegenüber den Menschen, gleichviel ob es sich um die Gesammtheit d. h. den Staat oder um die einzelnen Bürger handelt. In beiden Fällen ist die Gottheit als Rechtssubject gedacht, die Gemeinde, der Mensch verhandelt mit ihr, ist ihr gegenüber verpflichtet wie der Schuldner dem Gläubiger.

Ius ist der Inbegriff der Rechtsvorschriften, welche die Verhältnisse der Menschen unter einander regeln [2].

Aeusserlich dagegen d. h. in der praktischen Anwendung und — seitdem es eine solche giebt — auch in der litterarischen Bearbeitung besteht zunächst gar kein Unterschied [3], und hat sich sogar bis auf die Zeiten des Augustus ein lebhafter Zusammenhang, eine stete Wechselwirkung erhalten. Diese Erscheinung hat ihren Grund darin, dass in den ältesten Zeiten die Kenntnis und das Verständnis für die Anwendung des göttlichen wie des menschlichen Rechts in den Händen einer und derselben Behörde lag, welche berufsmässig mit seiner Pflege betraut war: des Collegiums der Pontifices [4].

---

[1] Vgl. Ihering Geist 1⁴, 266 ff.

[2] Vgl. Serv. z. Georg 1, 269: *Nam ad religionem fas, ad homines iura pertinent.*

[3] Dies leugnet Rubino Unters. üb. d. röm. Verf. u. Gesch. p. 217. 227. Er will auch in alter Zeit nur eine Wechselwirkung zwischen dem sacralen u. civilen Recht anerkennen.

[4] Cic. de orat. 3, 134: *Haec fuit P. Crassi .., haec Ti. Coruncanii,*

Es ist von vorn herein anzunehmen, dass die Pontifices bewusst und unbewusst auf beiden Gebieten dieselbe Methode angewandt, dieselbe Anschauungsweise hineingetragen und dieselben Prinzipien zum Ausdruck gebracht haben [1]. Das liegt in der Natur der Sache und wird später noch im Einzelnen dargestellt werden. Um aber eine Grundlage zu gewinnen, müssen wir uns zunächst über Stellung und Aufgabe der Pontifices im Allgemeinen klar werden.

Die eigenartige Stellung der Pontifices lässt sich vorzugsweise durch zwei Sätze kennzeichnen: Einmal sind sie nicht Priester eines bestimmten Gottes, sondern aller Götter insgesammt [2]. In dieser Hinsicht sind sie Vertreter der Interessen der Gottheit den Menschen gegenüber und führen sie die Aufsicht über das gesammte Sacralwesen [3].

Weiter sind sie keine Opferpriester, überhaupt nicht eigentlich Vollzieher sacraler Acte — wenigstens tritt diese Tätigkeit [4] hinter der sonstigen zurück — sondern Vermittler derselben. Es ist durchaus römische Auffassung, dass der Bürger seinen Verpflichtungen gegen die Gottheit persönlich nachzukommen, namentlich die Gebete selbst zu sprechen hat, und ebenso, dass der Staat seine sacralen Verrichtungen durch seine legitimen Vertreter, die Magistrate [5], vornehmen muss. So einfach dies auf den ersten Blick erscheint, so schwierig war es in der praktischen Durchführung. An sich bedurfte zwar der Einzelne, um mit der Gottheit in Verkehr zu treten, keiner Vermittlung: wenn er wollte, konnte er

---

haec . . . Scipionis . . . sapientia, qui omnes pontifices maximi fuerunt, ut ad eos de omnibus diuinis atque humanis rebus referretur Fest. p. 185: *Pontifex maximus, quod iudex atque arbiter habetur rerum diuinarum humanarumque.* Weitere Belege s. bei Marquardt. Römische Staatsverwaltung III p. 304.

[1] Eine Reihe höchst wichtiger Punkte, welche die vorliegende Arbeit nicht berühren wird, weil sie dem materiellen Recht angehören, hat Ihering (Geist II, 398 ff.) zusammengestellt.

[2] Cic. de leg. 2, 20: *Diuisque ollis sacerdotes, omnibus pontifices, singulis flamines sunto.* Vgl. Momms. St. R. II, 22—23.

[3] Plut. Numa 9 s. unt. p. 18. Dionys. 2, 73: Τάς τε ἀρχὰς ἁπάσας, ὅσαις θυσία τις ἢ θεραπεία θεῶν ἀνάκειται, καὶ τοὺς ἱερεῖς ἅπαντας ἐξετάζουσιν.

[4] Einzelne sacrale Handlungen der Pontifices s. bei Marq. St. V. III, 239 ff.

[5] Vgl. z. B. das Comitialgebet (*sollemnis comitiorum precatio*) des Consuls: Cic. p. Mur. 1, das Lustralgebet des Censors: Momms. St. R. II. 406.

beten und opfern[1]. Aber es drohte dabei eine grosse Gefahr. Es
ist bekannt, dass alle sacralen Handlungen bei den Römern in
ganz bestimmter Weise nach feststehenden Ritualvorschriften und
mit unabänderlichen Gebetesworten geschehen mussten. Auch der
geringste Verstoss, ein falsches Wort im Gebet, eine verkehrte
Opferhandlung konnte die ganze Culthandlung nichtig machen[2] und
galt ausserdem als Verlezung der Götter (*sacrum commissum, piaculi commissio*)[3]. Sofort können die Pontifices als Wächter des
Rechts der Gottheit einschreiten: sie sprechen aus, dass ein Frevel
(*nefas*) vorliege, ob eine Sühne (*expiatio*) möglich sei, oder ob der,
welcher sich verfehlt hat, unentsühnbar (*impius*)[4] und damit der
Rache der Götter verfallen (*sacer*) sei. Das Regelmässige war
dabei allerdings, dass sie um ihre Entscheidung angegangen wurden, notwendig war das aber nicht; das Collegium konnte auch
ungefragt von Amts wegen einschreiten[5].

Es lag also ein indirecter Zwang für den Bürger wie für den
Staat[6] vor, sich von vorn herein an die Pontifices zu wenden und

---

[1] Das ist natürlich auch in grösstem Umfange geschehen, namentlich
in häuslichen und ähnlichen Dingen. Selbstverständlich wandte man sich
nicht wegen jeder Kleinigkeit an die Pontifices. Catos Schrift *de agri cultura* enthält unter vielen andern praktischen Anweisungen auch die nötigen
Ritualvorschriften und Gebete; z. B. 134 für die Erndte, 141 für die Lustra-
tion des Feldes.

[2] Ein Beispiel bei Liv. 41, 16 (678 d. St.). Bei den feriae Latinae ist
im Gebet ein Wortfehler gemacht. Der Senat, dem das gemeldet wird, lässt
ein Gutachten der Pontifices einholen, und diese decretiren, dass die Feier
erneuert werden müsse.

[3] Arnob. 4, 31: *Si in caerimoniis uestris rebusque diuinis postilio-
nibus locus est et piaculi dicitur contracta esse commissio, si per impru-
dentiae lapsum aut in uerbo quispiam aut simpuuio deerrarit, aut si rursus
in solemnibus ludis curriculisque diuinis commissum omnes statim in reli-
giones clamatis sacras, si ludius constiterit aut tibicen repente conticuerit aut
si patrimus et matrimus ille qui uocitatur puer per ignorantiam lorum aut
terram tenere non potuerit, audetis abnuere in delictis tam grauibus uiolari
semper a uobis deos, cum in leuioribus causis irasci eos ipsi cum pernicie
saepius confiteamini ciuitatis?* Plin. 28, 11 s. unt. p. 19 A. 1.

[4] Cic. de leg. 2, 21: *Sacrum commissum, quod neque expiari poterit,
impie commissum esto: quod expiari poterit, publici sacerdotes expianto.*

[5] Ein Beispiel für das leztere finden wir bei Liv. 34, 44.

[6] Cic. de har. resp. 14: *Pontifices . . . quorum auctoritati, fidei, prudentiae maiores nostri sacra religionesque et priuatas et publicas com-
mendarunt.*

2

anzufragen (*consulere*), wie das Gebet oder die religiöse Handlung richtig vorgenommen werden müsse. Diese waren dann verpflichtet ihm aus ihrer Kenntnis heraus, welche sie über die sacralen Dinge hatten, Bescheid zu geben (*respondere*)[1]. Hierauf beruht die grosse Bedeutung des Collegiums: Die Pontifices wissen, wann ein Frevel begangen ist, ob und wie er gesühnt werden kann, sie kennen das Ritual und die Gebetformeln, sie helfen aber auch dem Bürger, damit er sich nicht verfehle. Sie sind in beiden Fällen die Kundigen, die Sachverständigen[2]. Sie schöpfen ihr Wissen nach der Ueberlieferung aus der schriftlichen Instruction welche König Numa dem Collegium bei seiner Begründung in die Hände gegeben haben soll[3].

Am meisten ausgeprägt tritt diese rechtweisende Tätigkeit der Pontifices in unseren Quellen bei den sacralen Verrichtungen, welche die Magistrate für die Gemeinde vornehmen, hervor. Es ist, damit sich kein Fehler einschleicht, Sitte, dass bei den

---

[1] Die Hauptstellen über diese für uns wichtigste Tätigkeit der Pontifices sind folgende: Cic. de leg. 2, 20: *Quoque haec priuatim et publice modo rituque fiant, discunto ignari a publicis sacerdotibus.* Liv. 1, 20: *Cetera quoque omnia publica priuataque sacra pontificis scitis subiecit* (Numa), *ut esset quo consultum plebes ueniret . .*; *nec caelestes modo caerimonias sed iusta quoque funebria placandosque manes ut idem pontifex edoceret, quaeque prodigia fulminibus alioue quo uisu missa susciperentur atque curarentur.* Plut. Numa 9: Ὁ δὲ μέγιστος τῶν ποντιφίκων οἷον ἐξηγητοῦ καὶ προφήτου μᾶλλον δὲ ἱεροφάντου τάξιν εἴληχεν, οὐ μόνον τῶν δημοσίᾳ δρωμένων ἐπιμελούμενος, ἀλλὰ καὶ τοὺς ἰδίᾳ θύοντας ἐπισκοπῶν καὶ κωλύων παρεκβαίνειν τὰ νενομισμένα καὶ διδάσκων ὅτου τις δέοιτο πρὸς θεῶν τιμὴν ἢ παραίτησιν. Ebend. 12: Οἱ δὲ ποντίφικες καὶ τὰ περὶ τὰς ταφὰς πάτρια τοῖς χρήζουσιν ἀφηγοῦνται. Dionys. 2, 73: Τελευταῖος δ' ἦν τῆς Νόμα διατάξεως μερισμὸς ὑπὲρ τῶν ἱερῶν, ὧν ἔλαχον οἱ τὴν μεγίστην παρὰ Ῥωμαίοις ἱερατείαν καὶ ἐξουσίαν ἔχοντες. οὗτοι . . . ποντίφικες προσαγορεύονται, εἰσὶ δὲ τῶν μεγίστων πραγμάτων κύριοι. καὶ γὰρ δικάζουσιν οὗτοι τὰς ἱερὰς δίκας ἁπάσας ἰδιώταις τε καὶ ἄρχουσι καὶ λειτουργοῖς θεῶν . . . τοῖς τε ἰδιώταις, ὁπόσοι μὴ ἴσασι τοὺς περὶ τὰ θεῖα ἢ δαιμόνια σεβασμούς. ἐξηγηταὶ γίνονται καὶ προφῆται . . . περὶ οὖν τῶν ἱερέων *   * ὥστε εἰ βούλεταί τις αὐτοὺς ἱεροδιδασκάλους καλεῖν . . . εἴτε ἱεροφύλακας εἴτε, ὡς ἡμεῖς ἀξιοῦμεν ἱεροφάντας, οὐχ ἁμαρτήσεται τοῦ ἀληθοῦς.

[2] Momms. R. G. I, 169.

[3] Liv. 1, 20: *Pontificem deinde Numam Marcium . . . ex patribus egit eique sacra omnia exscripta exsignataque adtribuit, quibus hostiis, quibus diebus, ad quae templa sacra fierent atque unde in eos sumptus pecunia erogaretur.* vgl. unt. p. 20.

feierlichen Gebeten die Worte dem Magistrat von einem Pontifex vorgesprochen werden (*uerba praeire*)[1].

Aus dem Gesagten erhellt schon jezt, dass man die Pontifices wol als eine sacerdotale Behörde ansehen kann, aber niemals den Begriff der Geistlichkeit in unserem Sinne auf sie anwenden darf, eine Auffassung[2], aus welcher sehr viele unrömische und darum falsche Anschauungen hervorgegangen sind.

Ganz analog ist die Tätigkeit der Pontifices auf dem Gebiete des Civilrechts[3]. Auch hier erscheinen sie als die berufenen Kenner und Sachkundigen. Allerdings schreiten sie, wenn das Recht des Einzelnen verlezt ist, nicht von Amtswegen ein, sondern überlassen es demselben ihre Hülfe nachzusuchen. Geschieht das, so zeigen sie ihm Mittel und Wege seinen Anspruch klagweise geltend zu machen. Und ebenso sind sie dem Bürger schon im Voraus zur Hand. Wer ein Rechtsgeschäft abschliessen will, wendet sich an die Pontifices und lässt sich die Formen angeben, in denen es geschehen muss. Diese unterweisen ihn durch Aushändigung des Formulars für das beabsichtigte Geschäft (*cauere*). Natürlich besteht auch hier kein Zwang zur Befragung; doch wie bei der Verlezung der notwendigen Formel in religiösen Dingen die Sühne drohte, so zwang hier die Gefahr der Uebervorteilung und des Rechtsverlustes ihre Hülfe in Anspruch zu nehmen. Ein falsches Wort konnte im Privatrecht noch grösseren Schaden als im Sacralrecht anrichten[4]. Auch auf diesem Gebiet sind die Pontifices die sachverständigen Kenner des Rechts.

---

[1] Am genauesten schildert das Plin. H. N. 28, 11: *Videmusque certis precationibus obsecrasse summos magistratus et, ne quod uerborum praetereatur aut praeposterum dicatur, de scripto praeire aliquem rursusque alium custodem dari qui adtendat, alium uero praeponi, qui fauere linguis iubeat, tibicinem canere, ne quid aliud exaudiatur, utraque memoria insigni, quotiens ipsae dirae obstrepentes nocuerint quotiensue precatio errauerit, sic repente extis adimi capita uel corda aut geminari uictima stante.* Vgl. Liv. 31, 9: *Vouit in eadem uerba consul praeeunte maximo pontifice.* 39, 18: *Qui* (consules) *tantum initiati erant et ex carmine sacro praeeunte uerba sacerdote precationes fecerant.* Arnob. 4, 31, ob. p. 17. Dass das *praeire uerba* aber auch bei wichtigen sacralen Acten Privater stattfand, zeigt Cic. de domo 119. 133. 139. 140. (Es handelt sich um eine Consecration, die allerdings ein Tribun aber nicht im Auftrag des Staates vollzieht.)

[2] Sie findet sich z. B. bei Ihering I, 292 ff. Vgl. unt. p. 46.

[3] Vgl. Ebend. p. 297 ff.

[4] Das Beispiel aus Gai. 4, 11 von den *uites* und *arbores succisae* ist bekannt.

II. DAS PONTIFICALE ARCHIV. — DIE ACTIONEN.

Es ist schon angedeutet, dass die Pontifices ihre Kenntnis aus uralten, von der Ueberlieferung auf König Numa zurückgeführten schriftlichen Instructionen bezogen[1]. Dies Archiv wurde in dem alten Königshause, der Regia an der heiligen Strasse, der späteren Amtswohnung des Pontifex maximus, aufbewahrt. Die Aufzeichnungen werden als *libri pontificum, pontificii, pontificales* bezeichnet[2]. Wir müssen ihnen unsere Aufmerksamkeit zuwenden, weil sie die ältesten für die römische Jurisprudenz in Betracht kommenden Urkunden enthielten: ja man kann sagen, dass die juristische Litteratur direct aus dem pontificalen Archiv erwachsen ist. Demgemäss werden wir aber von den verschiedenen Arten dieser Schriftstücke auch nur diejenigen anzuführen haben, welche direct oder indirect für die spätere Entwicklung der Jurisprudenz vorbildlich geworden sind[3].

Zunächst sind kurz zu erwähnen die Ritualvorschriften. Sie enthielten in imperativischer Form[4] abgefasste, sehr ins Einzelne gehende Anweisungen über die Art und Weise, in welcher sacrale Handlungen vorgenommen werden mussten, z. B. welche Tiere in den einzelnen Fällen zu opfern waren, wie sich der Opfernde dabei zu verhalten hatte und dergleichen. Die offizielle Bezeichnung für diese Urkunden scheint *commentarii sacrorum*[5] gewesen zu sein.

---

[1] Liv. 1, 20. ob. p. 18 A. 3 vgl. Cic. de rep. 5, 3: *Illa autem diuturna pax Numae mater huic urbi iuris et religionis fuit, qui legum etiam scriptor fuit, quas scitis exstare.* Dionys. 2, 63: Περιλαβὼν δὲ ἅπασαν τὴν περὶ τὰ θεῖα νομοθεσίαν γραφαῖς διεῖλεν εἰς ὀκτὼ μοίρας, ὅσαι τῶν ἱερῶν ἦσαν αἱ συμμορίαι. Auch gewohnheitsrechtliche Bildungen werden auf (nicht aufgezeichnete) Festsezungen König Numas zurückgeführt. Dionys. 2, 74: τὰ μὲν ἐγγράφοις περιληφθέντα νόμοις, τὰ δ' ἔξω γραφῆς εἰς ἐπιτηδεύσεις ἀχθέντα καὶ συνασκήσεις χρονίους. Vgl. 2, 27.

[2] Marq. St. V. III, 287.

[3] Das Nähere s. bei Marquardt a. a. O. Schwegler I, 81 ff. Teuffel R. L. G. § 79.

[4] Daran ist vorzugsweise zu denken bei den Worten des Dionys. 2, 73: Καὶ νομοθετοῦσιν ὅσα τῶν ἱερῶν ἄγραφα ὄντα καὶ ἀνέθιστα, κρίνοντες ἃ ἂν ἐπιτήδεια τυγχάνειν αὐτοῖς φανείη νόμων τε καὶ ἐθισμῶν.

[5] Fest. p. 165: *In commentariis sacrorum usurpatur hoc modo: „Pontifex minor ex stramentis napuras neclito'.* p. 360: *in commentario sacrorum.* p. 286: *in commentariis sacrorum pontificalium.* Vgl. Plin. H. N. 18, 14:

Ehe wir zu den für uns wichtigeren Aufzeichnungen weiter-
gehen, wird es nötig sein, einen Blick auf einen Unterschied zu
werfen, der für das römische Recht von Anfang an grundlegend
gewesen und stets geblieben ist: den von Recht und Rechtsanwendung, von *ius* und *actio*[1].

Das *ius* der ältesten Zeiten ist Gewohnheitsrecht. Als solches
ist es ein Ausdruck der Cultur des Volkes, eine ideale Macht, die
zu hüten und zu verwirklichen eben die Pontifices berufen waren.
Die *actio* ist die äussere Erscheinungsform des Rechts. Wenn das
ius ans Tageslicht tritt, so krystallisirt es sich sofort zur *actio*.
Und wie der Krystall sich immer nur in bestimmten Gestaltungen
zeigt, so ist auch die *actio* an feststehende Erscheinungsformen
gebunden.

Die Rechtsanwendung geschieht, wie wir sahen, unter Vermittlung der Pontifices in doppelter Weise: einmal bedarf es bestimmter
Formen (*certa et sollemnia uerba*), um einen rechtlichen Erfolg hervor-
zubringen; ohne dieselben kommt ein Geschäft für das Recht nicht
in Betracht. Weiter kann man, wenn das Recht verlezt ist, seine
Wiederherstellung nur in den unwandelbaren Formen der Klage
beanspruchen; andernfalls wird der Kläger abgewiesen. Für das
ältere Privatrecht giebt es schlechthin keinen Inhalt ohne Form:
ersterer ist nur vorhanden, so weit er sich in lezterer ausspricht.
Umgekehrt erzeugt jede richtig angewandte Form ihre bestimmten
rechtlichen Wirkungen[2]. Die Hauptfrage des älteren Rechts ist
demnach immer die: welche von den bestehenden Formeln ist zu
wählen, und wie ist sie anzuwenden, um den vorgesezten Zweck
zu erreichen?

Die beiden gekennzeichneten Erscheinungsformen der Rechtsanwendung, die Rechtsbegründung und die Klage, hat das älteste
römische Recht unter dem Begriff *actio*[3] oder *actus*[4] zusammen-

---

*Ita est in commentariis pontificum: „Augurio canario agendo dies consti-
tuantur, priusquam uaginis exeant nec antequam in uaginas perueniant".*
Weiteres über die Ritualvorschriften s. unt. p. 63.

[1] Quellen und Litteraturangaben über das Wesen und die Bedeutung
dieser Begriffe erscheinen hier überflüssig, da sie sich in allen Compendien
finden.

[2] Sehr eingehende Darstellungen über das Wesen der Form überhaupt
und speziell bei den Römern giebt Ihering Geist 2, 470 ff.

[3] Diese Bedeutung von *actio* hat zuerst hervorgehoben Leist Versuch
einer Geschichte der römischen Rechtssysteme (1850) p. 4 ff.

[4] *Actus legitimi* s. d. fg. Anm. Die Formen auf *tio*, *sio* und *tus*, *sus* gehen

gefasst[1]. Indessen hat die gangbare Ueberlieferung diesen Sachverhalt in verschiedener Hinsicht verwischt. Die umfassendere Bedeutung von *actio* ist früh verloren gegangen, der Begriff hat sich auf die klagweise Verfolgung des Rechts concentrirt, das formale Rechtsgeschäft wird nur ausnahmsweise noch so bezeichnet[2]. Ferner schildern unsere Quellen, was die Actionen anlangt, immer nur die Verhältnisse nach den Zwölf Tafeln[3]. Dies Gesez führte aber für das gesammte Formelwesen eine durchgreifende Umgestaltung herbei, indem nunmehr Rechtsgeschäft wie Klage nicht mehr auf dem Gewohnheitsrecht sondern auf dem geschriebenen Geseze basirten[4].

Indessen es kann keinem Zweifel unterliegen, dass man lange vor den Zwölf Tafeln mit ganz bestimmt vorgeschriebenen Worten

---

neben einander her und kommen z. B. bei Plautus ziemlich gleichmässig zur Anwendung. Vgl. Rassow De Plauti substantiuis. Fleckeis. Jahrb. Suppl. XII p. 591. 622—4. Ebenso kommt neben *sponsio* auch *sponsus* (Ser. Sulp. bei Gell. 4, 4, 2) vor, neben *stipulatio* auch *stipulatus* (Gai. 3, 94; 4, 116 [a]).

[1] Die technische Bezeichnung nach den Zwölf Tafeln scheint *actus legitimi* und *actiones legitimae* (= *legis actiones*) gewesen zu sein. Ersterer Ausdruck findet sich noch in einer Stelle des Papinian Quaest. 28 zur Bezeichnung der alten Formalgeschäfte: D. 50, 17, 77: *Actus legitimi, qui non recipiunt diem uel condicionem, ueluti emancipatio, acceptilatio, hereditatis aditio, serui optio, datio tutoris, in totum uitiantur per temporis uel condicionis adiectionem. nonnumquam tamen actus supra scripti tacite recipiunt quae aperte comprehensa uitium adferunt: nam si acceptum feratur ei, qui sub condicione promisit, ita demum egisse aliquid acceptilatio intellegitur, si obligationis condicio exstiterit: quae si uerbis nominatim acceptilationis comprehendatur, nullius momenti faciet actum.* Auf der andern Seite werden die Klagformulare des alten Rechts als *actiones legitimae* bezeichnet von Aelius Gallus bei Fest. p. 233: *Itaque in legitimis actionibus nemo ex [iure Quiritium] possessionem suam uocare audet sed ad interdictum uenit.*

[2] Bei Paul. Man. 1 (Vat. fr. 47 [a]) findet sich *actio* noch einmal in der alten Bedeutung: *ciuili enim actione constitui potest* (ususfructus), *non traditione, quae iuris gentium est.* Es sind vorher erwähnt Mancipation, Cession in iure, Legat.

[3] So beginnt bei Pomponius § 5—6 die rechtsbildende Tätigkeit der Pontifices erst nach den Zwölf Tafeln: 5 *His legibus latis coepit . . . necessariam esse disputationem fori . . .* 6 *Omnium tamen harum et interpretandi scientia et actiones apud collegium pontificum erant.* So leitet Gaius 4, 11 die Actionen aus den ‚Gesezen' her. Dabei ist vorzugsweise an das grundlegende Zwölf-Tafel-Gesez zu denken, aus welchem auch die Beispiele hergenommen sind.

[4] Vgl. unt. p. 67 f.

processirte[1] und seine Rechtsgeschäfte abschloss. Es ist hier nicht
der Ort auf die verschiedenen mehr oder weniger wahrscheinlichen
Vermutungen einzugehen, welche die neuere Wissenschaft über den
Ursprung der Geschäfts- und Klagformeln aufgestellt hat: das
wird man als feststehend erachten dürfen, dass dieselben ursprünglich ein naturwüchsiges Product der Cultur und des Rechtslebens
des römischen Volkes gewesen sind. In einzelnen Fällen ist das
deutlich erkennbar: Das ‚Geschäft mit Erz und Wage‘ ist ein ge-
regelter Umsaz von Waare gegen ein Tauschmittel durch Uebergabe nebst Ergreifen der Sache und Zuwägen des Metalls. Die
‚Handanlegung‘ (*manus iniectio*) ist eine geregelte Vergewaltigung
des Gläubigers an der Person des Schuldners. Bei andern Ge-
schäfts- und Klagformen hat man den natürlichen Ursprung wenigstens in hohem Grade wahrscheinlich gemacht, z. B. das Wesen
der Sponsion als ein eidliches, später durch Handschlag einge-
gangenes Gelöbnis erklärt[2]. In vielen Fällen, wie bei der Sacramentsklage, gehen freilich die Ansichten weit aus einander.

Aber die Actionen sind nicht naturwüchsig geblieben: was
wir von denselben kennen, zeigt ein durchaus kunstgemässes Gepräge[3]. Und dieses haben sie durch die Pontifices erhalten, in
ihrem Archiv wurden die Actionen zuerst aufgezeichnet[4]. Das ist
auch gar nicht anders denkbar, denn eine beratende Tätigkeit,
welche hauptsächlich darin besteht, den Interessenten vor Form-
fehlern zu schüzen, muss notwendig die Formeln selbst als feststehend und niedergeschrieben voraussezen. Die Mannigfaltigkeit
derselben war zu gross, als dass sie sich durch bloss mündliche

---

[1] Vgl. Bekker, Actionen p. 18. ‘Huschke Multa u. Sacram. p. 404,
welcher hier von *iuris actiones* spricht.
[2] Danz sacral. Schuz p. 13 ff.
[3] s. darüber Ihering Geist II, 599 ff.
[4] Dass die Actionen in den *libri pontificum* enthalten waren, hat Leist
Rechtssysteme p. 16—18 aus der Gleichsezung dieser beiden Ausdrücke bei
Cic. de or. 1, 193 geschlossen und Mommsen daraus, dass bei Valerius Pro-
bus in der Vorrede § 1 *pontificum monumenta* und diesem Ausdruck entsprechend in der Capitelüberschrift (§ 4) *legis actiones* genannt werden
(Ber. d. Sächs. Gesellsch. d. Wissensch. 1853 p. 131, vgl. Exc I). Vgl. Marq.
St. V. III, 306. Liv. 9, 46. Vgl. p. 71. Mit Recht haben Huschke a. a. O.
und Karlowa Civ. Pr. p. 9 hierauf bezogen Dionys. 10, 1: Οὐδ' ἐν γραφαῖς
ἅπαντα τὰ δίκαια τεταγμένα... κομιδῇ δὲ ὀλίγα τινὰ ἐν ἱεραῖς ἦν βύβλοις
ἀποκείμενα, ἃ νόμων εἶχε δύναμιν. Diese Stelle spricht von den Verhältnissen vor den Zwölf Tafeln.

Tradition hätten forterben können. Wir werden also die schriftliche Deposition der Formeln bei den Pontifices für so alt erachten können als ihre Tätigkeit auf privatrechtlichem Gebiet überhaupt[1]. Grade das Festhalten an der Form hat in Rom die Entwicklung der Jurisprudenz bedingt. Wenn sich die Cultur eines Volkes verändert, so ändert sich auch das Rechtsbewusstsein. Und beim Gewohnheitsrecht ist das um so leichter der Fall, als es nicht durch die Schrift festgeheftet ist. Das ist dieselbe Erscheinung welche die Sprache aufweist: sie ist, so lange es keine Litteratur giebt, bei weitem grösseren Schwankungen ausgesetzt, als dann, wenn dem Wechsel der Volkssprache eine Schriftsprache das Gleichgewicht hält.

Indem man nun also die Actionen im Archiv aufzeichnete, während das Recht vorläufig Gewohnheitsrecht blieb, musste sich notwendig ein Zwiespalt zwischen diesen beiden Elementen, der lebendigen Rechtsüberzeugung und der fixirten Form, ergeben. Hier sezt die Jurisprudenz ein: Die Pontifices haben es so recht eigentlich als ihren Beruf erachtet, das lebendige Bedürfnis in die überlieferten Formen hineinzupassen. Die Unterordnung des praktischen Falles unter die gegebene Formel ist ihre Kunst. Damit eröffnete sich ihrer Tätigkeit ein weiter Spielraum: Die Formeln sind eine äussere Schale und so allgemein gefasst, dass ein gewisser Kreis von rechtlichen Vorgängen sich immer hineinfügen lässt. Und dieser Kreis ist notwendig sehr gross, die Fälle sind höchst mannigfaltig. Durch ein Beispiel wird dies anschaulicher werden. Bekanntlich besteht das Wesen der Sponsion darin, dass durch bestimmte verbindliche Worte ein Band rechtlicher Verpflichtung zwischen zwei Personen geschaffen wird. Die Pontifices kannten nicht blos die allgemeine Sponsionsformel (*spondesne? spondes*), sondern es kam ihnen darauf an, die verschiedenen praktischen Fälle, in welchen man sich nach den Erfahrungen des Lebens solche Versprechungen machte, unter diese Formeln unterzubringen, um diese den Interessenten auszuhändigen[2]. Mit andern Worten aus der feststehenden Formel entwickelt sich das bewegliche Formular[3], d. h. die praktisch beste Unterordnung des con-

---

[1] Vgl. unt. p. 48.

[2] vgl. Ihering Geist 1, 297.

[3] Ueber den wichtigen Unterschied von Formel und Formular s. Ihering Geist 2, 578 ff.: Die Benuzung jener beruht auf rechtlicher Notwendigkeit, die dieser auf freier Wahl, jene war die ausschliessliche Form, in

creten Inhalts geschäftlicher Vorgänge unter die Form, in welcher sie für das Recht allein in Betracht kommen.

Fassen wir das Gesagte zusammen, so ergiebt sich, dass auf diese Weise eine gewisse juristische Kunst entstehen musste. Sie bestand einmal darin, zu erkennen, ob für das beabsichtigte Geschäft oder die Klage überhaupt nach römischem Recht die Unterordnung unter eine der bestehenden Formeln möglich war[1], und, wenn das der Fall war, diese Einfügung vorzunehmen d. h. entweder ein schon vorhandenes auch hier anwendbares Formular herauszugeben oder ein neues für den vorliegenden Fall zu gestalten. Derartige Formulare, welche zunächst bei speziellen Gelegenheiten entstanden waren, wurden von den Pontifices gesammelt und für ähnliche zukünftige Fälle aufbewahrt. Ihre Abfassung ist eine freiere und mehr schöpferische Tätigkeit, der Anfang einer juristischen Kunst.

Diese Formulare heissen ebenfalls *actiones*. Wir werden in der Litteratur der Jahrhunderte nach den Zwölf Tafeln Sammlungen derselben unter diesem Namen kennen lernen[2].

Die vorstehenden Ausführungen über das Wesen der römischen Actionen werden ihr rechtes Licht erhalten, wenn wir die schon oben[3] angedeutete Parallele mit den Gebetsformularen etwas genauer durchführen. Mit der Gottheit kann der Römer nicht nach Belieben verkehren, sondern nur nach bestimmtem Ritual und mittelst bestimmter Gebetsworte. Es kommt auf zweierlei an, dass der Betende sich an die richtigen Gottheiten wendet, und dass er die vorgeschriebenen Worte ausspricht, gerade wie er bei Rechtsgeschäften oder Klagen die richtige Action wählen und genau die dabei not-

---

der ein bestimmtes Geschäft bei Strafe der Nichtigkeit abgeschlossen werden musste, diese bot lediglich eine Anleitung zur geschickten und umsichtigen Abschliessung desselben, einen Entwurf, dessen Wert teils durch die genaue Berücksichtigung aller bei demselben zu beachtenden materiellen Punkte und Umstände, teils durch die vorsichtig und als angemessen erprobte formelle Redaction desselben bedingt war.

[1] Das ist bei der Klage bei weitem die Hauptfrage: *qua actione utimur?*

[2] vgl. den IX. Abschnitt.

[3] s. ob. p. 17.

wendigen Worte hersagen muss. Im pontificalen Archiv waren
die sämmtlichen Gebetformulare zusammengestellt[1]. Dahin gehörten
einerseits die grossen offiziellen Gebete der Magistrate, die Dedicationsformeln[2] u. s. w., welche bis aufs kleinste ausgearbeitet waren.
In der Hauptsache aber muss man sich diese Formulare aus bestimmten Stichworten bestehend denken, welche der Flehende anwenden musste. Im Uebrigen scheinen sie dehnbar gewesen zu
sein und dem religiösen Bedürfnis des Einzelnen Spielraum gelassen zu haben, ebenso wie es im Privatrecht die Form des Geschäfts
mit Erz und Wage oder der Sponsion gestattete, allen möglichen
Inhalt hineinzutragen. So musste z. B. wer am Altar stand und
den Göttern ein Opfer darbrachte, ihnen das unter Anwendung des
Wortes *porricere* ankündigen[3]. Tat er das nicht, wählte er etwa
ein anderes gleichbedeutendes Wort, so war das Opfer gerade so
nichtig, wie die *actio* dessen, der auf *uites* statt auf *arbores succisae* klagte[4].

Vielleicht noch schwieriger als die Frage nach den nö-
tigen Worten, war die, welche Götter angerufen werden mussten.
Denn es ist bekannt, dass die römische Religion eine Unzahl von
Gottheiten aufwies, welche oft den kleinsten Verrichtungen des
Lebens vorstanden[5]; und keine derselben durfte gegebenen Falls
übergangen werden. Die Pontifices wussten aus ihrem Archiv[6]

---

[1] s. Marq. St. V. III, 171. 287.

[2] Cic. de domo 140: *Delatum est ad uos, pontifices, . . quemadmodum
iste . . . omnia aliter ac uos in monumentis habetis et pronunciarit et
fecerit.*

[3] Macr. 8, 2, 3: *ex praecepto pontificum uerbum hoc sollemne sacri-
ficantibus est.*

[4] Vgl. Gai. 4, 11.

[5] Serv. z Aen. 2, 141: *Quia pontifices dicunt singulis actibus proprios
deos praeesse.* Aug. de C. D. 4, 8: *Quando autem possunt uno loco libri
huius commemorari omnia nomina deorum et dearum quae illi grandibus
uoluminibus uix comprehendere potuerunt singulis rebus propria dispertientes
officia numinum?* Ebend. 6, 9: *Denique et ipse Varro commemorare et enu-
merare deos coepit a conceptione hominis . . . usque ad decrepiti hominis
mortem . . . . Deinde coepit deos alios ostendere, qui pertinerent non ad
ipsum hominem sed ad ea, quae sunt hominis, sicuti est uictus atque uesti-
tus et quaecumque alia huic uitae sunt necessaria, ostendens in omnibus,
quod sit cuiusque munus et propter quid cuique debeat supplicari.*

[6] Auch dieser Teil des Archivs wird auf Numa zurückgeführt. Arnob.
2, 73: *Non doctorum in litteris continetur, Apollinis nomen Pompiliana
indigitamenta nescire.*

über diese Fragen Auskunft zu geben. Dort sind sämmtliche Gottheiten verzeichnet gewesen, nebst den Worten mit denen sie anzuflehen waren[1], wahrscheinlich in den Zusammenstellungen, in welchen sie für den praktischen Bedarf in Betracht kamen. Diese aufgezeichneten Gebetformulare, die man am richtigsten unseren Litaneien[2] vergleichen kann, heissen technisch Indigitamenta[3]. Denn wie der Pontifex dem, der seinen Rat in bürgerlichen Dingen in Anspruch nimmt, das für das Geschäft oder die Klage nötige Formular angiebt, so ‚weist' er (indigitare)[4] auch hier dem Benötigten die z. B. bei der Hochzeit oder bei der erwarteten Geburt eines Kindes — gerade hierfür sind die uns erhaltenen Listen[5] ziemlich ausgiebig — oder vor der Ackerbestellung und Erndte anzurufenden Reihen von Gottheiten[6], nebst den Gebetesworten, mit welchen ihr Beistand erfleht werden muss.

---

[1] Gell. 13, 23, 1: *Conprecationes deorum immortalium, quae ritu Romano fiunt, expositae sunt in libris sacerdotum populi Romani.* Varro Catus bei Non. p. 532: *Ab Statano aut Statilino, quorum nomina habent scripta pontifices; sic cum primum fari incipiebant, sacrificabant diuo Fabulino.*

[2] Vgl. z. B. die Reste bei Macrob. 1, 17, 15: *Namque uirgines Vestales ita indigitant: Apollo Medice, Apollo Paean.* Gell. 13, 23, 2: *Luam Saturni, Salaciam Neptuni, Horam Quirini, Virites Quirini, Maiam Volcani, Heriem Iunonis, Moles Martis, Nerienemque Martis.*

[3] Ueber die Indigitamenta vgl. Ambrosch Religionsbücher der Römer. Zschr. f. Philos. u. kath. Theol. N. F. III, 2 p. 221 ff., 4 p. 26 ff. (1842 auch separat gedruckt Bonn 1843). Preller R. Myth. I. 134 ff. Marq. St. V. III, 7 ff. S. z. B. Serv. z. Georg 1, 21: *Nomina haec numinum in indigitamentis inueniuntur, id est in libris pontificalibus, qui et nomina deorum et rationes ipsorum nominum continent, quae etiam Varro dicit.* Vgl. Cens. 3, 3—4. Macr. 1, 12, 21.

[4] Der Ausdruck ist für die Tätigkeit der Pontifices bezeichnend. Aus dem ursprünglichen Begriff entwickelt sich später der weitere, welcher *indigitare* als das Beten selbst fasst. Beide gehen in den Quellen neben einander her. Fest. ep. p. 114: *Indigitamenta incantamenta uel indicia.* Vgl. Varro Catus bei Non. p. 352: *Quod etiam in partu precabantur Numeriae, quam deam solent indigitare pontifices.* Corn. Lab. b. Macr. 1, 12, 21: *Hanc eandem Bonam Deam Faunamque et Opem et Fatuam pontificum libris indigitari.* Serv. z. Aen. 8, 330: *Tiberinum . . . . nam et a pontificibus indigitari solet.* Auf der andern Seite: Fest. ep. p. 114: *Indigitanto imprecanto.* Tertull. de. ieiun. 16: *Fasces retro auertunt, precem indigitant, hostiam instaurant.* Macr. 1, 17, 15: *Virgines Vestales ita indigitant.*

[5] Zusammenstellungen der uns bekannten Namen s. bei Ambrosch p. 231 ff. Preller II, 204 ff. Marq. p. 10 ff.

[6] Eine solche Reihe ist erhalten bei Serv. z. Georg. 1, 21: *Fabius*

Wenn wir so in der äusseren Anwendung der Indigitamenta und der Actionen eine durchaus gleichgeartete Handhabung
der Pontifices erkannt haben, können wir auch in der Entstehung
und Zusammensezung dieser Formulare wenigstens einen analogen
Entwicklungsgang erblicken. Die Actionen sind einfache Gestaltungen, welche aus dem wirtschaftlichen Leben erwachsen in den
Händen der Pontifices zu kunstgerechten juristischen Bildungen
geworden sind: die ursprüngliche Volksreligion hat auch diese
Hunderte, vielleicht Tausende von Gottheiten nicht gekannt[1], sondern eine begrenzte Anzahl mit verschiedenen Functionen. . Ob es
die Pontifices gewesen sind, die die Attribute der Volksgötter zuerst personificirten, mag dahin gestellt sein. Jedenfalls haben sie
mit der nüchternsten Speculation die personificirten Begriffe immer
weiter zerspaltet[2], bis sie zu ihren Götterreihen kamen, und durchaus der Reflexion, nicht dem naiven Volksglauben entsprungene
Gebetformulare daraus zusammenstellten.

Es war dasselbe Bestreben welches die Pontifices in beiden
Fällen leitete: den Forderungen des Lebens gerecht zu werden.
Wir werden das auf privatrechtlichem Gebiet noch genauer kennen
lernen, wenn wir von ihrer Bearbeitung der Formulare nach dem
Zwölf-Tafel-Gesez sprechen. Dass es auch auf dem sacralen vorhanden war, zeigt z. B. die Einführung des Gottes Argentinus:
Die Prägung des Silbergeldes ist jünger (485) als die des Kupfers
(303—5); deshalb ist Argentinus zum Sohn des Aescolanus gemacht. Freilich als man zur Goldprägung[3] vorschritt, war die

---

*Pictor hos deos enumerat, quos inuocat flamen sacrum Cereale faciens Telluri
et Cereri*: *Veruactorem, Reparatorem, Inporcitorem, Insitorem, Obaratorem, Oc-
catorem, Sarritorem, Subruncinatorem, Messorem, Convectorem, Conditorem,
Promitorem.*

[1] s. Marq. p. 18 ff.

[2] Tertull. ad nat. 2, 11: *Non contenti eos deos asseuerare, qui uisi
retro auditi contrectatique sunt, [quorum] effigies descriptae, negotia digesta,
memoria [propagata, umbras nescio] quas incorporales, inanimales et nomina
de rebus efflagitant caelo et sanciunt, dividentes omnem statum hominis
singulis [potestatibus, ab ipso] quidem uteri conceptu . . . * Vgl. Aug. de
C.D. 4, 8. 24. Serv. z. Georg. 1, 21: *Nomina numinibus ex officiis constat
imposita, uerbi causa ut ab occatione deus Occator dicatur, a sarritione
deus Sarritor, a stercoratione Sterculinius, a satione Sator.* Vgl. Ambrosch p. 230. Preller 1, 136. Ihering Geist II, 400.

[3] Vereinzelte Versuche schon 537, im grösseren Umfange erst am Ende
der Republik. Marq. St. V. II, 24—25.

alte Religion schon so weit abgestorben, dass die Pontifices keinen
Gott Aurinus mehr aufgestellt haben [1].

_____

Eine weitgehende Tätigkeit, welche auch hier nicht unerwähnt
bleiben kann, entfalteten die Pontifices auf dem Gebiete des Ka-
lenderwesens. Sie wussten, an welchen Tagen die Klagen vor dem
Magistrat angebracht werden durften (*dies fasti*) und gaben diese
Termine den Nachfragenden bekannt. Nach ihren Sazungen ver-
fiel der Magistrat, welcher an einem *dies nefastus* aus Unbedacht
seine Jurisdiction ausübte, der Expiation, der es wissentlich tat,
erschien ihnen sogar als unsühnbar [2]. Der Kalender war zunächst
zur eigenen Instruction der Pontifices in ihrem Archiv aufgezeichnet
und wurde am ersten jedes Monats durch öffentlichen Ausruf (*ca-
lare — Kalendae*) bekannt gemacht.

So hoch die Bedeutung dieses Kalenders für das älteste römische Gerichtsverfahren anzuschlagen ist, scheint doch hier ein
Eingehen auf die verwickelten und troz der vielen Untersuchungen
auch heute noch durchaus streitigen Punkte dieser Disciplin nicht
geboten [3]. Denn für die Entwicklung der juristischen Litteratur ist
das Kalenderwesen von untergeordneter Bedeutung.

III. DIE RESPONSA.

Wir sahen, dass die Pontifices die berufsmässigen Kenner des
Rechts waren, und dass ihre Kunst in der praktischen Anwendung des Rechts bestand. Wir stellen uns nunmehr vor die Frage,

_____

[1] Die Kirchenväter spotten gern darüber, s. Aug. de C. D. 4. 21 : . . .
*deae Pecuniae, ut pecuniosi essent, deo Aescolano et filio eius Argentino,
ut haberent aeream argenteamque pecuniam. num ideo patrem Argentini
Aescolanum posuerunt, quia prius aerea pecunia coepit in usu esse, post
argentea. miror autem quod Argentinus non genuit Aurinum, quia et aurea
subsecuta est.* vgl. 4, 28. Ambrosch p. 34 ff.

[2] Q. Scaev. bei Varro de l. l. 6, 30: *Praetor, qui tum fatus est, si im-
prudens fecit, piaculari hostia facta piatur, si prudens dixit, Quintus Mucius ambigebat eum expiari ut impium non posse.*

[3] Es mag genügen auf die hervorragendsten Arbeiten der Neuzeit hinzuweisen: Mommsen Röm. Chronologie 2. Aufl. 1859. Huschke Das alte
römische Jahr 1869. Hartmann Der römische Kalender herausg. v L. Lange
1882.

welches dabei ihre Methode war, d. h. wie sich diese Rechtsanwendung im einzelnen Falle gestaltete, und betreten damit das
Gebiet der sogenannten Rechtsbescheide (*responsa*). Die Pontifices können in zweierlei Weise tätig werden: als Collegium oder
als Einzelne. Die Art und Weise, wie das Collegium arbeitete,
ist grundlegend geworden für die ganze Entwicklung im Sacral-
wie Civilrecht. Ihr gebührt darum eine ausführlichere Darstellung.
Glücklicher Weise giebt uns hier die Ueberlieferung wenigstens über
das Sacralrecht hinreichende Aufschlüsse. Von diesem werden wir
also ausgehen und die Consulenten- und Respondententätigkeit der
Pontifices, wie sie in verschiedenen Fällen hauptsächlich der spätern
Republik hervortritt, betrachten. Sodann werden wir versuchen
von dieser verhältnismässig sicheren Grundlage aus Rückschlüsse
auf die früheren Zeiten, namentlich auf das Privatrecht, zu machen.
Es kommt hier vor allem ein Fall in Betracht: der Handel
um Ciceros Haus, über welchen wir, was die tatsächlichen Verhältnisse anlangt, durch Ciceros Reden und Correspondenz ziemlich genau
unterrichtet sind. Da wir fortwährend damit exemplificiren werden,
mag hier das zur Orientirung Notwendige vorweg zusammengestellt
werden [1]:

Im Anfang des Jahres 696 promulgirte der Volkstribun P.
Clodius Pulcher ein Gesez, wonach der, welcher einen römischen
Bürger ohne Urteilsspruch getötet hatte, in die Verbannung geschickt werden sollte [2]. Cicero, der zwar nicht genannt war, der
aber wie jeder andere wusste, dass er wegen der Tötung der Ca-
tilinarier (691) damit getroffen werden sollte, verliess Rom noch
bevor der Entwurf zum Gesez geworden war [3]. Bald darauf er-
liess Clodius ein zweites Gesez, worin die Verbannung gegen Cicero
direct verhängt und die Confiscation und Niederreissung seines
Wohnhauses auf dem Palatin und seiner Villen ausgesprochen war [4].
Clodius machte sich mit der ihm eigenen Rohheit an die Ausführung dieses Gesezes: er liess das Haus niederreissen, das Areal auf
dem Palatin kaufte er teils persönlich teils durch vorgeschobene
Mittelsmänner an. Um aber dem Cicero jede Rückgewinnung des
Plazes in späterer Zeit unmöglich zu machen, baute er auf dem-

---

[1] Vgl. Drumann II p. 243—262; 268—271; 310—316.

[2] Vell. 2, 45: *Qui ciuem Romanum indemnatum interemisset, ei aqua
et igni interdiceretur.*

[3] Mitte März Lange R. A. III[3], 308.

[4] p. Sest. 65: *cum de . . bonis proscriptio ferretur.* in Pis. 30: *bonorum tribunicia proscriptio.* Ascon. p. 10 Or.

selben einen Tempel der Libertas und weihte diesen der Göttin,
indem ein junger Pontifex L. Pinarius Natta, sein Verwandter, die
nötigen pontificalen Consecrationshandlungen (*postem tenere, uerba
praeire* etc.) verrichtete. Damit war der Plaz nach Clodius Ansicht *res sacra*, also Eigentum der Gottheit geworden und dem
menschlichen Verkehr entzogen.

Am 4. Aug. 697[1] ging das Gesez, welches Cicero unter Wiedereinsezung in den früheren Besizstand aus der Verbannung zurück-
rief[2], in den Comitien durch. Bezüglich des Plazes, auf welchem der
Tempel stand, beschloss der Senat noch ein Decret von dem Pontifical-Collegium einholen zu lassen, ob die Consecration zu Recht bestände[3]. Cicero, der am 4. Sept. nach Rom zurückgekehrt war, führte·
seine Sache im Verhandlungstermin vom 29. Sept. selbst vor dem
Collegium[4]. Er hat in der uns erhaltenen Rede eine ganze Menge
von Gründen angeführt, weshalb die Consecration ungültig sein solle.
Es ist für unseren Zweck wichtig, dass das Collegium nur auf
einen derselben eingeht. Es bestand nämlich ein papirisches Gesez,
welches die Consecration eines Tempels ohne dazu ermächtigenden
Auftrag durch ein Plebiscit untersagte[5]. Hierauf fussend entschieden die Pontifices: wenn nicht eine namentliche Beauf-
tragung durch Volksschluss erweislich wäre, so könne das Grundstück dem Cicero ohne religiöse Bedenken zurückgegeben werden[6].
Es kam also darauf an, ob in dem clodischen Verbannungs-

---

[1] ad Att. 4, 1, 4.

[2] de har. resp. 11: *domum populus Romanus . . . comitiis centuriatis
. . . eodem iure esse iussit, quo fuisset.*

[3] de domo 69. de har. resp. 12: *Postea uero, patres conscripti, . . .
decreuistis, ut de mearum aedium religione ad pontificum cellegium referretur.*

[4] ad Att. 4, 2, 2: *diximus apud pontifices pridie Kal. Octobres.*

[5] de domo 127: *Video enim esse legem ueterem tribuniciam, quae
uetet iniussu plebis aedes, terram, aram consecrari . . . Q. Papirius, qui
hanc legem rogauit.* 128. *Lex Papiria uetat aedes iniussu plebis consecrari.* Das galt nicht blos dann, wenn das consecrirte Grundstück vorher
Staatseigentum (*publicum*) sondern auch, wenn es wie hier Privateigentum
(*privatum*) gewesen war, weil jeder Tempel der Gemeinde die Kosten für
seine Erhaltung und Verwaltung aufbürdete. Vgl. Momms. St. R. II, 60. 602.

[6] ad Att. 4, 2, 3: *Cum pontifices decressent ita: ,si neque populi iussu
neque plebi scitu is, qui se dedicasse diceret, nominatim ei rei praefectus
esset, neque populi iussu aut plebi scitu id facere iussus esset, uideri posse
sine religione eam partem areae mi restitui', mihi facta statim est gra-
tulatio.*

gesez ein derartiger namentlicher Auftrag zur Consecration enthalten war. Clodius hatte, obwol das augenscheinlich nicht der
Fall war, doch die Stirn zu behaupten, das Gutachten der Pontifices habe ihm Recht gegeben. Der Senat aber, welcher am 1.
und 2. October über die Frage beriet, kam zu dem unzweifelhaft
richtigen Resultat, dass das clodische Gesez[1] den von den Pontifices zur Consecration für nötig erachteten Anforderungen nicht
genüge, und sprach dem Cicero das Areal nebst einer Entschädigungs-
summe für das niedergerissene Haus und die Villen zu[2].

Die weiteren Vorgänge bezüglich des Hauses berühren die
hier dargestellte Rechtsfrage nicht mehr.

Wenden wir uns nunmehr zur näheren Erörterung der Tätigkeit des Pontifical-Collegiums, soweit sie im gutachtlichen Beantworten vorgelegter Fragen besteht, so ist zunächst darzulegen, wer
offiziell dazu befugt war, derartige Anfragen zu stellen.

Bekanntlich stand das Collegium unter der lebenslänglichen
Vorstandschaft ursprünglich des Königs[3], in republikanischer Zeit
des Pontifex maximus. Der letztere hat durchweg eine dop-
pelte Stellung. Einmal ist er das Oberhaupt und in dieser Beziehung der Nachfolger des Königs, das Collegium erscheint nur
als sein Consilium[4]; andrerseits ist er selbst Mitglied des Collegiums, seine Functionen sind nur die des Vorsizenden bei den Beratungen.

In ersterer Hinsicht steht ihm die unbeschränkte Befugnis zu,
so oft er will, einen Rat des Collegiums einzuholen, ein rechtlicher
Zwang dazu ist jedoch nicht vorhanden, er kann auch selbständig
vorgehen. Beispiele für Beides bieten die Fälle, in welchen
ihm eine Strafgewalt zusteht. Der Pontifex maximus handelt
selbständig, wenn es sich um die Multirung der ihm unterstellten Flamines und des Opferkönigs handelt[5]; wenn die Vestalin das heilige Heerdfeuer hat erlöschen lassen, verhängt er

---

[1] Die *lex Clodia* ist gemeint (ad Att. l. c.), wenn M. Varro Lucullus,
sagt: *in senatu de lege statuturos*, denn die Interpretation der *lex Papiria*
hatten ja die Pontifices selbst in ihrem Decret gegeben.

[2] ad Att. 4, 2, 3—5. de har. resp. 13.

[3] Vgl. Momms. St. R. II, 17 ff.

[4] Die nähere Erörterung dieses Sazes s. unt. p. 54 ff.

[5] Momms. St. R. II, 55—57. Die Ueberlieferung weiss hier nichts
von einer Befragung des Collegiums.

die Strafe der Geisselung über sie[1]. Wenn es sich aber um einen
Incest, der mit Todesstrafe gebüsst wurde, handelte, so holte der
Pontifex maximus nach stattgehabter Beweisaufnahme regelmässig
ein Gutachten des Collegiums ein[2]. Doch sind diese Fälle nicht die einzigen. Es ist schon erwähnt, dass die Pontifices bei Verlezung der
Religion von Amtswegen einschreiten konnten, und dies wird meistens
so geschehen sein, dass der Pontifex maximus, als der eigentliche
Vertreter des Rechts der Götter, dem Collegium den fraglichen Fall
vortrug und ihr Gutachten den Behörden zur weitern Veranlassung
übergab[3]. Notwendig ist auch hier die Befragung nicht. Der Pontifex maximus konnte auch allein seine religiösen Bedenken aussprechen[4]. Man wird ebenso wenig dem Belieben des Pontifex
maximus, sich des Beirats seines Collegiums zu bedienen, eine
Schranke sezen können, als man annehmen darf, dass er in irgend
einem Falle rechtlich gezwungen war, denselben einzuholen. Das
Herkommen hatte allerdings viel zu bedeuten, wenn es aber einmal
auf die Rechtsfrage ankommt, so zeigt sich immer, dass in derartigen Fällen der Pontifex maximus dem Collegium gegenüber
unverantwortlich ist[5].

Ein ganz analog gestaltetes Recht das Collegium der Pontifices
in Angelegenheiten der römischen Gemeinde zu befragen hat den
höheren Magistraten zugestanden. Nicht darf man die Berichte
der Quellen hier so auffassen, als ob die Consultation indirect stattgefunden habe, etwa durch eine Aufforderung an den Pontifex

---

[1] Liv. 28, 11: *Caesaque flagro est Vestalis . . . iussu P. Licinii pontificis* (max. vgl. Liv. 25, 5). Auch Fest. ep. 106, Dionys. 2, 67, Plut.
Numa 10 sprechen nicht von einer Mitwirkung des Collegiums.

[2] Liv. 4, 44; 8, 15. Die Zuziehung des Collegiums war hier allerdings
feststehende Sitte. Dass sie aber nicht rechtlich erforderlich war, zeigt
die Begründung bei Cic. de har. resp. 13: *Religionis explanatio uel ab uno
pontifice perito recte fieri potest, quod idem in iudicio capitis durum atque
iniquum est.* Vgl. unt. p. 40.

[3] Am klarsten stellt sich das Verhältnis in einem von Liv. 34, 44 aus
dem Jahre 560 berichteten Fall dar: *Ver sacrum factum erat priore anno
M. Porcio et L. Valerio consulibus. Id cum P. Licinius pontifex* (max.
Liv. 25, 5) *non esse recte factum collegio primum deinde ex auctoritate
collegii patribus renuntiasset, de integro faciendum arbitratu pontificum
censuerunt.*

[4] Das hat derselbe P. Crassus im Jahre 554 getan (Liv. 31, 9). Dass
der Senat den Fall an das Collegium zurückweisen lässt, ist eine Sache für
sich, welche gleich näher zu erörtern ist.

[5] Das Nähere s. unt. p. 55—56.

maximus, die betreffende Angelegenheit begutachten zu lassen: Die am genauesten überlieferten Fälle zeigen, dass die Magistrate berechtigt waren, das Collegium selbst zusammenzurufen und zu befragen. Dies Recht scheint allen Trägern des Imperium[1] zugestanden zu haben: bezeugt ist es beim Dictator[2], Consul[3], Consulartribunen[4] und Praetor[5]. Es liegt aber kein Grund vor, das Recht nicht auch auf den Interrex und die ausserordentlichen Magistrate, wie die Decemvirn, auszudehnen. Von dem Triumvir Caesar kennen wir eine Consultation aus dem Jahre 716, aber sie geschieht in einer Privatangelegenheit[6], gehört also nicht hierher. Ob auch der Censor hierher zu ziehen ist[7], bleibt zweifelhaft. Ausserdem wird von Cicero ausdrücklich dem Volkstribunen das

---

[1] Bezüglich des Zusammenhangs mit dem Imperium s. unt. p. 54.

[2] Liv. 22, 9. s. Anm. 5.

[3] Liv. 31, 9: Der Senat befahl im Jahre 554 dem Jupiter Spiele zu geloben. Der Pontifex maximus P. Licinius Crassus erklärte jedoch die Votion für unzulässig, so lange nicht eine bestimmte Summe dafür ausgeworfen sei. Darauf beauftragte der Senat einen der Consuln ein Gutachten des Collegiums einzuholen (*ad collegium pontificum referre consul iussus*). Das geschah und die Antwort desselben entschied gegen den Pontifex maximus. Da Crassus ohne das Collegium zu befragen bereits gesprochen hatte, ist nicht er es sondern, wie Livius ausdrücklich sagt, der Consul, welcher die Sache dem Collegium vorlegt.

[4] Gellius u. Cass. Hemina bei Macr. 1, 16, 22—24. Die Consulartribunen referiren im Jahre 365 im Senat und der Senat beschliesst das Pontifical-Collegium befragen zu lassen (*patres iussisse, ut ad collegium pontificum de his religionibus referretur*). Der Auftrag kann in jenem Jahre nur an die Consulartribunen ergangen sein, da andere in Betracht kommende Magistrate nicht vorhanden waren.

[5] Cic. de domo 136. (*nonne . . . ad hoc collegium Sex. Iulius praetor retulit?*) Liv. 22, 9—10. Dieser letztere Fall ist für die ganze Frage am wichtigsten. Im Jahre 537 hatte man wegen der Frevel des am trasimenischen See gefallenen Consuls C. Flaminius die Sibyllinischen Bücher befragen lassen. Diese gaben verschiedene Sühnmittel an, darunter einen Weihefrühling. Es heisst weiter: *Senatus quoniam Fabium* (Dict. vgl. 22, 8) *belli cura occupatura esset* (also wäre an sich auch der Dictator zuständig gewesen), *M. Aemilium praetorem ex collegii pontificum sententia omnia ea, ut mature fiant, curare iubet.* (10) *His senatus consultis perfectis L. Cornelius Lentulus pontifex maximus consulente collegium praetore omnium primum populum consulendum de uere sacro censet: iniussu populi uoueri non posse.* Das Collegium wird durch den Praetor befragt, also kann die Antwort des Pontifex maximus nur als ein *respondere pro collegio* aufgefasst werden (vgl. unt. p. 38).

[6] Dio 48, 44. Tac. Ann. 1, 10. Vgl. unt. p. 36. 40.

[7] wie es aus Cic. de domo 136 scheinen möchte. Vgl. unt. p. 55.

Recht das Collegium zu berufen (*cogere*) zugeschrieben [1]. Die offizielle Bezeichnung für das Befragen des Collegiums durch die Magistrate ist: *referre ad pontificum collegium* [2]; sie steht ihrer Bedeutung nach dem mehr vulgären *consulere* völlig gleich [3].

Die Anfrage der Magistrate geschieht in den meisten uns bekannten Fällen auf Grund eines Senatusconsultum. Aber dasselbe veranlasst nicht direct die Pontifices zusammenzutreten, es ist immer die Vermittlung der Magistrate nötig [4]. Auch ist kein Fall bekannt, dass der Pontifex maximus vom Senat beauftragt worden wäre ein Gutachten des Collegiums einzuholen [5].

---

[1] Cic. de domo 117: *Pontifex, inquit*, (Clodius) *adfuit. Non te pudet, cum apud pontifices res agatur, pontificem dicere et non collegium pontificum adfuisse, praesertim cum tribunus plebis uel denunciare potueris uel etiam cogere?* Danach steht dem Tribunen das Recht zu direct das Collegium zusammenzurufen. Es handelt sich hier allerdings nicht um ein Zusammenkommen zum Zweck eines Gutachtens sondern der Assistenz und Mitwirkung bei der Dedication des Tempels der Libertas. Aber dass dem Tribunen in der einen Hinsicht das Versammlungsrecht zugestanden habe, in der andern nicht, ist nach römischem Staatsrecht nicht denkbar. — Anders versteht die Stelle Mommsen St. R. I, 26 A. 1, der in dem *cogere* ein Multirungs- und Coercitionsrecht sieht. *Cogere* in der Bedeutung ,zusammenrufen' wird oft gebraucht: vom Senat (Cic. ad fam. 5, 2, 3; de fin. 3, 7; Liv. 3, 39), von den municipalen Decurien (Marcian. D. 50, 9, 2), vom Volk (Fast. Praen. z. 3. Jan. C. I. L. I p. 312), von privaten Collegien (C. I. L. VI, 2193 = 4416). Vgl. bezüglich der Ausdrücke *coire conuocari cogi* auch Vlp. ad ed. 35 (D. 26, 7, 3, 7). Ueber *denunciare* s. unt. p. 37 Anm. 2.

[2] Beispiele liefern die vorhergehenden und folgenden Anmerkungen in Fülle. Auch *deferre* findet sich Cic. de domo 138. 140.

[3] Vgl. Cic. de domo 130 mit 136; ebend. 33; Liv. 39, 5; Tac. Ann. 1, 10 vgl. mit Dio 48, 44 (πυθόμενος).

[4] In den citirten Fällen wird immer gesagt, dass der Senat das Collegium befragen lässt meist mit Angabe des beauftragten Magistrats. Die correcteste Form ist darum Cic. de domo 136: *Nonne eam rem ex senatus auctoritate ad hoc collegium Sex. Iulius praetor retulit?* Vgl. Liv. 39,5: *senatus pontificum collegium consuli iussit*; 38, 44: *placere ad collegium pontificum referri.* Cic. ad Att. 1, 13, 3: *rem ex senatus consulto ad pontifices relatam.* Bei der Frage nach Ciceros Haus wurden wahrscheinlich die Consuln beauftragt; vgl. de har. resp. 12: *decreuistis, ut de mearum aedium religione ad pontificum collegium referretur;* vgl. de domo 69. Ebenso werden zu beurteilen sein Liv. 41, 16: *cum . . . senatus . . . ad pontificum collegium reiecisset;* vgl. Verr. Flacc. bei Gell. 5, 17 (vgl. Macr. 1, 16, 24); Dio 48, 53: ἡ βουλή . . . πεισθεῖσα τοῖς ποντίφιξι.

[5] Davon ist der Fall zu trennen, dass er als einzelner Pontifex befragt wird. Vgl. unt. p. 44.

Für den lezteren kommt hier seine Stellung als Mitglied des Collegiums in Betracht. Er nimmt an den Beratungen und Beschlussfassungen teil, seine Eigenschaft als Vorstand tritt nur darin zu Tage, dass er den Beschluss des Collegiums offiziell verkündet (vgl. unt. p. 38). Ursprünglich sind die beiden geschilderten Functionen des Pontifex maximus als getrennt zu denken, im ersteren Falle wird er beraten, im lezteren berät er selbst. Indessen muss hier sehr früh ein Ausgleich eingetreten sein. Denn was die Form der Begutachtung angeht, lassen sich an den uns bekannten Beispielen Besonderheiten nicht nachweisen; nur die fragende Person ist eine verschiedene. Wir müssen uns den Vorgang also so denken: der Pontifex maximus kann von sich aus dem Collegium Fragen vorlegen, nimmt aber auch in diesem Falle an der Beratung und Abstimmung desselben teil und publicirt den gefassten Beschluss als Decret des Collegiums.

Hieran ist eine weitere Erscheinung anzuknüpfen. Es steht nämlich — wenigstens in der spätern Republik — auch dem Privaten oder, was dasselbe ist, dem Magistrat in privaten Angelegenheiten das Recht zu die Hülfe des Collegiums in Anspruch zu nehmen. So hat z. B. Caesar (Augustus) im Jahre 716 in seiner bekannten Heiratsangelegenheit das Collegium befragt, ob er die schwangere Livia zur Frau nehmen könne[1]. Das Herkommen scheint es dem Bürger sogar zur Pflicht gemacht zu haben gewisse besonders wichtige Fälle dem Collegium zu unterbreiten. Cicero macht es dem Clodius zum Vorwurf, dass er bei der Einweihung des Tempels der Libertas nur den jüngsten der Pontifices, den L. Pinarius Natta, um Rat gefragt, sich von ihm die Dedicationsformeln habe geben und vorsprechen lassen, statt von dem Collegium vorher ein Gutachten über die Zulässigkeit der Weihe überhaupt einzuziehen[2]. Clodius war damals (696) zwar Tribun, aber er dedicirte nicht als Magistrat ein bisher der Gemeinde gehörendes, sondern ein in seinem Eigentume stehendes, ihm durch Kauf erworbenes Grundstück als Privatmann (vgl. ob. p. 30). Rechtlich notwendig scheint die Befragung des Collegiums in diesem Falle nicht gewesen zu sein, wenigstens ist das pontificale Decret auf diesen Beschwerdepunkt nicht eingegangen. Aber es genügt

---

[1] Dio 48, 44: Διστάζοντος οὖν τοῦ Καίσαρος καὶ πυθομένου τῶν ποντιφίκων, εἰ οἱ ὅσιον ἐν γαστρὶ ἐχούσαν αὐτὴν ἀγαγέσθαι εἴη, ἀπεκρίναντο... Auch die von Iulius Modestus bei Macr. I, 16, 28 berichtete Consultation des Augurs M. Messala (cos. 701) kann nur als eine private aufgefasst werden.

[2] Cic. de domo 181 ff.

für unsern Zweck aus Ciceros Ausführungen constatiren zu können,
dass sie zulässig gewesen wäre.
Eine Handhabe für die Auffassung dieses Consultationsrechtes
des Privaten zu finden ist schwierig. Jedenfalls war er nicht befugt directe Anfragen an das Collegium zu stellen, da dasselbe
ursprünglich nur als Consilium des Pontifex maximus und der Oberbeamten erscheint (vgl. ob. p. 32, unt. p. 54), während der Berater des Privaten der einzelne Pontifex ist (vgl. unt. p. 43). Wir
müssen also annehmen, dass er eine Entscheidung des Collegiums nur
durch Vermittlung des Pontifex maximus erwirken konnte[1]. Ein
Zwang desselben war dabei natürlich ausgeschlossen. Aber der
Pontifex maximus konnte die Frage, wenn sie ihm dazu angetan
erschien, dem Collegium vorlegen, wobei er nun wiederum als Mitglied desselben erschien und im Namen desselben dem Privaten
auf seine Frage Antwort gab.

Dass auch der Magistrat diesen indirecten Weg der Befragung
des Collegiums durch den Pontifex maximus wählen konnte, leuchtet
von selbst ein. Es scheint ihm dabei ein Zwangsrecht gegen den
Pontifex maximus zugestanden zu haben, wodurch dieser verpflichtet
wurde, die Entscheidung des Collegiums herbeizuführen[2].

Von der Geschäftsordnung des Collegiums im Einzelnen
wissen wir wenig. Die Leitung der Verhandlungen steht dem Pontifex maximus zu. Den Interessenten ist gestattet den Gegenstand
durch ihre Vorträge zu beleuchten[3]. Darauf muss eine Beratung
erfolgt sein und ist — wahrscheinlich mittelst Abstimmung — ein
Beschluss (*decretum*)[4] gefasst. Derselbe wird dann offiziell durch

---

[1] An eine Vermittlung der Magistrate ist nicht zu denken, da sie das
Collegium nur in Angelegenheiten der Gemeinde consultiren.

[2] Cic. de domo 117 (s. ob. p. 84 A. 7). In dieser Weise glaube ich das
denunciare verstehen zu müssen. Es ist ein amtliches Auffordern (Momms.
a. a. O.) und da es nach Ciceros Angabe ein Vorzugsrecht des Magistrats
ist, kann das Besondere desselben wol kaum in etwas anderm als in einem
zwangsweisen Auffordern bestehen.

[3] Ciceros Rede *de domo sua* ist ein solcher Vortrag ad Att. 4, 2, 2.

[4] *Decernere* (*decretum*) ist der am häufigsten gebrauchte technische
Ausdruck für die Beschlussfassung des Pontifical-Collegiums: Liv. 24, 44;
27, 4. 37; 31, 9; 32, 1; 33, 44; 34, 45; 39, 22. Cic. de leg. 2, 58; ad Att.
1, 13, 3 (vgl. Dio 37, 46 οἱ ποντίφικες . . . ἔγνωσαν). Gell. 4, 6, 10; 5, 17
Fest. ep. p. 179. Daneben kommt auch *statuere* vor: Cic. de leg. 2, 58.
Macr. 1, 16, 24. *censere*: Liv. 31, 12.

den Vorsizenden in Gegenwart des Collegiums verkündet und gilt
als Antwort des letzteren auf die vorgelegte Frage. Darum heisst
es technisch vom Pontifex maximus: *pro collegio respondit*[1]. Das
Collegium war beschlussfähig schon in der Zahl von drei Mit-
gliedern[2]. Die persönliche Anwesenheit des Pontifex maximus war
nicht notwendig, aber seine Functionen als Vorstand und Sprecher
konnten nicht ruhen, bei seiner Verhinderung war eine Vertretung durch ein anderes Mitglied erforderlich[3]. In früheren Zeiten
galt es zwar für unzulässig, dass er Italien verliess[4], im lezten
Jahrhundert der Republik kam es jedoch häufig genug vor[5].

---

[1] Cic. de domo 136: *M. Aemilium pontificem maximum pro collegio
respondisse . . . P. Scaeuola pro collegio respondit.* de har. resp. 21: *respondebis . . . pro pontificum collegio.* Es ist dabei gleichgültig, wie man
das *pro* versteht (vgl. Marq. St. V. III, 262 A. 6): „statt des Collegiums" oder
„in Gegenwart" desselben. Die Tatsache, dass die Magistrate das Collegium
nicht den Pontifex maximus befragen, wird dadurch nicht alterirt. Es ist
sehr wol die Auffassung möglich, dass auf eine offizielle Anfrage an das Collegium eine offizielle Antwort desselben durch den Sprecher vor dem versammelten
Collegium stattfinden musste. Wäre nur der Pontifex maximus befragt
und antwortete er für sich, so läge eine Anfrage an einen einzelnen Pontifex
vor, also eine Zuziehung des Collegiums wäre überflüssig. Dass die Antwort als eine solche des Collegiums gilt, geht ferner daraus hervor, dass man
sagen kann: *pontifices responderunt* (Cic. ad Att. 4, 1. 7. Macrob. 1, 16, 28. Dio
48, 44: ἀπεκρίναντο); schliesslich aus der völligen Gleichstellung von *decretum*
und *responsum*: Cicero gebraucht hinsichtlich des Bescheides in seiner Sache
bald *decernere* bald *respondere*, auch *statuere* (ad Att. 4, 1, 7; 4, 2, 3—4).
— Die Wendung *pontifices pro collegio decreuisse* bei Gell. 11, 3, 2 ist
sonst nicht belegbar und beruht wahrscheinlich auf einem Zusammenwerfen
der technischen Bezeichnungen *decernere* und *pro collegio respondere*. Anders ist die Ausdrucksweise, wenn der Pontifex maximus das Collegium
nur als sein Consilium zu Rat zieht. Vgl. Liv. 34, 44: *Cum P. Licinius pontifex
. . . ex auctoritate collegii patribus renunciasset*; 4, 44: *Deinde absolutam pro collegii sententia pontifex maximus abstinere iocis . . . iussit.*

[2] Cic. de har. resp. 12: *De sacris publicis, de ludis maximis, de deorum penatium Vestaeque matris caerimoniis de illo ipso sacrificio, quod fit
pro salute populi Romani . . . quod tres pontifices statuissent, id semper
populo Romano, semper senatui, semper ipsis dis immortalibus satis sanctum,
satis augustum, satis religiosum esse uisum est.*

[3] Die Regelung der Vertretung ist nicht bekannt. Vgl. Momms. St.
R. II, 22.

[4] Liv. 28, 38: *quia sacrorum cura pontificem maximum in Italia
retinebat.*

[5] Ob P. Crassus Mucianus der erste war, der die Regel überschritt, wie

Ciceros Sache ist ohne den Pontifex maximus C. Caesar, welcher seit 696 als Proconsul in Gallien zu Felde lag, verhandelt worden.

Die Form des Decrets ist die der Begutachtung[1]. Regelmässig wird nur die Ansicht des Collegiums ausgesprochen, Hinzufügung der Entscheidungsgründe kommt vor[2], ist aber selten. Hiermit hängt eine für das Wesen des pontificalen wie des späteren Responsums der Juristen grundlegende Erscheinung zusammen: Die Pontifices lassen sich nicht auf eine Untersuchung und Entscheidung der tatsächlichen Verhältnisse ein, andrerseits sprechen sie aber auch keinen allgemeinen Rechtsgrundsaz aus, sondern sie nehmen die Tatsachen so, wie sie ihnen vorgetragen, als gegeben an und bringen darauf den einschlägigen Rechtssaz zur Anwendung. Ob der Fall wirklich so liegt, wie sie ihn zur Voraussezung ihrer Entscheidung genommen haben, ist dann eine weitere Frage, die von den zuständigen Behörden entschieden werden muss. Wir erkennen das am deutlichsten aus Ciceros Fall (vgl. ob. p. 31). Das Decret sagt: Wenn der Dedicant nicht namentlich durch Gesez zur Dedication befähigt ist, so besteht dieselbe nicht zu Recht. Ob das Clodische Verbannungsgesez einen solchen namentlichen Auftrag enthalte, weigern sie sich, als sie darüber im Senat zur Rede gestellt werden, zu entscheiden: das gehe den Senat an[3]. — Bei dem Frevel des Clodius am Fest der Bona Dea (692) entschieden die Pontifices nur die Frage, ob die Feier durch die ihnen gemeldeten Vorgänge entweiht sei[4]. Der Senat liess darauf Clodius in den Anklagezustand versezen und die bestochenen Richter sprachen ihn bekanntlich frei, das heisst sie erkannten die Voraussezungen, auf welche fussend das Collegium einen Frevel

---

Liv. ep. 59 berichtet, ist zweifelhaft. Vgl. Bardt Die Priester der vier grossen Collegien p. 5—6. Progr. Berlin 1871.

[1] Cic. de domo 136: *non videri eam posse recte dedicari.* Ebend.: *sacrum non uiderier.* ad A. II. 4, 2, 8: *uideri posse . . . eam partem areae mi restitui.* Macr. 1, 16, 28: *nundinas sibi ferias non uideri.* Vgl. zum Folgenden Momms. St. R. II, 44—49.

[2] z. B. Liv. 27, 25.

[3] Cic. ad Att. 4, 2, 4: *Tum M. Lucullus de omnium collegarum sententia respondit: religionis iudices pontifices fuisse, legis senatum; se et collegas suas de religione statuisse, in senatu de lege statuturos.*

[4] Cic. ad Att. 1, 13, 3. Dio 37, 46.

angenommen hatte, als nicht zu Recht bestehend an. — In der Frage nach der Zulässigkeit von Caesars Verheiratung mit der Livia (s. ob. p. 36) ergeht das Decret dahin: Wenn die Schwangerschaft zweifelhaft wäre, müsse die Ehe aufgeschoben werden, wenn sie zugegeben wäre, so liege ein Hindernis nicht vor[1]. Was faktisch der Fall war, sprach des Collegium in formell correcter Weise nicht aus. — Das Decret der Pontifices darf demnach nicht als gerichtliche Entscheidung, sondern immer nur als Begutachtung der Rechtsfrage aufgefasst werden.

Etwas anderes gestaltete sich die Sache bei den Capitalprocessen der Vestalinnen. Hier stand die Untersuchung und die vollziehende Gewalt dem Pontifex maximus zu; und wir sahen, dass er sich dabei regelmässig des Collegiums als Consilium bediente[2]. Demselben wurde, wie unsere Beispiele zeigen, die Frage vorgelegt, ob der Beweis des Incestes als erbracht anzusehen sei, das heisst das Decret[4] erkannte über die Tatfrage. Das eigentliche Urteil, die Verhängung der Strafe oder die Freisprechung, scheint dagegen der Pontifex maximus gesprochen zu haben[5]. Indessen kommt hier alles auf die dem Collegium übertragene Entscheidung über schuldig oder nicht schuldig an, und daraus erklärt es sich, dass demselben hier fast ausnahmsweise in unseren Quellen Richterfunctionen[6] zugeschrieben werden.

---

[1] Dio 48, 44: ὅτι εἰ μὲν ἐν ἀμφιβόλῳ τὸ κύημα ἦν, ἀναβληθῆναι τὸν γάμον ἐχρῆν· ὁμολογουμένου δὲ αὐτοῦ οὐδὲν κωλύει ἤδη αὐτὸν γενέσθαι.

[2] Desgleichen bei der Adrogation s. unt. p. 52.

[3] vgl. Momms. St. R. II, 53—55. Marq. St. V. III, 302. ·

[4] Liv. 8, 15: decreto eorum iussa sacris abstinere.

[5] Das lehrt eine Zusammenstellung von Plut. de inim. util. 6 mit Liv. 4, 44 (394 d. St.): Ποστουμίαν δὲ τὸ γελᾶν προχειρότερον καὶ λαλιᾷ χρῆσθαι θρασυτέρᾳ πρὸς ἄνδρας διέβαλεν, ὥστε κριθῆναι φθορᾶς. εὑρέθη μὲν οὖν καθαρὰ τῆς αἰτίας, ἀπολύσας δὲ αὐτὴν ὁ ἀρχιερεὺς Σπόριος Μινούκιος ὑπέμνησε μὴ χρῆσθαι λόγοις ἀσεμνοτέροις τοῦ βίου. Liv.: Absolutam pro collegii sententia pontifex maximus abstinere iocis colique sancte potius quam scite iussit. Vgl. auch den Bericht des Ascon. p. 46 (aus dem J. 640/1): Sex. Peducaeus tr. pl. criminatus est L. Metellum pontificem maximum totumque collegium pontificum male iudicasse de incestu uirginum Vestalium, quod unam modo Aemiliam damnauerat, absoluerat autem duas Marciam et Liciniam. Dass der Pontifex maximus noch neben dem Collegium genannt ist, darf man wol als einen Beweis für unsere Auffassung ansehen.

[6] Cic. de har. resp. 13. Nego unquam . . . ulla de re, ne de capite

So wenig das Responsum formell ein Urtheilsspruch war, sondern nur eine Ansicht des Collegiums, um so grösser war sein inneres Ansehen. Auch ist weder überliefert noch anzunehmen, dass es wie das spätere Responsum der kaiserlich privilegirten Juristen von Rechtswegen verbindlich gewesen sei. Dass es aber tatsächlich darauf hinauskam, ist bei dem hohen Ansehen des Pontifical-Collegiums kein Wunder. Denn einmal war das Collegium durchaus unverantwortlich[1], eine Instanz gegen seinen Spruch bestand nicht[2]. Gründe für die Entscheidung brauchten nicht angegeben zu werden[3]. Das Collegium musste zwar auf richtige Befragung einen Beschluss fassen, aber es stand ihm durchaus frei, sich in der betreffenden Sache für unzuständig zu erklären[4]. Ferner hat die Behörde, welcher die Beurteilung und Entscheidung der Tatfrage unterlag, ausnahmslos die Rechtsanschauung der Pontifices zu der ihrigen gemacht[5].

---

quidem uirginum Vestalium, tam frequens collegium iudicasse, quamquam ad facinoris disquisitionem interest adesse quam plurimos: ita est enim interpretatio illa pontificum, ut eidem potestatem habeant iudicum. Liv. 8, 15: *facto iudicio.* Liv. ep. 14. Ascon. p. 46 (s. p. 40 A.5) vgl. mit. Liv. ep. 63. Fenestella bei Macr. 1, 10, 5—6.) Dionys. 8, 89; 9, 40. Wenn auch sonst das Decret als *iudicium* bezeichnet wird, so ist das ein ungenauer Sprachgebrauch, den Mommsen St. R. II, 46—47 mit Recht auf eine Linie mit dem censorischen *iudicium de moribus* stellt.

[1] Dionys. 2, 73: Εἰσί τε ἀνυπεύθυνοι πάσης δίκης καὶ ζημίας οὔτε βουλῇ λόγον ἀποδιδόντες οὔτε δήμῳ.

[2] Auffallend ist allerdings der schon erwähnte Vorfall (ob. p. 40 A.5) aus dem Jahre 641, bei Ascon. p 46. Infolge des peducaeischen Plebiscits wird eine Spezialcommission zur Aburteilung zweier von den Pontifices freigesprochenen Vestalinnen eingesetzt. Ob das verfassungsmässig zulässig war, mag dahingestellt bleiben; in früherer Zeit wäre ein solcher das Ansehen des Collegiums schwer schädigender Vorgang kaum möglich gewesen. Indessen, obwol materiell der Spruch des Collegiums umgestossen wird, geschieht auch hier formell nichts dagegen.

[3] In Ciceros Fall werden die Pontifices im Senat gefragt: *quid essent in decernendo secuti*, verweigern aber ausdrücklich die Auskunft. ad Att. 4,2,4.

[4] Das ist im Jahre 567 vorgekommen. Liv. 39, 5: *Cum pontifices negassent ad religionem pertinere, quanta impensa in ludos fieret . . .*

[5] Beispiele liefern die angeführten Fälle zur Genüge; s. Liv. 22, 10; 27, 25; 34, 44; 39, 5; 41, 6. Cic. de domo 130. 186. de har. resp. 13. Bei Liv. 38, 44 spricht der Senat schon im Voraus seine Unterwerfung aus: *placere ad collegium pontificum referri et quod ii censuissent fieri.* Auch der Pontifex maximus urteilt im Vestalinnenprocess nicht gegen das Decret vgl. Liv. 4, 44; 8, 15.

Das Collegium zeichnet seine Responsen auf und legt dieselben im Archiv nieder[1]. Technisch werden diese Sammlungen als *commentarii pontificum*[2] bezeichnet. Wie weit diese Niederschriften gingen, ob alle Decrete im Archiv aufbewahrt wurden oder nur die wichtigeren, ist nicht zu entscheiden, doch spricht die Wahrscheinlichkeit für das leztere.

An die Spitze des abgefassten Decrets tritt — wahrscheinlich mit genauer Datirung — die Relation des Consulenten, welche den Tatbestand der vorgelegten Frage in sich schliesst und auch den Consulenten bezeichnet. Darauf folgt unter Benennung des verkündenden Pontifex maximus oder seines Stellvertreters das Decret selbst, wie es abgefasst ist, in der begutachtenden Form[3]. Es ist dies eine ganze analoge Form wie sie die Senatusconsulta aufweisen.

Diese im Archiv aufbewahrten Decrete bilden die Grundlage der pontificalen Sachkunde. Die Methode der Arbeit besteht wesentlich in einem Zurückgreifen auf die hier aufgespeicherten Praecedenzfälle[4].

----

[1] Das zeigt Cic. de domo 136, wo zwei Decrete aus dem Archiv allegirt werden: *Habetis in commentariis uestris.* vgl. Marq. St. V. III, 288.

[2] Der Ausdruck kann mit Sicherheit so gedeutet werden bei Cic. de domo 136 cit.; Brut. 55. Er kommt aber auch in anderm Sinne vor z. B. für die Ritualvorschriften (s. ob. p. 20), wird auch ganz allgemein für das pontificale Archiv gebraucht. Liv. 4, 3; 6, 1. Quintil. 8, 2, 12.

[3] Wir schliessen hier aus den am genauesten überlieferten Fällen bei Cic. de domo 136 (600 d St.): *Habetis in commentariis uestris C. Cassium censorem de signo Concordiae dedicando ad pontificum collegium retulisse eique M. Aemilium pontificem maximum pro collegio respondisse: nisi eum populus Romanus nominatim praefecisset atque eius iussu faceret, non uideri eam posse recte dedicari* — (631 d. St.): *Quid? cum Licinia uirgo Vestalis . . . T. Flaminino Q. Metello consulibus aram et aediculam et puluinar sub saxo [sacro] dedicasset, nonne eam rem ex auctoritate senatus ad hoc collegium Sex. Iulius praetor retulit? cum P. Scaeuola pontifex maximus pro collegio respondit: quod in loco publico Licinia C. f. iniussu populi dedicasset, sacrum non uiderier.*

[4] Cic. de domo 4: *Quos* (Pont.) *. . . a libidinosa sententia certum et definitum ius religionum, uetustas exemplorum* (die Praecedenzfälle), *auctoritas litterarum* (das damals auch theoretisch bearbeitete Sacralrecht) *monumentorumque* (das Archiv) *deterret.* Dio 48, 44 fügt nach dem Bericht über die Entscheidung des Collegiums in Caesars Ehesache (s. ob. p. 40) hinzu:

Wie das Collegium so konnte auch jeder einzelne Pontifex respondiren[1]. Eine scharfe Grenze, welche beiden Teilen eine bestimmte Competenz zugewiesen hätte, lässt sich allerdings nicht ziehen. Die angeführten Beispiele zeigen, dass die Magistrate sich in Gemeindeangelegenheiten regelmässig an das Collegium wandten. Notwendig ist das aber nicht: auch in dieser Beziehung kommen Anfragen bei einzelnen Pontifices vor[2]. Dagegen scheint der Private im Allgemeinen mit seinen Anfragen an den einzelnen Pontifex gewiesen zu sein[3]; wir sahen indessen, dass es auch ihm freistand das Collegium zu befragen, wobei er freilich eine Antwort desselben nicht erzwingen konnte.

Ebenso lässt sich hinsichtlich der Gegenstände keine scharfe Scheidung durchführen. Das Herkommen hat jedoch gewisse Regeln aufgestellt, die zwar keine Rechtsvorschriften waren[4], aber doch im Ganzen nicht leicht verletzt wurden. Entscheidungen von streitigen Rechtsfragen der Gemeinde auf dem Gebiete des Sacralrechts, die schwierigen Untersuchungen über das Göttergut[5] und die damit zusammenhängenden Dedicationsfragen, ferner die schon erwähnten Processe der Vestalinnen, die Begutachtung der Zulässigkeit von Adrogationen, hat man fast ausnahmslos

---

Τάχα μέν που καὶ ὄντως ἐν τοῖς πατρίοις τοῦτο εὑρόντες, πάντως δ'ἄν, εἰ καὶ μὴ εὗρον αὐτὸ εἰπόντες. Von Ti. Coruncanius sagt Cic. Brut. 55 dass er sein Wissen *ex commentariis pontificum* gezogen habe.

[1] Cic. de har. resp. 18: *Religionis explanatio uel ab uno pontifice perito recte fieri potest.* Scharf ist der Gegensaz ausgedrückt bei Cic. de har. resp. 21: *Respondebis et pro te et pro collegis tuis, etiam pro pontificum collegio.*

[2] Liv. 40, 37: *Postremo prodigii loco ea clades haberi coepta est. C. Seruilius pontifex maximus piacula irae deum conquirere iussus.*

[3] Cic. de domo 132: *Si quid deliberares, si quid tibi aut piandum aut instituendum fuisset religione domestica, tamen instituto ceterorum uterere: ad pontificem detulisses.*

[4] Cicero macht dem Clodius den Vorwurf, dass er vor der Dedication nicht das Collegium oder doch wenigstens einen angeseheneren Pontifex als den Natta befragt habe de domo 132: *At si collegium pontificum adhibendum non uidebatur, nemone horum tibi idoneus uisus est, qui aetate, honore, auctoritate antecellunt, ut cum eo dedicationem communicares?* Es liegt in diesen Worten ausgesprochen, dass Clodius wol gegen das Herkommen, aber nicht gegen das Recht verstossen habe. Das pontificale Decret ist darum auch nicht auf diese Beschwerde eingegangen.

[5] Macr. 3, 3, 1: *Et quia inter decreta pontificum hoc maxime quaeritur, quid sit sacrum, quid profanum, quid sanctum, quid religiosum ...*

vor das Collegium gebracht. Dagegen wenn der Magistrat oder
der Private ein Gelübde- oder Gebetsformular gebraucht oder
lezterer sich über privatrechtliche Actionen unterrichten will, so
wird deswegen selbstverständlich nicht das Collegium in Tätigkeit
gesezt, sondern es genügt eine Anfrage bei einem einzelnen Pontifex. Dass das keineswegs eine rein mechanische Tätigkeit ist,
dass namentlich in der Zusammenstellung der Actionen eine bedeutende privatrechtliche Wirksamkeit enthalten war, ist schon oben
(p. 24) dargelegt worden.

Es erhellt aus dem Gesagten, dass möglicher Weise dieselbe
Frage, welche einen einzelnen Pontifex beschäftigt hatte, später
noch an das Collegium gelangen konnte. Dann ist das leztere
keineswegs an das Responsum des ersteren gebunden. In dem
einzigen uns überlieferten Falle dieser Art[1] hat das Collegium
sogar gegen den Pontifex maximus entschieden.

Was nun die Tätigkeit des einzelnen Pontifex anlangt, so
hatte natürlich der Private kein Mittel von ihm eine Antwort zu
erzwingen: ihn band nur sein Pflichtgefühl. Andrerseits stand es
zunächst auch im Belieben des Interessenten, an welchen Pontifex er
sich wenden wollte: jeder konnte ihm respondiren[2]; auch der Pontifex
maximus hat das in grossem Umfange getan[3]. Indessen wir erfahren, dass man innerhalb des Collegiums die Einrichtung traf für
die privatrechtlichen Anfragen jährlich einen bestimmten Pontifex
zu delegiren[4]. Das ist nicht so zu verstehen, dass den übrigen

---

[1] Liv. 31, 9 s. ob. p. 34 A. 2.

[2] Cicero de domo 132—134 (vgl. ob. p. 43 A. 4) führt aus, Clodius
habe es nicht gewagt sich an angesehene Pontifices zu wenden (133: *An
auderes quaerere ex P. Seruilio aut ex M. Lucullo . . . quibusnam uerbis
aut quo ritu . . . ciuis domum consecrares?*), sie würden ihm sein Begehren
abgeschlagen haben, so habe er schliesslich zu L. Pinarius Natta seine Zuflucht genommen (134: *Quae cum uideres, tum te ad tuum adfinem non de-
lectum a te sed relictum a ceteris contulisti*) den er durch seine Umtriebe
zu bestimmen gewusst habe (118). — Wenn wir bei Liv. 9, 46 lesen, der
Pontifex maximus sei *consensu populi* gezwungen worden zum *uerba praeire*
— was immer eine Anfrage nach dem Gebetsformular in sich schliesst — so
heisst das nichts weiter, als dass man ihn auf rechtswidrige Weise einzu-
schüchtern wusste.

[3] Liv. 40, 37 s. ob. p. 43 A. 2. Ti. Coruncanius hat diese Tätigkeit im
weitesten Umfange betrieben und ist gerade dadurch für die Entwicklung des
Rechts so bedeutend geworden. Cic. de or. 8, 134. (s. ob. p. 15 A. 4).

[4] Pomp. 6: *Omnium tamen harum et interpretandi scientia et actiones
apud collegium pontificum erant, ex quibus constituebatur, quis quoquo anno
praeesset priuatis.*

Pontifices die Befugnis genommen wurde auf diesem Gebiete zu respondiren, sondern so, dass sie es nicht brauchten, und auf den eigens dafür bestellten Collegen verweisen konnten. Diese Delegation ist als eine aus dem Schoosse des Collegiums im Interesse der Geschäftserleichterung hervorgegangene Einrichtung zu betrachten und gewiss keine ursprüngliche [1]. Das Privatrecht löste sich innerlich immer mehr von dem Sacralrecht und begann seine eigenen Bahnen zu gehen, so dass hier eine spezielle Sachkenntnis und ausschliessliche Beschäftigung mit derartigen Fällen erforderlich wurde.

Die Befragung des einzelnen Pontifex und die Beantwortung derselben geht natürlich formlos vor sich, und gerade hierin, in der Möglichkeit einer genaueren Besprechung und Behandlung des Falles liegt der Vorteil derselben. Im Uebrigen herrscht dieselbe Methode der Arbeit wie bei dem Collegium [2]: auch die Sachkunde des einzelnen Pontifex zeigt sich in dem Zurückgreifen auf frühere Fälle [3] und beruht auf den Sammlungen von Formularen und Decreten im Archiv [4]. Man kann annehmen, dass auch die Bescheide der einzelnen Pontifices in ähnlicher Weise wie die des Collegiums aufgezeichnet wurden. Wenigstens zeigen die späteren Sammlungen von Responsen der Juristen eine den offiziellen Decreten verwandte Form. (Vgl. den IX. Abschnitt.)

Ueber das Verhältniss der Pontifices zum Privatrecht der ältesten Epoche liegen sichere .Berichte nicht vor. Man hat versucht durch Zusammenstellung zerstreuter Notizen und Combination solcher Nachrichten mit dem, was für spätere Zeiten sicher feststeht, ein Bild zu entwerfen. Man geht dabei von der unzweifelhaft richtigen Wahrnehmung aus, dass die Sacramentsklage (*legis actio sacramento*) sacrale Elemente enthält — das zeigt schon der Name und ist auch direct bezeugt [5]. Auf die Erklärung von

---

[1] Pomponius erwähnt das Institut erst nach den Zwölf Tafeln.

[2] Der bei Cic. de or. 3, 133. 134 gebrauchte Ausdruck *referre* ist bezeichnend: er ist von der Tätigkeit des Collegiums auf die des Einzelnen übertragen.

[3] Liv. 9, 46 erklärt der Pontifex maximus eine Dedication *more maiorum* für unzulässig.

[4] Cic. Brut. 55: *Ti. Coruncanium, quod ex pontificum commentariis longe plurimum ingenio ualuisse uideatur.* Vgl. unt. p. 77.

[5] Varro de l. l. 5, 180: *Ea pecunia, quae in iudicium uenit in litibus, sacramentum a sacro. qui petebat et qui infitiabatur de aliis rebus utrique*

sacramentum kann hier nicht eingegangen werden[1]; auch die verschiedenen Ansichten über die Stellung der Pontifices in dem ältesten Process mögen vorläufig dahingestellt bleiben. Nur eine muss hier von vorn herein abgewiesen werden, da sie allem, was wir über den Process und das Pontifical-Collegium aus späterer Zeit wissen, direct widerspricht. Ihering[2] fasst die Sacramentsklage als ein **uraltes geistliches Schiedsgericht**. Die streitenden Parteien hätten sich geeinigt, einen Pontifex als Vertrauensperson oder Schiedsrichter in ihrer Sache erkennen zu lassen und das Collegium hätte für diese Geschäfte jährlich einen aus seiner Mitte delegirt[4]. Die Pontifices hätten diese Tätigkeit zugleich als Gelderwerb für den 'kirchlichen Fond' benuzt: deshalb mussten die Parteien das Sacramentum deponiren, welches der unterliegende Teil an diesen kirchlichen Fond verlor, der siegende zurückerhielt. Später sei neben dieses geistliche Gericht ein weltliches getreten, die Parteien hätten sich einen weltlichen Schiedsrichter gewählt und folgeweise sei die Processbusse nunmehr an die Staatskasse gefallen. Dieses weltliche Gericht habe allmählig das pontificale verdrängt; so allein sei es erklärlich, dass das Sacramentum von dem kirchlichen Fond an das Aerar überging, was sonst ein nach römischer Auflassung undenkbarer Raub an dem, was den Göttern gebührte[4], gewesen sein würde.

Es werden also nicht nur den Pontifices Richterfunctionen beigelegt, sondern es wird auch alle magistratliche Tätigkeit aus dem ältesten Process entfernt. Damit ist aber jede Grundlage

---

quingenos aeris ad pontem deponebant, de aliis rebus item certo alio legitimo numero assum. qui iudio uicerat, suum sacramentum e sacro auferebat, uicti ad aerarium redibat. Fest. p. 344 (vgl. ep. 345): *Sacramento dicitur quod [iuris iurandi sacrati]one interposita actum [est. unde quis sacramen]to dicitur interrogari quia [ius iurandum interponitur].*

[1] Man findet die verschiedenen Ansichten zusammengestellt von Danz in der Zschr. f. R. G. VI, 339 ff. Ich schliesse mich durchaus den Worten von Bekker (Actionen p. 61) an, der über den Wert dieser Untersuchungen zwar nicht absprechen will, aber mit Recht bezweifelt, ob unsere Quellen auf diesem Wege ein Vordringen bis zu leidlich festen Resultaten gestatten.

[2] Geist. 1, 298 ff.

[3] Es ist damit der bei Pomp. 6 erwähnte Pontifex gemeint, über den wir oben p. 44 sprachen.

[4] Es ist Sanio Varr. p. 182 beizustimmen, dass die sonstigen Ausführungen Iherings in Betreff der pontificalen Jurisprudenz auch ohne diese Auffassung bestehen können. Gegen Ihering s. auch Huschke Multa und Sacramentum p. 403—4.

welche die Ueberlieferung bietet und das Staatsrecht lehrt verlassen. Denn der Process, welchen unsere Quellen darstellen — es ist allerdings der nach den Zwölf Tafeln — beruht unbedingt auf der Jurisdiction und diese ebenso unbedingt auf der Befehlsgewalt des Oberbeamten: dem Imperium des Magistrats[1].

Aber auch das Argument, worauf diese Anschauung vorzugsweise gestützt wird, dass das Sacramentum an den ‚geistlichen Fonds‘ gefallen wäre, ist hinfällig. Nach der Auffassung der Quellen wird dasselbe wol an die Pontifices, damit aber an das Aerar gezahlt[2], mit andern Worten es wird niemals *sacrum* sondern immer *publicum*; von einem Umschwung in dieser Hinsicht findet sich keine Spur. Und diese Auffassung ist durchaus sachgemäss. Denn die pontificale Kasse (*arca pontificum*) war kein Göttergut sondern nur ein separirter Fonds der allgemeinen Staatskasse, der von den Pontifes verwaltet und für Cultzwecke verwendet wurde. Derselbe war mit verschiedenen Einkünften fundirt, zu welchen auch die Processbussen gehörten[3]. Es liegt gar kein Grund vor zu der Annahme, dass hier jemals Aenderungen vorgenommen wären[4].

Für uns kann, um zu einem positiven Resultat zu gelangen, die richtige Methode nur die sein, auszugehen von dem, was wir als feststehend über die Art der pontificalen Tätigkeit erkannt haben: dass sie nicht die Functionen von Richtern ausüben sondern

---

[1] Momms. St. R. I, 182 ff.

[2] Das zeigen schon die Worte Varros (p. 46A.5), auf welche man sich gewöhnlich zu berufen pflegt. Die Einsetzung des Sacramentum geschah *ad pontem* d. h. bei den Pontifices (vgl. Danz Zschr. f. R. G. VI, 359). Wer gesiegt hatte nahm seinen Einsatz aus der öffentlichen Depositionsstelle, dem Tempel (*e sacro*), zurück, wer unterlag, verlor ihn an das Aerar (*ad aerarium redibat*). Dass mit der blossen Deposition im Tempel das eingezahlte Vieh oder später Geld *sacrum* d. h. Eigentum der Gottheit (vgl. Trebat. bei Macr. 3, 3, 2. Ael. Gall. bei Fest. p. 321) geworden sei, kann auf keine Weise behauptet werden. Ebenso kennt Gai. 4, 13 nur einen Verfall an das Aerar: *Qui uictus erat summam sacramenti praestabat poenae nomine eaque in publicum cedebat.* Vgl. auch die *lex Papiria* bei Fest. p. 347.

[3] S. die näheren Ausführungen bei Momms. St. R. II, 57 ff. Die Begriffe des Göttervermögens (*sacrum*) und des für sacrale Zwecke ausgesezten Staatsgutes sind im römischen Staats- und Sacralrecht scharf auseinander zu halten.

[4] Auch nicht durch das papirische Gesez, welches Eintreibung des später nicht mehr deponirten, sondern blos spondirten Sacramentum an die *tresuiri capitales* übertrug. Vgl. Momms. St. R. II, 67.583 ff. Danz (s. p. 46 A. 1) p. 369.

vorgelegte Fragen begutachten und sachkundige Berater der Behörden wie der einzelnen Bürger waren. In diesen Rahmen müssen wir versuchen das, was wir über den ältesten Process wissen, einzufügen. — Der leztere zeigt in der Entwicklung, welche er in der Republik genommen hat, bekanntlich ein getrenntes Verfahren, die Instruction (Constituirung des Processes vor dem Magistrat) und die Entscheidung durch den Laienrichter. In der Königszeit ist diese Zweiteilung vielleicht in der Construction des Processes vorbildlich vorhanden gewesen, aber beide Stadien spielten sich vor demselben Magistrat, dem König, ab, das heisst: der König stellte fest worüber gestritten wurde und sprach selbst das Urteil [1]. Diese richtende Tätigkeit muss auch ursprünglich der Ausdruck *iuris dictio* bezeichnet haben, denn zunächst bedeutet er Recht sp rech u ng.

Die Jurisdiction handhabt der König in seiner Stellung als alleiniger Magistrat mittelst des Imperiums. Es kommt aber hinzu, dass er zugleich das sacrale Oberhaupt des Volkes ist und die Obliegenheiten des späteren Pontifex maximus in seiner Person mit denen der Magistratur vereinigt. Wenn wir nun sehen, dass die Arbeit des Collegiums in sacralen Angelegenheiten lediglich aus einem Begutachten vorgelegter Fragen besteht, wenn wir weiter wissen, dass die Pontifices später in engster Beziehung zum Privatrecht und speziell zum Civilprocess stehen, so scheint die Folgerung unabweislich, dass die Stiftung des Collegiums den Zweck hatte, dem König einen sachverständigen Rat oder — römisch ausgedrückt — ein Consilium an die Seite zu stellen, das er befragen konnte, so oft es ihm gut schien. Zugleich wird den Pontifices auch eine direct zu den Bürgern in Beziehung tretende Tätigkeit gegeben. Es wird in der königlichen Amtswohnung ein Archiv eingerichtet, das Zusammenstellungen sämmtlicher für das Sacral- und Privatrecht in Betracht kommenden Formeln enthält; und die Bürger werden angewiesen, wenn sie derselben benötigen, sich an einen der königlichen Ratgeber zu wenden, welcher ihnen dann die Formel angiebt. Wir sehen also in diesen dem König Numa

---

[1] Cic. de rep. 5, 3: [*Nihil esse tam*] *regale, quam explanationem aequitatis, in qua iuris erat interpretatio, quod ius priuati petere solebant a regibus,* . . . *nec uero quisquam priuatus erat disceptator aut arbiter litis, sed omnia conficiebantur iudiciis regiis.* Dionys. 4, 25. 36 s. unt. p. 50 A. 2. Ebend. 10, 1: Τὸ μὲν ἀρχαῖον οἱ βασιλεῖς αὐτῶν ἔταττον τοῖς δεομένοις τὰς δίκας Ob Pomponius 1 (*omniaque manu a regibus gubernabuntur*) an etwas Bestimmtes gedacht hat, ist zweifelhaft. Vgl. Rubino p. 122. Momms. St. R. I, 220. R. G. 1, 250.

zugeschriebenen Institutionen sowol die Tätigkeit des Collegiums wie der einzelnen Pontifices begründet. Es schimmert aus der Ueberlieferung ein richtiger Kern durch. Pontifices hat es allerdings schon seit den ältesten Zeiten gegeben. Welche Tätigkeit sie früher gehabt haben, dürfte schwer zu sagen sein, und ist jedenfalls hier nicht zu untersuchen. Ihr Name als Brückenbauer weist auf uralte Beschäftigungen hin, die mit der späteren Sachverständigen-Tätigkeit nichts gemein zu haben scheinen. Die Erhebung der Pontifices zu königlichen Ratgebern und die damit zusammenhängende Aufzeichnung der Formeln, aus welcher sie ihre Kenntnis ziehen sollten, die neue Dienstinstruction des Numa zeigen, dass eine bewusste Umgestaltung des Collegiums stattfand, welche sie zu dem machte, was sie in historischer Zeit sind: Kenner des göttlichen und menschlichen Rechts.

Wir müssen uns nun den ältesten Process folgendermassen vorstellen: Die Parteien klagen mit bestimmt vorgeschriebenen Formeln (Actionen) — wegen welcher sie sich ebenfalls an die Pontifices zu wenden haben — vor dem König. Dieser nimmt die nötigen Beweise auf und entscheidet dann den Process entweder direct oder er wendet sich an sein pontificales Consilium welches ihm über die spezielle Rechtsfrage ein Gutachten abgiebt, das er dann seinem Urteil zu Grunde legt. Am klarsten spiegelt sich dies alte Königsgericht in dem Capitalprocess über die Vestalinnen wieder[1]. Es ist hier durchaus die königliche Judicatur erhalten. Der Pontifex maximus braucht das Gutachten des Collegiums nicht einzuholen, er tut es aber regelmässig und entscheidet immer im Anschluss an dasselbe. Es liegt dem Königsgericht derselbe Gedanke zu Grunde wie dem uralten Familiengericht[2]: der Hausvater kann Frau und Kind töten, aber die Sitte verlangt, dass er diese Befugnis nicht ausübt, ohne Freunde und Verwandte zu Rat gezogen zu haben. Auch die Beratung, welche der König mit den Aeltesten des Volks, dem Senat, pflegt[3], ist hier in Parallele zu stellen. Wenn der König in politischen Dingen Rat braucht, so ist der Senat sein Consilium, in sacralen Fragen und im Process der Privaten das Pontifical-Collegium. Beide Behörden antworten begutachtend, die Form ihres Spruches ist eine durchaus ähnliche (s. ob. p. 42 unt. p. 54), in beiden Fällen ist der Rat wegen des

---

[1] Vgl. ob. p. 40. Aehnlich die Adrogation s. unt. p. 52.
[2] Vgl. Momms. St. R. I, 294. II, 63—55.
[3] Vgl. Momms. I, 296.

4

Ansehens der Körperschaft vom grössten Gewicht, aber gebunden ist der König weder an das Consultum noch an das Decretum. Es ist ferner überliefert[1], dass die königlichen Urteile Gesetzeskraft gehabt hätten. In dieser Form kann das kaum richtig sein: da die Könige die Processe selbst entschieden, müsste das spätere abweichende Urteil als ein neuer Rechtsspruch angesehen werden, welcher den früheren aufhob. Aber in der Nachricht steckt ein richtiger Kern: er muss auf die begutachtenden pontificalen Decrete bezogen werden, welche dem Urteil zu Grunde lagen: das ältere Decret soll für die jüngeren massgebend sein. Es ist also die Methode des Collegiums damit gekennzeichnet, welche, wie schon dargestellt (ob. p. 42), in einem Zurückgreifen auf die Praecedenzfälle bestand: und wenn diese Auffassung richtig ist, so kann man nicht umhin schon für sehr frühe Zeiten Aufzeichnungen der Decrete im Archiv vorauszusezen.

Indessen die alte Ordnung des Königsgerichts ist schon in früher Zeit durchbrochen. Die Fällung des Urteils in den Civilprocessen wurde an Private als Richter überwiesen und damit die spätere zweiteilige Processordnung, der uns genauer bekannte *ordo iudiciorum priuatorum*, ins Leben gerufen[2]. Wann dieser wichtige Umschwung eingetreten ist, lässt sich nicht feststellen[3]. Jedenfalls finden sich vor den Zwölf Tafeln (303—304) keine sicheren Spuren der späteren Laienrichter[4]: dies Gesez aber kennt *iudices* und *ar-*

---

[1] Dionys. 10, 1: Τὸ μὲν ἀρχαῖον οἱ βασιλεῖς αὐτῶν ἔταττον τοῖς δεομένοις τὰς δίκας, καὶ τὸ δικαιωθὲν ὑπ' ἐκείνων, τοῦτο νόμος ἦν.

[2] Dionys. 4, 25: Ὁ δὲ Τύλλιος οὐκ ἐν τούτοις μόνον τοῖς πολιτεύμασι δημοτικὸς ὢν ἐδήλωσεν ... ἀλλὰ καὶ ἐν οἷς τὴν βασιλικὴν ἀρχὴν ἐμείωσεν αὐτὸς ἑαυτοῦ τὴν ἡμίσειαν τῆς ἐξουσίας ἀφελόμενος. τῶν γὰρ πρὸ αὐτοῦ βασιλέων ἁπάσας ἀξιούντων ἐφ' ἑαυτοὺς ἄγειν τὰς δίκας καὶ πάντα τὰ ἐγκλήματα τά τε ἴδια καὶ τὰ κοινὰ πρὸς τὸν ἑαυτῶν τρόπον δικαζόντων ἐκεῖνος διελὼν ἀπὸ τῶν ἰδιωτικῶν τὰ δημόσια τῶν μὲν εἰς τὸ κοινὸν φερόντων ἀδικημάτων (Criminaljudicatur) αὐτὸς ἐποιεῖτο τὰς διαγνώσεις, τῶν δὲ ἰδιωτικῶν (Civilprocesse) ἰδιώτας ἔταξεν εἶναι δικαστὰς ὅρους καὶ κάνονας αὐτοῖς τάξας, οὓς αὐτὸς ἔγραψε νόμους. Vgl. ebend. 36: Τὰς ἰδιωτικὰς δίκας ὑμῖν ἀπέδωκα διαγιγνώσκειν.

[3] In den Anfang der Republik sezen die Aenderung Momms. St. R. I, 220. Huschke Multa u. Sacramentum p. 100.

[4] Dionys in der angeführten Stelle nennt allerdings den Servius Tul-

bitri[1] und das gleich darauf folgende valerisch-horatische die *decemuiri sllitibus iudicandis*[2]. Ein Beweis, dass sie erst damals aufgekommen sind, ist damit nicht gegeben: diese Geseze können ebenso gut schon bestehende Institute erwähnt haben. Dass die ältesten Laienrichter Pontifices gewesen[3], ist durch keine Quelle bezeugt und eine durchaus unzulässige Hypothese; wir wissen aus späterer Zeit, dass Zugehörigkeit zum Senat[4] Vorbedingung für das Richteramt war, und das mag schon für die ersten Anfänge des Instituts massgebend gewesen sein.

lius als Begründer des *ordo iudiciorum priuatorum.* Indessen scheint er diese Einrichtungen zu meinen, wenn er erzählt Tarquinius Superbus habe die Anordnungen seines Vorgängers wieder aufgehoben (4, 48: τούς τε γάρ νόμους τούς ὑπό Τυλλίου γραφέντας, καθ' οὓς ἐξ ἴσου τὰ δίκαια παρ' ἀλλήλων ἐλάμβανον, καὶ οὐδὲν ὑπό τῶν πατρικίων ὡς πρότερον ἐβλάπτοντο περὶ τὰ συμβόλαια πάντας ἀνεῖλε· καὶ οὐδὲ τὰς σανίδας ἐν αἷς ἦσαν γεγραμμένοι κατέλιπεν, ἀλλά καὶ ταύτας καθαιρεθῆναι κελεύσας ἐκ τῆς ἀγορᾶς διέφθειρεν.) Man mag nun überhaupt auf die Verteilung historischer Thatsachen unter die verschiedenen Königsnamen zumal in einem so ungenauen Bericht wie dem vorliegenden wenig geben: mehr fällt in's Gewicht, dass derselbe Dionys bei der Darstellung der Entstehung des Zwölf-Tafel-Gesezes erzählt, die alte richterliche Function sei von den Königen unverändert auf die Consuln übergegangen und von diesen bis in jene Zeiten festgehalten (10, 1: Ὡς δ' ἐπαύσαντο μοναρχούμενοι, τοῖς κατ' ἐνιαυτόν ὑπατεύουσιν ἀνέκειτο τά τε ἄλλα τῶν βασιλέων ἔργα καὶ ἡ τοῦ δικαίου διάγνωσις, καὶ τοῖς ἀμφισβητοῦσι πρὸς ἀλλήλους ὑπὲρ ὁτουδήτινος ἐκεῖνοι τὰ δίκαια οἱ διαιροῦντες ἦσαν). Andererseits spricht Dionys. 6, 24 vor den Zwölf Tafeln von einem τὰ δικαστήρια καθίζειν. Ein klares Resultat lässt sich also aus diesem Berichterstatter nicht gewinnen. Vgl. Huschke a. a. O., dessen Interpretation von 10, 1 ich sprachlich nicht für möglich halte.

[1] Fest. p. 279. (tab. II, 2 Bruns): *iudici arbitroue reoue.* Ebend. p. 376 (tab. XII, 3 Br.): *arbitros tres.*

[2] Liv. 3, 55: *Ut qui tribunis plebis, aedilibus, iudicibus decemuiris nocuisset, eius caput Ioui sacrum esset.* Man will in diesen Decemvirn die nach Dionys von Ser. Tullius eingeseszten Laienrichter erkennen. Bethmann-Hollweg 1, 56 ff. (der auch die Centumvirn hierher zieht) Keller p. 21. Erweislich ist das nicht, überhaupt lässt sich Genaueres über die Decemvirn nicht ermitteln. Vgl. Momms. St. R. II, 576. 590—592, welcher gleichzeitige Entstehung mit dem Volkstribunat annimmt. S. die Litteratur bei Karlowa p. 247 ff.

[3] So Puchta. Inst. I[8] § 41 p. 83. Karlowa p. 23.

[4] Polyb. 6, 17: Τὸ δὲ μέγιστον, ἐκ ταύτης (τῆς συγκλήτου) ἀποδίδονται κριταὶ τῶν πλείστων καὶ τῶν δημοσίων καὶ τῶν ἰδιωτικῶν συναλλαγμάτων, ὅσα μέγεθος ἔχει τῶν ἐγκλημάτων. Eine Hypothese, welche die Decemvirn mit dem Patriciersenat zusammenbringt giebt Karlowa p. 261).

Wichtiger sind für uns die Umgestaltungen, welche die Neu-
ordnung des Processes für das Pontifical-Collegium zur Folge hatte.
Dem Magistrat blieb die Instruction des Processes: an Stelle des
Urteils verkündete er jezt die Ernennung des Laienrichters, welcher
dasselbe sprechen sollte. Wie früher das Imperium die Grundlage
für die Entscheidung des Processes gewesen war, so ist es jetzt
die für die Niedersezung des Gerichts, und diesem ersten
Stadium des Verfahrens verblieb jezt die eigentlich nur für das
zweite passende Bezeichnung der Jurisdiction [1]. Das Pontifical-Collegium war ein Rat des Königs gewesen, der neue Civilgeschworene
war natürlich nicht berechtigt es in gleicher Weise zu consultiren.
Er hätte allerdings wie jeder andere Private mittelbar eine Anfrage
vorlegen können, aber — mag das vorgekommen sein oder nicht
— dem alten Institut der directen Beratung des Urteilenden im
Civilprocess war mit dieser folgenreichen Aenderung des Verfahrens
die Spize abgebrochen. So scheint die Sitte, das Collegium in
privatrechtlichen Processen zu befragen frühzeitig abgestorben zu
sein, und das wird auch der Grund sein, dass sich so geringe
Spuren davon erhalten haben.

Damit war aber das Collegium nur aus dem Gebiete des
Processes verdrängt, im Uebrigen blieb seine civilrechtliche Tätigkeit unangefochten. So wurde auch in spätern Zeiten vor der Adrogation, welche bekanntlich durch Curiatgesez mittelst Rogation des
Pontifex maximus geschah, das Collegium über die Zulässigkeit derselben um Rat gefragt [2]. Auch hier spiegelt sich das alte Verfahren
— ganz ähnlich wie im Vestalinnenprocess — in der spätern Republik
genau wieder. Das Collegium giebt ein Gutachten über die einschlägigen Fragen ab [3], der Pontifex maximus vollzieht den Act durch
Vereinbarung mit den Comitien [4]. Dass er aber wie der König im

---

[1] Es bildet sich nun der in die bekannten drei Worte *do, dico, addico*
eingeschlossene Begriff der Jurisdiction heraus. Vgl. darüber Keller p. 9.

[2] Gell. 5, 19 f.: *Sed adrogationes non temere nec inexplorate com-*
mittuntur, nam comitia arbitris pontificibus praebentur quae curiata appel-
lantur, aetasque eius qui adrogare uult an liberis potius gignundis idonea
sit, bonaque eius qui adrogatur ne invidiose adpetita sint, consideratur.
Cic. de domo 34: *Quod est, pontifices, ius adoptionis? nempe ut is adoptet,*
qui neque procreare iam liberos possit et, cum potuerit, sit expertus. quae
deinde causa cuique sit adoptionis, quae ratio generum ac dignitatis, quae
sacrorum, quaeri a pontificum collegio solet.

[3] Auch hier herrscht die Methode des Zurückgehens auf Praecedenzfälle. Vgl. Cic. de domo 35.

[4] Gell. 5, 19.

Civilprocess völlig freie Hand hatte und den Rat des Collegiums nicht einzuholen brauchte, zeigt der Fall des P. Clodius Pulcher[1] aus dem Jahre 695. Dass Clodius von C. Fonteius adrogirt ist und dass das Collegium nicht befragt ist, steht fest[2]: also kann die Rogation nur von dem Pontifex maximus C. Caesar, welcher Clodius zu politischen Zwecken benuzen wollte, auf eigene Hand vorgenommen sein[3].

Noch viel weniger wurde durch die Einführung des Instituts der Laienrichter die Befragung der einzelnen Pontifices in privatrechtlichen Dingen beeinträchtigt; im Gegenteil ist sie dadurch erheblich vermehrt und auf eine höhere Stufe gehoben worden. Dass man nach wie vor die Actionen von ihnen erbat, liegt in der Sache, ist auch bezeugt[4]. Wenn wir aber finden, dass den spätern Juristen, den Erben der Kenntnis der Pontifices, auch Fälle des streitigen Rechts vorgelegt und von ihnen Responsen, wie eine Rechtsfrage zu entscheiden sei, eingeholt werden[5], so liegt der Schluss nahe, dass, nachdem das Collegium aufgehört hatte juristische Streitfragen zu begutachten, diese Tätigkeit auf die einzelnen Pontifices überging.

Und weiter ist auch die sacralrechtliche Tätigkeit der Pontifices nicht von dieser Umgestaltung beeinträchtigt worden. Das Collegium hat seit den frühesten Zeiten dem Könige als dessen Consilium in religiösen Fragen seinen Rat erteilt, die einzelnen Pontifices haben Gebetformulare ausgegeben und dem Privaten ihren Beistand geliehen. Abgesehen von den gleich darzustellenden Aenderungen im Anfang der Republik ist hier alles beim alten geblieben. Das Gebiet, auf welchem sacralrechtliche Decrete und Responsen in Anspruch genommen wurden, war in der früheren Zeit wol im ganzen dasselbe, wie in der späteren Republik.

---

[1] Drum. II, 223. Auf die Fragen des Verhältnisses zwischen *adrogatio* und *transitio ad plebem* braucht hier nicht eingegangen zu werden. Vgl. Momms. R. Forsch. I 124 ff. 397 ff. Lange R. A. I³, 188 und die dort citirte Litteratur.

[2] Cic. de domo 38: *Dixi apud pontifices istam adoptionem nullo decreto huius collegii probatam contra omne pontificium ius factam pro nihilo esse habendam.* Dass die Adrogation des Clodius darum nicht zu Recht bestehe, ist natürlich nur eine Ansicht seines Feindes Cicero.

[3] Dass Cicero den Caesar bei der Besprechung der Adrogation nicht erwähnt, spricht eher für ein eigenmächtiges Handeln des lezteren als dagegen. Cicero hatte allen Grund hier vorsichtig zu sein. Vgl. auch ad Att. 2, 12, 2.

[4] Pomp. 6.

[5] Das Nähere s. im IX. Abschnitt.

Wenn wir schliesslich noch einen kurzen Blick auf die Veränderungen werfen, welche die Umwandlung des Königtums in die
Republik für die Pontifices mit sich brachte, so wird es nunmehr
möglich sein, vieles, was oben nur als Tatsache mitgeteilt werden
konnte, in seinem ursächlichen Zusammenhange aufzufassen.

Bei der Einrichtung der Republik wurde die Fülle der königlichen Machtbefugnisse in ihre politischen und religiösen Bestandteile gespalten: die staatliche Obergewalt, das Imperium, ging
unverkürzt auf die Consuln, die sacrale auf den Pontifex maximus
über[1]. Dass damit das alte Königsrecht, das Pontifical-Collegium
zu befragen, auf den Pontifex maximus übertragen werden musste,
ist klar. Indessen die Scheidung der beiden Gewalten war so
scharf nicht durchzuführen: es ist bekannt, dass der Pontifex
maximus, wenn er auch kein Magistrat war, doch magistratliche
Befugnisse hatte[2]; analog ist es aufzufassen, wenn auch den
Trägern des Imperiums das Recht zusteht, das Pontifical-Collegium in sacralen Dingen zu befragen (s. ob. p. 33); es ist das
nichts als ein Teil der Erbschaft des Consulats aus dem Königs-
tum. Diese Erscheinung wird um so weniger Wunder nehmen,
wenn wir uns vergegenwärtigen, dass das Collegium ursprünglich
auch in der Jurisdiction beriet; sie würde gar keiner Erklärung
bedürfen, wenn es richtig wäre, dass die Selbstentscheidung der
Processe durch die Könige auf die Consuln übergegangen wäre,
und erst die Zwölf Tafeln die Laienrichter eingeführt hätten (vgl.
ob. p. 50 f.).

Auf die Parallele des Decretums der Pontifices mit dem Consultum des Senats ist schon hingewiesen. Den Oberbeamten steht
beiden Behörden gegenüber das Recht der Berufung und Befragung zu, sogar die offizielle Bezeichnung dafür ist die gleiche:
referre ad senatum[3] — *referre ad pontificum collegium*[4]. Und wenn
wir fanden (ob. p. 34), dass dem Volkstribunen hinsichtlich des
Collegiums das gleiche Recht wie den Beamten mit Imperium zusteht, so liegt dabei augenscheinlich ein gleicher Entwicklungsgang
zu Grunde wie der, welcher ihnen das Relationsrecht im Senat

---

[1] Momms. St. R. II. 12 ff. Von dem Opferkönig ist hier abgesehen,
da er keine Machtstellung hatte, sondern dem Pontifex maximus unter-
geben war.

[2] Diese sind dargestellt von Momms. p. 17 ff.

[3] Ueber das *ius referendi sed senatum* s. Momms. St. R. I, 200 ff.

[4] vgl. ob. p. 35.

verschaffte[1]. Beide Berechtigungen sind bei ihnen keine ursprünglichen, sondern erst allmählich durch den Ständekampf, welcher sie zu den mächtigsten Magistraten der Gemeinde machte, erworben[2]. Der Pontifex maximus hat sich auf seiner hohen Stelle als Nachfolger des Königs dem Collegium gegenüber nicht halten können. Der Grund dazu war von Anfang an darin gegeben, dass er zugleich Mitglied des Collegiums war und an dessen Beratungen teil nahm (vgl. ob. p. 36). Es ist bemerkenswert, dass die Ueberlieferung von einer Disciplinargewalt, wie sie ihm den Vestalinnen, den Flamines und dem Opferkönig gegenüber zukam, hinsichtlich der Collegen im engern Sinne nichts weiss[3], und es ist erklärlich dass die lezteren bestrebt waren, den Pontifex maximus mehr als vorsizendes Mitglied wie als ihr befehlendes Oberhaupt aufzufassen; ähnlich wie der Senat, ursprünglich der Rat der Consuln, diese zu seinen Executivbeamten herabzudrücken bemüht war. Dieser Strömung ist es zuzuschreiben, wenn wir sehen, dass sich die den Privaten erteilten Decrete, welche eigentlich Antworten des Pontifex maximus waren, die dieser seinem Consilium zur Begutachtung vorgelegt hatte (s. ob. p. 37), in der spätern Republik als directe Anfragen an das Collegium darstellen. Namentlich zeigt sich das in der Form der Relation, welche auch von den Privaten als an das Collegium gerichtet erscheint[4]. Es wurde so die Willkür des Oberhaupts, die Fragen selbständig zu beantworten oder zurückzuweisen beseitigt, überhaupt seine souveräne Stel-

---

[1] Vgl. Momms. a. a. O. und II, 311 ff.

[2] Aus Cic. de domo 136 (*C. Cassium censorem de signo Concordiae dedicando ad pontificum collegium retulisse*) könnte vielleicht eine Ausdehnung des dargestellten Rechtes auf den Censor geboten erscheinen. Indessen der Ausdruck *referre* allein beweist nichts, weil er in späterer Zeit auch von Anfragen Privater gebraucht wird (Anm. 4); und dem Censor ein Relationsrecht an das Collegium zuschreiben möchte ich deswegen nicht, weil er kein *ius referendi ad senatum* hat (Momms. II, 342). Wir würden also im vorliegenden Falle an eine Befragung durch Vermitdung des Pontifex maximus zu denken haben, wie sie jedem Bürger zustand, und bei Dedicationen sogar die Regel war. Vgl. ob. p. 43.

[3] Momms. St. R. II, 56 f.

[4] Cic. de domo 131: *Atque ille* (C. Cassius Censor) *tamen ad collegium retulit: tu* (Clodius) *ad quem retulisti? . . . referendum ad sacerdotes publicos non putasti? At si collegium adhibendum non uidebatur . . .* Dass Clodius als Privatmann fragte, ist oben p. 86 dargestellt. Die Gleichstellung der Anfrage des Censors mit der seinigen ist für unsere Annahme (Anm. 2) bezeichnend.

lung gegenüber dem Collegium beschränkt, und eine grössere Confundirung mit demselben hergestellt. Der Pontifex maximus nahm
schliesslich bei diesen oft sehr wichtigen Fragen der Privaten dieselbe Stellung ein wie jedes andere Mitglied des Collegiums, nur
dass er den Beschluss zu verkünden hatte. Wenn freilich ein Pontifex
maximus wie Caesar bei der Adrogation des Clodius (s. ob. p. 58)
sich über das feststehende Herkommen hinwegsezte und die Sache
nicht an das Collegium brachte, so war rechtlich nichts dagegen
zu machen.

IV. DIE GEHEIMKUNDE DER PONTIFICES.

Wenn wir erfahren, dass das Wissen der Pontifices in ältester
Zeit ängstlich gehütet wurde, dass ihre Kunde des göttlichen und
menschlichen Rechts ein auf die Mitglieder des Collegiums be-
schränktes Geheimnis war, so ist das nicht so zu verstehen, als ob
das Recht (*ius*) oder die Religion selbst ein Geheimnis gewesen
wäre. Beides ist aus dem Volksleben erwachsen und hat im Volke
gelebt [1], beides ist in seiner Ausbildung von den Pontifices stark,
ja sogar gewaltsam beeinflusst, aber nicht von ihnen geschaffen
worden, nicht ihnen allein bekannt.

Was das Privatrecht angeht, so liegt vor allem auf der Hand,
dass durch die Urteilssprüche, welche auf pontificalen Gutachten beruhten, sich notwendig eine gewisse Kenntnis des Rechts verbreiten,
dass die Ausgabe der Actionen einen grossen Teil der Formeln
unter das Volk bringen mussten. Aber dass die Rechtsanwendung
im concreten Fall an die Oeffentlichkeit trat, dass sie einen oder
den andern Rechtsgrundsaz offenbarte, machte wenig aus. Man
sah damit wol die Wirkungen nicht aber die Ursachen.

Ihre Geheimkunde, das heisst ihr alleiniges Wissen bestand
in zweierlei: Einmal stand ihnen das Archiv, die Grundlage aller
ihrer Kenntnis, in allen seinen Teilen, zur alleinigen Verfügung;
sie waren im Besiz der Formulare, welche der Bürger im Rechtsverkehr brauchte, kannten den Kalender und damit die Tage, an
welchen allein vor dem Magistrat geklagt werden durfte, sie allein
waren befugt die Sammlung der Praecedenzfälle, welche in den
Decreten enthalten war, einzusehen [2]. Ferner besassen sie allein

---

[1] Puchta hist. I⁸, 177.
[2] Dionys. 10, 1: Κομιδῇ δε ὀλίγα τινὰ ἐν ἱεραῖς ἦν βύβλοις ἀποκεί-

die Kunst der Anwendung des Rechts[1]. Die beständige juristische Arbeit, die Erfahrung einer unausgesezten Praxis war im Collegium zu Hause und erbte sich von Geschlecht zu Geschlecht fort; die Methode des Respondirens mittelst Heranziehung von Praejudicien war den Pontifices von jeher geläufig; die ganze gewaltige juristische Tradition des Collegiums, der Schaz jahrhundertelanger Erfahrungen, stand ihnen allein zu Gebote — mit einem Worte: die kunst- und berufsmässige Beschäftigung mit dem Recht übten sie allein und darin lag ihre Bedeutung und ihre Ueberlegenheit über den Laien.

Für das Sacralwesen ist dies Geheimhalten der überkommenen Formen und die genaue Beobachtung der Tradition ohne weiteres verständlich. Aber auch die feierlichen Formen des Privatrechts gelten in der Anschauung der Urzeiten nicht blos der Römer sondern mehr oder weniger aller Völker als etwas Unantastbares, Altgeheiligtes, und werden deshalb streng gehütet. Nur schwer entschliesst man sich davon abzuweichen. Für das Collegium selbst war die Geheimhaltung des Rechts eine Machtfrage, ihre alleinige Kunde der göttlichen und menschlichen Dinge gab ihnen ihr Ansehen. Damit hängt ein politischer Gesichtspunkt eng zusammen. Bis zur Mitte des fünften Jahrhunderts der Stadt konnten die Stellen im Pontifical-Collegium nur mit Patriciern besezt werden; natürlich war es also das Bestreben des allein für das Priestertum befähigten Adels die Rechtskunde nicht in fremde, das heisst plebejische Hände gelangen zu lassen, damit nicht aus dem feindlichen Lager auf Grund der gleichen Kenntnis das Ansinnen um Zutritt zu dem Collegium gestellt werde. Mag immerhin das Standesinteresse recht weit gegangen sein, man darf die Sache nicht so auffassen, als ob die Rechtskunde und die Zulassung zum

---

μενα, ἃ νόμων εἶχε δύναμιν, ὧν οἱ πατρίκιοι τὴν γνῶσιν εἶχον μόνοι. Liv. 4, 3 (von den Plebejern gesagt): *Si non ad fastos non ad commentarios pontificum admittimur.* Cic. p. Mur. 25: *Possetne agi lege necne, pauci quondam sciebant: fastos enim uulgo non habebant.* 26 (wo von den Actionen die Rede ist): *Quae dum erant occulta, necessario ab eis, qui ea tenebant, petebantur.* Liv. 9, 46 *Ciuile ius* (damit sind die Actionen gemeint: vgl. unt. p. 71 A. 1) *repositum in penetralibus pontificum euulgauit* (Flavius) *fastosque circa forum in albo proposuit.*

[1] Cic. de or. 1, 186: *Veteres illi, qui huic scientiae praefuerunt, obtinendae atque augendae potentiae suae causa peruulgari artem suam noluerunt.*

Archiv ein Vorrecht der Patricier gewesen sei[1]. Es ist nicht anzunehmen, dass der Patricier als solcher mehr vom Rechte kannte als der Plebejer, und dass ihm die Räume der Regia offen gestanden hätten. Auch die Ansicht[2], die Söhne der Patricier seien den Pontifices zur Unterweisung übergeben worden, etwa wie in späteren Zeiten vornehme junge Römer berühmten Juristen zugesellt wurden, um den Consultationen und Responsen zuzuhören, oder wie sie von ihren Vätern in den Senat mitgenommen wurden[3], um den Staatsdienst kennen zu lernen, ist schwerlich gerechtfertigt. Das Collegium erscheint in älterer Zeit durchaus geschlossen, wer neu hinzutrat ist natürlich von den Collegen unterwiesen worden, aber die geflissentliche Verbreitung der Rechtskenntnis, der eigentliche praktische Unterricht, ist die bewusste und mit dem Herkommen in Widerspruch tretende Tat des Ti. Coruncanius (s. unt. p. 76 ff.).

Die Stellung welche die Pontifices einnahmen, musste notwendig untergraben werden, wenn die Grundlagen worauf die Ausschliesslichkeit ihrer Kenntnis beruhte, das Archiv und die traditionelle Kunst der Rechtsanwendung, aufhörten, ihr Geheimnis zu sein. Und das ist hinsichtlich des Privatrechts sehr bald der Fall gewesen. Wir werden im Folgenden die Veröffentlichung des Archivs durch Ap. Claudius und Cn. Flavius und die Verallgemeinerung der juristischen Kunst durch Ti. Coruncanius darzustellen haben. Beides erscheint auf den ersten Blick als revolutionäre Tat, in Wirklichkeit ist es nur die notwendige Folge der Decemviralgesetzgebung und des ogulnischen Plebiscits gewesen. Wir müssen daher unsere Aufmerksamkeit auch auf diese beiden Gesetze richten und die Frage beantworten, wie sie die juristische Wirksamkeit der Pontifices beeinflusst haben. Vorher

---

[1] Man darf das nicht aus Dionys. 10, 1 und Liv. 4, 3 (ob. p. 66 A. 1) schliessen wollen. Dass die Pontifices hier von den den Ständekampf schildernden Historikern mit dem Patriciat, welchem sie damals angehörten, identificirt werden, trägt nichts aus. Dionysios mag wirklich an eine allgemeine Kenntnis der Patricier geglaubt haben; wie hinfällig diese Annahme ist, zeigt der von ihm hinzugefügte Grund, dass die Patricier das Archiv kannten, weil sie immer in der Stadt lebten, die Plebejer dagegen nicht, weil sie stets auf dem Lande zu tun hatten. Livius sagt nur, dass die Plebejer der rechtlichen Möglichkeit, Zutritt zum Archiv zu erhalten, ermangelten, welche bei dem andern Stande vorhanden war; und das ist richtig.

[2] Rubino p. 207. Sanio Varr. p. 166—7.

[3] Gell. 1, 23 u. daraus Macr. 1, 6, 19.

soll noch ein kurzer Blick auf die sogenannte papirische Sammlung der königlichen Geseze geworfen werden, weil sie ebenfalls als eine Publication aus dem Archiv erscheint.

Alle diese Vorgänge, welche die Pontifices aus der ausschliesslichen Kenntnis des Privatrechts verdrängen und dasselbe zum Gemeingut der Nation machen, haben — abgesehen von den für die Entwicklung bedeutungslosen königlichen Gesezen — das Sacralrecht nicht berührt. Dasselbe ist noch lange im Besiz der Pontifices geblieben. Aber von jest an trat eine Trennung zwischen beiden Disciplinen ein, welche für das Privatrecht den Erfolg hatte, dass es zu einer selbständigen Wissenschaft wurde. Erst im siebenten Jahrhundert werden wir wieder eine Annäherung bemerken.

V. DIE KÖNIGSGESEZE.

Die Ueberlieferung berichtet, dass die römischen Könige Geseze mit den Comitien vereinbart hätten[1], sie weiss von verschiedenfachen Aufzeichnungen von Gesezen in der Königszeit[2] und führt

---

[1] Pomp. 2 (nach der Erwähnung der Einrichtungen der Curien durch Romulus): *Et ita leges quasdam et ipse curiatas ad populum tulit, tulerunt et sequentes reges.*

[2] Romulus Dionys. 2, 24: Νόμους καλοὺς καὶ συμφέροντας ἀγράφους μὲν τοὺς πλείστους, ἔστι δ' οὓς καὶ ἐν γράμμασι κειμένους καταστησάμενος. Numa gilt wie wir ob. p. 20 sahen als Begründer des pontificalen Archivs. Vgl. auch Cic. de rep. 2, 26: *Pompilius animos propositis legibus his, quas in monumentis habemus, . . religionum caerimoniis mitigauit.* Ancus Marcius Dionys. 3, 36: Συγκαλέσας τοὺς ἱεροφάντας καὶ τὰς περὶ τῶν ἱερῶν συγγραφάς, ἃς Πομπίλιος συνεστήσατο, παρ' αὐτῶν λαβὼν ἀνέγραψεν εἰς δέλτους καὶ προὔθηκεν ἐν ἀγορᾷ πᾶσι τοῖς βουλομένοις σκοπεῖν, ἃς ἀφανισθῆναι συνέβη τῷ χρόνῳ· χαλκαῖ γὰρ οὔπω στῆλαι τότε ἦσαν, ἀλλ' ἐν δρυΐναις ἐχαράττοντο σανίσιν οἵ τε νόμοι καὶ αἱ περὶ τῶν ἱερῶν διατροφαί. Liv. 1, 32: *Longeque antiquissimum ratus sacra publica ut ab Numa instituta erant facere omnia ea ex commentariis regis pontificem in album relata proponere in publico iubet.* Servius Tullius Dionys. 4, 10: Νόμους τε συνέγραψεν ἐκ τῶν ἀρχαίων καὶ παρημελημένων ἀνανεούμενος, οὓς Ῥωμύλος τε εἰσηγήσατο καὶ Νομᾶς Πομπίλιος, οὓς δὲ αὐτὸς καθιστάμενος. Ebend. 13: Ἔπειτα τοὺς νόμους τούς τε συναλλακτικοὺς καὶ τοὺς περὶ τῶν ἀδικημάτων ἐπεκύρωσε ταῖς φράτραις. ἦσαν δὲ πεντήκοντά που μάλιστα τὸν ἀριθμόν, ὧν οὐδὲν δέομαι μεμνῆσθαι κατὰ τὸ παρόν. Vgl. Tac. Ann. 3, 26: *Praecipuus Seruius Tullius sanctor legum fuit.* Tarquinius

auch verschiedene Bestimmungen sacral- wie civilrechtlichen Inhalts an, welche sie den einzelnen Königen zuschreibt[1]. Dass die Könige privatrechtliche Geseze und Vorschriften über das Ritual erlassen und auch durch öffentlichen Aushang publicirt haben, kann wol keinem Zweifel unterliegen. Was dabei die Tätigkeit der einzelnen Könige angeht, ist eine Frage, welche mit der nach der Glaubwürdigkeit der römischen Königsgeschichte überhaupt zusammenfällt — sie mag hier auf sich beruhen[2]. Die histoire convenue, welche jedem der sieben Könige typische Characterzüge gegeben und bestimmte politische Functionen zugewiesen hat, ist am Ende der Republik so sehr als geschichtliche Wahrheit anerkannt, dass es schwer hält, die Spreu vom Waizen zu scheiden. Indessen Berichte wie der des Dionysios (4, 8 ff.) über die Schuldgesezgebung des Servius Tullius und seine damit zusammenhängende Thronbesteigung sollten billiger Weise auch den stärksten Glauben erschüttern. Die demokratische Gesinnung und demagogische Kunst des Königs, welcher dem gemeinen Manne Schuldentilgung und Landanweisung verspricht und sie auch durchführt, die hinterhaltige Politik des Senats, die von dem Vertrauensmanne des Volks dadurch quitt gemacht wird, dass er ohne den Senat zu seinen Zielen fortschreitet, die lärmende Volksversammlung, bei welcher auch die gedungene Claque nicht fehlt, alles das bis in Einzelste ausgemalt verrät deutlich die Hand des Geschichtsschreibers oder -fälschers des siebenten Jahrhunderts.

Superbus soll die Geseze des Servius wieder aufgehoben haben. Dionys. 4, 43: Τούς τε γὰρ νόμους τοὺς ὑπὸ Τυλλίου γραφέντας, καθ' οὓς ἐξ ἴσου τὰ δίκαια παρ' ἀλλήλων ἐλάμβανον καὶ οὐδὲν ὑπὸ τῶν πατρικίων ὡς πρότερον ἐβλάπτοντο περὶ τὰ συμβόλαια πάντας ἀνεῖλε. καὶ οὐδὲ τὰς σανίδας, ἐν αἷς ἦσαν γεγραμμένοι, κατέλιπεν ἀλλὰ καὶ ταύτας καθαιρεθῆναι κελεύσας ἐκ τῆς ἀγορᾶς διέφθειρεν. Von den ersten Consuln wird dann eine Wiederherstellung dieser Geseze berichtet. Dionys. 5, 2: Καὶ γὰρ τοὺς νόμους τοὺς περὶ τῶν συμβολαίων τοὺς ὑπὸ Τυλλίου γραφέντας φιλανθρώπους καὶ δημοτικοὺς εἶναι δοκοῦντας, οὓς ἅπαντας κατέλυσε Ταρκύνιος, ἀνενεώσαντο.

[1] Beispiele sind aus den Sammlungen der *leges regiae* (Dirksen Versuche zur Kritik und Auslegung der Quellen des röm. Rechts p. 261 ff. Voigt Leges regiae (Abh. der sächs. Akad. VII) p. 578 (19) ff. Bruns fontes p. 8 ff.) zu entnehmen.

[2] Es muss schon allein Verdacht erregen, wenn wir hören dass die Geseze der Könige so leicht in Vergessenheit geraten (Dionys. 4, 10), oder, weil sie nur auf Eichen- nicht auf Erztafeln geschrieben sind, dem Zahn der Zeit anheimfallen (Ebend. 3, 36 ἀφανισθῆναι).

Für unseren Zweck tragen diese Nachrichten über die Geseze der
Könige nichts aus. Wichtig wird aber die Erzählung, dass am Anfange
der Republik der erste Pontifex maximus C. Papirius[1] eine Sammlung solcher königlichen Geseze in Buchform veranstaltet und herausgegeben habe, das sogenannte Ius Papirianum[2]. Die Nachricht
wird von zwei durchaus unzuverlässigen Berichterstattern, von Dionysios und Pomponius überliefert, und wird um so verdächtiger,
als beide in den wichtigsten Punkten von einander abweichen[3].
Vorname und Zeit des Papirius[4] werden verschieden angegeben;
was den Inhalt angeht, so knüpft Dionysios an die Sammlung
der Geseze des Numa durch Ancus Marcius an (ob. p. 59 A. 2),
welche Ritualvorschriften enthielt, die Sammlung des Papirius ist
ihm nur eine Wiederholung dieser verschollenen Publication.
Pomponius weiss von einem sacralrechtlichen Inhalt des Ius Papirianum garnichts, sondern spricht nur von einem Aufzeichnen von
Curiatgesezen, wobei er augenscheinlich an privatrechtliche Normen

---

[1] Ueber seine Persönlichkeit s. Schwegler 1, 24—25. Von den drei Vornamen Gaius (Dionys. 3, 36), Sextus (Pomp. 2), Publius (Pomp. 36) ist der erste
für den richtigen zu erachten, weil bei den Patriciergeschlechtern nur bestimmte Vornamen gebräuchlich sind (Momms. Forsch. I, 15 f.), und bei den
Papiriern die beiden lezteren sonst nicht belegbar sind. (Sanio Varr. p. 136
A. 196.) Wenn Voigt (leg. reg. p. 118) bei Pomp 2 (gegen die Florentina)
liest: in libro sexto Papirii und dadurch den Sextus herausbringt, wenn er
ferner (p. 126) den Publius ‚ohne Weiteres‘ den Compilatoren zur Last legt,
und schliesslich den Gaius zum zweiten, den Manius zum ersten Pontifex maximus macht (p. 117) — der leztere wird von Dionys. 5, 1 als erster Opferkönig erwähnt, was aber einer Notiz bei Fest. p. 318 widerspricht — so
ist mit solcher Willkür nicht zu rechten.

[2] Dionys. 3, 36 (vgl. p. 59 A. 2): Μετὰ δὲ τὴν ἐκβολὴν τῶν βασιλέων
εἰς ἀναγραφὴν δημοσίαν αὖθις ἤχθησαν ὑπ' ἀνδρὸς ἱεροφάντου Γαΐου Πα-
πιρίου τὴν ἁπάντων τῶν ἱερῶν ἡγεμονίαν ἔχοντος. Pomp. 2: Quae omnes
conscriptae extant in libro Sex. Papirii, qui fuit illis temporibus, quibus
Superbus, Demarati Corinthii filius, ex principalibus uiris. is liber, ut diximus, appellatur ius ciuile Papirianum, non quia Papirius de suo quicquam
ibi adiecit, sed quod leges sine ordine latas in unum composuit.

[3] Gegen die Authentie dieses Ius Papirianum haben sich die bedeu-
tendsten Forscher ausgesprochen: Dirksen (ob. p. 60 Anm. 1) p. 288. 289;
Rubino p. 408; Schwegler 1, 23 ff.; Puchta Inst. I, 70—72; Rudorff R. R. G. I,
255 ff.; Teuffel R. L. G. § 70. 71; Lange R. A. I, 314 f. Mommsen St. R. II,
41—44.

[4] Ueber den Vornamen s. Anm. 1. — Dionys sezt den Papirius an
den Anfang der Republik, Pomponius unter Tarquinius Superbus. Das liesse
sich wol mit einander vereinigen, doch weiss Pomponius — wenigstens in

denkt[1]. Ueber das Verhältnis des Ius Papirianum zu dem Zwölf-
Tafel-Gesez schweigt Dionysios, — was selbstverständlich ist, da
für ihn die Sammlung Sacralrecht enthielt — Pomponius hilft sich
mit der Wendung, dass ersteres in Vergessenheit geraten sei, lezteres darauf die empfindliche Lücke ausgefüllt und das Verlangen
nach geschriebenem Recht befriedigt habe[2].

Wir begnügen uns zunächst damit, die Ueberlieferung über
das papirische Rechtsbuch zu beanstanden, und wenden uns zu der
Tatsache zurück, dass von den Königen privatrechtliche Geseze
und Ritualvorschriften erlassen worden sind. Vieles davon war
in den Zeiten der früheren Republik sicherlich noch in praktischer
Geltung; es soll auch keineswegs in Zweifel gezogen werden, dass
manches auf öffentlichen Gesezestafeln verzeichnet war. Nur darauf
muss hingewiesen werden, dass dieses königliche Recht notwendig
andern Inhalt hatte als die Decemviral-Gesezgebung, sich also nicht,
oder doch nur zum geringsten Teile auf dem Gebiete des Privatrechts bewegte. Diese Königsgeseze sollen nun mit den Zwölf
Tafeln im gallischen Brande (364) grösstenteils zu Grunde gegangen sein. Nach demselben — so wird berichtet[3] — liessen die

---

der uns vorliegenden Gestalt — nichts von seiner Stellung als Pontifex maximus, welche notwendig in die Republik fällt und Voraussezung für die Publication sein muss. Allerdings ist die Stelle in den Digesten von den Compilatoren verstümmelt, wie das der Beziehung entbehrende *ut diximus* zeigt.
Trozdem scheint der Irrtum, welcher den Superbus zum Sohn des Demaratos
macht (vgl. Sanio Varr. 188 A. 197), dem Autor selbst zur Last zu fallen.
    [1] Das folgt daraus, dass nach ihm das Ius Papirianum durch die Zwölf
Tafeln ersezt wird. Voigt leg. reg. p. 116—125 bezieht mittelst seiner Lesart (p. 61 A. 1) den privatrechtlichen Inhalt auf das sechste Buch des
Papirius und weiss auch anzugeben, worüber die andern Bücher gehandelt
haben.
    [2] Pomp. 8: *Exactis deinde regibus lege tribunicia omnes hae leges
exoleuerunt, iterumque coepit populus Romanus incerto magis iure et con-
suetudine aliqua uti quam per latam legem, idque prope uiginti annis passus est.
4. Postea ne diutius hoc fieret, placuit publica auctoritate decem constitui uiros.*
    [3] Liv. 6, 1: *In primis foedera ac leges — erant autem eae duodecim
tabulae et quaedam regiae leges — conquiri quae comparerent iusserunt.
alia ex eis edita etiam in uolgus: quae autem ad sacra pertinebant a pontificibus maxime, ut religione obstrictos haberent multitudinis animos,
suppressa.*

Consulartribunen des Jahres 365 die Ueberbleibsel zusammensuchen. Einzelnes wurde davon veröffentlicht, anderes — namentlich die sacralen Sazungen werden genannt — hielten die Pontifices zurück. Es bedarf keines Beweises, dass vor allem die Zwölf Tafeln ihrer Bestimmung für die allgemeine Kenntnis zurückgegeben wurden; es ist nicht unmöglich, dass man zugleich noch andere Stücke, etwa auch Tafeln, die sich als Königsgeseze ausgaben[1], bekannt machte. Jedenfalls ist eine genauere Bestimmung dessen, was damals publicirt, was geheim gehalten wurde, aus diesem Bericht nicht zu entnehmen[2]. Sehr wichtig ist aber, dass wir dadurch direct von einer Beziehung der Königsgeseze zum pontificalen Archiv erfahren, was auch hinsichtlich des Sacralrechts durchaus glaubhaft ist.

Damit hängt folgende Erscheinung zusammen. Bei den Schriftstellern der spätern Republik — am frühesten bei Varro[3] — und der Kaiserzeit finden wir öfter sacrale Vorschriften, welche wörtlich angeführt und auf die einzelnen Könige zurückgeführt werden[4]. Ihr Inhalt weist ein entschieden hohes Alter auf; es sind Bestimmungen, welche die religiösen Pflichten der Bürger regeln, Sühnmittel angeben, oder die Unsühnbarkeit und das *sacer esto*, aber auch andere Strafen festsezen[5]; sie gehören demnach zu den Ritualvorschriften und entstammen als solche dem pontificalen Archiv.

---

[1] Darauf kann man vielleicht mit Voigt p. 115 (vgl. 79) eine Notiz aus Cato bei Fest. p. 241 beziehen: *Probrum uirginis Vestalis ut capite puniretur, uir, qui eam incestauisset, uerberibus necaretur: lex fixa in atrio Libertatis cum multis aliis legibus incendio consumpta est, ut ait M. Cato in ea oratione, quae de auguribus inscribitur.* Allerdings steht dieser Bericht mit dem des Livius 6, 1 im Widerspruch, denn die *lex* des Cato enthält zweifellos Sacralrecht. Aber Livius' Bericht ist auch nichts weniger als genau. Ob übrigens Tac. Ann. 12, 8 hierhergehört (Voigt), ist, da die Stelle nicht von der Bestrafung, sondern von der Expiation des Incestes und nicht von einer Vestalin handelt, zweifelhaft.

[2] Voigt leg. reg. p. 4—5 scheidet von vorn herein — was an sich richtig ist — zwischen Cultusvorschriften und Gesezen der Könige. Indem er nun (p. 118 ff.) die doch recht unbestimmten Worte des Livius auf die Goldwage legt, meint er die ersteren seien damals geheim gehalten; von den lezteren sollen die, welchen nicht durch das Zwölf-Tafel-Gesez derogirt worden war, — sie sind unter den von Livius mit *quaedam* bezeichneten zu verstehen — von neuem publicirt worden sein.

[3] Fest. p. 189 s. unt. p. 65 A. 2.

[4] Beispiele bieten die ob. p. 60 A. 1 genannten Fragmentsammlungen.

[5] So Momms. St. R. II, 41—42.

Da sie zuerst im siebenten Jahrhundert auftauchen, so liegt folgender Schluss nahe: Uralte sacrale Festsezungen waren von den Pontifices gesammelt, auch als durch den gallischen Brand das Archiv zerstört wurde, liess man es sich angelegen sein die erhaltenen Reste zusammenzubringen und hielt sie zum grössten Teil geheim. Die Pontifices sind es wahrscheinlich gewesen, welche die einzelnen Stücke redigirt und sie den verschiedenen Königen zugeteilt haben: so erklärt es sich, dass man später diese Ritualvorschriften als Geseze[1] der Könige erwähnt findet. Wann diese Ordnung vorgenommen ist, woher die Bestimmungen in Wirklichkeit stammen, ob nicht manches willkürlich von den Pontifices hinzugefügt ist, das sind Fragen, auf welche eine Antwort nicht möglich ist. Als dann, wie unten näher darzulegen ist, im siebenten Jahrhundert überhaupt die strenge Geheimhaltung des pontificalen Archivs aufhörte und die Schäze desselben in die Litteratur übergingen, tauchten auch die ‚Königsgeseze' auf und wurden begierig von den Antiquaren aufgegriffen.

Die Quellen derselben Zeit kennen aber auch ein Ius Papirianum. Zur Zeit Caesars schrieb ein gewisser Granius Flaccus[2] einen Commentar dazu[3]. Dasselbe knüpft unzweifelhaft an die der Ueberlieferung nach von dem ersten Pontifex maximus herrührende Sammlung der Königsgeseze an. Da aber dieser Ueberlieferung nicht zu trauen ist, müssen wir uns fragen, wann und wo ein solches auf den Namen des Papirius zurückgeführtes Werk entstanden ist. Zunächst steht fest, dass es die eben erwähnten in dem pontificalen Archiv unter den Königsnamen gangbaren Ritualvorschriften sind, welche in

---

[1] So werden sie regelmässig bezeichnet. Beispiele: Fest. p. 280 (*in regis Romuli et Tatii legibus*). Dionys. 2, 25. Die meisten Citate gehen auf Numa Pompilius: Fest. p. 178. 189. ep. 221. ep. 222. Plin. H. N. 14, 88; Servius Tullius Fest. p. 230; *lex regia* allg.: Marcell. dig. 28 (D. 11, 8, 2).

[2] Ueber Granius vgl. Teuffel R. L. G. § 199, 7. Die Identität mit dem bei Caesar b. c. 3, 71 erwähnten Puteolaner A. Granius ist keineswegs erwiesen (Voigt p. 127. A. 808), zumal da er das ihm von Voigt beigelegte Cognomen Flaccus im Texte Caesars nicht führt.

[3] Paul. ad leg. Iul. et Pap. 10 wahrscheinlich durch Vermittlung des Sabinus (D. 50, 16, 144): *Granius Flaccus in libro de iure Papiriano scribit pellicem nunc uulgo uocari quae cum eo, cui uxor sit, corpus misceat, quosdam eam, quae uxoris loco sine nuptiis in domo sit, quam* παλλακὴν *Graeci uocant.* Ebenfalls scheint auf diesen Commentar zurückzugehen Macr. 3, 11, 5: *In Papiriano enim iure euidenter relatum est arae uicem praestare posse mensam dicatam* etc.

dem Commentar behandelt wurden [1]. Weiter darf man behaupten, dass nicht Granius die Zusammenstellung dieser ‚Königsgeseze' gemacht hat: dieselbe muss einer früheren Zeit angehören, denn schon Varro citirt neben den *commentarii pontificum* eine *lex Pompili regis* [2]. Es ist also aller Wahrscheinlichkeit nach nicht nur die Verteilung dieser ‚Geseze' unter die einzelnen Könige sondern auch ihre Zusammenstellung als Ius Papirianum aus dem Schosse des Collegiums selbst hervorgegangen, und diese Sammlung hat als gesonderte Abteilung des Archivs bestanden.

Ob man das Ius Papirianum, wie es Granius bearbeitete, über die Ritualvorschriften hinaus ausdehnen darf, ist sehr fraglich. Wenn einzelne unserer Fragmentensammlungen [3] alles, was die Quellen an privat- und staatsrechtlichen Festsezungen der Könige erwähnen, auch wenn es gar keinen sacralen Charakter trägt, als *leges regiae* oder Ius Papirianum buchen, so ist das entschieden ungerechtfertigt.

· VI. DIE ZWÖLF TAFELN UND DAS OGULNISCHE GESEZ.

Das Zwölf-Tafel-Gesez ist hervorgegangen aus dem politischen Ständekampf der Plebejer gegen die Patricier und aus dem sozialen

---

[1] Das folgt daraus, dass die eben citirte Stelle desselben (D. 50, 16, 144) augenscheinlich ein von Fest. ep. p. 222 angeführtes Gesez des Numa behandelt: *Pellices nunc quidem appellantur alienis succumbentes non solum feminae sed etiam mares. antiqui proprie eam pellicem nominabant, quae uxorem habenti nubebat. cui generi mulierum etiam poena constituta est a Numa Pompilio hac lege ,Pellex aram Iunonis ne tangito: si tanget Iunoni crinibus demissis agnum feminam caedito.'* Vgl. Serv. z. Aen. 12, 836: *Quod ait ,morem ritusque sacrorum adiciam' ipso titulo legis Papiriae usus est, quam sciebat de ritu sacrorum publicatam.* Wenn man unter dieser *lex Papiria* — was sehr wahrscheinlich ist — das *Ius Papirianum* verstehen darf, so haben wir damit ein directes Zeugnis über seinen Inhalt. Die Stelle blos auf ein Buch des angeblichen Papirius zu beziehen (Voigt p. 121. 124) liegt kein Grund vor.

[2] Fest. p. 189: *M. Varro ait:* .. [*Quod autem omnia spolia solita*] *non sint ad aedem Iouis Feretri poni testimonio esse libros pontificum, in quibus sit: Pro primis spoliis boue, pro secundis solitaurilibus, pro tertiis agno publice fieri debere. esse etiam Pompili regis* (Hdschr.: *compelli reges*) *legem opimorum spoliorum talem: Cuius auspicio classe procincta opima spolia capiuntur Ioui Feretrio darier oporteat et bouem caedito etc.* Vgl. Plut. Marcell. 8: Καίτοι φασὶν ἐν τοῖς ὑπομνήμασιν Νομᾶν Πομπίλιον καὶ πρώτων ὀπιμίων καὶ δευτέρων καὶ τρίτων μνημονεύειν.

[3] z. B. Bruns fontes p. 3 ff.

Kampf der verarmten und überschuldeten Volksmassen gegen die Besizenden. Von einer Opposition gegen das Pontifical-Collegium als Veranlassung zu dem Verlangen nach geschriebenem Recht findet sich keine Spur in den Quellen. Für uns liegt deshalb kein Grund vor, in die Geschichte der Entstehung und des Verlaufs der Decemviral-Gesezgebung einzugehen.

Fragen wir aber nach den Folgen, welche das neue Gesez für die pontificale Tätigkeit brachte, so eröffnet sich uns ein weites Feld. Für das Responsenwesen und für die Methode der Arbeit blieb allerdings alles beim alten, für das Actionenwesen dagegen war die ganze Grundlage verändert worden. Die Formeln der Rechtsanwendung basirten bisher auf dem Gewohnheitsrecht; sie unterstanden, da die Pontifices, die berufsmässigen Kenner desselben, keiner andern Controle unterworfen waren als der öffentlichen Meinung, durchaus ihrem Ermessen. Jetzt trat an die Stelle des ungeschriebenen das geschriebene Recht und die bisherige discretionäre Gewalt der Pontifices hörte auf; sie waren an das Gesez, den Boden aus welchem die Actionen erwuchsen, gefesselt.

Die Zwölf Tafeln sind ein Compromiss der kämpfenden Parteien und Klassen. Sie schufen eine Rechtsicherheit für den Plebejer und Patricier, für den Armen und Reichen, wie sie bisher nicht in gleicher Weise vorhanden war, indem sie dem römischen Bürger seine Rechtssphäre abgrenzten und ihn innerhalb derselben für souverän erklärten (*ita ius esto*). Die Einzelheiten der Frage, in wie weit die Zwölf Tafeln Neuerungen einführten, gehören der Geschichte des materiellen Privatrechts an, dass sie es in grossem Umfange taten, kann nicht bestritten werden. Allerdings brachten sie keine neuen Rechtsinstitute, die Grundlagen des römischen Stadtrechts und seine formalen Rechtsgeschäfte blieben dieselben; leztere sind auch nicht eigentlich umgestaltet, aber dadurch dass ihnen ein anderer viel weiterer Spielraum gegeben wurde, ist allmählig auf den wichtigsten Gebieten ein völliger Umschwung herbeigeführt worden. Es kann das erst später mit Beispielen belegt werden, hier handelt es nur darum, wie sich die Pontifices zu diesen Neuerungen stellten. Sie konnten, um ihr Ansehen zu retten, nichts Klügeres tun als sich fügen. Und das haben sie in bewundernswerter Weise durchgeführt, indem sie es unternahmen die Rechtsanwendung zu einer Gesezesanwendung umzugestalten[1].

---

[1] Pomp. 6: *Et ita eodem paene tempore tria haec iura nata sunt: lege duodecim tabularum ex his fluere coepit ius ciuile, ex isdem legis actiones*

Sie passten die Formeln den Worten des Zwölf-Tafel-Gesezes an und machten dadurch die (*iuris*) *actio* zur *legis actio*.

Die Legisactionen sind eins der wichtigsten Institute des römischen Rechts geworden, sie haben die älteren Actionen des Gewohnheitsrechts beseitigt. Wenn wir von den lezteren nur noch geringe Spuren finden, so kann uns das keineswegs berechtigen, der Auffassung der Quellen zu folgen, welche die Sache so darstellen, als ob überhaupt erst seit den Zwölf Tafeln mit bestimmten Formeln geklagt worden sei[1]. Gerade das älteste Recht fordert die strengsten Formen; eine so grundlegende Einrichtung kann nicht einem einzelnen Gesez seine Entstehung verdanken, sondern hat schon von Urzeiten her bestanden, ebenso wie die Stichworte des salischen Gesezes, die sogenannte malberger Glosse, naturgemäss viel älter sind als ihre Aufzeichnung in dem Gesez.

Nach den Zwölf Tafeln vollzieht sich eine weitere Aenderung: Während früher der Begriff der Actionen, wie wir sahen[2], sich gleichmässig auf das Rechtsgeschäft wie die Klage erstreckt, ist die Bezeichnung als Legisaction nur für die Klage nachweisbar[3]. Der Grund liegt in der Verschiedenheit der Stellung, welche beide Institute dem neuen Geseze gegenüber einnahmen. Die Klage erforderte bestimmte sich auf das Gesez beziehende Worte, sie musste z. B. auf *arbores* nicht auf *uites succisae* lauten. Ueberall, wo das Gesez derartige neue Stichworte gebrauchte, oder wo aus den Vorschriften desselben sich neue Formulirungen notwendig machten, musste die Umarbeitung sofort geschehen. Die Geschäftsformeln dagegen sind, wie schon bemerkt, von den Zwölf Tafeln direct nicht angetastet: allerdings kam in den folgenden Jahrhunderten eine grosse Anzahl inhaltlich neuer Geschäfte auf; aber dieselben be-

---

compositae sunt. Omnium tamen harum et interpretandi scientia et actiones apud collegium pontificum erant. Diese Stelle soll vorläufig nur beweisen, dass die Legisactionen aus den Zwölf Tafeln von den Pontifices componirt wurden. Gai. 4, 11: *Actiones, quas in usu ueteres habuerunt legis actiones appellabantur, uel ideo quod legibus proditae erant . . . uel ideo, quia ipsarum legum uerbis accommodatae erant et ideo immutabiles proinde atque leges obseruabantur.* Das Nähere wie diese *accomodatio* geschah s. bei Ihering Geist II, 631 ff.

[1] Vgl. hierzu die Ausführungen ob. p. 21 ff.

[2] ob. p. 21. 22. 25 A. 2. vgl. auch d. IX. Abschn.

[3] Ganz ist auch hier die ältere Bezeichnung nicht verwischt. Dem Ausdruck *legis actiones* steht *actiones legitimae* gleich (Pomp. 6), dieser wieder ist sprachlich gleichbedeutend mit *actus legitimi*, und dies Wort kommt in der Bedeutung von formalen Rechtsgeschäften vor (s. ob. p. 22 Anm. 1).

wegten sich durchaus in den althergebrachten Formen; sie erforderten wol eigene Formulare, an den solennen Worten selbst wurde jedoch nicht gerüttelt. So kann man wol darin, dass nur die Klagen eine Umgestaltung nötig machten, den Grund dafür sehen, dass nur sie als Legisactionen bezeichnet werden. Durch die Umwandlung der Actionen in Legisactionen haben die Pontifices es ermöglicht, dass das Gebiet der Rechtsanwendung ihnen für's erste erhalten blieb. Die Legisactionen waren wie die alten Actionen ihre Geheimkunde und wurden wie diese im Archiv aufbewahrt. Aber die Folgen der Veränderung der Grundlage mussten über kurz oder lang doch eintreten. Zunächst wurde die allgemeine Kritik der Tätigkeit der Pontifices von selbst eine andere. Die Frage, ob die Legisactionen dem Gesez gemäss und die Geschäftsformulare zweckmässig abgefasst waren, musste jetzt in weiteren Kreisen erörtert werden, seitdem man das Gesez als Massstab der Beurteilung vor sich sah. Damit ging Hand in Hand das Verlangen nach Veröffentlichung des Archivs. Wenn die Ursache, das heisst das Gesez, jedermann vor Augen lag, war es die notwendige Folge, dass nun die Forderung laut wurde, auch seine Wirkungen, die Legisactionen und Formulare sollten Gemeingut werden. Die Pontifices haben den veränderten Zeitumständen in kluger Weise nachgegeben und dadurch ihre Stellung noch für eine Weile behauptet; nichts destoweniger war sie unhaltbar geworden. Es konnte nur noch eine Frage der Zeit sein, wann es mit ihrer Geheimkunde zu Ende ging und das Archiv eröffnet wurde.

———————

Es ist oben (p. 56 f.) dargestellt, dass neben der Beherrschung des Actionenrechts die Sonderstellung der Pontifices auf der grossartigen Tradition des Collegiums und diese wiederum auf den Praejudicien ihres Archivs beruhte. In lezterer Hinsicht hat ihre Macht länger bestanden als in ersterer. Aber auch hier ist durch ein politisches Ereignis manches anders geworden: durch den schon erwähnten gallischen Brand (864). Das Archiv ging in demselben zum grössten Teil zu Grunde[1]. Man mochte Legisactionen und Geschäfts-

---

[1] Liv. 6, 1: *Etiam si quae* (litterae) *in commentariis pontificum aliisque publicis privatisque erant monumentis incensa urbe pleraeque interiere.* Livius spricht hier allerdings nur von schriftlichen Aufzeichnungen historischer Art. Es ist also zunächst an die Fasten und Annales maximi zu denken, aber wir sind unbedingt berechtigt den Bericht von der Zerstörung auch auf die anderen Teile des Archivs auszudehnen.

formulare wiederherstellen, so gut es ging — sie wurden dadurch
jedenfalls um so mehr der öffentlichen Kritik unterworfen —:
die Praejudicien waren unwiderruflich vernichtet. Allerdings ist anzunehmen, dass man das Verlorene durch erneuerte Aufspeicherung
von Responsen der einzelnen Pontifices oder des Collegiums, soweit dies damals noch mit privatrechtlichen Dingen zu tun hatte,
zu ersezen suchte: die Tradition des Pontifices hatte damit unzweifelhaft einen Bruch erlitten.

Einen weiteren Schritt auf dem Wege zur Verallgemeinerung
der Rechtskenntnis bildet das ogulnische Gesez (454 d. St.).
Die Zahl der Stellen im Collegium der Pontifices — und ebenso
der Augurn — wurde vermehrt und die neugeschaffenen Stellen
den Plebejern vorbehalten[1]. Damit war zwar an sich in der Methode
der Bearbeitung des Rechts nichts geändert, aber es war einer
der Gründe für die Geheimkunde, das patricische Standesinteresse,
in Wegfall gekommen. Die plebejischen Pontifices benuzten das
Archiv natürlich ebenso wie die patricischen, sie mussten in gleicher
Weise in die Tradition und Methode des Collegiums eingeführt
werden. Es war jezt für alle Bürger wenigstens die Möglichkeit
der berufsmässigen Beschäftigung mit der Rechtsanwendung geschaffen. Gleich unter den ersten im Jahre 454 ernannten Pontifices findet sich einer, der als bedeutender Jurist erwähnt wird:
P. Sempronius Sophus[2]. (Tribun 442, Consul 450, Censor 455,
Praetor 458.)

---

[1] Liv. 10, 6 vgl. 9: *Rogationem ergo promulgarunt* (C. et Cn. Ogulnii
tr. pl.), *ut, cum quattuor augures quattuor pontifices ea tempestate essent,
placeretque augeri sacerdotum numerum, quattuor pontifices quinque augures
de plebe omnes adlegerentur.* Die Frage, ob und wann eine Vermehrung des
Collegiums auf 9 Stellen stattgefunden habe (Bardt, Die Priester der vier
grossen Collegien p. 32 f. Momms. St. R. II, 21. Marq. St. V. III, 233. Lange
R. A. I, 871—872. II, 181), braucht hier nicht besprochen zu werden.

[2] Liv. 10, 9. Pomp. 37. Das Nähere über ihn s. bei Sanio Varr.
148—149. Teuffel R. L. G. § 89. Zimmern I, 267—268.

VII. AP. CLAUDIUS CAECUS UND CN. FLAVIUS.

Der erste entscheidende Schlag fiel um das Jahr 450 d. St.[1]:
Ap. Claudius und sein Schreiber Cn. Flavius veröffentlichten den
Kalender und die Actionen[2]. Beides hängt eng zusammen: man
erfuhr dadurch, wann und wie geklagt werden musste. Bezüg-
lich des Kalenders genügt für uns ein blosses Feststellen der
Tatsache[3], auf die Actionen müssen wir näher eingehen.

Die Publication enthielt Actionen[4] in der älteren Bedeutung
des Wortes: sie umfasste also sowol Legisactionen[5] als Geschäfts-

---

[1] Liv. 9, 46 setzt die Publicationen in das Jahr der curulischen Aedilität des Flavius (450). Aber das ist nicht so genau zu nehmen: Livius berichtet nur zusammenfassend über die Vergangenheit des Mannes. Die Veröffentlichung muss früher fallen, denn einmal hängt sie mit seiner Stellung
als Schreiber des Ap. Claudius zusammen, und diese hatte Flavius, um zu
der Magistratur zu gelangen, bereits aufgegeben (Liv. l. c. Piso. b. Gell. 7, 9),
andrerseits verdient der Bericht bei Pomp. 7 u. Plin. H. N. 33, 17, wonach
die Tat ein Mittel war, um sich beim Volke beliebt zu machen und so die
Wahl zu ermöglichen, vollen Glauben.

[2] Quellen: Cic. p. Mur. 25—26; de or. 1, 186; ad Att. 6, 1, 8. Liv.
9, 46 (daraus Val. Max. 2, 5, 2). Plin. H. N. 33, 17. Pomp. 7. Macr. I, 15, 9.

[3] Ein näheres Eingehen auf die Kalenderfragen wird — wie schon oben
p. 29 bemerkt — in der vorliegenden Arbeit absichtlich vermieden. S. dort
A. 3 die Litteratur. Auch die Frage, welche sich aus Cic. ad Att. 6, 1, 8
erhebt, ob der Kalender nicht schon in der Decemviral-Gesezgebung enthalten
war, und wie sich dann die Tat des Flavius dazu verhielt, soll hier nicht
erörtert werden. S. darüber: Mommsen Chron. p. 210 ff. Huschke p. 378 ff.
Hartmann p. 110 ff. vgl. 83 ff.

[4] Pomp. 7: *Postea cum Ap. Claudius proposuisset et ad formam redegisset has actiones, Cn. Flauius . . . librum populo tradidit.* Cic. de or.
1, 186: *Expositis a Cn. Flauio primum actionibus.* ad Att. 6, 1, 8: *Cn. Fla-
uium scribam fastos protulisse actionesque composuisse.*

[5] Es kann das als selbstverständlich angenommen werden, geht auch
aus Pomponius hervor, der bei seinen *actiones* vorzugsweise oder allein an
die vorher besprochenen Legisactionen gedacht hat. Einen Zweifel könnte
nur Cic. p. Mur. 25 erregen. Nachdem die Publication des Kalenders durch
Flavius erzählt ist, heisst es: *Itaque irati illi* (consulti d. h. die Pontifices), *quod sunt ueriti, ne dierum ratione peruulgata et cognita sine sua
opera lege agi posset, uerba quaedam composuerunt, ut omnibus in rebus
ipsi interessent.* Weiter wird, nachdem einzelne Klagformeln aufgeführt sind,
gesagt (§ 26): *Quae dum erant occulta, necessario ab eis qui ea tenebant
petebantur: postea uero peruulgata atque in manibus iactata et excussa in-
anissima prudentiae reperta sunt, fraudis autem et stultitiae plenissima.*

formulare[1]. Das Werk wird uns als *ius ciuile Flauianum* bezeichnet,
und ist als die erste litterarische Leistung in der Jurisprudenz anzusehen.

Die in Buchform[2] erfolgte Zusammenstellung geschah in Opposition gegen die Pontifices. Die Urheber gehörten beide dem
Collegium nicht an[3]. Sie haben vielmehr durch sorgsame Beobachtung der vorkommenden Fälle und stetig fortgeseztes Aufzeichnen
der von den Pontifices ausgegebenen Legisactionen und Formulare
das Material hinter deren Rücken zusammengetragen[4]. Dass das

---

Dass die Legisactionen von den Juristen erst nach dem Bekanntwerden des
Kalenders componirt seien, ist eine handgreifliche Unrichtigkeit. Indessen
der Redner kümmert sich hier nicht um die Wahrheit der vorgetragenen Tatsachen, er stellt sie so zusammen, wie sie ihm zur Erreichung seines Zweckes,
die Juristen lächerlich zu machen, am besten passen.

[1] Liv. 9, 46: *Ciuile ius repositum in penetralibus pontificum euulgauit.*
Daraus Val. Max. 2, 5, 2 *Ius ciuile per multa saecula inter sacra caeri-
moniasque deorum immortalium abditum solisque pontificibus notum Cn.
Flauius .. uulgauit.* Diesen Ausdruck *ius ciuile* sollte man nicht so schnell
verwerfen. Er ist zu eng, indem er die Legisactionen nicht umfasst, ist aber
sonst gewiss am Plaze. *Ius ciuile* ist die sogenannte *interpretatio* (Pomp. 5) und
diese geschah, wie unten (im X. Abschn.) darzustellen ist, durch Abfassen von
Geschäftsformularen und durch Responsa. Da an leztere hier nicht gedacht
werden kann, weil die freie Respondententätigkeit erst von Coruncanius ausgeht, so dürfen wir unter *ius ciuile* wol die Geschäftsformulare verstehen.
So ist auch erklärlich, warum das Werk von Pomp. 7 als *ius ciuile Flauianum* bezeichnet wird.

[2] Pomp. 7 spricht von einem *liber*.

[3] Für Ap. Claudius geht dies daraus hervor, dass — abgesehen von
den sonstigen Quellen — sein Elogium (C. I. L. I p. 287), das alle seine
Würden aufzählt, ein Pontificat nicht erwähnt. Hinsichtlich des Flavius ist
bei seiner niedern Geburt und seiner demagogischen Wirksamkeit, welche in
herausfordernder Weise ausgeübt die Nobilität aufs höchste erbittert hatte,
eine Cooptation — das war damals noch der einzige Weg in das Collegium
zu gelangen — in keiner Weise denkbar.

[4] Cic. p. Mur. 25: *Inuentus est scriba quidam Cn. Flauius, qui . . .
singulis diebus discendis fastos populo proposuerit et ab ipsis causis (capsis
Madvig) iurisconsultorum (cautis iuris consultis Orelli) sapientiam compilarit.*
Plin. H. N. 33, 17 (Cn Flauius) *exceperat eos dies consultando adsidue sa-
gaci ingenio.* Beide Stellen sprechen freilich nur von der Zusammenstellung
des Kalenders, und in dieser Hinsicht wird die Richtigkeit der Nachricht von
Mommsen Chron. p. 211 bestritten. Jedenfalls darf man sie auf die Actionen
ausdehnen. Denn da beide Urheber des Werks dem Collegium nicht angehörten, also ihre Kenntnis nicht aus dem Archiv beziehen konnten, war dies
die einzig mögliche Weise.

möglich war, und dass man mit der Publication eines solchen
Werkes der Menge einen Gefallen erwies, ja dass die Tat als eine
durchaus demagogische Massregel erscheint, zeigt deutlich, wie un-
durchführbar seit den Zwölf Tafeln eine Geheimkunde der Rechtsanwendung geworden war, und wie die öffentliche Meinung in dieser
Hinsicht längst den Pontifices den Boden unter den Füssen entzogen hatte. So ist die Tat des Claudius und Flavius ebenso wie
die gleich zu betrachtende des Coruncanius die notwendige Folge
einer längeren Entwicklung, die Verwirklichung eines in der Zeit
liegenden Gedankens.

Der geistige Urheber der Tat ist fraglos Ap. Claudius
Caecus, eine genial angelegte Persönlichkeit, erfüllt von hoch-
fliegenden Plänen, die er ohne in den Mitteln wählerisch zu sein
mit Leidenschaft in's Werk sezt, bei deren Durchführung ihm aber,
wenn es gilt die lezten Consequenzen seines Wollens und Handelns
zu ziehen, Mut und Kraft verlassen; jedenfalls von den Zeiten der
Könige bis auf die der Scipionen die einzige Gestalt von wirklich
ausgeprägter Individualität, welche die römische Geschichte kennt[1].
Er hat die Formeln zusammengestellt und redigirt[2]. Diese Arbeit
scheint in die Zeit seiner demagogischen gegen die Patricier und die
Nobilität gerichteten Wirksamkeit zu fallen. Indessen hatte er
allen Grund, nachdem er sich schon so viele Feinde gemacht hatte,
vorsichtig zu Werke zu gehen. Das mag ihn bestimmt haben, dass
er die Veröffentlichung nicht selbst vornahm. Ohne Frage hatte
er sie beabsichtigt, denn dass er die Arbeit wie manches andere seiner Werke[3] nur als Beschäftigung litterarischer Musse-
stunden vorgenommen habe, ist bei deren politischer Tendenz
nicht denkbar. Es scheint, dass er die Herausgabe des vollendeten
Werkes absichtlich verzögert hat, und dass diese schliesslich gegen
seinen Willen von seinem Schreiber Cn. Flavius geschehen ist,

---

[1] Eine Biographie soll hier weder von Claudius noch von Flavius gegeben werden. Ich verweise für ersteren auf Drum. II, 170 ff. Mommsen
R. F. I, 301 ff.

[2] Pomp. 7: *Postea cum Ap. Claudius proposuisset et ad formam
redegisset has actiones* etc. *Proponere* bedeutet hier nicht öffentlich aus-
stellen, denn das geschah wie Pomponius gleich darauf erzählt durch Flavius.
Auch die Conjectur *composuisset* ist unzulässig, denn *componere* würde nur
dasselbe sagen wie *redigere*. Vielleicht hat Pomponius geschrieben: *sibi
publicandas proposuisset.*

[3] s. Teuffel. R. L. G. § 90.

welcher durch diese volkstümliche Tat Carriere machen wollte[1].
Flavius war ein Mensch, wie ihn Ap. Claudius bei seinen Plänen
gebrauchen konnte. Sohn eines Freigelassenen und ursprünglich
des Claudius Schreiber, gewandt und wie der grosse Meister
wenig bedenklich hinsichtlich der Mittel, folgte er dessen Spuren
und wurde Demagog. Schwerlich war er mehr als ein Gehülfe des
Claudius bei der Zusammenstellung der Actionen, und das, was diese
Tat in litterarischer Hinsicht Verdienstliches hat, fällt nicht auf
ihn[2]; vielmehr ist überliefert, dass Flavius keinerlei Umarbeitungen
daran vorgenommen, sondern die Actionen so, wie sie von Ap.
Claudius abgefasst waren, publicirt hat[3].

VIII. TI. CORUNCANIUS.

Ti. Coruncanius Ti. f. Ti. n.[4] war ein ahnenloser Mann[5], der
sich durch Klugheit und Energie bis zu den höchsten Würden
emporarbeitete. Seine Heimat wird verschieden angegeben: Tusculum oder Cameria[6], beides kleinere latinische Gemeinden. Von

---

[1] Pomp. 7: *Cn. Flauius scriba eius, libertini filius subreptum librum populo tradidit, et adeo gratum fuit id munus populo, ut tribunus
plebis fieret et senator et aedilis curulis.*

[2] Bezüglich des Kalenders sagt Plinius 88, 17, dass Flavius ihn *hor-
tatu Ap. Caeci* zusammengestellt (*exceperat*) und veröffentlicht habe (*promul-
gauerat*). Ueberhaupt ist Plinius der Einzige der von einer Beteiligung des
Ap. Claudius an der Zusammenstellung des Kalenders spricht. Da nun dieser
Bericht nicht mit dem, was Pomponius (s. d. folg. Anm.) von der Tätigkeit
des Flavius bei den Actionen erzählt, stimmt, und da kein Grund vorliegt,
eine der beiden Nachrichten anzuzweifeln, ist zu schliessen, dass der Kalender
nicht als Teil der Actionen sondern gesondert — vielleicht nur auf einer
Tafel, nicht in Buchform — veröffentlicht wurde. Darauf mögen auch die
Ausdrücke, welche Cic. ad Att. 6, 1, 8 und Liv. 9, 46 bezüglich des Kalenders (*proferre, proponere*) und der Actionen (*euulgare, componere*) gebrauchen, hinweisen. Die Publication des ersteren hatte vielleicht so viel böses
Blut erregt, dass Claudius vor weiteren Schritten zurückschrak.

[3] Dass die Publication der Actionen durch Flavius erfolgte sagen alle
(ob. p. 70 A. 2) angeführten Quellen. Pomp. 7 fügt hinzu: *Nam nec Cn. Flauius (wie der angebliche Papirius) de suo quicquam adiecit libro.*

[4] Zimmern 1, 268. Rudorff 1, 158. Teuffel § 89. Sanio Varr. 157 ff.
— Den vollen Namen gaben die Fasten. S. unt. p. 74 A. 2 u. 4.

[5] Vell. 2, 128: *hominem nouum.*

[6] Cic. p. Planc. 20 nennt den ersteren, Tac. Ann. 11, 24 den letzteren Ort.

seinen früheren Schicksalen wissen wir nichts, die ersten Nachrichten über ihn zeigen ihn uns als Consul des Jahres 474 zusammen mit P. Valerius Laevinus[1]. Es war eine ernste, schwere
Zeit. Ganz Italien stand gegen Rom in Waffen, König Pyrrhos
von Epeiros war in Unteritalien gelandet und als Befreier der dort
wohnenden Griechen aufgetreten. Während Laevinus bei Herakleia
der Kriegskunst des Königs unterlag, kämpfte Coruncanius glück-
lich in Etrurien und eroberte dort die Städte Volsinii und Volci.
Aber die Ereignisse auf dem südlichen Kriegsschauplaz zwangen
ihn den Etruskern, um sie von einem Bündnis mit Pyrrhos abzu-
halten, einen billigen Frieden zu gewähren und sich gegen diesen
selbst zu wenden. Seine Aufgabe war durch die Umstände gegeben. Pyrrhos hatte nach seinem Siege Friedensunterhandlungen mit
dem Senat angeknüpft und, als diese gescheitert waren, sich gegen
Rom gewandt. Coruncanius marschierte nun südwärts und deckte
die gefährdete Hauptstadt. Auch Laevinus hatte in Campanien sein
Heer gesammelt und war dem Könige, der bis Anagnia vorgerückt
war, langsam gefolgt. In der Stadt selbst hatte man schnell eine
Besazung von freiwilliger junger Mannschaft aufgebracht. So wagte
Pyrrhos von allen Seiten bedroht nicht den beabsichtigten Schlag
auszuführen, sondern zog sich nach Unteritalien zurück. Gegen Ende
des Jahres finden wir Coruncanius wieder in Rom. Am 1. Februar
feierte er seinen Triumph über die besiegten etruskischen Städte[2].

Um die Wende des fünften zum sechsten Jahrhundert wurde
Coruncanius Pontifex maximus, nachdem er vermutlich schon längere Zeit dem Collegium angehört hatte. Es war das erste Mal, dass
ein Plebejer zu dieser Würde gelangte[3].

Im Jahre 508 finden wir ihn als Dictator zwecks Abhaltung
der Comitien[4] erwähnt. Von da ab wird er nicht mehr genannt.

---

[1] Fasti Cap. C. I. L. I p. 438. 518: [*Ti. Coruncanius Ti. f.*] *Ti. n.*
Ueber die Taten des Coruncanius in diesem Jahre berichten Zonar. 8, 4.
App. Samn. 10, 2.

[2] Fasti triumph. C. I. L. I p. 457: [*Ti Coru*]*ncanius Ti. f. Ti. n. cos.*
[*de*] *Vulsiniensibus et Vulcientib*(*us*). *An*(*no*) *CDLXXIII K. Febr.*

[3] Liv. ep. 18: *Ti. Coruncanius primus ex plebe pontifex maximus
creatus est.* Die Notiz steht zwischen der Niederlage des Regulus im Jahre
499 und der Censur von 502. Den Oberpontificat erwähnen ausserdem Cic.
de or. 3, 134; de nat. deor. 3, 5; Capito bei Gell. 4, 6, 10; Vell. 2, 128.

[4] Fasti Cap. C. I. L. I p. 434: *Ti. Coruncanius Ti. f. Ti. nepos dict.
M. Fulvius Q. f. M. n. Flaccus mag. eq. comit. hab. caus.* Ueber dies
Amt s. Momms. St. R. II, 148. 77. Lange R. A. I, 760.

Coruncanius gehörte zu den von den Späteren so viel bewunderten Römern alten Schlages. Eine enge Freundschaft verband ihn mit den besten Männern seiner Zeit: C. Fabricius Luscinus, Q. Aemilius Papus (Consuln 472, 476, Censoren 179) und M' Curius Dentatus (Consul 479)[1], denen er auch an Charakter ähnlich gewesen ist. Nach allem, was wir von ihm wissen, war er ein Mann der strengsten Redlichkeit, von echt römischer Unbeugsamkeit und rastloser Energie[2], einfach[3] und fromm[4] im Leben. Wenn es das Wol des Staates galt, war er mit Rat und Tat auf dem Plaze: in der Kriegführung als Feldherr verstand er, wie wir sahen, seine Aufgabe zu lösen, auch als Redner scheint er, was damals für eine öffentliche Wirksamkeit unerlässlich war, gewandt gewesen zu sein[5]. Die Abneigung gegen das Ausländische gehört zur Signatur seiner Zeit, sie mischte sich natürlich mit geringem Verständnis desselben. Als Coruncanius von der Lehre Epikurs gehört hatte, dass sie die Lust als höchstes Lebensprinzip aufstellte, soll er geäussert haben, König Pyrrhos möge sich selbst und den Samniten diese Lehre recht gründlich einprägen: dann würden die Römer schnell mit ihnen fertig werden[6]. Vor allem war er mit Leib und Seele seinem Berufe als Pontifex maximus ergeben, in sacral- und privatrechtlichen Dingen stets dem Consulenten zur Hand und in dieser Hinsicht ein Vertrauensmann der Bürger im vollsten Sinne[7]. So erreichte er von den Zeitgenossen geachtet

---

[1] Cic. Lael. 18. 39. Cato 43. Auch Gell. 1, 10, 1 nennt sie zusammen.

[2] Cic. de or. 3, 56: *Ab hac similitudine* (mit Lykurg, Pittakos, Solon) *Coruncanii nostri Fabricii . . . fuerunt, non tam fortasse docti sed impetu mentis simili et uoluntate.*

[3] Seneca de uita beata 21, 3: *M. Cato cum laudaret Curium et Coruncanium et illud saeculum, in quo erat censorium crimen paucae argenti lamellae* etc.

[4] Cic. de nat. deor. 3, 5 vgl. 1, 115.

[5] Cic. Brut. 55: *Possumus Ap. Claudium suspicari disertum . . . possumus C. Fabricium . . . Ti. Coruncanium.* Seneca ep. 114, 13 wirft den geschmacklosen Rednern seiner Zeit vor, Gracchus und Crassus seien ihnen noch nicht alt genug, sie gingen auf Claudius und Coruncanius zurück.

[6] Cic. Cato 43 legt die Aeusserung dem Coruncanius und Curius in den Mund, Plut. Pyrrh. 20 dem Fabricius. Sie passt zu der Anschauung des einen so gut wie zu der des andern.

[7] Cic. de or. 3, 138 ff. bes. 134: *Haec fuit P. Crassi illius ueteris, haec Ti. Coruncanii, haec . . . Scipionis prudentissimi hominis sapientia, qui omnes pontifices maximi fuerunt, ut ad eos de omnibus diuinis atque*

in seiner reichen Wirksamkeit ein hohes Alter[1]. Er starb aller
Wahrscheinlichkeit nach im Jahre 511[2].

Vielleicht waren die beiden Brüder C. und L. Coruncanius,
welche im Jahre 524 als Gesandte nach Illyrien geschickt wurden
und von denen der eine dort ermordet wurde[3], seine Söhne.
Später wird das Geschlecht nicht mehr erwähnt.

Coruncanius' juristische Tätigkeit erstreckte sich in gleicher
Weise über das Sacral- und Privatrecht[4], seine eigentliche Bedeutung aber lag auf dem lezteren Gebiet. Hochberühmt als Respondent in privatrechtlichen Angelegenheiten hat er hier einen bahn-
brechenden Umschwung herbeigeführt, indem er zuerst seine Bescheide öffentlich abgab[5]. Bei seinen Consultationen konnte jedermann zugegen sein; wer ein näheres Interesse zeigte, konnte sich
mit Fragen an ihn wenden und über den Fall aufklären lassen;
an die eigentliche Bescheidung knüpfte sich eine nähere Erörterung der Rechtsfrage und Unterweisung der Zuhörer. Mit
Recht haben die Quellen das als einen Rechtsunterricht aufgefasst[6].
Ueber die Art dieser Unterweisungen fehlen indessen alle näheren
Nachrichten. Jedenfalls war es weder das Recht noch die Actionen,
deren Kenntnis er so verbreitete; beides war schon bekannt, und

-----

*humanis rebus referretur eidemque et in senatu et apud populum et in
causis amicorum et domi et militae consilium suum fidemque praestabant.*
   [1] Cic. Cato 27.
   [2] Cic. Cato 80 giebt an, L. Caecilius Metellus sei vier Jahre nach seinem
zweiten Consulat (507) Pontifex maximus geworden, also 511 (Liv. ep. 19
erwähnt ihn 512). Die lezte sichere Nachricht über Coruncanius führt auf
508; es ist also wahrscheinlich dass Metellus sein directer Nachfolger war.
Vgl. Bardt, Priester der vier Collegien p. 4.
   [3] Polyb. 2, 8 abweichend App. Ill. 7. — Plin. H. N. 34, 24 nennt einen
Ti. Coruncanius.
   [4] Cic. de or. 134 cit.
   [5] Pomp. 35: *Et quidem ex omnibus, qui scientiam nancti sunt, ante
Ti. Coruncanium publice professum neminem traditur.* 38: *Post hos fuit
Ti. Coruncanius, ut dixi, qui primus profiteri coepit.*
   [6] Das bedeutet das *profiteri* bei Pomponius a. a. O. und wird näher
beleuchtet durch den Gegensaz, in welchen dieser Schriftsteller des Coruncanius
Tätigkeit zu der früheren Zeit sezt. § 35: *Ceteri autem ad hunc uel in latenti
ius ciuile retinere cogitabant solumque consultatoribus uacare potius quam
discere uolentibus se praestabant.*

man darf annehmen, dass es längst den Gegenstand von Erörterungen gebildet hatte. Aber schon oben (p. 56 f.) ist darauf hingewiesen worden, dass die Ueberlegenheit der Pontifices nicht blos auf der Kenntnis der Formeln beruhte, sondern vor allem auf ihrer juristischen Tradition und der Methode des Zurückgreifens auf die Praecedenzfälle im Archiv. Wenn wir nun sehen, dass das Heranziehen früherer Responsen auch in der späteren Jurisprudenz durchaus die herrschende Methode ist, und wenn wir weiter erfahren, dass Coruncanius Wissen grade auf seiner umfassenden Kenntnis des pontificalen Archivs begründet war[1], so wird alles klar: Die Belehrung seiner Zuhörer bei der Erörterung der praktischen Fälle bestand darin, dass er ihnen mitteilte, wie die Pontifices dieselben oder ähnliche Rechtsfragen bisher behandelt hatten. So war es die Methode der juristischen Arbeit, die Kunst der Anwendung des Rechts, welche Coruncanius lehrte, war es die Tradition des Collegiums, welche er so zu sagen aus den Räumen der Regia heraus auf den Markt warf. Wie weit er dabei ging, ob er direct Responsa der Pontifices in seinen Schriften zusammenstellte und veröffentlichte, können wir nicht entscheiden: es ist möglich, dass er auch auf diesem Wege manches, dass man bisher geheimgehalten hatte, unter das Publicum fliessen liess. [Doch darf man weder die Bedeutung noch den Umfang seiner litterarischen Arbeiten allzu hoch anschlagen.]Wir erfahren, dass in der Kaiserzeit noch Responsa und ‚Charakterzüge‘ unter seinem Namen umliefen[2]. Man kannte dieselben aus gelegentlichen Anführungen Späterer, eigene Werke des Coruncanius waren nicht mehr vorhanden.[Von den beiden Fragmenten[3], welche auf uns gekommen sind, gehört eins (fr. 2) dem Sacralrecht an, das andere (fr. 1) spricht von den sacra bei Erbschaften, steht also auf einem Grenzgebiet; irgend welche Schlüsse auf den Charakter der Schriften

---

[1] Dahin ist Ciceros Aeusserung (Brut. 55) zu verstehen, welcher Coruncanius für beredt hielt: *quod ex pontificum commentariis longe plurimum ingenio valuisse uideatur.*

[2] Pomp. 38: *Cuius tamen scriptum nullum exstat sed responsa complura et memorabilia eius fuerunt (feruntur).* Unter Memorabilia sind typische Züge, Anekdoten, schlagende Aussprüche zu verstehen, welche man in späterer Zeit nach dem Vorgange der peripatetischen Schule eifrig sammelte, um den Charakter berühmter Männer daraus zu erkennen. Namentlich von dem älteren Cato waren eine grosse Menge derselben im Umlauf. Plutarchs Biographien wimmeln davon.

[3] fr. 1: Cic. de leg. 2, 52. fr. 2: Plin. H. N. 8, 206.

kann man aus diesen geringen Resten nicht ziehen.[7] Die Hauptsache bleibt die praktische Unterweisung der Schüler, welche sich
an ihn anschlossen; man darf sagen, dass Coruncanius die Responsensammlungen des Archivs auf mündlichem Wege veröffentlicht hat.

In diesem Vorgehen des Coruncanius liegt die Aehnlichkeit
wie der Unterschied zu der Publication der Actionen durch Ap.
Claudius und Cn. Flavius. Beides war ein durch die Entwicklung
der Dinge mit Notwendigkeit herbeigeführter Schritt, aber diese geschah in revolutionärer Weise, als Bruch mit der Vergangenheit: Coruncanius Tat war ein allerdings bewusster, aber friedlicher Abschluss
derselben, ein Hinüberleiten der alten Zustände in neue Bahnen.
Freilich soll damit nicht gesagt sein, dass Coruncanius durchaus im
Einverständnis mit seinem Collegium handelte — wir wissen nichts
über diese Frage. Nur darf man nicht annehmen, dass für ihn politische Motive den Ausschlag gaben wie bei Ap. Claudius, und dass
er nur deswegen öffentlich gelehrt habe, um auch den Plebejern die
pontificale Tradition zugänglich zu machen[1]. Selbst wenn es richtig
wäre (ob. p. 58), dass die Pontifices von jeher junge Leute zu ihren
Consultationen zugelassen hätten, um dem Collegium einen Nach-
wuchs zu sichern, so musste die Frage, ob man dazu blos Patricier
oder auch Plebejer heranziehen sollte, notwendig durch das ogulnische Gesez ihre Erledigung gefunden haben. Jezt handelte es
sich nur noch darum, ob der lezte Rest der alten pontificalen Geheimkunde auf privatrechtlichem Gebiete, die Kunst der Rechtsanwendung, Sondergut des Collegiums bleiben, oder jedem, welcher
Interesse und Befähigung dafür zeigte, zugänglich gemacht werden sollte.

Die Folgen der Wirksamkeit des Coruncanius waren unermess-
lich — schwerlich hat er selbst sie übersehen können: die Jurisprudenz wurde Gemeingut des Volkes. Allerdings wirkte das Herkommen
noch immer mächtig genug, wir werden viele Juristen finden, welche
zugleich Pontifices waren, aber sie hatten nichts mehr vor denen

---

[1] So Rubino p. 206 A. 1. Sanio Varr. 160. Schrader in Hugos Civ.
Magazin V, 187—9. Bei lezterem erklärt sich übrigens die irrige Auffassung
aus der historischen Gedankenlosigkeit, mit welchen er den Coruncanius zum
ersten plebejischen Pontifex überhaupt macht

voraus, welche dem Collegium nicht angehörten [1]. Es bildete sich
ein eigener Stand von berufsmässigen Juristen, Neigung und Verständnis für das Recht veranlassten viele sich der freigegebenen
Kunst zuzuwenden. Der Weg war von Coruncanius vorgezeichnet:
junge Leute schlossen sich an Männer, welche sich als Respondenten
einen Ruf erworben hatten, an, waren bei ihren Consultationen
zugegen und erörterten mit ihnen die Rechtsfragen der vorliegenden
Fälle.

Noch ein anderes Ergebnis hatte die Freigebung des Privatrechts. In den ältesten Zeiten war die äussere Gestaltung desselben
und die Methode seiner Anwendung wesentlich durch die des Sacralrechts beeinflusst. Jezt wird das Privatrecht zu einer selbständigen
Wissenschaft. Die neuen Juristen haben zwar auch das Sacralrecht bearbeitet, im sechsten Jahrhundert tritt das leztere jedoch entschieden
in den Hintergrund; und wenn auch später wieder ein lebhafteres Interesse dafür erwachte, so war es doch nicht im entferntesten mit
dem für das Privatrecht zu vergleichen. Troz dieser Emancipation
hat das Privatrecht zunächst keine neuen Bahnen eingeschlagen:
Anschauungsweise und Mittel der Bearbeitung bleiben noch bis an
das Ende des sechsten Jahrhunderts die alten, man componirte Geschäftsformeln und respondirte in der alten Weise. Gerade das
war das Ziel des Coruncanius gewesen: die pontificale Kenntnis
und Methode hatte er verallgemeinern wollen. ⌊Demnach sind wir
berechtigt, obwol die Pontifices nicht mehr die alleinigen Träger
der Entwicklung waren, auch ferner noch von einer pontificalen
Jurisprudenz zu sprechen [2]. ⌉

---

[1] Nur ist wahrscheinlich, dass die Conception der Legisactionen nach
wie vor vom Pontifical-Collegium geschah. Vgl. den XI. Abschnitt.

[2] Cicero de or. 1, 186. 193 rechnet die älteste Periode der Jurisprudenz richtig bis auf Sex. Aelius. 186: *Primum quia ueteres illi, qui huic
scientiae praefuerunt, obtinendae atque augendae potentiae suae causa peruulgari artem suam noluerunt, deinde posteaquam est editum expositis a Cn.
Flauio primum actionibus, nulli fuerunt, qui illa artificiose digesta generatim componerent. 193. Siue quem haec Aeliana* (so Madwig, Hdschr.:
*aliena) studia delectant, plurima est in omni iure ciuili et in pontificum li-
bris et in XII tabulis antiquitatis effigies.*

IX. DIE PRAKTISCHE UND LITTERARISCHE TÄTIGKEIT DER JURISTEN.

Wir wenden uns nun zu der Frage, wie sich die Tätigkeit auf dem Gebiete des Privatrechts, seitdem das Zwölf-Tafel-Gesez den Keim seiner Lostrennung von dem Sacralrecht gelegt hatte, im Einzelnen gestaltete. Dabei können wir nach dem, was über Coruncanius Wirksamkeit und ihre Folgen gesagt ist, die ganze Zeit bis auf Sex. Aelius Catus zusammenfassend behandeln, gleichviel ob die Vertreter der Jurisprudenz Pontifices waren oder nicht.

Die Anforderungen an die Juristen waren ihrer Art nach im ganzen dieselben, welche wir schon in der ältesten Periode kennen gelernt haben; der Umfang ihrer Arbeit und die Mannigfaltigkeit der Fälle dagegen wuchs mit dem steigenden Verkehr von Jahr zu Jahr.

Der strenge Formalismus des ältesten römischen Rechts, welcher kein Rechtsgeschäft gelten liess, das nicht in den allein anerkannten Formen auftrat, bewirkte, dass die Hülfe der Juristen beim Abschluss dieser Geschäfte unentbehrlich wurde[1]. Die Gefahr, durch ein falsch oder ungeschickt, das heisst ohne Berücksichtigung aller einschlagenden Punkte angefertigtes Formular benachteiligt und durch einen schlauen aber gewissenlosen Gegner übervorteilt (*capi decipi*) zu werden, lag zu nahe, als dass man sich nicht an die besten und berufensten Kenner des Rechts gewandt hätte. Das Ansehen der Juristen dieser und der folgenden Periode beruhte wesentlich auf dem Ruf, welchen sie als Conciplenten von zuverlässigen Geschäftsformularen hatten[2]. Der technische Ausdruck für diese Tätigkeit ist *cauere*[3], man bezeichnet

---

[1] Nähere Ausführungen bei Ihering Geist II, 416 ff. 580 ff. Die Allgegenwart des Juristen war ein stillschweigendes Postulat des alten Rechts.

[2] So schreibt Cicero an C. Trebatius (ad fam. 7, 6, 2): *Tu qui ceteris cauere didicisti, in Britannia ne ab essedariis decipiaris caueto*. Von Ser. Sulpicius sagt er (p. Mur. 22): *Tu caues, ne tui consultores capiantur*. Von C. Aquilius heisst es (p. Caec. 78): *cuius prudentiam populus Romanus in cauendo non in decipiendo perspexerit*. Dem Redner L. Crassus werden die Worte in den Mund gelegt (de or. 1, 174): *Tu mihi cum in circulo decipiare aduersarii stipulatiuncula et cum obsignes tabellas clientis tui, quibus in tabellis id sit scriptum quo ille capiatur, ego tibi ullam causam maiorem committendam putem?*

[3] Vgl. ausser den angeführten Stellen Plaut. Epid. 2, 2, 107: *Hic*

ihren Umkreis heute als Cautelarjurisprudenz. Wenn das Formular einigermassen verwickelt wurde, was seit der Ausbildung der Scheingeschäfte die Regel war, so genügte selbstverständlich nicht die mündliche Belehrung, sondern war schriftliche Abfassung (*scribere*[1]) nötig. Dieselbe geschah aber nicht so, dass der Jurist seinem Clienten blos die Worte aufschrieb, welche dieser bei dem Geschäft zu sprechen hatte, sondern es wurde der ganze Vorgang, wie er sich durch Rede und Gegenrede abspielen musste, niedergeschrieben, so dass die Parteien in der durch den Juristen abgefassten Urkunde einmal die Anweisung für das, was sie zu sagen und zu tun hatten, andrerseits aber auch, wenn der Act wirklich vorgenommen war, ein Beweismittel über das, was geschehen war, besassen. Derartige Urkunden heissen *cautiones*[2]; sie kommen für alle Arten von Rechtsgeschäften vor[3]. Aber auch andere Schriftsäze, bei welchen dieser Gesichtspunkt der Beurkundung eines vollzogenen Geschäftes nicht in Betracht kommt, gehören hierher: vielleicht in keinem Punkte trat der Formalismus des römischen Rechts mehr zu Tage als bei den Testamenten; wir können annehmen, dass man sie zum weitaus grössten Teil durch Juristen abfassen liess[4].

_____

poterit cauere recte iura qui et leges tenet. Cic. de or. 1, 212; p. Mur. 19; de leg. 1, 17; de off. 2, 65, und das Wortspiel bei Cic. ad fam. 3, 1, 3: *Melius enim ei cauere uolo quam ipse aliis solet.* Ovid. ars am. 1, 83—84: *Illo saepe loco capitur consultus Amori, Quique aliis cauit non cauet ipse sibi.*

[1] Cic. p. Mur. 19; de rep. 5, 5. Auch die Wortspiele Ciceros (ad fam. 7, 14; Top. 4) gehören hierher.

[2] Cic. or. 141: *praescriptionum cautionumque praeceptio*; de domo 129: *cautiones pecuniarum*; ad fam. 7, 18, 1.

[3] z. B. Stipulationen Paul. Quaest. 3 (D. 12, 1, 40): *Lecta est in auditorio Aemilii Papiniani praefecti praetorio iuris consulti cautio huiusmodi* etc. Paul. Resp. 7 (D. 24, 3, 49 pr.); Acceptilation Cerv. Scaev. Dig. 29 (D. 46, 3, 89 pr.); *Cautio rei uxoriae* Ser. Sulp. bei Gell. 4, 3, 2. Inschriftliche Sammlungen über Geschäfte aller Art s. bei Bruns font. p. 200 ff.

[4] Das zeigt z. B. der Spott des L. Crassus gegen Q. Scaevola in der berühmten *causa Curiana* (Cic. de or. 2, 24): *Nam si, inquam, Scaeuola, nullum erit testamentum recte factum nisi quod tu scripseris, omnes ad te ciues cum tabulis ueniemus, omnium testamenta tu scribes unus.* Wenn wir in der Kaiserzeit es besonders erwähnt finden, dass Testamente ohne Juristen abgefasst seien, so ist das ein Zeugnis für den allgemeinen Gebrauch. Vgl. Scaev. Resp. 3 (D. 31, 88, 17): *Lucius Titius hoc meum testamentum scripsi sine ullo iuris perito rationem animi mei potius secutus quam nimiam et miseram diligentiam.* C. I. L. X, 4919: *P. Pomponio P. l. Philadespoto [l]ibr(ario), qui testamenta scripsit annos XXV sine iuris consult(o).* In der

Eine analoge Tätigkeit entwickelten die Juristen auf dem Gebiete des Processrechts. Das Ius Flauianum enthielt zwar die
Formeln; aber einmal waren dieselben bei der geringen Verbreitung litterarischer Werke damals gewiss nicht für Jedermann
zugänglich; dazu kam, dass neue Geseze erlassen wurden, für
welche die Klagformeln in jener Publication nicht vorgesehen waren;
und schliesslich konnte der Laie sich in einer solchen Sammlung,
welche nur die nackten Formeln enthielt, auch garnicht so ohne weiteres zurechtfinden. Vor dem Magistrat musste er die nötigen Worte
ohne Stocken hersagen, die vorgeschriebenen Handlungen vornehmen: es liegt auf der Hand, dass er sich, um sicher zu gehen,
vorher an einen Sachverständigen wandte. Für den Juristen lag
auch hier die Aufgabe darin, das für den vorliegenden Fall Nötige
auszuwählen und für die Partei zusammenzustellen, eine Tätigkeit
welche als *actionem instituere* oder kurzweg als *agere* bezeichnet wird[1]. Das konnte so geschehen, dass er dem Consulenten
ein schriftliches Concept der Legisaction einhändigte[2], oder ihn vor
den Magistrat begleitete und die Worte derselben vorsprach[3]. Ein

Kaiserzeit werden auch *studiosi iuris* als Testamentsschreiber genannt: Suet.
Nero 32.

[1] Cic. p. Mur. 22 vergleicht in launiger Weise die Beschäftigung des
Respondenten Ser. Sulpicius mit der des Feldherrn L. Murena: *Vigilas tu de
nocte, ut tuis consultoribus respondeas, ille, ut eo quo intendit mature cum
exercitu peruenial . . . tu actionem instituis, ille aciem instruit, tu caues,
ne tui consultores, ille, ne urbes aut castra capiantur.* Das Zusammenhalten
der Aufstellung der *actio* vor der Processschlacht und der *acies* vor der Feld-
schlacht ist bezeichnend. Hiermit ist in Parallele zu stellen Cic. de or.
1, 212: *Sin autem quaereretur, quisnam iuris consultus uere nominaretur,
cum dicerem, qui legum et consuetudinis eius, qua priuati in ciuitate uterentur, et ad respondendum et ad agendum et ad cauendum peritus esset.*
Die erste Stelle zeigt deutlich, dass unter dem *agere* nicht an ein *causam
agere* des Redners vor dem Richter zu denken ist, eine Kunst, die Cicero
oft auch von dem Juristen verlangt. Ferner beweist die Gegenüberstellung
von *agere* und *cauere*, dass *agere* nicht etwa im weiteren Sinne der alten Bedeutung von *actio* von Geschäfts- und Klagformularen verstanden werden darf.

[2] Darauf deutet Cic. p. Mur. 28: *Etenim quae de scripto aguntur
scripta sunt omnia; neque tamen quidquam tam anguste scriptum est, quo
ego non possim ,qua de re agitur' addere.* Das heisst: die Klagformeln
sind zwar publicirt, die Juristen wollen sich aber dadurch wichtig machen, dass
sie überall in ihren Concepten noch eine inhaltlose Floskel einzuschieben
wissen.

[3] Bezeugt ist die mündliche Unterstüzung allerdings nur beim Verfahren
in iudicio: Cic. Top. 65.

äusserer Unterschied bestand für die Tätigkeit des Agenten und Caventen nur hinsichtlich des Gebietes, auf welchem sie ihre Kunst zur Anwendung brachten, denn in beiden Fällen mussten vorhandene Formeln praktisch verwertet werden. Innerlich war allerdings die Conception der Geschäftsformulare etwas anderes als die der Legisactionen. Denn diese waren ein für allemal nach dem Erlass des Gesezes festgestellt und galten für unwandelbar wie das Gesez selbst [1]; die Arbeit des Juristen bestand lediglich in dem Aussuchen der Formeln, welche die Partei brauchte; bei jenen stand er vor der Aufgabe ein passendes Formular aus sich selbst heraus zu erfinden. Indessen da es sich für uns zunächst nur um die äussere Handhabung der Formeln handelt, werden wir das *agere* nicht von dem *cauere* trennen. Wenn im Folgenden von der Cautelarjurisprudenz die Rede sein wird, so ist darunter das Componiren sowol von Geschäfts- wie Klagformeln zu verstehen.

Die Ausübung der geschilderten Tätigkeit geschah in der althergebrachten Weise des Fragens seitens der Partei und der Bescheidung durch den Juristen. Responsum kann zunächst jede dem Consulenten gegebene Antwort bezeichnen; es ist also ein weiterer Begriff, der das *cauere* und *agere* in sich schliesst [2]. Schon früh beginnt aber der Ausdruck sich auf den engeren Kreis der Begutachtung vorgelegter Rechtsfragen zu concentriren (*de iure respondere*), und tritt damit in einen gewissen Gegensaz zu jenen Begriffen [3]. Dort handelt es sich um die Frage: wie gestaltet sich im einzelnen Fall die Rechtsanwendung? hier: was ist Recht? Natürlich kann beides in einander übergehen: wer wissen will, ob ihm eine Klage zusteht, wird den Juristen auch zugleich um die Formulirung derselben angehen; wer fragt, ob es rätlich sei unter den gegebenen Umständen ein Geschäft abzuschliessen, lässt sich auch gleich das Formular zu demselben aufsezen. Ueberhaupt sind alle

---

[1] s. ob. p. 67 unt. p. 98. 104.

[2] Cicero p. Mur. 22 cit. spricht durchaus sachgemäss von einem *cauere, ne consultores capiantur.*

[3] Das zeigen die oben angeführten Stellen Cic. p. Mur. 22; de or. 1, 212. Vgl. de leg. 1, 17: *quemadmodum caueamus in iure aut quid de quaque consultatione respondeamus.* Ebenso wird p. Mur. 19 das *scribere* und *cauere*, ebend. 28 das *agere*, de rep. 5, 5 das *lectitare* und *scriptitare* dem *respondere* an die Seite gestellt. *Lectitare* soll wol das für die Bauern sehr notwendige Vorlesen und die damit zusammenhängende Erläuterung von Geschäftsurkunden bedeuten. — Wo im Folgenden von Responsen die Rede ist, ist immer dieser engere Begriff gemeint.

diese Bezeichnungen nicht als scharfe juristische Begriffe, sondern als wandelbare Ausdrücke des täglichen Lebens aufzufassen.

Die Responsa im engeren Sinne, wie sie nunmehr von den Juristen erteilt werden, gehen — wie schon bemerkt — ebenfalls aus der Tätigkeit der Pontifices hervor: in der äusseren Form und im innern Ansehen ist eine Verschiedenheit nicht vorhanden. Der Respondent arbeitet wie das Collegium und der einzelne Pontifex mit Praecedenzfällen [1], nur dass allmählig an die Stelle des Archivs die freie Litteratur tritt; er entscheidet wie jene nicht die Tatfrage [2] sondern spricht nur aus was, vorausgesezt dass alles sich so verhalte, wie es der Consulent angiebt, Rechtens ist. Nur in einem Punkte entwickelt sich ein durchgreifender Unterschied, der allerdings in den Verhältnissen begründet war. So lange das Respondiren allein Sache der Pontifices war, hatte die Tradition alles zu bedeuten. Das Ansehen des Collegiums beruhte wesentlich darauf, dass man immer dieselben Rechtsgrundsäze durchführte. Gerade weil man sich immer auf Praecedenzfälle, das heisst auf die Auctorität des Collegiums selbst, berief, durften die Entscheidungen nicht von den früheren abweichen; man hätte sich sonst der Kritik ausgesezt, und das musste um jeden Preis verhütet werden; die Individualität des einzelnen Respondenten musste zurücktreten hinter dem Interesse des Collegiums die alleinige Sachkunde zu besizen. Mit der Freigebung der Jurisprudenz trat sofort als mächtiger Hebel die Concurrenz der einzelnen Juristen ein, und begann die Verschiedenheit der Meinungen zu steigen. Sie fand ihren Ausdruck vor allem in den Responsen. Je lebhafter die Beteiligung an der Jurisprudenz war, um so grösser musste die Anzahl der Streitfragen (*ius controuersum*) werden, denn von keiner Wissenschaft gilt es mehr als von der unsrigen, dass die Controverse ihr Leben bedeutet. Nur geringe Reste solcher Fragen, über die man damals sehr lebhaft stritt, sind auf uns gekommen [3]. Das Resultat war gewöhnlich, dass eine der verschiedenen Ansichten durchdrang und damit an-

---

[1] Cic. Top. 44: *Crassus in causa Curiana exemplis plurimis usus est . . . quae commemoratio exemplorum valuit, eaque uos in respondendo uti multum soletis.* vgl. p. Caec. 69. Q. Scaevola beruft sich in demselben Process auf die Auctorität seines Vaters, Cic. Brut. 197.

[2] Cic. Top. 51 *,Nihil hoc ad nos: ad Ciceronem' inquiebat Gallus noster, si quis ad eum quid tale rettulerat, ut de facto quaereretur.*

[3] Eine der bekanntesten Controversen ist die, ob der *partus ancillae* an den Niessbraucher oder den Eigentümer fällt. Cic. de fin. 1, 12; Vlp. ad Sab. 17 (D. 7, 1, 68). S. weiter Gell. 17, 7, 3; D. 7, 8, 10, 3; D. 49, 15, 4.

erkannter und geltender Rechtssatz wurde (*sentenlia recepta*)[1]. Diese
Erscheinung hängt eng zusammen mit der Unterrichtsmethode des
Coruncanius. Wir sahen, dass er an den praktischen Fall, welcher ihm
zur Begutachtung vorlag, anknüpfte und sich dann in Erörterungen
darüber einliess. Dabei lag es nahe, dass der Respondent selbst
entgegenstehende Meinungen heranzog, um ihre Unhaltbarkeit darzutun und seiner Ansicht Eingang zu verschaffen; auch mochten
von den Zuhörern oftmals dem Lehrer gegenteilige Responsen anderer Juristen eingeworfen werden, so dass er zu ihrer Widerlegung
gezwungen wurde. So entwickelte sich bei dem öffentlichen Respondiren eine förmliche Disputation über Rechtsfragen[2].

---

[1] Gegenüberstellung des anerkannten und nicht anerkannten Juristen-
rechts finden sich oft. Cic. p. Mur. 28: *Quae consuluntur autem minimo
periculo respondentur: si id quod oportet responderis idem uideare respondisse quod Seruius* (Ser. Sulpicius soll damit verspottet werden), *sin aliter,
etiam controversum ius nosse et tractare uideare.* Dem Redner Antonius,
der von einem juristischen Studium als Vorbedingung für die Beredsamkeit
nichts wissen will, werden (de or. 1, 241—242) die Worte in den Mund gelegt: *Licet igitur impune oratori omnem hanc partem iuris sine controuer-
siis ignorare, quae pars sine dubio multo maxima est. in eo autem iure quod
ambigitur inter peritissimos non est difficile oratori eius partis quamcumque
defendet auctorem aliquem inuenire.* Cic. p. Caec. 67—69. Vgl. Zimmern
I p. 65 ff.

[2] Pomp. 5: *His legibus latis coepit — ut naturaliter euenire solet,
ut interpretatio desideraret prudentium auctoritatem — necessariam esse
disputationem fori.* (So Momms., die Flor. hat *auctoritate* und *disputatione.*
Der Text ist corrumpirt, man würde erwarten: *coepit necessaria esse disputatio.* Wahrscheinlich haben die Compilatoren ungeschickt gestrichen. Wegen
der verschiedenen Lesarten und Conjecturen vgl. Sanio Varr. 170). Ueber
diese *disputatio fori* ist viel gestritten. S. Dirksen Vers. z. Krit. u. Ausl.
d. Quell. p. 211; Zimmern I p. 67; Puchta I p. 176 Sanio a. a. O. ff. Die
im Text aufgestellte Erklärung findet ihre Bestätigung durch folgende Parallel-
stellen: Cic. Top. (an Trebatius) 66: *Licebit igitur diligenter cognitis argumen-
torum locis non modo oratoribus et philosophis, sed iuris etiam peritis copiose
de consultationibus suis disputare.* Ebend. 66: *Hoc disserendi genus attingit
omnino uestras quoque in respondendo disputationes;* 72: *etsi ea nihil omnino
ad uestras disputationes pertinent.* Paul ad Vit. 1 (D. 28, 2, 19): *Scaeuola
respondit . . et in disputando adiciebat.* Vgl. auch Bremer Rechtslehrer u.
Rechtsschulen p. 19 ff.; doch haben hier die Verhältnisse der Kaiserzeit z. T.
umgestaltend eingewirkt. — Derartige Disputationen fanden übrigens — worauf
Sanio mit Recht hinweist — auch anderweitig, besonders auf philosophischem
und rhetorischem Gebiet statt. Namentlich wird so auch die Erörterung von
Rechtsfragen durch die Redner *in iudicio* bezeichnet z. B. Cic. Brut. 143. Quint.
11, 1, 70 stellt die *forensis contentio* der *studiosa disputatio* gegenüber.

Derselbe Zusammenhang, welchen wir hinsichtlich der praktischen Tätigkeit der Juristen und der Pontifices kennen lernten, waltet auf dem litterarischen Gebiet. Die ältesten Werke der Juristen sind direct aus den Aufzeichnungen der Pontifices erwachsen. Wie man im Archiv das niederschrieb, was für die Rechtsanwendung notwendig war, so begannen auch die Juristen ihre litterarische Tätigkeit damit, Actionen für den praktischen Gebrauch und Responsen als Praecedenzfälle zusammenzustellen. In Inhalt und Form schliessen sie sich durchaus an die Sammlungen des Archivs an; nur dass ihre Werke nicht die Grundlage einer Geheimkunde bilden, sondern von vornherein denselben Zweck verfolgen, wie die öffentlichen Rechtsbelehrungen: die Jurisprudenz zum Gemeingut des Volkes zu machen.

Wir finden eine ganze Reihe von Werken, welche den Titel *Actiones* führten und Formelsammlungen enthielten. An ihrer Spize steht die Zusammenstellung der pontificalen Actionen durch Ap. Claudius Caecus, deren wir oben (p. 70 ff.) gedacht haben. Daneben wird von ihm noch eine Schrift *,de usurpationibus'* erwähnt[1]. Jedoch wissen wir ausser dem Titel nichts über dieses Werk, über Form und Inhalt fehlen alle Nachrichten; man hat sich mit Vermutungen zu helfen gesucht. So will Sanio darin eine Schrift casuistischen Charakters mit Erörterungen wichtiger rechtlicher Vorgänge zur Anwendung (*usurpatio*) der Zwölf Tafeln erblicken, was also auf eine Responsensammlung hinauslaufen würde. Die Zulässigkeit einer solchen Deutung des überlieferten Titels ist jedoch nicht nachgewiesen[2]. Viel mehr Wahrscheinlichkeit hat die Ansicht von Huschke,

---

[1] Pomp. 36. *Hunc etiam actiones scripsisse traditum est primum de usurpationibus, qui liber non exstat.* So die Flor. Mommsen streicht *actiones* als ein aus § 7 herübergenommenes Einschiebsel, andere sezen vor *primum* ein *et* ein (Sanio. Varr. 142). Huschke (Zschr. f. g. RW. XV, 193) will *primum* in *libro* ändern. Zieht man § 7 hinzu so ist jedenfalls klar — mag man die Worte des § 36 verstehen wie man will — dass Pomponius zwei Werke des Ap. Claudius annahm: die *actiones* und *de usurpationibus*. Entweder sind die *actiones* zweimal erwähnt (§ 7 und 36) und daneben ein Werk *de usurpationibus*, oder nach Huschke nur einmal (§ 7) und ausserdem *actiones de usurpationibus*.

[2] Sanio Varr. 143 ff. fasst *usurpatio* in seiner vulgären Bedeutung als *frequens usus*. Zunächst ist zu bemerken, dass *usurpatio* immer einen anomalen Gebrauch bezeichnet, mag derselbe sich eingebürgert haben oder nicht; der normale Gebrauch ist *usus*. Indessen das liesse sich mit Sanios Ansicht vereinigen: wir werden sehen, dass die Interpretation der Juristen

wonach das Werk eine Sammlung von Formularen für Usurpationen enthielt [1]. Unter lezterem Ausdruck werden die civilrechtlichen Acte, welche eine Unterbrechung des *usus* darstellen, verstanden. Indessen kennen wir dies Institut zu wenig, um mehr als die Möglichkeit dieser Auffassung aussprechen zu können. Wir müssen uns mit diesem ungewissen Resultat begnügen; haben wir doch nicht einmal einen Anhalt für die Frage, ob ein derartiges Buch wirklich existirt hat, ob der Titel nicht apokryph ist; zu Pomponius', unseres Gewährsmannes, Zeiten war es nicht mehr vorhanden [2]. Denkbar wäre auch noch, dass es eine alte Formelsammlung über Usurpationen gab, die man später dem Ap. Claudius zuschrieb [3], weil er durch sein Actionenwerk als Jurist bekannt war und ausserdem als der erste römische Prosaiker galt [4]. An die Formelsammlung des Ap. Claudius knüpft die des Sex. Aelius Catus an, über welche unten (p. 103 f.) gesprochen werden soll. — Im sechsten und siebenten Jahrhundert scheint diese Litteratur an Reichhaltigkeit stets zugenommen zu haben [5]. Für den Juristen war, wie gesagt, das Abfassen von Formularen eine Haupttätigkeit: wir dürfen annehmen, dass bei dem Aufschwung der Litteratur die Concipienten sich nicht mehr damit

---

vieles in die Zwölf Tafeln hineintrug, was eigentlich nicht darin stand. Ob aber eine derartige Schrift „*de usurpationibus*“ betitelt oder ob auch nur ihr Inhalt so bezeichnet sein konnte, muss so lange bezweifelt werden, als man nicht *usurpatio legis* in der Bedeutung ‚anomale Gesetzesanwendung‘ nachweisen kann. Uebrigens ist die ganze Aufstellung nur gemacht, um Varro als Quelle des Pomponius nachzuweisen; das Wort *usurpatio* in der angegebenen Bedeutung soll auf einen varronischen Sprachgebrauch deuten. Und dafür wird troz der gehäuften Citate nur ein Beleg gegeben, dass nämlich Varro (bei Gell. 12, 10) einmal von einer *noua et commenticia usurpatio* des Wortes *aedituus* gesprochen haben soll. Abgesehen davon, dass man auf diese Art alles beweisen kann, gehören diese Worte gar nicht dem Varro sondern dem Gellius an.

[1] Huschke in der Zschr. f. Civ. R. u. Proc. N. F. II, 141—150. Als Beispiele derartiger Usurpationen sind die Unterbrechung der Ersizung und der *manus* bekannt. Im spätern Recht ist diese *ciuilis usurpatio* verschwunden und nur die *naturalis* (Gai. ad ed. pr. 21 (D. 41, 3, 5) geblieben.

[2] Es ist wol möglich, dass — wie Sanio 146 meint — Pomponius die Notiz *qui liber non exstat* schon in seiner Quelle gefunden hat. Dass diese Varro gewesen sei, ist allerdings blosse Vermutung Sanios.

[3] Auch Sanio 146 nimmt das an.

[4] Teuffel § 90.

[5] Vgl. Cic. Top. 83: *At si stipulationum aut iudiciorum formulas partiare, non est uitiosum in re infinita praetermittere aliquid.*

begnügten in den einzelnen praktischen Fällen den Parteien passende
Formulare in die Hand zu geben, sondern vielfach auch zur Sammlung und buchmässigen Veröffentlichung derselben vorschritten[1].
Diese späteren Werke scheinen nach dem Vorgange der Tripertita des
Sex. Aelius Catus (vgl. unt. p. 108 ff.) ausser den Formularen selbst
einen mehr oder weniger ausführlichen verbindenden und erörternden Text enthalten zu haben, während die älteren Sammlungen
höchstens den auszusprechenden Worten nach Art der pontificalen
Ritualbücher kurze in imperativischer Form gehaltene Anweisungen
über die vorzunehmenden Handlungen hinzufügten[2].

Solcher Arbeiten muss es viele gegeben haben, wir begegnen
öfter Citaten aus Actionenwerken, ohne dass deren Verfasser angegeben ist[3]. Das Wenige, was sich auf Namen zurückführen lässt,
mag hier kurz zusammengestellt werden.

Am wichtigsten ist das Werk des M'. Manilius, aus welchem
wir einige Fragmente besizen. Es führte den Titel *Actiones*[4] und
behandelte jedenfalls die Geschäftsformulare, wahrscheinlich auch
die Klagen[5]. — Weiter gehören hierher die nur einmal erwähnten
Actiones eines sonst unbekannten Hostilius; sie scheinen (unter

---

[1] Cic. de leg. 1, 14: *Quam ob rem quo me uocas aut quid hortaris?
ut libellos conficiam de stillicidiorum ac parietum iure?* (theoretische Schriften)
an ut stipulationum et iudiciorum formulas (Geschäfts- und Klagformulare)
componam? quae scripta a multis sunt diligenter. Vgl. Bekker Zsch. f.
RG. V, 350 ff.

[2] Varro de l. l. 5, 163: *Aes raudus dictum; ex eo ueteribus in man-
cipiis scriptum: ,rauduscuio libram ferito'.* Fest. p. 265. Vgl. Val. Prob.
4, 5: *si negat sacramento quaerito.*

[3] Dahin gehören ausser der eben citirten Stelle Varros ferner de l. l. 6, 74:
scribi coeptum in lege mancipiorum: ,uadem ne poscerent nec dabitur'; 7, 93:
in actionibus uidemus dici: ,quam rem siue mi litem dicere oportet'; vielleicht auch Fest. ep. p. 82: *Erctum citum fit inter consortes, ut in libris
legum Romanarum legitur.* Weiteres Material ist aus den Zusammenstellungen bei Bekker (s. Anm. 1) zu entnehmen. Auch die Formulare in
Catos Schrift *de agri cultura* werden auf derartige Actionensammlungen
zurückgehen. Man kann daraus ersehen, wie wichtig sie für den Verkehr waren.

[4] Varro de r. r. 2, 5, 11; 2, 7, 6.

[5] Es mag noch einmal darauf hingewiesen werden, dass der Titel
Actiones hier im älteren, weiteren Sinne zu verstehen ist (vgl. ob. p. 25). Die
Fragmente behandeln Kaufstipulationen. Dass Buch enthielt und besprach
auch Klagformulare, wenn wir annehmen dürfen, dass das Citat bei Cic. ad
fam. 7, 22 auf die *Actiones* zurückgeht. Das Nähere ist unten im Abschnitt
über Manilius darzulegen.

andern?) Testamentsformulare enthalten zu haben[1]. — Zweifelhaft ist, ob es ein Werk des Q. Cosconius unter gleichem Titel gegeben hat[2]. — Mit dem Ausgang des siebenten Jahrhunderts erlahmt diese Tätigkeit, die Actionenwerke verschwinden seitdem aus der Litteratur. Der lezte bedeutende Vertreter der Cautelarjurisprudenz ist C. Aquilius Gallus[3]. Manche und zwar sehr wichtige Geschäftsformulare sind von ihm erfunden und tragen bis auf den heutigen Tag seinen Namen (*stipulatio Aquiliana, postumi Aquiliani*), die Klagformel der *actio doli* hat er zuerst componirt: dass er die Resultate seiner praktischen Wirksamkeit in einem eigenen Buche zusammengefasst hat, ist möglich, aber nicht sicher[4].

_____

[1] Cic. de or. 1, 245: *Et credo in illa militis causa si tu aut heredem aut militem defendisses, ad Hostilianas te actiones non ad tuam uim et oratoriam facultatem contulisses.* Dass es sich um Testamentsformulare handelt, zeigt § 176 ebend.

[2] Varro de l. l. 6, 89: *Accensum solitum ciere Boeotia ostendit, quam comoediam Aquilii esse dicunt, hoc uersu: ,Ubi primum accensus clamarat meridiem'. hoc idem Cosconius in actionibus scribit praetorem accensum solitum esse iubere, ubi ei uidebatur horam esse tertiam, inclamare horam tertiam esse itemque meridiem et horam nonam.* Es fragt sich: ist *actiones* der Titel eines Werkes des Cosconius, oder soll nur gesagt sein, der Praetor habe bei gerichtlichen Klagen die Stunden ausrufen lassen? Erstere Auffassung hatte Huschke in der ersten Auflage seiner Iurispr. anteiust., leztere wurde dem gegenüber von Hertz (Fleckeis. Jahrb. 85 p. 52 f.) geltend gemacht und Huschke hat sich ihr später angeschlossen. Ritschl (im Sueton von Reifferscheid p. 618) hält *actiones* für den Titel, denkt aber, da Cosconius sonst (Varro de l. l. 6, 36 Suet. v. Terent. p. 32 Reiff.) nur als Grammatiker und Litterarhistoriker bekannt ist, und weil ihm eine solche Beziehung auch hier wegen des Verses des Aquilius geboten erscheint, an *actiones scenicae*. Dagegen bemerkt Hertz mit Recht, dass dann kaum eine so nackte Bezeichnung des Werkes als *actiones* möglich sei. Aber auch die positive Erklärung von Hertz befriedigt nicht: *in actionibus* ist durch seine Stellung zu sehr hervorgehoben; sollte es nicht Titel sein, so würde es hinter *praetorem* stehen. Ich glaube, dass man bei der älteren Ansicht stehen bleiben und an ein juristisches Actionenwerk denken muss. Dass ein solches von einem Grammatiker verfasst wurde, hat im siebenten Jahrhundert nichts Auffallendes.

[3] Vgl. Pernice Labeo I, 3.

[4] Bekker (Zschr. f. RG. V, 350—351) nimmt das an, und die Wahrscheinlichkeit spricht dafür; auch sagt die Notiz bei Pomp. 42 nicht, dass Gallus nichts publicirt habe, sondern nur, dass seine Bücher nicht auf die Nachwelt gekommen seien, weil sie von den grösseren Werken des Ser. Sulpicius aufgesogen wurden. Namentlich kommt hier die *actio doli* (Cic. de off. 3, 60—61; de nat. deor. 3, 74) in Betracht, welche nicht unmittelbar aus

Neben den Actionen stehen auch in der Litteratur die Responsa: Sammlungen von Gutachten, welche die Juristen über ihnen
vorgelegte Rechtsfragen abgegeben hatten, Praecedenzfälle für kommende Geschlechter. Auch sie schliessen sich in der Form genau an
die Aufzeichnungen des pontificalen Archivs an, haben überhaupt
auch in späteren Zeiten ihre Natur wenig verändert. Die Anfrage des Consulenten schliesst regelmässig die Darstellung des
Sachverhalts in sich; das Responsum selbst wird in der alten
Weise begutachtend und ohne Begründung gegeben[1]; vielfach
macht sich allerdings hier der Einfluss der öffentlichen Disputationen in so fern geltend, als gern Erörterungen über die Rechtsfrage angeknüpft werden. Aber regelmässig spricht doch nur
der Jurist selbst: die in den späteren theoretischen Werken so
beliebten Anführungen von controversen Meinungen anderer Juristen
sind in der Responsenlitteratur allezeit äusserst selten geblieben.
Auch die Benennung des Consulenten ist durchaus die Regel
wie in den Decreten der Pontifices. Cicero spottet einmal über
Cato und Brutus, weil sie unter genauer Benennung von Mann
und Weib, welche sie befragten, ihre Responsen zusammengestellt
hätten[2]. Das hatte aber seinen guten Grund: es ist ein Beweis,
wie eng sich die ältere Litteratur an die pontificalen Formen anschloss (vgl. ob. p. 42).

Responsa werden von fast allen Juristen seit Coruncanius
überliefert. Indessen ist hier Vorsicht geboten. Die Tatsache, dass
das Responsum eines bestimmten Mannes angeführt wird, berechtigt uns allein noch nicht auf eine eigene Sammlung zu schliessen.
Es ist in der juristischen Litteratur keineswegs das Princip mass-

---

der praktischen Tätigkeit des Gallus hervorgegangen sein kann. S. darüber
unt. p. 98 A. 2. — Viel zweifelhafter ist eine weitere Vermutung von Bekker,
dass auch M. Terentius Varro Lucullus (Praec. per. 678 Asc. p. 75)
die von ihm aufgestellte *actio ui bonorum raptorum* litterarisch publicirt habe.
Da er Pontifex war (Cic. ad Att. 4, 2, 4), lag es nahe, dass er sich mit
Jurisprudenz befasste. Wenn man bei Pomp. ad Sab. III (D. 41, 1, 19) *Va-
rium Lucullum* mit Mommsen in *Varronem* ändern darf, so hat er allerdings
auf juristischem Gebiet geschriftstellert.

[1] So namentlich in der Responsensammlung des Cervidius Scaevola,
auch des Paulus.

[2] Cic. de or. 2, 142: *Video enim in Catonis et in Bruti libris nominatim fere referri, quid alicui de iure uiro aut mulieri responderint; credo,
ut putaremus in hominibus non in re consultationis aut dubitationis causam
aliquam fuisse.*

gebend nur eigene Bescheide aufzuschreiben, sondern man sammelte ebenso gut die anderer Auctoritäten als die selbst abgegebenen, und die Kenntnis solcher fremden Responsa kann nicht nur auf schriftliche Aufzeichnungen des Urhebers sondern auch auf blosses Hören zurückgehen. So hat Q. Scaevola manche Responsa seines Vaters überliefert, so ist namentlich der praktische Unterricht des Ser. Sulpicius Rufus eine Fundgrube für die Arbeiten seiner Schüler geworden, dass es oft unmöglich ist in den Fragmenten dieser Schriften den Meister und seine Schule auseinander zu halten[1].

X. DIE INTERPRETATION.

Während wir uns bisher mit der Betrachtung der Tätigkeit der Juristen beschäftigt und dabei die Formen kennen gelernt haben, in welchen das Recht zur Anwendung gebracht wurde, müssen wir nun einen Blick auf das Recht selbst werfen, oder genauer, uns vor die Frage stellen: Wie verhielt sich die Cautelarjurisprudenz und die Responsa zu dem Recht, speziell zu dem Zwölf-Tafel-Gesez? Indem wir an oben gegebene Ausführungen anknüpfen, ist zunächst zu unterscheiden: Die Responsa (im engeren Sinne) stehen zu dem Recht in einer directen Beziehung, sie sprechen geradezu aus, was gegebenen Falls Recht ist (s. ob. p. 83); die Formulare sind ein Niederschlag des geltenden Rechts (vgl. ob. p. 21), sie bringen den abstracten Rechtssaz zum concreten Ausdruck. Bezüglich der Klagformulare wurde schon bemerkt (ob. p. 67 f.), dass sie nach dem Erlass der Zwölf Tafeln sofort umgestaltet wurden: als Legisactionen schlossen sie sich eng an die Worte des Gesezes an und waren damit in ihrer neuen Fassung für alle Zeiten festgelegt. Die Geschäftsformeln dagegen bestanden, was ihre äussere Gestalt angeht unverändert neben dem Gesez fort, wie sie das Gewohnheitsrecht geschaffen hatte. Die Mancipation der älteren Zeit erforderte ein wirkliches Zuwägen der als Tauschmittel dienenden Erzbarren (*raudera, rauduscula*). Nun führten die Decemvirn das gemünzte Geld ein[2], oder gaben doch wenigstens zum ersten Mal in ihrem Geseze die

---

[1] Es wird das in den entsprechenden Capiteln näher darzulegen sein.
[2] Momms. R. Münzwesen p. 175 f.

Geldsäze in Assen an [1]. Es kann wol keinem Zweifel unterliegen, dass sich die Legisactionen im Anschluss an die Worte des Gesezes auch der normirten Summen bedienten, dass beispielsweise die Formeln der Injurienklage eine Forderung (*dare oportere*) von 300, 150 oder 25 Assen [2] enthielten. Anders das Mancipationsformular: man kaufte nach wie vor ,für dieses d. h. das zugewogene Erz und mittelst der ehernen Wage' [3]. Man gab einen Scheinpreis (*nummus unus*) hin und klopfte mit einem Geldstück an die Wage [4]; die wirkliche Zahlung geschah, wenn sie von den Parteien beabsichtigt war, ausserhalb des eigentlichen Actes.

Das innere Wesen einzelner Geschäftsformen ist von dem Gesez gar nicht berührt worden; so scheint die Sponsion als Gewohnheitsrecht neben den Zwölf Tafeln fortbestanden zu haben, ohne von ihnen erwähnt zu sein. Hier konnte alles im gewohnten Geleise weiter gehen. Auf anderen Gebieten finden wir dagegen materielle Normirungen. Die beiden privatrechtlichen Fundamentalsäze der Zwölf Tafeln gestatten dem römischen Bürger in jedes mit Erz und Wage abgeschlossene Geschäft einen Inhalt hineinzutragen, welchen er will: Was die Parteien beim Abschlusse eines Nexums oder einer Mancipation in der Nuncupation der Formel festgesezt haben, alle Bestimmungen (*leges*) über das Schicksal seines Vermögens, welche der Testator dem Käufer desselben (*familiae emptor*) auferlegt hat, ,sollen rechtens sein' [5]. Hier sezt die Jurisprudenz ein: In den angeführten Worten scheint ein Widerspruch des Gesezes mit sich selbst zu liegen. Es hätte vorkommen können, dass man auch etwas, dem das Gesez oder das neben ihm geltende Gewohnheitsrecht entgegenstand, festgesezt hätte. Die Juristen haben dadurch, dass sie die Formulare für Mancipa-

---

[1] Noch das kurz vorher erlassene aternisch tarpeische Gesez (300) sezt seine Strafen in Schafen und Rindern an. Gell. 11, 1, 2.

[2] Gai. 3, 223.

[3] Die Formel lautet (Gai. 1, 119): *Hunc ego hominem ex iure Quiritium meum esse aio, isque mihi emptus esto hoc aere aeneaque libra.* Es wäre ein Leichtes gewesen sie dahin umzugestalten: *his centum assibus.*

[4] Ihering Geist II, 539 will darin eine Prüfung der Aechtheit sehen. Nach Gaius (1, 119) Worten scheint mir dies Klopfen den alten Abwägungsact selbst ersezen zu sollen: *Deinde aere percutit libram idque aes dat ei a quo mancipio accipit quasi pretii loco.*

[5] Bruns Tab. V, 3: *Vti legassit super pecunia tutelaue suae rei, ita ius esto.* VI, 1: *Cum nexum faciet mancipiumque, uti lingua nuncupassit, ita ius esto.*

tionen und Testamente in der Hand batten, dass sie über die
Rechtsbeständigkeit derselben respondirten, diesen Missstand zu ver-
hindern gewusst[1].

Die Zwölf Tafeln sind für alle Zeiten das privatrechtliche
Grundgesez der Römer geblieben. Sie wurden nicht als eine
einzelne Erscheinung der Gesezgebung aufgefasst, galten nicht als
ein Gesez sondern als das Gesez; es ist bekannt, dass man
sie bis in die spätesten Zeiten als geltendes Recht behandelt hat.
Und doch musste der Fortschritt in der Cultur, der erweiterte Verkehr neue Rechtsanschauungen in das Leben des Volkes hineintragen ;
es war auf die Dauer nicht möglich mit dem Stoff und den Formen
des Zwölf-Tafel-Gesezes allein auszukommen. Auch hier traten
wieder die Juristen ein. Scharf haben sie ihre Aufgabe erkannt:
die Anforderungen der lebenden Geschlechter mit dem in der Vergangenheit festgestellten Wortlaut des Gesezes in Einklang zu
bringen. Sie bedienten sich dazu eines Mittels, das wir in der Geschichte der Jurisprudenz immer dann wiederkehren sehen, wenn
die Gesezgebung ihrer Aufgabe, den Bedürfnissen der Gegenwart
gegenüber der Vergangenheit zu einem rechtlichen Ausdrucke zu
verhelfen, nicht genügen will oder kann. Man legte das Zwölf-
Tafel-Gesez aus, indem man nicht nur das feststellte, was das Gesez gewollt hatte, sondern seinen Worten auch vieles, das es
nicht gewollt hatte, unterlegte[2]. Technisch wird diese Tätigkeit in
den Quellen als die *interpretatio* der Zwölf Tafeln bezeichnet[3].

Man darf bei dieser Interpretation in der älteren Zeit nicht
an theoretisch erörternde und die Worte des Gesezes abwägende
geschriebene Commentare denken, wie sie die spätere Republik und
namentlich die Kaiserzeit in so glänzender Weise hervorgebracht
haben: zunächst waren ihre Mittel die der praktischen Rechtsanwendung, das *cauere, agere* und *respondere*.

Erst jezt können wir die grosse Bedeutung der Cautelarjurisprudenz richtig würdigen. Es galt mit den Mitteln der
Zwölf Tafeln Formulare für Geschäfte aufzustellen, welche dem

---

[1] Vgl. Thering Geist II, 545 f.
[2] Vgl. Ihering II, 455 ff. Man wollte das Resultat und benuzte das
Wort nur als erwünschten Anhalt (461). Nicht die Richtigkeit der Auslegung entschied sondern die Angemessenheit (463). Stets das Bestreben
nach Deckung durch das Gesez (467). Die Umgebung des Gesezes enthält
keinen Verstoss gegen die Worte, sondern gegen die Absicht des Gesezes
(468). Ebendort finden sich Beispiele in Fülle. Voigt ius nat. 3, 285 ff.
[3] Belege s. unt. p. 96.

Gesez selbst materiell noch unbekannt waren, aber formell von ihm
anerkannt werden mussten; ein neuer Inhalt sollte in die althergebrachten Formen gegossen werden. Man erfand die Scheingeschäfte [1]. Dabei kam es nicht darauf an, dem neuen Geschäft
dieselbe Wirkung zu verschaffen, welche die Zwölf Tafeln für das originäre festgestellt hatten; die Ziele der Scheingeschäfte sind durchaus eigenartige, oft dem Gesez unbekannte, ja entgegengesezte;
auch handelte es sich gar nicht um den Inhalt, aber das Geschäft
musste in einer Form erscheinen, welche dem Gesez angemessen
war, wenn es auf irgend eine Art rechtlich wirken sollte. Auf
diese Weise haben die Juristen die Formulare für Emancipation,
Adoption, Coemption u. s. w. aufgestellt und so diesen Instituten selbst zu einem rechtlichen Dasein verholfen.

Das *agere* steht auch hier dem *cauere* zur Seite. Wie man
Scheingeschäfte construirte, so erfand man auch Scheinprocesse.
Auf den Grundsaz gestüzt, dass das Zugeständnis vor dem Magistrat den Beklagten dem Verurteilten gleichstelle, wurden Legisactionsformeln zu den verschiedensten Zwecken wie Freilassung,
Eigentumsübertragung, Bestellung von Servituten, zusammengestellt [2].
— Es ist hier nicht der Ort zu untersuchen, ob nicht manche dieser
Scheingeschäfte und -processe ein höheres Alter als die Zwölf
Tafeln aufweisen; jedenfalls kann es keinem Zweifel unterliegen,
dass sie ihre eigentliche Bedeutung erst gewannen, als sie mit den
Mitteln des Gesezes arbeiteten [3], und dass sie als wirklich neuer

---

[1] Das Nähere s. bei Ihering II, 628 ff. III, 273 ff.

[2] Was oben p. 83 von der innerlichen Verschiedenheit der Tätigkeit der
Juristen hinsichtlich der Klag- und Geschäftsformulare gesagt ist, gilt auch hier.
Scheinprocesse sind auch nur in der Weise construirt, dass man vorhandene
Klagformeln benuzte, nicht hat man neue zu diesem Zwecke entworfen.

[3] Die *in iure cessio* scheint allerdings älter zu sein (vgl. Vat. fr. 50).
Nur sollte man aufhören sich dafür auf die Geschichte von dem ersten *uindicta* manumittirten Sklaven Vindicius (Liv. 2, 5. vgl. Plut. Publ. 7; Dionys.
5, 7. 18; Pomp. 24) zu berufen: die Erfindung liegt hier doch zu sehr auf
der Hand. Gerade von der Manumission lassen sich m. W. sichere Spuren
vor den Zwölf Tafeln nicht nachweisen. Tatsächliche Freilassungen sind
unzweifelhaft uralt (Momms. Forsch. I, 365 ff.), und ebenso ist es sicher, dass
dieser tatsächliche Zustand für den Einzelnen in sofern zu einem rechtlichen
wurde, als das frühere Clientelverhältnis sich im Laufe der Zeiten völlig verwischte. Unzählige plebejische Familien sind auf diese Weise entstanden. Aber
davon ist die Manumission (gleichviel wie sie geschieht) wol zu scheiden, mag
sie auch aus der Clientel erwachsen sein. Sie ist der bewusste Act eines Bürgers,
welcher dem Sklaven sofort rechtliche Freiheit und Civität verschafft. — In-

Bestandteil des Rechts erst im vierten und fünften Jahrhundert gezählt werden können. Für unseren Zweck genügt es die Urheberschaft der Juristen zu constatiren[1], die weitere Untersuchung der Einzelheiten gehört der Geschichte des materiellen Rechts an. Die Cautelarjurisprudenz interpretirte das Gesez also indirect; anders die Responsa. Sie sind, wie wir sahen (ob. p. 83), Antworten auf Fragen über das Recht selbst und haben demnach unmittelbare Auslegungen von Bestimmungen und Worten des Gesezes enthalten. Man wird nicht fehlgehen, wenn man annimmt, dass nach dem Erlass der Zwölf Tafeln der grösste Teil der eigentlichen Respondenten-Tätigkeit der Juristen sich in derartigen Interpretationen bewegte[2]. Sacralrechtliche Bestimmungen dieses Gesezes sind auch durch Decrete des Collegiums ausgelegt worden[3]. Es braucht kaum bemerkt zu werden, dass dies Interpretiren durch Responsa nicht erst durch das Zwölf-Tafel-Gesez aufgekommen ist; diese Tätigkeit ist so alt als die Jurisprudenz überhaupt. Es hat eine Auslegung des Gewohnheitsrechts gegeben, lange bevor ein Gesez aufgezeichnet war, und lange vor den Zwölf Tafeln haben die Pontifices ihre sacralen Vorschriften interpretirt[4] — es ist das nichts anderes als ein Feststellen, wie das Recht im einzelnen Falle zu verstehen ist, durch die berufenen Kenner desselben; und gerade darin besteht ja das Wesen der pontificalen Responsa.

Die Interpretation ist also nicht eine von der bisher geschilderten praktischen Tätigkeit der Juristen qualitativ verschiedene Arbeit, sondern sie ist nur das theoretische Resultat derselben. Inhaltlich schafft sie einen neuen Rechtsstoff, indem sie das Zwölf-Tafel-Gesez im Geiste der Zeit erweitert und fortführt, ja sogar oftmals umgeht, um für neue Bildungen Raum zu gewinnen; sie

---

dessen darf man wol annehmen, dass die *in iure cessio* auf den andern beiden genannten Gebieten schon vor den Zwölf Tafeln bekannt war.

[1] Am klarsten wird sie ausgesprochen von Pomp. 5: *Haec disputatio et hoc ius, quod sine scripto uenit compositum a prudentibus.*

[2] Das *respondere* und *interpretari* der Juristen wird oft neben einander genannt, z. B. Cic. de leg. 1, 14: *Summos fuisse in ciuitate nostra uiros, qui id* (ius ciuile) *interpretari populo et responsitare soliti sint.* Weiteres bei Sanio Varr. 177, Momms. St. R. II, 48 A. 4.

[3] Cic. de leg. 2, 58: *Sed ut in urbe sepeliri lex uetat, sic decretum a pontificum collegio non esse ius in loco publico fieri sepulcrum.*

[4] Cic. de domo 1—2. 107.

bringt dem Gesez gegenüber ein Gewohnheitsrecht[1] zur Geltung, indem sie es in dessen Formen einkleidet. Dieser neue Rechtsstoff wird speziell *ius ciuile*[2] genannt und der festgestellten *lex*[3] sowie den aus ihr geflossenen *legis actiones*[4] gegenübergestellt. Die

---

[1] Cic. de or. 1, 212: *Sin autem quaereretur, quisnam iurisconsultus uere nominaretur, eum dicerem qui legum et consuetudinis eius qua priuati in ciuitate uterentur et ad respondendum et agendum et ad cauendum peritus esset.* Ich benuze diese Gelegenheit um eine Arbeit zu erwähnen, welche troz aller Liebe, welche sie ihrem Gegenstande widmet, zu recht verkehrten Resultaten gelangt ist: Punschart die Entwicklung des grundgesezlichen Civilrechts der Römer 1872 (vgl. Esmarch. Röm. Rechtsgesch.[2] p. 62 ff.). Unter Grundgesezen versteht der Verfasser principielle Justizgeseze und nennt als solche in der älteren Periode die Curiatgeseze der Königszeit und die Decemviral-Gesezgebung. Diese allgemeineren Rechtsvorschriften sind begleitet von speziellen Ausführungsgesezen, deren Erlass kraft eines staatsrechtlichen Institutes (!), des *ius interpretandi*, dem König und später, was das Privatrecht angeht, den Pontifices zugestanden haben soll. So sicher es ist, dass die königliche Rechtsprechung und die pontificale Begutachtung durch ihre Interpretation des bestehenden Rechts neues Recht geschaffen haben, so wenig ist es zulässig, diese Erscheinung auf eine Trennung der gesezgebenden Factoren zurückzuführen. Punschart hat Ursache und Wirkung verwechselt. Jenes Resultat, welches wir zu erkennen vermögen, lässt sich völlig ausreichend durch die für die spätere Zeit feststehenden staatsrechtlichen Zustände erklären, ohne dass man zu derartigen Constructionen seine Zuflucht zu nehmen brauchte.

[2] Pomp. 5: *Haec disputatio* (vgl. ob. p. 85) *et hoc ius, quod sine scripto uenit compositum a prudentibus propria appellatione* (so Momms. parte Flor.) *aliqua non appellatur, ut ceterae partes iuris suis nominibus designantur datis propriis nominibus ceteris partibus, sed communi nomine appellatur ius ciuile.* Ebend. 12: *Proprium ius ciuile, quod sine scripto in sola prudentium interpretatione consistit.*

[3] Cic. de or. 1, 212 (s. A. 1) vgl. de off. 1, 51: *descripta legibus et iure ciuili.* Sanio Varr. 171.

[4] Pomp. 5. 6. 12 lässt aus dem Zwölf-Tafel-Gesez das *ius ciuile* und die Legisactionen als gesonderte Bestandteile des Rechts hervorgehen. Es heisst § 6: *Et ita eodem paene tempore tria haec iura nata sunt: lege duodecim tabularum ex his fluere coepit ius ciuile, ex isdem legis actiones compositae sunt.* (Auch hier ist der Text von den Compilatoren in unverantwortlicher Weise gekürzt, so dass die Sazconstruction verloren gegangen ist.) Diese Dreiteilung des Rechtsstoffes begegnet ausserdem bei Cic. de or. 1, 198; Val. Prob. 1 (vgl. Exc. I) und als Grundlage der Tripertita des Sex. Aelius Catus. Pomp. 38. (s. unt. p. 105). — Nach diesen Erörterungen wird die oben (p. 71 A. 1) angeführte Notiz des Livius 9, 46 (Val. Max. 2, 5, 2), Cn. Flavius habe das *ius ciuile* publicirt, verständlich werden. Es steht fest, dass die Actionensammlung des Ap. Claudius die Klagformeln enthielt; wenn hier

Rechtsquelle, aus welcher er fliesst, wird als *auctoritas prudentium* bezeichnet[1].

Die Gesezgebung auf privatrechtlichem Gebiet ist den Zwölf Tafeln zunächst nur langsam gefolgt. Man wollte das Gesez nicht angreifen, wir begegnen sogar in der Legislatur derselben Erscheinung wie bei der Interpretation: auch die Geseze wählen bisweilen den Weg der Umgehung. So suchte das furische Gesez (unbestimmten Alters) die Ueberlastung des Erben mit Vermächtnissen zu hindern; um aber nicht in einen directen Widerspruch zu der unbeschränkten Freiheit des Testators zu treten (vgl. ob. p. 92), liess es das Legat an sich zu Recht bestehen, stellte aber die Annahme desselben, wenn es tausend Asse überstieg, unter Strafe[2]. Aber die sozialen und politischen Verhältnisse waren doch zu mächtig, als dass es auf die Dauer an Eingriffen der Gesezgebung auf das Zwölf-Tafel-Recht hätte fehlen können. Namentlich die Volkstribunen haben es für ihre Aufgabe erachtet dem Bedürfnisse der Gegenwart durch Plebiscite gerecht zu werden. Wir begegnen einer Reihe von neuen Gesezen, welche die Zwölf Tafeln teils ergänzen und ausbauen, teils abändern. Das atilische Gesez schrieb für den Fall, dass ein den Bestimmungen der Zwölf Tafeln gemäss berufener Vormund nicht vorhanden war, die magistratliche Ernennung eines solchen vor; andrerseits hob das canuleische Gesez geradezu das Verbot der Ehe zwischen den beiden Ständen, wie es die Zwölf Tafeln sanctionirt hatten, auf; das poetelische Gesez griff tief in das Executionsrecht der Zwölf Tafeln ein.

Der Jurisprudenz erwuchsen aus einem derartigen neuen Geseze dieselben Aufgaben wie aus den Zwölf Tafeln. Jedes Gesez, das privatrechtliche Verhältnisse änderte, musste notwendig eine Aenderung des bisherigen Klagschemas zur Folge haben; wenn es neue Ansprüche begründete, wurde auch eine neue Legisaction

---

das *ius ciuile* genannt wird, so ist das dahin zu erklären, dass auch Geschäftsformulare aufgenommen wurden. Dass der Ausdruck *actiones* (p. 70 A. 4) beides umfasst, ist wiederholt (ob. p. 21 ff. 87 ff.) betont, und die Wahrscheinlichkeit spricht entschieden dafür, dass Ap. Claudius nicht blos die Legisactionen sondern auch die Geschäftsformulare den Pontifices entriss. Beides war für das allgemeine Bedürfnis gleich wichtig.

[1] Als Rechtsquelle wird die *auctoritas iuris peritorum* schon in der Republik angesehen. Cic. Top. 28; vgl. auch Pomp. 5: *ut naturaliter euenire solet ut interpretatio desideraret prudentium auctoritatem.*

[2] Ulp. 1, 2. Gai. 4, 23.

7

nötig. Diese Klagformeln können aber nicht wie die Geschäftsformulare von selbst aus der juristischen Praxis und Litteratur allmählig erwachsen sein, sie sezen eine sofortige bewusste Feststellung voraus. Denn die Legisaction war nicht nur an bestimmte
Formeln gebunden wie das Rechtsgeschäft, sie hatte einen durchaus offiziellen Charakter, ihr Wortlaut galt in gleicher Weise für
unabänderlich wie das Gesez selbst[1]. Es genügte hier nicht die
auctoritas prudentium, sondern — so dürfen wir schliessen — wenn
diese neueren Legisactionen dieselbe Bedeutung wie die älteren
haben sollten, so mussten sie in gleicher Weise wie diese offiziell
festgestellt und fundamentirt werden, ihre Formulirung musste der
disputatio fori entzogen seien. Von diesen Voraussezungen aus
ist die weitere Folgerung unabweislich, dass es die Pontifices als
solche waren, welche die Legisactionen ganz in der alten Weise
amtlich feststellten und sie in ihrem Archiv niederlegten; über
ihre Anwendung mochten dann die Juristen streiten[2]. Erst das
aebutische Gesez, welches die Formulirung der Actionen end-

---

[1] Pomp. 6 sagt von den aus den Zwölf Tafeln hergeleiteten Gesezen:
*Quas actiones ne populus prout uellet institueret, certas sollemnesque esse
uoluerunt.* Wie sehr aber auch die Legisactionen der späteren Geseze als
offiziell und ein für alle Mal feststehend galten, zeigt Gai. 4, 24: In das Klagformular der *lex Furia testamentaria*, welches unter die Kategorie der *legis
actio per manus iniectionem* fiel, waren die Worte *pro iudicato* aufgenommen,
ohne dass das Gesez dafür einen Anhalt bot. Dennoch bestand die unrichtige
Formel fort, eine Aenderung war nicht möglich: *Nec me praeterit in forma
legis Furiae testamentariae ‚pro iudicato' uerbum inseri, cum in ipsa lege
non sit; quod uidetur nulla ratione factum.*

[2] Auch ein indirecter Einfluss der Juristen ist hier zum mindesten
nicht in der Weise anzunehmen, wie er bei der Ausbildung des praetorischen
Edicts vorhanden war. Es sei gestattet in diesem Zusammenhange auf die *actio
doli* zurückzukommen. Gallus kann sie nicht — wie Bekker (s. ob. p. 89
A. 4) meint — selbst im Edict aufgestellt haben, da er weder die städtische
oder Peregrinen-Praetur noch eine Statthalterschaft verwaltete, sondern als
Praetor (688) die *quaestio de ambitu* zu leiten hatte (Cic. p. Cluent. 147).
Es ist also einmal denkbar, dass er die Formel abgefasst und irgend einen
edicirenden Praetor veranlasst hat, sie in's Edict aufzunehmen. Näher liegend
ist es vielleicht, anzunehmen, dass Gallus in einem litterarischen Werke das
Concept entwarf, die Notwendigkeit der Formel dartat, und dass sie in Folge
des grossen Anklanges, welchen sie fand, in das Edict überging. Bei der
Aufstellung von Legisactionen wäre so Etwas nicht möglich gewesen, weil
diese immer nur die sich mit Notwendigkeit ergebende Formulirung der Klage
aus dem vorhandenen Geseze heraus sind, während für das Edict die Klage
das Nächstliegende ist, ein neues Recht sich nur mittelbar herausbildet.

gültig in die Hände des Praetors legte, scheint dieser Tätigkeit der Pontifices ein Ende gesezt zu haben.

War die Klagformel festgestellt, so ergriff die Interpretation das Gesez, sie entwarf die daraus resultirenden Geschäftsformulare, erläuterte es direct durch ihre Responsa und bildete so aus ihm neues Recht heraus[1] in gleicher Weise wie aus den Zwölf Tafeln. Das bekannteste Beispiel hierfür ist die Ausdehnung des voconischen Gesezes (585), welches in bestimmten Fällen die Erbeinsezung von Frauen im Testamente verbot, auf die Intestaterbfolge (*ratione Voconiana*)[2]. Bei diesen späteren Gesezen ergab sich aber für die Interpretation von selbst noch eine weitere Aufgabe: sie musste ihr Verhältniss zu den früheren, namentlich zu den Zwölf Tafeln feststellen, vor allem die schwierige Frage behandeln, wie weit den lezteren derogirt war.

XI. SEX. AELIUS PAETUS CATUS.

Ueber das äussere Leben des Sex. Aelius Q. f. P. n. Paetus[3] ist wenig bekannt: er hat die regelmässige Aemterlaufbahn durchgemacht, ohne sich besonders hervorzutun.

Als curulischer Aedil im Jahre 554 hat er mit seinem Collegen M. Claudius Marcellus eine so grosse Menge Getreide aus Afrika herbeischaffen lassen, dass man den Scheffel für 2 Asse an die hauptstädtische Bevölkerung abgeben konnte; ferner haben beide glänzende Festspiele gegeben und schliesslich nicht unbedeutende Multgelder an das Aerar abgeführt[4] — die gewöhnliche Tätigkeit der Aedilen.

---

[1] Vgl. Pedius bei Vlp. ad ed. aed. cur. 1 (D. 1, 3, 13): *Nam, ut ait Pedius, quotiens lege aliquid unum uel alterum introductum est, bona occasio est cetera quae tendunt ad eandem utilitatem . . interpretatione . . suppleri.*

[2] Paul. Sent. 4, 8, 20.

[3] S. die Fasten (unt. p. 100 A. 3). — Litteratur: Maiansius XXX ICtorum fr. II, 89 ff.; Zimmern I, 269; Rudorff I, 158; Leist Rechtsyst. 10; Sanio Proleg. 26—28. Varr. 162 ff. 188 f.; Mommsen R. G. I, 931; Lange R. A. II, 213. 216; Marquardt St. V. III, 307; Schöll legis XII tab. reliquiae p. 22—25; Teuffel R. L. G. § 125, 2; Voigt Das Aelius- und Sabinussystem (Abh. d. Sächs. G. d. W. VII, 321 ff.)

[4] Liv. 31, 50.

Im nächsten Jahre (555) finden wir ihn nebst seinem Bruder
Publius[1] mit einer Commission betraut: die Colonie Narnia in Um-
brien sollte verstärkt und ihre Verhältnisse regulirt werden[2].
Consul war Sex. Aelius im folgenden Jahre (556) zusammen
mit T. Quinctius Flamininus[3]. Die wichtigste militärische Aufgabe
war der Krieg gegen König Philipp V von Makedonien. In der
ersten Senatssizung, welche die neuen Consuln abhielten, gab ihnen
der Senat als Amtsbezirke Makedonien und Italien, wozu das damals noch nicht als Provinz eingerichtete cisalpinische Gallien gehörte. Sie mussten sich dem Herkommen gemäss gütlich über
die Provinzen einigen oder loosen. Sex. Aelius verzichtete nicht
ohne weiteres auf die von seinem Collegen so heiss ersehnten kriegerischen Lorbeeren, aber das Loos entschied gegen ihn[4]. Er
liess zunächst Aushebungen in Italien veranstalten und ging dann
nach Gallien[5], wo er den vorjährigen Consul L. Lentulus ablösen
sollte. Gegen den Willen des Senates behielt er dessen Truppen
unter den Waffen und zog nach Beendigung der Aushebungen auch
seine neuen Legionen an sich. Dennoch geschah kaum etwas
Erwähnenswertes: abgesehen von einigen blutigen Zusammenstössen
hatte Aelius keine Gelegenheit zu einem bedeutenderen kriegerischen
Eingreifen. Er begnügte sich geordnete Zustände herbeizuführen und
reorganisirte namentlich die Colonien Cremona und Placentia[6]. Zu
den Consular-Comitien begab er sich wieder nach Rom[7]. So verlief
sein Consulat tatenlos, während sein Collega im Osten die in's
Stocken geratenen Operationen der Römer wieder aufnahm und
sich einen weltgeschichtlichen Namen erwarb.

Die Censur verwaltete Sex. Aelius im Jahre 560 mit C. Cornelius Cethegus[8] in sehr milder Weise. Erwähnenswert ist eine
Einrichtung, welche die Censoren auf den Antrieb des P. Scipio

- - — —

[1] Cons. 555. Cens. 555. Er wird ebenfalls als Jurist genannt. Pomp. 38.
[2] Liv. 32, 2.
[3] Fasti Cap. (C. I. L. I p. 436): *T. Quinctius T. f. L. n. Flamininus.
Sex. Allius Q. f. P. n. Paitus Catus.* (Ueber die von den Fasten durchgeführte Schreibweise *Allius* s. d. Anm. zu p. 446). Liv. 32, 7. Plut. Flam. 2.
[4] Liv. 32, 8.
[5] Liv. 32, 8. 9.
[6] Liv. 32, 26. Zonar. 9, 16.
[7] Liv. 32, 27.
[8] Fasti Cap. (C. I. L. I p. 436): *Cens. Sex. Allius Q [f. P. n.] Paitus
Catus, C. Cornelius L. f. M. n. Cethegus I(ustrum) fe(cerunt) XXXXVII.*
Liv. 34, 44.

Africanus[1] in's Leben riefen: sie liessen durch die Aedilen den Senatoren bei den römischen Festspielen abgesonderte Pläze einräumen. Es war das mehr als eine blosse Etikettenfrage: die äussere Scheidung von der Menge des Volks ist für einen im Staate die erste Rolle spielenden Stand in jeder Beziehung wichtig; die Maasregel der Censoren war ein bedeutsames Zeichen, wie stark sich in jenen Zeiten die Nobilität herausgebildet hatte und wie sehr sie das Bedürfnis nach fester Abgrenzung fühlte. Im Jahre 561 vollendeten die Censoren ihr Amt mit der Aufstellung der Bürgerliste und der Abhaltung des Lustrum. Die Bürgerzahl ergab 143704 Köpfe[2]. Seitdem wird des Sex. Aelius im öffentlichen Leben keine Erwähnung mehr getan: er muss aber noch lange gelebt haben[3], ja er scheint noch in das siebente Jahrhundert hineinzureichen[4].

Sex. Aelius' Leben fällt in eine Zeit des gewaltigsten Umschwunges. Wie ein Sturmwind kam nach dem zweiten punischen Kriege die griechische Cultur über Italien und wirkte zersezend und neugestaltend auf alle Verhältnisse des öffentlichen wie privaten Lebens. Schon am Ende des sechsten Jahrhunderts war griechische Bildung ein notwendiges Erfordernis für die höheren Schichten der Gesellschaft, und nur zu oft ging mit der Bewunderung des Griechentums die Geringschäzung der vaterländischen Sitte Hand in Hand. Selbst ein so eisenfester Vertreter der nationalen Richtung wie der alte M. Cato konnte wenig gegen die Hochflut des Hellenismus ausrichten: musste er sich doch selbst noch am Ende seines Lebens troz aller Abneigung dazu bequemen Griechisch zu lernen. Natürlich stand auch Sex. Aelius mitten in

---

[1] Liv. 34, 44. — Cic. de har. resp. 24 und Val. Max. 2, 4, 3; 451 lassen die Massregel von dem Consul Scipio ausgehen, ohne der Censoren zu erwähnen. Eine noch andere Auffassung hat Cicero, dem Valerius Antias folgend, in der Corneliana s. Asc. p. 68. 69.
[2] Liv. 35, 9. Das Lustrum wurde von Cethegus abgehalten.
[3] Vgl. Cic. Cato 27.
[4] Mit C. Laelius war er befreundet (Cic. de rep. 1, 30), und der Augur Q. Scaevola hat ihn noch persönlich gekannt (Cic. de or. 3, 133). Ersterer war vor 570 geboren (Teuffel 131, 3), lezterer dagegen erst um die Wende des sechsten zum siebenten Jahrhunderts (s. den betr. Abschnitt). Wenn Scaevola also sich des Aelius noch erinnerte (*meminerant*), muss dieser sehr alt geworden sein.

diesem Kampf des Alten mit dem Neuen, indessen eine hervorragende Rolle hat er nicht darin gespielt. Seine Neigungen waren
ohne Zweifel mehr auf der ersteren Seite, doch war er — so weit
wir zu urteilen vermögen — keine schroffe Natur, welche einseitig
und hartnäckig am Althergebrachten festhielt, sondern wusste auch
das Gute an der neuen Richtung herauszufinden. Die neueren
nach griechischen Vorbildern arbeitenden römischen Dichter, wie
Ennius und Pacuvius, waren ihm bekannt. Aber sein praktischer
Sinn widersezte sich dem, was ihm nuzlos schien von dem neuen
speculativen Wissen: den Astronomen C. Sulpicius Galus traf sein
Spott, ,weil er des Himmels Zonen durchforsche und nicht sähe,
was zu seinen Füssen liege‘. Gern citirte er ein Wort aus des
Ennius' Neoptolemus: ,er wolle schon philosophiren aber kurz, denn
er finde durchaus keinen Gefallen daran‘. Ihn leitete also mehr
eine Abneigung gegen das, was ihm an der neuen Richtung unpraktisch schien, nicht gegen diese an sich. In seinen späteren
Jahren stand er in nahen Beziehungen zu einem der Hauptvertreter
des neuen Zeitgeistes : zu C. Laelius[1].

Wenn Sex. Aelius hiernach auch über sein Fach hinaus Interesse
zeigte und wenn er auch uns ausserdem als Redner genannt wird[2],
so liegen doch seine eigentlichen Leistungen nur auf dem Gebiete des
Privatrechts. Wir haben nicht einmal einen Beleg dafür, dass er sich
mit dem Sacral- oder Staatsrecht befasst hat : keine Quelle erwähnt
ihn als Pontifex oder Augur, die Fragmente aus seinen Werken
gehören alle dem Privatrecht an. Hier aber zählt er zu den
Sternen erster Grösse. Er war ein unermüdlicher und viel ge-
suchter Respondent, der auch in der Weise des Coruncanius die
Jugend zu seinen Consultationen heranzog und unterrichtete[3]. Anerkennung ist ihm in hohem Grade zu Teil geworden: der Beiname des ,Schlauen‘ (catus), den man ihm gab, legt Zeugnis davon
ab; sein Zeitgenosse Ennius feierte ihn in den Annalen als einen
,selten begabten‘ Mann. Und die Nachwelt ist mit ihrem Lobe
nicht weniger sparsam gewesen[4].

---

[1] Cic. de rep. 1, 30.

[2] Cic. Brut. 78: *etiam ad dicendum paratus.*

[3] Cic. de rep. 1, 30: *ea respondebat, quae eos qui quaesissent et cura
et negotio soluerent.* de or. 1, 212; Pomp. 38: *Deinde Sex. Aelius et
frater eius P. Aelius et P. Atilius maximam scientiam in profitendo habuerunt.*

[4] *Egregie cordatus homo catus Aelius Sextus.* Cic. de rep. 1, 30.

Die bahnbrechende Bedeutung des Sex. Aelius beruht auf seiner schriftstellerischen Tätigkeit. Zunächst ist eine als Ius Aelianum bezeichnete Formelsammlung[1] zu erwähnen. Sie scheint einen ähnlichen Charakter wie das Ius Flavianum gehabt zu haben und stellt sich als eine Revision und Vervollständigung desselben dar. Es ist bereits erwähnt (ob. p. 97 f.), dass die späteren Geseze, welche nach den Zwölf Tafeln erlassen waren, eine ganze Reihe neuer Klagformulare veranlasst hatten: während sich das Ius Flavianum nur mit den Zwölf Tafeln beschäftigte, waren jene das Arbeitsfeld des Sex. Aelius[2]. Seine Aufgabe bestand darin, festzustellen, was von den Legisactionen, wie sie Ap. Claudius aufgezeichnet hatte, noch geltendes Recht war, das Unbrauchbare wegzulassen, Aenderungen und neue Formeln einzufügen. Wie weit er dabei ging, ob er das gesammte Material oder nur die umgewandelten und neu entstandenen Legisactionen herausgab, ist nicht zu ermitteln[3]. In einem Punkte aber unterschieden sich die beiden Sammlungen. Während wir annehmen mussten, dass Ap. Claudius sowol Geschäfts- wie Klagformeln niederschrieb[4], hat Sex. Aelius augenscheinlich nur die lezteren aufgezeichnet. Denn auch das Ius Aelianum wird uns als eine für den allgemeinen Gebrauch berechnete Zusammenstellung der Formeln in Buchform, als eine Publication für das Volk charakterisirt[5]: bei einer Publication konnte es sich aber damals

---

Tusc. 1, 18. Reichhaltige Sammlungen über die Bedeutung der Ausdrücke *catus* und *cordatus* bietet Maiansius (ob. p. 99 A. 3) p. 39—40. Bei Cicero Brut. 78 wird Sex. Aelius *iuris ciuilis omnium peritissimus* genannt. Allzu hoch darf man allerdings den Wert solcher Superlative bei Cicero nicht anschlagen, dazu kommen sie zu oft vor.

[1] Pomp. 7: *Augescente ciuitate quia deerant quaedam genera agendi, non post multum temporis spatium Sex. Aelius alias uctiones composuit et librum populo dedit qui appellatur ius Aelianum.* Es ist das Verdienst von Huschke (Zsch. f. g. RW. XV, 176 ff.) zuerst der älteren Meinung, welche dies *ius Aelianum* mit den *Tripertita* indentificirte, entgegengetreten zu sein und den Charakter des Werkes näher bestimmt zu haben. Ihm folgt Rudorff I, 158. 263, in der Hauptsache auch Sanio Varr. 189, obwol im Einzelnen abweichend. Vgl. auch Sanio Proleg. p. 26. Der älteren Ansicht folgen Schöll p. 22 ff. Voigt p. 10.

[2] Das sagt Pomponius a. a. O. ausdrücklich.

[3] Sanio behauptet das erstere, Huschke das leztere.

[4] Vgl. ob. p. 71 A. 1. p. 96 A. 4.

[5] Man beachte die fast gleichlautende Ueberlieferung bei Pomp. 7: *Cum Ap. Claudius proposuisset et ad formam redegisset has actiones, Cn. Flauius . . . librum populo tradidit* und: *Sex. Aelius alias actiones composuit et librum populo dedit.*

nur noch um Legisactionen handeln, denn die Geschäftsformeln
hatten ihren offiziellen Charakter längst eingebüsst. Wenn allerdings auch sie in früheren Zeiten im Archiv gesammelt wurden,
so ist doch klar, dass die Ausbildung dieser Formeln, welche das
Gesez nicht direct umgestaltete sondern nur indirect beeinflusste,
nur so lange von den Pontifices allein beherrscht wurde, als sie
allein die zu ihrer Conception nötige Sachkunde besassen. Nachdem aber einmal das Material durch Ap. Claudius publicirt war,
war damit auch die Kunst der Composition solcher Geschäftsformulare
eine allgemeine geworden und war hier nichts Besonderes für die
Pontifices zurückgeblieben. Legisactionen dagegen konnte der
Jurist nicht nach Belieben entwerfen, da sie einmal aus dem
Gesez heraus festgestellt unwandelbar blieben[1]. Ziehen wir unsere oben (p. 98) aufgestellte Vermutung, dass auch die späteren Legisactionen offiziell von den Pontifices abgefasst und im
Archiv aufbewahrt wurden, hierher, so wird sie selbst glaubhafter
und der Charakter des Ius Aelianum klarer werden: Ap. Claudius
und Sex. Aelius haben die gleiche Arbeit verrichtet, sie stellten
jeder die zu seiner Zeit geheim gehaltenen Formeln zusammen,
ihre Werke sind Publicationen aus dem Archiv, unternommen in
der Absicht den privatrechtlichen Inhalt desselben der allgemeinen
Kenntnis zugänglich zu machen. Ob den Sex. Aelius dabei nur
wissenschaftliche Beweggründe leiteten, wissen wir nicht; jedenfalls
war er kein politischer Neuerer wie Ap. Claudius sondern gehörte
der Optimatenpartei an. Aber es ist immerhin bedeutsam, dass
er uns ebenfalls nicht als Pontifex genannt wird: die Publication
geschah durch ihn vielleicht weniger im Widerspruch zu dem Collegium, als deswegen, weil man sich scheute sie durch ein Mitglied
desselben vornehmen zu lassen.

Das berühmteste Werk des Sex. Aelius Catus waren die ‚Tripertita‘. Das Buch führt den Namen von der bekannten Drei-
teilung des Stoffes in *lex*, *interpretatio* (= *ius ciuile*) und *legis actio*,

---

[1] Es ist in dieser Hinsicht nicht zu übersehen, dass Pomponius von
einem *ius ciuile Flauianum*, dagegen nur von einem *ius Aelianum* spricht.
Obwol nicht anzunehmen ist, dass ihm selbst der Unterschied dieser Ausdrücke klar gewesen ist, so scheint sich doch die ursprüngliche Bezeichnung darin erhalten zu haben.

nach welcher das Recht hier dargestellt wurde [1]. Nur geringe Fragmente sind auf uns gekommen [2], und wenn wir auch nicht im stande sind uns daraus ein genaues Bild von dem Buche zu entwerfen, so geben sie doch nicht unwichtige Fingerzeige. Zunächst steht fest, dass das Werk mehr als eine blosse Gesezes- und Formelsammlung war, es enthielt ausserdem einen fortlaufenden darstellenden und erörternden Text, der schriftstellerisch noch recht ungelenk gewesen sein mag und vielleicht am richtigsten mit dem der Werke von Aelius' Zeitgenossen Cato auf eine Stufe gestellt werden kann.

Was die Disposition anlangt, so ist im allgemeinen fraglos, dass die antiken Commentare zu Gesezen immer nach

---

[1] Pomp. 38: *Tripertita autem dicitur, quoniam lege duodecim tabularum praeposita iungitur interpretatio, deinde subtexitur legis actio.* Cic. de or. 1, 193: *Nam siue quem haec Aeliana studia delectant, plurima est in omni iure ciuili et in pontificum libris et in XII tabulis antiquitatis effigies, quod et uerborum prisca uetustas cognoscitur et actionum genera quaedam maiorum consuetudinem uitamque declarant.* Es kann wol keinem Zweifel unterliegen, dass die leztere Stelle in einer näheren Beziehung zu den Tripertita steht als die erstere. Cicero sagt (durch den Mund des L. Crassus), das Studium des Rechts biete eine *mira suauitas et delectatio.* Das wird dann mit den angeführten Worten für das ältere und weiter hin auch für das neuere Recht ausgeführt. Für die ältere Entwicklung bezieht Cicero sich auf die *Aeliana studia* d. h. die Beschäftigung mit dem Rechtsbuch des Sex. Aelius; dessen drei Teile werden erwähnt und dem Altertumsforscher empfohlen, wobei statt der Legisactionen deren Quelle, das pontificale Archiv, genannt wird. Auch bei Val. Prob. 1 (s. Exc. I) finden wir — allerdings ohne dass Sex. Aelius namentlich angeführt ist — dieselbe Dreiteilung des Rechts und auch hier erscheinen die *pontificum monumenta* statt der *legis actiones.* Das kann kein Zufall sein: es ist nicht anzunehmen, dass die beiden von einander unabhängigen Schriftsteller von selbst auf den gleichen Gedanken gekommen sind, bei der Gliederung des Rechtsstoffes der älteren Periode statt der Legisactionen deren Quelle einzusezen, sondern eine weit grössere Wahrscheinlichkeit spricht dafür, dass Beide die Tripertita, auf welche ja Cicero augenscheinlich hinweist, kannten, und dass schon diese die naheliegende Umstellung vorgenommen hatten, etwa indem sie einleitungsweise ihre Disposition angaben. — Pomponius dagegen gab dem Charakter seines Handbuches entsprechend die landläufigen juristischen technischen Ausdrücke, wobei dahingestellt sein mag, ob er die Tripertita, von denen er bemerkt, sie seien zu seiner Zeit noch vorhanden, genauer gekannt hat. (Vgl. Sanio Varr. 164.)

[2] fr. 1: Cic. de leg. 2, 59. — fr. 2: Gell. 4, 1, 20. — fr. 3: D. 19, 1, 38, 1. — fr. 4: Cic. ad fam. 7, 22.

der Legalordnung arbeiteten, indem sie Saz für Saz, ja Wort
für Wort erläuterten und daran ihre weiteren Bemerkungen anknüpften. In dieser Weise könnten wir uns auch das Buch des
Sex. Aelius vorstellen und die Dreiteilung so verstehen, dass der
Verfasser im unmittelbaren Anschluss an jeden einzelnen Saz der Zwölf
Tafeln das aus ihm durch die Interpretation erwachsene Juristenrecht und die dazu gehörige Klagformel darstellte[1]. Dennoch
scheint diese Auffassung nicht gerechtfertigt, denn die Bezeichnung
des Werkes als Tripertita ist nur dann erklärlich, wenn wir auch
eine äussere Scheidung der drei Bestandteile annehmen. Namentlich die mittlere der drei Stoffgruppen, das *ius ciuile*, war bereits
so sehr aus dem Rahmen der Zwölf Tafeln herausgewachsen, dass
eine selbständige Behandlung desselben entschieden den Vorzug
verdiente. Ob nun den drei Teilen auch drei Bücher entsprochen haben, oder ob das Werk grösser gewesen ist, so dass
mehrere Bücher auf die einzelnen Teile kamen, wissen wir nicht;
indessen ist das erstere das wahrscheinlichere, weil wir uns die
Arbeit so kurz als möglich vorstellen müssen.

Der erste Teil enthielt, wie wir berichtet werden, das Zwölf-
Tafel-Gesez. Das ist aber nicht so zu verstehen, als ob der Text des
Gesezes und weiter nichts darin gestanden habe, sondern sicherlich waren an die einzelnen Säze weitere Erläuterungen geknüpft,
namentlich Worterklärungen[2], deren eine uns im fr. 1 erhalten ist.
Ferner dürfen wir, da das Werk geltendes Recht enthielt, annehmen, dass auch die Abänderungen, welche die Zwölf Tafeln durch
neuere Geseze erlitten hatten, an den betreffenden Stellen eingefügt waren. — Ganz ähnlich muss der dritte Teil beschaffen gewesen
sein. An das Klagformular wurden ebenfalls Erörterungen und
wol auch Erklärungen der einzelnen besonders der altertümlichen
Ausdrücke angefügt[3]. Wahrscheinlich wurde dabei auch die Frage
behandelt, wer activ zu der betreffenden Klage berechtigt und
passiv von ihr betroffen sei, und wir dürfen demnach fr. 4 (ob die
actio furti auf den Erben des Bestohlenen übergeht) hierher ziehen.
Auch hier können die neueren Legisactionen nicht unberücksich-

---

[1] Aus den Worten des Pomponius wäre eine derartige Auffassung
sehr wol möglich.

[2] Cicero (s. ob. p. 105. A. 1) empfiehlt die *studia Aeliana: quod et
uerborum prisca uetustas cognoscitur.*

[3] Vgl. Cic. a. a. O.: *actionum genera quaedam maiorum consuetudinem uitumque declarant.*

tigt geblieben sein. — Der zweite Teil gab das *ius ciuile* oder die *interpretatio* in der (ob. p. 95 f.) dargelegten technischen Bedeutung dieser Worte. Es ist nochmals zu betonen, dass man unter *interpretatio* nicht blos die eigentliche Tätigkeit des Auslegens von Gesezesstellen verstand, sondern auch das Resultat dieser Auslegung: das formell in die Zwölf Tafeln hineingepasste, materiell weit über sie hinausgehende Recht der lebenden Generationen. Während wir annehmen mussten, dass die eigentliche Worterklärung in den Tripertita gleich bei den Worten des Gesezes selbst vorgenommen wurde, haben wir es hier mit einem besonderen Rechtsgebiet zu tun, das zwar inhaltlich von den Zwölf Tafeln beeinflusst war, aber doch neues Recht enthielt. Wir sahen (ob. p. 93 f.), dass die Ausbildung desselben vorzugsweise in dem Entwerfen von Geschäftsformularen, dem *cauere* der Juristen ihren Ausdruck fand, und gerade diese — also die Testaments-, Mancipations-, Stipulationsformulare, die Scheingeschäfte: Adoptionen, Emancipationen u. s. w. — müssen wir in dem zweiten Teile des Werkes vermuten. Indessen dürfen wir wol noch einen Schritt weiter gehen: es ist für den ersten und dritten Teil ausgeführt, dass die Methode der Tripertita in einem Aufstellen der Gesezes- oder Klagworte besteht, an welche die weiteren Erörterungen angeknüpft wurden. Die Wahrscheinlichkeit spricht dafür, dass dies Princip auch im zweiten Teil beobachtet ist, dass also die Geschäftsformulare vorangestellt und dann weiter erläutert wurden. So wurden z. B. Testamentsformulare aufgeführt: unter diesen kamen Legate vor wie ,*instrumentum, peculium, aurum, argentum, mundum, penus, cibaria* u. s. w. do *lego*'. Die Juristen disputirten darüber, was unter solchen Ausdrücken zu verstehen sei: und demgemäss findet sich bei Sex. Aelius (fr. 2) eine Erörterung über den Inhalt des Vermächtnisses von *penus*. Auf ähnliche Weise ist fr. 3 zu erklären: im Anschluss an ein den Sklavenkauf betreffendes Mancipationsformular wird die Frage aufgeworfen, was rechtens sei, wenn die Uebergabe des Sklaven durch Schuld des Käufers verzögert sei, und dahin beantwortet, dass der Verkäufer Schadloshaltung für die Ernährungskosten verlangen könne[1].

---

[1] Es wäre sicherlich verkehrt, wenn man annehmen wollte, Sex. Aelius hätte diesen Fall als Beispiel unter dem allgemeinen Gesichtspunkt der *mora creditoris* angeführt. Fragen wie die vorliegende stammen aus der Praxis und sind zunächst casuistisch den Formularen angereiht oder in die Responsensammlungen eingestellt. Erst später ist die Jurisprudenz dazu übergegangen,

Ueber die weitere Disposition der einzelnen Teile ist zwar
nichts überliefert: wenn indessen die ausgeführten Gesichtspunkte
die richtigen sind, so bedarf es keines Beweises, dass der Commentar
des ersten Teiles sich an die Ordnung der Zwölf Tafeln anschloss.
Bezüglich des dritten Teiles kommt es darauf an, ob das Ius Aelianum nur die neueren Legisactionen sammelte oder auch das Ius
Flavianum in sich aufnahm (vgl. ob. p. 103). Im lezteren Falle
würden wir annehmen dürfen, dass Sex. Aelius sein eigenes Werk
zur Grundlage seines Commentars machte, im ersteren wäre die
Ordnung des Ius Flavianum als massgebend anzusehen, so dass die
neueren Klagformeln an passenden Stellen eingefügt wären. Noch
weniger lässt sich über die Disposition des zweiten Teils sagen. Es
ist zwar (ob. p. 7 f.) darauf hingewiesen, dass das Ius Flavianum wahrscheinlich auch Geschäftsformulare gesammelt hat; es erhebt sich also
die Frage, ob die Sammlung des Ap. Claudius nicht auch in dieser Hinsicht dem Commentar des Sex. Aelius zu Grunde gelegen hat. Aber
bei dem stets beweglichen Charakter der Geschäftsformulare steht
eine solche Vermutung auf sehr schwachen Füssen. Wenn schon die
Sammlung der offiziellen Legisactionen nach hundert Jahren eine
Erneuerung erheischte, so musste das Ius Flavianum hinsichtlich
der Geschäftsformeln, welche von keiner öffentlichen Auctorität
getragen waren, sondern allein der immer lebhafter werdenden
Bearbeitung der Juristen unterstanden und sich demnach um so
enger an das Bedürfnis der Gegenwart anschmiegten, noch viel
eher veralten. Wir müssen also die Antwort auf die Frage nach
der Disposition des zweiten Teils der Tripertita schuldig bleiben.

So stellen sich die Tripertita des Sex. Aelius Catus als ein
Commentar zu den Zwölf Tafeln und den aus ihnen hervorgegangenen Rechtsbildungen dar[1]. Nichts ist verkehrter als ein
freies Rechtsystem in ihnen zu vermuten[2]. Die spätere Wissen-

---

das Gleiche aus derartigen Fällen theoretisch festzustellen und so zu den allgemeinen Begriffen vorzudringen.

[1] Wir werden demnach unter den *commentarii* bei Cic. de or. 1, 240
(*illum* (P. Crassus) . . *ad auctores confugisse et id quod ipse diceret et in
P. Mucii fratris sui libris et in Sex. Aelii commentariis scriptum protulisse*)
nicht mit Huschke p. 182 und Rudorff p. 158 (vgl. Sanio p. 166) ein eigenes
Werk sondern die Tripertita verstehen. Dagegen hat die Vermutung von
Schöll p. 24, dass der eigentliche Titel des Buches *commentaria tripertita*
gelautet habe, viel für sich.

[2] Voigt p. 13 (s. ob. p. 99 A. 3) hat ein „Aelius-System‘ aufgestellt.
Er leitet dasselbe aus dem von ihm entwickelten ‚Sabinus-System‘ her; doch

schaft, welche derartige Systeme schuf, betont es ausdrücklich, dass die früheren Schriften ihren Stoff ohne eine eigene aus dem Recht selbst herausgearbeitete Gliederung kunstlos zur Darstellung brachten. Es wäre wunderbar, wenn es anders wäre, denn diese Erscheinung entspricht durchaus dem Entwicklungsgang der juristischen Litteratur. Die ältesten Arbeiten sind Formel- und Responsensammlungen (vgl. ob. p. 86 f.), welche sich genau an das pontificale Archiv anschliessen, ja zum Teil nichts als Veröffentlichung von dessen Schäzen sind (Ius Flavianum und Aelianum); darauf beginnt man den Formeln einen verbindenden und erläuterten Text hinzuzufügen (vgl. ob. p. 88), und, so viel wir wissen, sind die Tripertita das erste Werk, welches auf dieser Stufe steht. Als man im folgenden Jahrhundert zur systematischen Bearbeitung des Rechtes überging, mochte man wol die Arbeiten der Vergangenheit ungelenk und verworren finden[1], die Achtung vor den älteren Juristen und namentlich vor Sex. Aelius war darum keine geringere.

---

der Beweis fehlt sowol für die Voraussezung, dass es überhaupt zu Sex. Aelius' Zeiten schon ein Rechtssystem gab, als auch dafür, dass das von dem Verfasser zurechtgemachte die Grundlage für Sabinus bildete. Es liegt hier eine völlige petitio principii vor: Zunächst wird (p. 12) behauptet, das Aelius-System lasse sich aus dem Sabinus-System reconstruiren, was darauf in allen Einzelheiten geschieht. Später (p. 35 ff.) wird aus Sabinus' Fragmenten das System von dessen Civilrecht entwickelt, und schliesslich heisst es (p. 39): da die Teile des Sabinus mit den drei Teilen der aelianischen Tripertita übereinstimmen und eine Ordnung darbieten, welche vom Gesichtspunkt des Dogmatischen weit eher als Unordnung sich kennzeichnet, also lediglich in äusseren und historischen Momenten ihre Erklärung finden kann, so weist alles auf die Tripertita als Vorbild hin. — Ein Eingehen auf das ,Aelius-System' wird man hier nicht erwarten, weil die Voraussezungen, von denen wir ausgingen, andere sind. Nur auf diese kommt es an: ist die oben gegebene Auffassung von *lex, interpretatio, legis actio* die richtige, so fällt damit jenes System von selbst zusammen. Auf eins mag hingewiesen werden: Voigt fasst (p. 12) das *ius ciuile* des zweiten Teils ganz richtig als das durch die *interpretatio* der Zwölf Tafeln geschaffene jüngere Recht, in seinem System giebt er als dessen Inhalt nur ,*de stipulatione, de expensilatione*'. Sind die Scheingeschäfte nicht durch die Interpretation der Zwölf Tafeln geschaffen?

[1] Cic. de or. 1, 186: *Deinde posteaquam est editum* (ius) *expositis a Cn. Flauio primum actionibus nulli fuerunt, qui illa artificiose digesta generatim componerent.* 187: *Omnia fere quae sunt conclusa nunc artibus dispersa et dissipata quondam fuerunt.* Man vergleiche damit was Cicero (de or. 2, 142) von der Trockenheit der alten Responsensammlungen sagt, (s. ob. p. 90.)

Schliesslich wird noch von drei Büchern berichtet, welche
unter Sex. Aelius' Namen umliefen; aber schon in der Kaiserzeit
zweifelte man ihrer Echtheit [1]. Da wir von ihnen garnichts, nicht
einmal den Titel wissen [2], so müssen wir uns jedes Urteils enthalten,
und können nur im allgemeinen darauf hinweisen, dass dem Altertum ein Begriff des litterarischen Eigentums, wie wir ihn kennen,
völlig abging, und dass Fälschungen auf die Namen berühmter
Autoren durchaus an der Tagesordnung waren. Wenn schon die
Forschung jener Zeiten einen Anstoss an dem Werke nahm, so
haben wir keinen Grund die Urheberschaft des Sex. Aelius zu
verteidigen.

Es ist bei dem geringen Material schwer, ein abschliessendes
Urteil über die juristische Bedeutung des Sex. Aelius Catus zu gewinnen. Was die Quellen uns in dieser Hinsicht geben, sind alles allgemeine Lobeserhebungen, mit denen wenig mehr anzufangen war, als
sie zu registriren. Indessen wenn wir sein Hauptwerk, die Tripertita,
im Zusammenhange mit der vorhergehenden und nachfolgenden
Litteratur betrachten, wird es doch möglich sein speziellere Gesichtspunkte zu gewinnen. Es kann keinem Zweifel unterliegen,
dass die Arbeit in erster Linie dem Bedürfnis der Gegenwart galt,
dass Verwendbarkeit in der juristischen Praxis ihr nächster Zweck
war. Aber mochte Sex. Aelius dies Ziel auch in glänzender Weise
erreichen, darauf beruht sicherlich nicht der grosse Ruhm, welchen
das Buch sich bei der Nachwelt erwarb. Zweierlei kommt für
unsere Frage in Betracht.

Das eine ist schon durch die obigen Ausführungen (p. 109)
angedeutet: die Tripertita waren das erste Werk, welches einen
erörternden Text mit den Formeln verband. Das mag als eine

---

[1] Pomp. 38: *Eiusdem esse tres alii libri referuntur, quos tamen quidam negant eiusdem esse.* Huschke p. 183 will die Stelle unter Hinzu-
ziehung der nächsten Werte (*hos sectatus ad aliquid est Cato*) folgendermassen lesen: *quos tamen quidam negant eiusdem esse sed hos sectati ad
aliquid Aelii Cati.* Die apokryphen Bücher werden von Einigen nicht dem
Sextus sondern einem anderen Aelius Catus, einem spätern Nachahmer seiner
Vorfahren (Sextus und Publius) zugeschrieben. Abgesehen von ihrer sprachlichen Härte giebt die Conjectur — wie Schöll p. 24 A. 1 mit Recht bemerkt — gerade das nicht, worauf es ihr ankommt: dass ein anderer Aelius
Catus der Verfasser gewesen sei.

[2] Huschke glaubt allerdings hierauf die *commentarii* bei Cic. de or.
1, 240 beziehen zu müssen. s. ob. p. 108 A. 1.

geringe Veränderung des Herkommens erscheinen, aber es ist hier
wie bei den meisten Errungenschaften der Menschheit: der Punkt,
an welchen der einzelne Mann bestimmend in eine Entwicklung
eingreift, sieht für die Betrachtung späterer Zeiten, welche längst
ihre Folgerungen daraus gezogen hat, gewöhnlich unscheinbarer
aus, als er in Wirklichkeit gewesen ist. Bisher war die juristische
Schriftstellerei ihrem Inhalt und ihrer Form nach rein praktisch,
ein blosses Sammeln von Formeln. Die Tripertita schlossen sich
dieser früheren Litteratur eng an und nahmen die Formeln und
— was auf gleicher Stufe steht — den Text des Gesezes selbst
zur Grundlage; indem sie aber eine commentirende Erläuterung
hinzufügen, kennzeichnen sie sich zum ersten Mal als Versuch einer
freien Bearbeitung des Rechts, und in dieser Hinsicht haben sie
einen theoretischen Inhalt. Auf dieser Bahn ist die Litteratur fortgeschritten. Bekanntlich hat die römische Jurisprudenz die Commentare stets mit besonderer Vorliebe gepflegt, aber sie hat sich
in der nächsten Periode auch von ihnen losgelöst und ist zu einer
selbständigen, von der Grundlage der Geseze und Formeln befreiten
und nach eigenem System arbeitenden Darstellung des Rechts durchgedrungen. Dieser Entwicklungsgang mag uns als selbstverständlich und durch den Aufschwung, welchen im siebenten Jahrhundert
die römische Litteratur überhaupt nahm, geboten erscheinen: nichts
desto weniger war der erste Schritt in dieser Richtung eine hervorragende Tat.

Die weitere Bedeutung, welche die Tripertita für die Folgezeit gewannen, hängt mit der Fortbildung des materiellen Rechts
zusammen. Wir werden sehen, dass dasselbe von jezt an neue
Bahnen beschreitet, dass sich neben dem alten einheimischen Recht
das sogenannte Weltrecht ausbildet: jenes erstere codificirt und so
in eine feste Gestalt gebracht zu haben, ist das wesentliche Verdienst des Sex. Aelius. An der Grenzscheide zweier Zeitalter, des
altrömisch-nationalen und des jungrömisch-hellenischen, stehend hat
er das, was die Jurisprudenz seit dem Zwölf-Tafel-Gesez geleistet
hat, in ein Werk zusammengefasst und so die Summe einer Jahrhunderte langen Arbeit der Nachwelt überliefert. Seine Tripertita
sind ein Abschluss des Rechts der Vergangenheit, die ,Wiege
des Rechts'[1] für die weitere Entwicklung. Als Codification des
pontificalen Rechts haben sie ihre Herrschaft behauptet, so lange
dies Recht überhaupt ein praktisch geltendes war. Für die

---

[1] Pomp. 38: *qui liber ueluti cunabula iuris continet.*

Kaiserzeit hat das Werk keine Bedeutung mehr gehabt: das ältere
Recht war abgestorben, neuere Bildungen nahmen seinen Plaz ein
und fanden, was das Civilrecht angeht, durch Masurius Sabinus eine
zeitgemässere Zusammenfassung, welche dann der Schriftstellerei
der classischen Jurisprudenz auf diesem Gebiete zur Grundlage
diente. Solche Privatarbeiten, welche sich die Aufgabe sezen, für
die Praxis ihrer Zeit das geltende Recht zusammenzustellen, und
welche dann für die Folgezeit als Summe dieses Rechts selbst,
ja als Gesezbücher gelten, kehren zu allen Zeiten in der Jurisprudenz wieder: die Glosse des Accursius, die Arbeiten des Mönches
Gratian und des Ritters Eike von Repgow gehören in dieselbe
Kategorie.

ZWEITES KAPITEL

RECHT UND JURISTEN SEIT DEN PUNISCHEN KRIEGEN.

XII. LANDRECHT UND WELTRECHT.

Die Darstellung der Jurisprudenz bis auf Sex. Aelius Catus hat sich auf einen eng umschriebenen Kreis beschränken können. Das Recht dieser Epoche ist im wesentlichen ein Product des nationalen Volksgeistes; durch die festen Actionen des Gewohnheitsrechtes und der Zwölf Tafeln ist es bestimmt: nur was in diese hineingefügt ist, kommt als Recht in Betracht. Dem entsprechend bewegt sich die Entwicklung der Jurisprudenz in den uralten Formen des Respondirens, das heisst der Ermittlung dessen, was im gegebenen Falle Rechtens ist, und des Cavirens und Agirens oder der Aufstellung von Klag- und Geschäftsformularen durch die Pontifices und Juristen. Einwirkungen ausländischer Anschauungen fehlen natürlich nicht ganz (vgl. unt. p. 129 f.), aber sie sind doch verhältnismässig gering; namentlich weisen die auf uns gekommenen Reste der Litteratur keine fremden Einflüsse auf[1], so dass dieser Punkt bisher unberücksichtigt bleiben konnte.

Nun begegnen wir um die Wende des sechsten zum siebenten Jahrhundert einer eigentümlichen Erscheinung: an die Seite des durch die pontificale Jurisprudenz umfassten Rechts ist ein neuer Rechtsstoff getreten, ein zwar noch keineswegs vollendeter, aber doch eigenartiger, von jenem älteren in Stil und Ausdehnung unter-

---

[1] Mommsen R. G. I⁷ p. 931 meint allerdings, dass bei der Glossirung der Zwölf Tafeln durch Sex. Aelius der Einfluss der griechischen grammatischen Studien unleugbar ist. Er kann sich dabei m. W. nur auf Cic. Top. 10 stüzen: *locuples enim est assiduus, ut ait Aelius, appellatus ab aere dando.* Indessen rührt dieser Ausspruch, wie Hertz (Fleckeis. Jb. 85, 45) nachgewiesen hat, nicht von Sex. Aelius Catus sondern von L. Aelius Stilo her, der ebenfalls einen Zwölf-Tafel-Commentar schrieb.

8

scheidlicher Bau. Die Römer bezeichnen ihn als *ius gentium*
‚Weltrecht‘[1], und stellen ihn dem *ius ciuile* oder *Quiritium*,
dem ‚Landrecht‘, gegenüber, indem sie unter lezterem das
durch Gewohnheitsrecht, Gesez und Jurisprudenz festgestellte nationale Recht, wie es in den Tripertita des Sex. Aelius Catus seinen
Abschluss gefunden hatte, verstehen[2].

Die erste Frage ist natürlich: was ist und woher stammt
dieses Weltrecht? wie hat es Eingang gefunden in Rom? Sie hat von
jeher die Litteratur beschäftigt, die römischen Juristen haben sie
sich vorgelegt und die heutige rechtsgeschichtliche Forschung hat
sie zu beantworten gesucht[3], ohne dass ein sicheres Resultat erreicht
wäre. Eine erschöpfende Erörterung dieses Gegenstandes ist, da
er nicht der Geschichte der juristischen Litteratur sondern der des
materiellen Rechts angehört, an diesem Orte unmöglich; indessen
ist er doch für spätere Untersuchungen nach manchen Richtungen
hin von zu grosser Bedeutung, als dass wir ihn ganz übergehen
könnten.

Zunächst darf man aus dem schon im siebenten Jahrhundert
gebräuchlichen Namen *ius gentium*[4] gar keine Schlüsse ziehen,

---

[1] Neuere Litteratur: Dirksen Ueber die Eigentümlichkeit des *Ius gentium* nach den Vorstellungen der Römer (Rh. Mus. f. Jurispr. I, 1 ff.; Verm.
Schr. I, 200 ff.); Voigt Die Lehre vom *ius naturale, aequum et bonum* und
ius gentium der Römer. 4 Bände 1856—75; — Hugo p. 114. 463; Zimmern
I, 45 ff.; Savigny System I, 109 ff.; 413 ff.; Sell Recuperatio 315 ff.; Walter
II, 6 ff.; Puchta I⁶, 201 ff.; Danz I³, 75; Rein 109 ff.; Rudorff I, 1 ff.; Es-
march² 159 ff.; Kuntze I, 21, II², 41 ff.; Padelletti Storia del dir. rom.
(2. Aufl. v. Cogliolo) p. 111 x. 416 ff.; Sohm 28 ff. Karlowa I, 451 ff.;
Baron I, 6 ff.; Ferrini Storia delle fonti del dir. rom. 18 ff.; — Mommsen
R. G. I, 155, III, 561 f. — Die ältere Litteratur s. bei Dirksen V. S. 200 A. 1.

[2] Belege s. p. 115 A. 1. Der Ausdruck *ius ciuile* wird nicht nur
im Gegensatz zu *ius gentium*, sondern auch zu *ius honorarium* gebraucht
(s. darüber den XVII. Abschnitt). Der Klarheit wegen wird deshalb im
Folgenden immer von Land- und Weltrecht gesprochen werden, das Wort
Civilrecht soll nur dem praetorischen Recht gegenüber angewandt werden.

[3] Vgl. die ob. A. 1 angeführte Litteratur, speziell Voigt II, 531 ff.

[4] Der Ausdruck ist zuerst nachweisbar bei Cicero (s. p. 115 A. 1). Aber
dieser bezeichnet ihn bereits als einen hergebrachten, vgl. de off. 3, 69: *itaque
maiores aliud ius gentium, aliud ius ciuile esse uoluerunt.* — Wenn es bei
Gellius (6, 3, 45) in Bezug auf Catos Rede für die Rhodier (587) heisst:
ac primum ea non incallide conquisiuit (Cato) *quae non iure naturae aut
iure gentium fieri prohibentur sed iure legum rei alicuius medendae aut
temporis causa iussarum, sicut est de numero pecoris et de modo agri prae-*

vor allem nicht der Anschauung der römischen Juristen beipflichten, welche das Weltrecht als die Summe derjenigen Rechtssäze ansahen, die sich bei allen Völkern in gleicher Weise vorfinden, während sie als Landrecht das jedem einzelnen Volke eigentümliche Recht bezeichneten[1]. Es muss hier allerdings bei der Behauptung der Unrichtigkeit dieser Theorie sein Bewenden haben; sie verdankt, wie später[2] näher darzulegen ist, ihren Ursprung einer philosophischen Speculation des siebenten Jahrhunderts, zeigt uns also nur die damalige Auffassung, nicht das Wesen und die Entstehung dieses Rechtes selbst. Aber wenn der Name auch nichts ausgiebt, so können wir ihn doch vorläufig ohne Rücksicht auf seine Berechtigung benuzen und uns fragen, welches die wesentlichen Merkmale des Weltrechts sind, und welches denn in Wirklichkeit sein Entwicklungsgang in Rom gewesen ist.

Subject des Weltrechts kann jeder Mensch, das heisst nach antiker Anschauung jeder Freie sein, gleichviel ob er Römer oder Ausländer ist[3], Object jede Sache, soweit sie überhaupt als Verkehrsgegenstand in Betracht kommt *(res in comercio)*. Seine Rechtsgeschäfte sind formlos: während im Landrecht einzig die Form dem Geschäfte Gültigkeit verlieh, der Inhalt nur so weit in Betracht kam, als er sich in eine der anerkannten Formen gekleidet hatte (ob. p. 21. 94) ist es jetzt in erster Linie der Inhalt, welcher dem Vorgang seine Bestimmung giebt. Der Starrheit (*rigor*) des alten Rechts tritt das Princip der Billigkeit (*aequitas*) gegenüber[4]; neben der lateinischen Rede, welche für die solemnen Rechtsacte notwendiges Erfordernis war, werden jetzt auch ausländische Sprachen, und zwar der historischen Entstehung des Weltrechts gemäss zunächst die griechische zulässig[5]. Nicht wie

finito, so darf man daraus nicht schliessen, dass der Begriff des Weltrechts schon dem Cato geläufig gewesen sei: der Saz enthält nur ein Raisonnement des Gellius über Catos im § 37 angeführte Worte, in denen selbst das *ius gentium* nicht erwähnt wird.

[1] Cic. de rep. 1, 2; de off. 3, 23. 69; de part. or. 130. — Gai. Inst. 1, 1. 52. 189; 3, 93. 154; rer. cott. 2 (D. 41, 1, 1) — Vlp. Inst. 1 (D. 1, 1, 1. 2—4 ebend. 6, pr. — 1). Vgl. Voigt ius nat. II, 657 ff.

[2] im Abschnitt über die Einwirkung der Philosophie auf die Jurisprudenz. Dort wird auch von dem Verhältnis des Weltrechts zum Naturrecht die Rede sein.

[3] Gai. 3, 93. 154.

[4] Der Darstellung dieser beiden Principien ist der dritte Band von Voigts ius nat. gewidmet.

[5] Vgl. Dirksen Civ. Abh. I, 88 ff.

der Wille der Parteien zum Ausdruck gekommen ist, sondern was
ihr Wille gewesen ist, ist jezt die Frage, denn dieser Wille bestimmt den Inhalt des Rechtsgeschäfts. Allerdings bis zu dem
Grundsaz, dass jede erklärte Willensübereinstimmung zweier Privaten,
also das was wir unter Vertrag verstehen, bindend sei, ist das
römische Recht bekanntlich nicht durchgedrungen[1]. Was schliesslich
die klagbare Verfolgung der auf das Weltrecht begründeten
Ansprüche angeht, so geschah sie nicht mittelst der Legisactionen
sondern auf dem Wege des practorischen Formularverfahrens[2].

Die Frage nach dem Ursprung des Weltrechts lässt sich im
allgemeinen mit einem Worte beantworten: er liegt in dem Bedürfnis des erweiterten Verkehrs. Will man ihr aber weiter auf
den Grund gehen, so ist zunächst festzustellen, welcher Art der
Verkehr war, der diese Umwälzung im Rechtsleben herbeigeführt
hat; erst dann wird eine Untersuchung über die Art und Weise,
in welcher die Gestaltung und Ausprägung des neuen Rechtsstoffes
vor sich ging, mit Erfolg angestellt werden können. Treten wir
diesen beiden Aufgaben im Folgenden näher.

XIII. DIE ÄUSSEREN BEDINGUNGEN FÜR DAS
WELTRECHT.

Das römische Recht ging bekanntlich davon aus, den Ausländer (*hostis*, später *peregrinus*) als rechtlos anzusehen[3]: nicht nur
dass man ihm die Fähigkeit absprach als Subject in einem quiri-

---

[1] Interessant ist es, dass ein späterer Jurist diesen Saz allerdings als
Postulat des Weltrechts aufstellt: Paulus ad ed. 33 (D. 18, 1, 1, 2): *est
autem emptio iuris gentium et ideo consensu peragitur et inter absentes
contrahi potest et per nuntium et per litteras*; ebenso bezüglich der Miete:
ad ed. 34 (D. 19, 2, 1). Praktische Consequenzen hat Paulus natürlich aus
dieser Anschauung ebenso wenig gezogen wie ein anderer Jurist: die Stipulation, obwol sie dem Weltrecht angehört (unt. p. 142 f.), ist ihm eine
uerborum conceptio ad quam quis congrue interrogatus respondet
(Sent. 2, 3), wenn er auch nicht mehr an dem Erfordernis der Mündlichkeit
festhält (ad ed. 33: D. 44, 7, 38).

[2] s. den XV. Abschnitt.

[3] Voigt ius nat. II, 41 ff.; Walter R. RG. I, 105 ff. 114 ff.; Sell Recuperatio 2; Momms. R. G. I, 154 f. Ueber die Bedeutung der Ausdrücke vgl.
auch Puchtas Kleine civ. Schr. p. 28 ff.; Voigt IV, 40 ff. Beilage.

tischen Rechtsverhältnis aufzutreten, sondern er genoss überhaupt gar keines rechtlichen Schuzes in Rom. Jedoch ist der lezte Teil dieses Sazes nur als Princip richtig: so weit unsere historische Kenntnis reicht, giebt es keine Zeit, in welcher nicht in dieser Hinsicht für die Angehörigen bestimmter Völker Ausnahmen gemacht wären. Die Grundlage solcher bevorzugten Rechtsstellungen bildeten die völkerrechtlichen Verträge (*foedus, hospitium, amicitia*)[1]. Schon die älteste Bundesgenossenschaft der latinischen Gemeinden gehört hierher[2]; war doch Rom ursprünglich nur ein Glied derselben. Und früh erweiterte sich der Kreis dieser Bündnisse: sicherlich hat auch der Handel mit Etrurien, namentlich mit Caere, auf gleichen Voraussezungen beruht[3]: das Tuskerviertel (*uicus Tuscus*) in Rom, die Tatsache, dass der Verkauf eines römischen Bürgers in die Sklaverei der Ausländer speziell als Verkauf 'über die Tiber' bezeichnet wird, legen Zeugnis von uralten geordneten Handelsbeziehungen zwischen Rom und den benachbarten etruskischen Gemeinden ab. Bündnisse mit den einzelnen italischen Städten und Völkern durchziehen die Geschichte der früheren Republik[4], und der historische Charakter dieser Zeit wird wesentlich durch die Kämpfe um die Einigung Italiens unter Roms Führung bestimmt.

Welche Folgen daraus für das Recht erwuchsen, soll später (p. 126 ff.) erörtert werden; wichtiger für die Ausbildung des Weltrechts waren jedenfalls die schon in dieser Periode hervortretenden Beziehungen zu den Hellenen und Phoinikern in Unteritalien und Sicilien. Dass namentlich die Berührungen mit dem hier zu hoher Blüte gelangten Griechentum uralt sind, kann nicht bezweifelt werden[5]: Tatsachen wie die Entlehnung lateinischer Rechtsausdrücke im sicilischen Dialekt, namentlich μοῖτον von *mutuum*[6],

---

[1] Momms. Forsch. I, 326 ff.; Puchta Inst. I, 202 ff.; Voigt II, 57 ff.; Walter a. a. O.; Marq. St. V. I, 44 ff.
[2] Schwegler II, 287 ff.; Momms. R. G. I, 102 ff.; Lange R. A. I, 76 ff.; Marq. St. V. I, 23 ff.; Walter I, 123 ff.
[3] Schwegler I, 459. 683 f. III, 281. Momms. R. G. I, 155; R. Trib. 159 ff.; Marq. St. V. I, 41 ff.; Voigt II, 334 A. 363.
[4] Das Nähere bei Voigt II, 147 ff. vgl. 208 ff.; Marq. I, 46 ff.
[5] Momms. R. G. I, 131 Anm.
[6] Varro de l. l. 5, 179. Mommsen (R. G. I, 155 f.) stellt dem gewiss mit Recht *carcer* aus κάρκαρον und umgekehrt *lautumiae* aus λατομίαι an die Seite. Ueber νόμος — *nummus* s. Momms. R. Münzwesen 198; Hultsch Metrol.[2] 259 f.

sprechen deutlicher für das Bestehen eines früh entwickelten und
rechtlich geregelten Verkehrs als die sagenhaft entstellten Berichte
späterer Schriftsteller. Es wäre ein Wunder, wenn es anders gewesen wäre; denn notwendig sucht ein erst im Werden begriffenes
Volk bei neu auftauchenden Bedürfnissen des Lebens sich Belehrung bei einer höheren Cultur[1], auch wenn es seine nationale
Eigenart so stark betont, wie dies in Rom geschah; und andrerseits konnte dem rührigen Griechenvolke unmöglich die politische und comerzielle Bedeutung der sich immer machtvoller ent-
faltenden Grossstadt an der Tiber entgehen. Indessen der Verkehr zwischen Rom und den Hellenen beschränkte sich keineswegs
auf Italien und Sicilien: es verdient hervorgehoben zu werden, dass
schon in der ältern Zeit die römischen Handelsverträge ein sehr
intimes Verhältnis zu der Stadt Massilia hervorriefen[2], später sogar
nach Spanien hinüberreichten: die Bundesgenossenschaft mit Sagunt
wurde bekanntlich die Veranlassung zum hannibalischen Kriege.
Und was schliesslich das Verhältnis Roms zu den Phoinikern anlangt, so besizen wir in den Urkunden, welche uns Polybios über
die beiden ersten Verträge mit Karthago aufbewahrt hat[3], deutlich
redende Zeugnisse für die Lebhaftigkeit der Beziehungen zwischen
beiden Völkern, bevor sie mit einander in Kampf gerieten.

Ungleich grossartiger entwickelte sich aber der internationale
Verkehr in den folgenden Jahrhunderten. Mit dem Jahre 488 war

---

[1] Ueber die Einwirkungen des Griechentums auf den religiösen Cultus
s. Momms. R. G. I, 178, auf den Landbau ebend. 187, Gewerbe 196 ff.,
Masse 205 f., Kalender 207 ff., Alphabet 210 ff., die verschiedenen Zweige
künstlerischer Tätigkeit 226 ff. Vgl. Schwegler I, 680 ff.

[2] Iustin. 43, 3, 4 ff. Schwegler I, 683. Auch der ‚Griechenstand'
(Graecostasis), der Plaz für die ausländischen Gesandten auf dem römischen
Markt (Varro de l. l. 5, 155), gehört hierher; vgl. Momms. R. G. I, 416;
Forsch. I, 347.

[3] Pol. 3, 22. 24. Näheres darüber s. unt. p. 132. Die Datirung dieser
Verträge ist zweifelhaft, vgl. Momms. Chronol.[3] p. 320 ff.; Nissen in Fleckeis.
Jb. 95, 321 ff.; die Echtheit hätte nie bestritten werden sollen (Clason Forts.
von Schwegler IV, 322 ff., V, 154 ff.). Der Vermutung Mommsens (322),
dass die Verträge erst bei den diplomatischen Verhandlungen vor dem dritten
punischen Kriege an's Licht gekommen seien (vgl. Nissen p. 324) kann man
unbedingt zustimmen. Natürlich übersezte Polybios die Originale nicht wörtlich,
sondern referirte nur ihren wesentlichen Inhalt.

die Oberhoheit Roms über die Landschaften vom Aesis bis an die
sicilische Meerenge eine vollendete Tatsache. Zwei Jahre später zog
der Hülferuf der Mamertiner die Römer nach Sicilien, in den Kampf
mit Karthago. Die erste Hälfte des sechsten Jahrhunderts ist von
den schwersten Kriegen erfüllt; den zweiten punischen Krieg hat
man oft als die stolzeste Epoche der römischen Geschichte bezeichnet, und mit Recht: er zeigt uns, wie die unvergleichliche
Energie einer pflichttreuen Regierung und der aufopfernde Patriotismus eines freien und selbstbewussten Volkes Sieger wurden über
die weit reicheren Hülfsmittel der mächtigen Nebenbuhlerin und
— was mehr sagen will — über die Genialität eines Hamilkar und
Hannibal, denen weder an militärischer noch an politischer Begabung irgend einer der römischen Feldherrn oder Staatsmänner
jener Zeiten zur Seite gestellt werden kann. Nachdem Rom einmal seine Grenzen über Italien hinaus erstreckt hatte, war ein Ein-
halten auf der damit beschrittenen Bahn der Welteroberung nicht
mehr möglich; die Kriege mit Karthago hatten Verwicklungen im
Westen, Osten und Süden zur Folge, und fast überall war der Verlauf der Dinge der gleiche. Rom trat zunächst mit den fremden
Völkern in Bündnisse, welche aber trotz ihrer verschiedenen Ab-
stufungen als ,Verträge zu gleichem Recht' oder ,freundschaftliche
Anerkennung der Hoheit des römischen Volkes'[1] im Grunde nichts
anderes waren als die Herrschaft einer Grossmacht über eine Reihe
mehr oder weniger ohnmächtiger C l i e n t e l s t a a t e n, ein Zustand der
seine Unhaltbarkeit in sich selbst trug. Denn die römische Regierung war durch das Schuzverhältnis genötigt, fortwährend in die
Fehden dieser Länder einzugreifen, um Ordnung unter und in ihnen
zu schaffen oder Auflehnungen gegen die führende Macht zu Boden
zu schlagen, vor allem aber die Grenzverteidigung zu übernehmen.
Mag sie diese Aufgaben zeitweilig auch schlecht genug erfüllt haben,
das Ergebnis war nichts desto weniger überall die Aufhebung der
politischen Selbständigkeit der abhängigen Landschaften und ihre
Einverleibung in den römischen Staatsverband, eine Entwicklung,
welche zugleich mit der endgültigen Aufrichtung der Monarchie
im wesentlichen vollendet ist.

---

[1] Proculus epist. 8 (D 49, 15, 7, 1) unterscheidet: *siue aequo foedere
in amicitiam uenit siue foedere comprehensum est, ut is populus alterius*
(d. h. *Romani*) *populi maiestatem comiter conseruaret*. Die Einteilung bei
Liv. 34, 57 ist nach dem Entstehungsgrunde der Bündnisse gebildet, giebt
aber keine staatsrechtliche Praecisirung.

Die Form, in welcher die Unterordnung der überseeischen
Länder geschah, war die, dass man sie zur Provinz machte. Das
staatsrechtliche Verhältnis derselben zu Rom beruhte nicht mehr
auf dem Bündnis sondern auf der Dedition[1]: der Feldherr, welcher
die Unterwerfung vollendete, dictirte den Provinzialen in Gemein-
schaft mit einer Commission des Senats die Verfassung (*lex* oder
formula prouinciae)[2]. Zwar wurde in derselben den einzelnen
Gemeinden fast immer eine gewisse communale Selbständigkeit belassen, vor allem das Privatrecht möglichst wenig angetastet, den Provinzialen vielmehr regelmässig gestattet nach eigenem Recht zu leben
(*suis legibus uti*)[3]; aber derartige Concessionen fasste die römische
Regierung stets als precaristische Vergünstigungen auf, welche
jeden Augenblick widerrufen werden könnten[4]. Allerdings gab es
auch autonome Gemeinden in der Provinz, deren rechtliche Stellung
auf Staatsverträgen beruhte[5]; aber das tatsächliche Uebergewicht
Roms war so bedeutend, und Eingriffe in das Bundesrecht geschahen
so häufig, dass auch die Stellung dieser Schuzbefohlenen sich immer
weniger von der der Untertanen zu unterscheiden begann[6]. Es
mochte dem Egoismus der Nobilität und der Gewinnsucht des
Ritterstandes zweckdienlich erscheinen, das staatsrechtliche Verhältnis, welches die Provinzen zur völligen Abhängigkeit, ja zur
Knechtung verurteilte, möglichst schroff aufrecht zu erhalten —
die traurige Geschichte der masslosen Ausbeutung der Provinzen
durch die römischen Statthalter und Capitalisten ist die Folge dieses
Systems — aber auf die Dauer waren die politischen Schranken zwischen
Italien und den Provinzen doch unhaltbar. Nur zweierlei war möglich: entweder war das Bewusstsein der eigenen Nationalität und

---

[1] Ueber die Rechtsverhältnisse der *dediticii* vgl. Voigt II, 253 ff. Kuhn
Städt. und bürg. Verf. II, 33 ff. Marq. St. V. I, 351 ff.

[2] Marq. I, 341; Voigt II, 430 f.

[3] Kuhn II, 21; Marq. I, 351. Die Beispiele unserer Quellen betreffen
meistens griechische Gemeinden; dass aber auch im Occident ähnliche Verhältnisse vorkamen, beweist die Erzählung Strabos (3 p. 139) von den Tu-
ditanern in Spanien: ἔχουσι . . . νόμους ἐμμέτρους ἑξακισχιλίων ἐπῶν.
Näheres bei Voigt II, 432 ff.

[4] Nach staatsrechtlicher Auffassung der Römer ist jede Dedition eine
unbedingte; s. Momms. R. G. II, 247 A. Vgl. besonders App. Span. 44:
δίδωσι δ᾽ ἡ βουλὴ τὰς τοιάσδε δωρεὰς ἀεὶ πεοςτιθεῖσα ᾽μέχρι ἂν αὐτῇ καὶ
τῷ δήμῳ δοκῇ᾽.

[5] Marq. I, 344 ff.; Kuhn II, 15 ff.; Voigt II, 773 f.

[6] Kuhn II, 25 ff.

die Kraft der unterworfenen Völker noch stark genug, um das
römische Joch abzuschütteln, oder die verschiedenen Glieder mussten
allmählig zu einem organischen Staatsganzen verwachsen. Dass
die Geschichte den letzteren Weg gegangen ist, dass das römische
Kaiserreich der Körper gewesen ist, in welchem die Nationen des
Altertums aufgegangen sind, ist bekannt genug. In der Periode,
die unserer Betrachtung unterliegt, beginnt dieser lezte Act der
alten Geschichte: die Völkermischung innerhalb des römischen Welt-
reiches, die Epoche der griechisch-römischen Mischcultur.

Man wird hier keine ausführliche Darlegung dieses grossen
mit den punischen Kriegen anhebenden und sich seitdem immer
schneller vollziehenden Processes erwarten: es mag genügen bekannte Tatsachen andeutungsweise zu berühren. Vor allem lag
der Grund in der ungeahnten Steigerung des überseeischen Handels
und Verkehrs[1]. Der römische Kaufmann ist jetzt in allen Gegenden
des Ostens und Westens zu treffen: er beutet die Bergwerke Spaniens
aus, exportirt den italischen Wein nach Gallien, kauft in den afrikanischen und syrischen Städten die Produkte des Landes und
den Import der Karawanen an, auf den Inseln des Mittelmeers
und an den asiatischen Küsten betreibt er den schwunghaften
Sklavenhandel, den stets verschuldeten Gemeinden des Orients
tritt er als Banquier entgegen, die Gesellschaften der römischen
Steuerpächter haben ihre Agenten und Zöllner überall[2]. Es mag,
um zu zeigen, in welcher Zahl die Italiker in den Provinzen ansässig
waren, an die Tatsache erinnert werden, dass im Jahre 666 auf
König Mithradates' Befehl an einem Tage in Vorderasien ihrer
achtzigtausend ermordet wurden[3]. Ferner hat es nicht wenig zur
Völkermischung beigetragen, dass jezt ununterbrochen Römer und
Italiker in den Provinzen zur Kriegführung verwendet wurden: die
Veteranen brachten, nachdem sie Jahre lang im Auslande gelebt
hatten, fremde Anschauung und fremde Sitte in die Heimat zurück[4].

---

[1] Als erstes greifbares Zeichen für den Aufschwung des Handels in
dieser Periode ist das claudische Gesez von 535 anzusehen (Liv. 21, 63 vgl.
Momms. R. G. I, 851; Lange R. A. II, 162). Ueber den erweiterten Handel
im Allgemeinen s. Nitzch Gracch. 17. 133 f. 182 f.; Voigt II, 559 ff.; Momms.
R. G. II, 393 ff.; Marq. Pr. A. 346 ff.

[2] ,Vbicumque uicit Romanus habitat' Sen. cons. ad Helu. 7, 2. Vgl.
Momms. R. G. II, 396.

[3] So nach der Angabe des Val. Max. 9, 2, ext. 3 und Memnon 31, 4
(F. H. G. III, 542), Plutarch Sulla 24 spricht von 150000.

[4] S. die Schilderung über die Einführung des orientalischen Luxus

Auch die Tatsache, dass römische Soldaten sich in der Fremde
einbürgerten und mit der dortigen Bevölkerung verwuchsen, mag
öfter vorgekommen sein, als sie erwähnt wird[1].

Unterdessen sah es in Italien selbst bedenklich genug aus: die
Folgen des hannibalischen Krieges machten sich von Jahr zu Jahr
fühlbarer[2]. Nicht nur die schweren Verluste an Menschenleben kamen
in Betracht, sondern viel mehr noch die Verwüstung des Landes und
das wirtschaftliche Elend seiner Bewohner. Zwar hatte die Regierung
im Anfang zu helfen versucht[3]; aber da man immer nur kleine Mittel
anwandte, vor durchgreifenden Reformen dagegen zurückscheute, so
nahm der Niedergang des kleinen Grundbesizes und die Abnahme
der freien Bauern und Arbeiter[4] einen immer gefährlicheren Umfang
an. Als Ti. Gracchus im Jahre 617 auf dem Wege nach Numantia
durch Etrurien kam, fand er das Land verödet, grundsässige Bauern
schienen dort nicht mehr vorhanden, sondern ausländische Sklaven
bebauten das Feld und hüteten das Vieh[5].

Diesen schon um das Jahr 600 äusserst bedrohlichen Verhältnissen steht das immer mehr um sich greifende Einströmen der
ausländischen, namentlich der hellenisch-orientalischen Elemente
zur Seite. Es war ebenfalls der Handel, daneben aber auch die
steten politischen Verwicklungen und die neu erwachten gesell-
schaftlichen und geistigen Bedürfnisse der Hauptstadt, welche

---

durch das Heer des Cn. Manlius Vulso (567) bei Liv. 39, 6: *luxuriae enim
peregrinae origo ab exercitu Asiatico inuecta in urbem est.*

[1] So in Spanien (Liv. 43, 3). Besonders Interessant sind in dieser Hinsicht die Schicksale der von A. Gabinius 699 in Alexandreia zurückgelassenen
Garnison (Caes. b. c. 3, 103. 110; Val. Max. 4, 1, 15; App. Bürg. 2, 49;
Dio 42, 38). In der Kaiserzeit ist diese Erscheinung in Folge der Stand-
lager an den Grenzen und der Ansiedelung der Veteranen in den Provinzen
etwas ganz gewöhnliches: die Inschriften legen davon hinreichend Zeugnis ab.

[2] Nitzsch Gracch. 27 ff.; Momms. R. G. 1, 661 f.; Lange R. A. II, 194 ff.

[3] namentlich durch Anlegung von Colonien s. Momms. R. G. I, 817;
II, 80.

[4] Ebend. II, 73 ff. 79 ff. (über die Landwirtschaft im Allg. I, 828 ff.
II, 392 f.). Lange III, 5 ff. Nitzsch a. a. O.; 132.

[5] Plut. Ti. Gracch. 8. Wir werden in der Biographie des P. Scaevola
auf diese Zustände zurückkommen. Klagen über Abnahme der freien Bevölkerung begegnen häufig bei den Schriftstellern nach den punischen Kriegen,
und sind oft von übertriebenen Vorstellungen über die frühere Grösse der
Volksmasse begleitet. Näheres bei Zumpt Ueber den Stand der Bevölkerung
und der Volksvermehrung im Altertum. Abh. der Berl. Akad. 1840 p. 17 ff.
Vgl. Momms. R. G. I, 856 ff. III, 530 ff.

die Fremden nach Italien zogen [1]. Seitdem Rom der Mittelpunkt der Welt geworden war, fanden in den italischen Häfen wie auf dem Markt der Hauptstadt die Kaufleute des Ostens ihr bestes Absatzgebiet, eine Gesandtschaft der fremden Völker drängte die andere, in den Häusern der römischen Grossen schaarten sich die griechischen Philosophen und Rhetoren: sie alle verbreiteten dort fremdes Denken, fremde Sprache und fremde Religion [2]. Indessen diese Klassen der Einwanderer bildeten kein eigentlich gefährliches Element, das kam erst durch die ausländischen Sklaven nach Italien [3]. In Rom selbst stieg der Sklavenluxus gegen Ende der Republik in's ungeheure [4]; am schlimmsten aber war es, dass sie auch das Land überschwemmten: dem Eingehen der freien Bauernhöfe steht das Emporkommen der Plantagenwirtschaft mit Sklavenbetrieb [5] zur Seite, und dieser neue ‚Grossgrundbesiz hat Italien in's Verderben gestürzt‘ [6].

Es kommt noch eins hinzu: in Folge des Genusslebens der römischen Grossen und der Arbeitsscheu des hauptstädtischen Pöbels herrschte in Rom eine krankhafte Abneigung gegen die Ehe. An warnenden Stimmen gegen die hieraus erwachsende Gefahr fehlte es nicht: der jüngere Scipio hat wiederholt darauf hingewiesen [7]; im Jahre 623 hielt es der Censor Q. Metellus für nötig die Quiriten zu ermahnen, dass sie sich verheiraten und eheliche Kinder zeugen sollten, ‚weil man mehr der dauernden Wohlfahrt als dem vorübergehenden Vergnügen Rechnung tragen müsse‘ [8].

---

[1] Voigt II, 594 ff. 456.

[2] Namentlich interessant ist das Eindringen der orientalischen Religionen in Rom: Momms. R. G. I, 867 f.; II, 421 ff.; III, 671 ff.; Marq. St. V. III, 73 ff. Im Kaisertum war wie die Völker- so auch die Göttermischung eine vollendete Tatsache geworden; vgl. Friedländer Sittengesch. III⁵, 500 ff.; Burckhardt Constantin 135 ff.

[3] Ueber den massenhaften Sklaveninport dieser Zeit s. bes. Strabo 14 p. 668, wo von dem Menschenraub an den kilikischen Küsten und dem Sklavenmarkt auf Delos berichtet wird: αἴτιον δ' ὅτι πλούσιοι γενόμενοι 'Ρωμαίοι μετὰ τὴν Καρχηδόνος καὶ Κορίνθου κατασκαφὴν οἰκετείαις ἐχρῶντο πολλαῖς. vgl. Dirksen Hinterl. Schr. II, 261 ff.; Nitzsch Gracch. 253; Marq. Pr. A. 156 ff.

[4] Athen. 6 p. 272—3.

[5] Momms. R. G. I, 857; II, 74 ff. 397. Lange R. A. III, 4 f.; Kuntze Inst. I, 102.

[6] *Latifundia perdidere Italiam*: Plin H. N. 18, 35.

[7] s. unt. in der Biographie des P. Scaevola.

[8] s. unt. P. Crassus Mucianus.

Indessen waren gut gemeinte Reden solchen Uebelständen gegen-
über völlig nuzlos. Je mehr aber die Bürger zu vergessen begannen,
dass es einst der Stolz ihrer Väter gewesen war, ihren Namen und
Stamm durch kinderreiche Familien fortzupflanzen, in demselben
Maasse wuchs das Unwesen der Freilassung von Sklaven. Die
Libertinen waren schon seit Ap. Claudius Caecus' Zeiten eine
Macht geworden, mit welcher die Politiker zu rechnen hatten[1],
jetzt aber in der Periode der Bürgerkriege von Sulla bis auf
Augustus stieg ihre Zahl bis zur Ueberwucherung der freigeborenen
Geschlechter. Es giebt wol kein deutlicheres Kennzeichen von
der Degeneration der eigenen Volkskraft; war es doch als ob man
die ehelichen Kinder durch Freigelassene ersezen wollte. Die ein-
schneidenden Massregeln, welche Augustus in dieser Hinsicht für
geboten erachtete, zeigen klar, wie weit es mit der Zersezung der
römischen Nationalität durch fremde Elemente gekommen war.
,Frevel und Schande ist es', so spricht der Kaiser[2] zu den Bürgern,
,dass ihr unser Geschlecht zu Grunde gehen und den Namen der
Römer erlöschen lasst, indem ihr die Stadt den Hellenen oder gar
den Barbaren überliefert. Oder geben wir vielleicht den Sklaven gerade
deswegen die Freiheit, um aus ihnen möglichst viele Bürger zu schaffen,
und den Bundesgenossen die Civität, um durch sie unsere Zahl zu
vermehren? Ihr selbst aber, die ihr durch Abstammung Römer seid,
die ihr Marcier und Fabier, Quinctier, Valerier und Iulier zu euren
Ahnen zählt, ihr strebt dahin, dass mit euch euer Geschlecht und
euer Name erlösche!' — Die Erfolglosigkeit der Ehe- und Frei-
lassungsgeseze des Augustus ist bekannt. Im ersten Jahrhundert
der Kaiserzeit konnte es offen im Senat ausgesprochen werden,
dass die überwiegende Mehrzahl der Einwohnerschaft von Rom
aus Freigelassenen bestände, dass sogar die meisten Senatoren- und
Rittergeschlechter von Sklaven abstammten[3]. Am lautesten aber
reden die Grabschriften jener Zeiten: nicht nur dass Tausende
und aber Tausende von Bürgern in Rom und Italien auf denselben
geradezu als Freigelassene bezeichnet werden, auch bei den Freigeborenen kann man aus den massenhaft vorkommenden hellenischen
Beinamen einen sichern Schluss auf den Ursprung ihrer Träger machen.

---

[1] Die politischen Freigelassenengeseze s. b. Momms. Tribus 166 ff.
[2] Dio 56, 7.
[3] Tac. Ann. 13, 27.

Es ist notwendig diese Verhältnisse im Auge zu behalten;
nur so wird man zu der richtigen Auffassung des römischen Weltrechts gelangen: dass es nämlich ein Glied ist in der grossen Kette
von Ursachen und Wirkungen, welche die Völkermischung des
Kaiserreichs herbeiführten. Seit der gracchischen Revolution war
es ausgesprochenes Programm der demokratischen Partei, das
römische Bürgerrecht über ganz Italien auszudehnen: man wollte
eine breitere Grundlage für die herrschende Nation schaffen, wollte
ihr frisches Blut zuführen. Schon Ti. Gracchus (621) soll diesen
Gedanken gehabt haben [1], formulirt wurde er zuerst von M. Flaccus [2]
(629), er war dann der Schlussstein aller Pläne des C. Gracchus
(632) [3] sowie des M. Drusus (661) [4]. Diesen Tendenzen stehen die
Bemühungen der Führer der Volkspartei, des C. Gracchus und L.
Saturninus, überseeische Bürgercolonieen zu gründen [5], eng verwandt
zur Seite. Zunächst hatte man hierbei freilich das Ziel im Auge, den
hungernden römischen Proletariat zu versorgen: es ist schwer zu
sagen, ob der grosse Gedanke, dass an Stelle der Herrschaft Italiens
über die unterjochten Länder allmählig das einheitliche römische
Reich mit einem gemeinsamen Untertanenverbande treten müsse,
schon damals ein klar erfasster [6], oder ob er nicht blos die Folge
jener Bestrebungen war. Die historische Notwendigkeit, welche
sich dem Blicke des späteren Forschers als das Bindeglied zwischen
den einzelnen Erscheinungen enthüllt, ist den Zeitgenossen eine
unbewusst treibende Kraft, unter deren Zwange sie stehen; nur wenig
erleuchtete Geister vermögen sie zu begreifen und ihr eigenes Wollen
und Handeln damit in Einklang zu bringen. Ob das bei Gracchus
der Fall war, können wir bei der Mangelhaftigkeit unserer Quellen
nicht entscheiden; nur das steht fest, dass viele der wesentlichen

---

[1] Vell. 2, 2.

[2] s. Nitzsch Gracch. 381 ff.; Momms. R. G. II, 102; Lange R. A.
III, 27.

[3] s. Nitzsch 396 fl. 407 ff. 419; Momms. II, 118 f.; Lange III, 43 ff.

[4] s. Momms. II, 214 ff. 223 ff.; Lange III, 86 ff.

[5] Ueber C. Gracchus s. Nitzsch 403. 416 ff.; Momms. II, 106; Lange
III, 37 f. 45 f., über Saturninus Momms. II, 201 f.; Lange III, 79 f. Auch
die Colonie Narbo (636 vgl. Momms. II, 164; Lange III, 52) war aus den
Plänen der Demokratie hervorgegangen.

[6] Das ist die Auffassung von Mommsen R. G. II, 102. 118. 407.
Auch die Romanisirung Spaniens, welche Q. Sertorius versuchte, zieht M.
(III, 21 ff.) mit Recht in den Kreis dieser Bestrebungen der Demokratie.

Grundlagen für die Reichspolitik Caesars [1] und seiner Nachfolger schon im letzten Jahrhundert der Republik gelegt worden sind. Und so stark war die innere Gewalt dieser Entwicklung, dass sie auch die widerstrebenden Elemente in ihren Dienst zwang. Die römischen Juristen des siebenten Jahrhunderts waren den politischen Plänen, welche auf eine Erweiterung der Bürgerschaft hinzielten, durchweg abgeneigt — ist doch der namhafteste von ihnen, Q. Scaevola, dem gerechten Begehren der Italiker in dieser Beziehung mit den schärfsten Massregeln entgegengetreten. Dennoch haben gerade sie durch die Anerkennung und Einführung eines die Bürger und Nichtbürger in gleicher Weise umfassenden Rechts mitgeschaffen an einem der wichtigsten Grundpfeiler der Monarchie: dem Weltrecht im Weltreich.

XIV. DIE INNERE ENTWICKLUNG DES WELT-RECHTS.

Bisher haben wir nur den Rahmen betrachtet, innerhalb dessen, und die Verhältnisse, unter denen sich die Ausbildung des Weltrechts vollzog; jetzt müssen wir auf diese selbst eingehen und uns vor die Frage stellen: wie hat sich denn das Weltrecht aus den dargelegten Grundlagen heraus entwickelt?

Die ältere Periode kennzeichneten wir oben (p. 117) als die der römisch-italischen Geschichte. So wenig wir nun auch über die aus den Bündnissen hervorgehenden rechtlichen Beziehungen zwischen Rom und den italischen Städten unterrichtet sind, so lässt sich doch mit Sicherheit behaupten, dass dieselben durchaus einer Regelung von Fall zu Fall unterlagen, dass in Folge dessen die Rechtsstellung, welche Rom den einzelnen Gemeinden gewährte, eine sehr verschiedenartige war, und dass oftmals auch die Verhältnisse einer Gemeinde durch die Veränderungen der politischen Lage im Laufe der Zeiten eine Umwandlung erfuhren. Man wird sich hier mit allgemeinen Gesichtspunkten begnügen müssen. Das erste, was die den Bürgern einer fremden Macht von Staats wegen eingeräumte Rechtsstellung voraussezt, ist die Garantie des Rechtsschuzes. Derselbe geschah in Italien in der Form der Recuperatorengerichte,

---

welche im wesentlichen darauf beruhten, dass ein Richtercollegium die Processe sowol zwischen Angehörigen des eigenen und der fremden Staaten (*inter ciues et peregrinos*) als auch der fremden Staaten allein (*inter peregrinos*) entschied und dabei beide Parteien als gleichstehende Rechtssubjecte behandelte[1]. Was das Privatrecht anlangt, das die Grundlage für die Entscheidungen der Recuperatoren bildete, so begegnen wir in der früheren Periode bei den italischen Völkern fast durchweg der Praxis, in den Bündnissen den Bürger des befreundeten Staates mit dem des eigenen innerhalb bestimmter Grenzen als gleichberechtigt anzuerkennen, und zwar sind es hauptsächlich die Kreise der Ehe- und Verkehrsgemeinschaft (*conubium* und *comercium*)[2], welche hier in Betracht kommen. Danach kann der Römer mit einer Tochter aus dem verbündeten Volke in derselben Weise und mit denselben Wirkungen die Ehe eingehen wie mit einer Römerin: solche Ehe ist ein *iustum matrimonium*, die daraus hervorgehenden Kinder sind *iusti liberi* und folgen dem Status des Vaters, das heisst sie werden römische Bürger; ebenso verhält es sich umgekehrt, wenn die Römerin in ein fremdes Volk hinein heiratet: die Kinder werden dann, da sie eheliche sind, Bürger der verbündeten Gemeinde. Ferner ist der Bundesgenosse befugt Geschäfte, so weit sie einen Umsaz von Gütern betreffen, in den Formen des Landrechts mit dem Bürger abzuschliessen, wodurch er dieselben Wirkungen hervorruft, wie wenn das Geschäft unter zwei Bürgern zu Stande gekommen wäre; und wenn der Römer im Auslande nach den Vorschriften

---

[1] Aelius Gallus bei Fest. p. 274: *Reciperatio est . . . cum inter populum et reges nationesque et ciuitates peregrinas lex conuenit, quomodo per reciperatores reddantur res reciperenturque, resque priuatas inter se persequantur.* Vgl. Ph. E. Huschke in I. G. Huschkes Analecta litteraria p. 208 ff.; Sell Die Recuperatio der Römer (u. dazu die Recens. v. Huschke in Richters Krit. Jahrb. I, 861 ff.; Puchta Inst. I, 202 ff.; Voigt ius nat. II, 93 ff. 177 ff. IV, 134 ff. Beil.; Momms. R. G. I, 154; Rudorff, R. RG. I, 4; Walter R. RG. I, 115; Karlowa Civilpr. 218 ff.; R. RG. 455. Keller-Wach R. Civilpr. 35 ff. Bethmann-Hollweg Civilpr. I, 67 ff. Auf das Nähere, namentlich auf den Zusammenhang zwischen *recuperatio* und *clarigatio*, auf die Form des Processes, auf die Frage, ob die Recuperatorencollegien aus Richtern beider Staaten zusammengesezt waren, kann hier nicht eingegangen werden.

[2] Ueber diese Begriffe vgl. die ausführlichen Erörterungen bei Voigt ius nat. II, 73 ff.; IV, 67 ff. Beil., wo auch der Kreis der Geschäfte, zu denen der Ausländer mittelst des verliehenen *comercium* befugt ist, näher abgegrenzt ist.

des dortigen Rechts contrahirt, so erwachsen für ihn daraus die von diesem Recht vorgesehenen Folgen.

Aber die Bündnisse Roms mit den italischen Gemeinden haben nicht das Weltrecht geschaffen [1]. Namentlich kann in dieser Beziehung das eigentliche Latium nicht in Betracht kommen, weil sein Privatrecht nicht wesentlich verschieden von dem römischen, lezteres vielmehr nur ein latinisches Stammesrecht war. Das zeigt sich schon darin, dass die Latiner nie zu den eigentlichen Ausländern zählten, sondern stets eine Klasse für sich bildeten. Auch der Friedensschluss von 416, welcher die eidgenössische Gleichberechtigung aufhob und die einzelnen Gemeinden in abhängige, sehr verschiedenartig geregelte Stellungen zu Rom brachte [2], hat die gemeinsame Grundlage des Privatrechts nicht zerstört [3]. Was die Berührungen mit den sonstigen Italikern angeht, so mögen hier Wechselwirkungen stattgefunden haben — wir kennen ihr Privatrecht zu wenig, um darüber urteilen zu können [4] —, jedenfalls ist das Resultat überall ein siegreiches Vordringen des römischen Rechts. Die factische Präponderanz Roms war troz der in den Staatsverträgen verbrieften Gleichheit zu gewaltig: es war die natürliche Folge, dass auch das Recht der führenden Macht das herrschende wurde. Nimmt man hinzu, dass an vielen Orten an Stelle der Bündnisse die Unterwerfung und das Halbbürgertum (*civitas sine suffragio*) der Municipien trat, dass allmählig Italien von einem Nez von Bürger- und Latinercolonieen überzogen ward, und dass schliesslich der Bundesgenossenkrieg (663—666) allen Italikern das römische Bürgerrecht zugänglich machte, so wird es verständlich sein, dass wie die einheimischen Dialekte vor der latei-

---

[1] Dasselbe gilt von den vereinzelten Bestimmungen der Zwölf Tafeln über den *hostis* (II, 2; III, 7 Schöll). Es ist dabei zunächst an den Rechtsverkehr mit den Latinern und Italikern zu denken; ebenso bei den *forti* und *sanates* (I, 5).

[2] Liv. 8, 14.

[3] Als eine Besonderheit erfahren wir durch Ser. Sulpicius (bei Gell. 4, 4), dass bis zum iulischen Geseze (664) in Latium die Verlöbnisse klagbar gewesen seien. Eine sacralrechtliche Spezialität erwähnt Cato Orig. II, 28 Jord. (vgl. dazu für das römische Recht Cic. de leg. 2. 47 ff. aus P. und Q. Scaevola).

[4] Dirksen (Verm. Schr. 211) spricht zwar von einer grossen Anzahl Variationen zwischen römischem und italischem Recht, weiss aber auch nichts dahin Gehöriges anzuführen als die paar vereinzelten in unsern Quellen erwähnten Fälle, aus welchen wenig zu schliessen ist.

nischen Sprache so auch die eigenen Privatrechte vor dem römischen Recht verschwanden und lezteres gegen Ende der Republik die ganze Halbinsel umspannte. Der innere Grund aber, welcher die Voraussezung dieser Entwicklung bildet, lag auch hier in der Gemeinsamkeit der Herkunft und in der Stammesgleichheit des Rechts der italischen Völker: dadurch war die Annäherung wesentlich erleichtert, und nur so war ein Aufgehen in das römische Recht überhaupt möglich.

Ganz anders wirkten schon in der ältern Periode die oben (p. 117 f.) geschilderten Berührungen mit den Hellenen. Man verhält sich allerdings heutzutage vielfach ablehnend gegen die Annahme eines wirklich bedeutenden Einflusses des griechischen auf das römische Recht: es beruht das auf einer Reaction in der Wissenschaft, die in sofern guten Grund hat, als sie sich gegen die oft sehr leichtfertigen Schlüsse richtet, welche man in früherer Zeit aus zufälligen Aehnlichkeiten gezogen hat. Aber man geht in dieser Hinsicht· zu weit, ähnlich wie man es früher bei der griechischen Kunst getan hat. Auch sie sollte eine rein nationale sein: heute darf es als ausgemacht gelten, dass sie die tiefwirkendsten Anregungen vom Orient erhalten hat. Es ist überhaupt nie eine Cultur, die der Welt zu gute gekommen ist, aus sich selbst erwachsen, sondern ebenso wie ein Volk von seiner Civilisation an andere ausgiebt hat es auch von andern empfangen. Nicht die Frage, ob es alles sich selbst verdankt, entscheidet für seine geistige Leistungsfähigkeit, sondern lediglich die, wie es das überkommene Gut verwertet und ihm den Stempel seiner nationalen Eigenart aufzudrücken vermocht hat[1].

Das griechische Recht war wesentlich verschieden von dem

----

[1] Die Fähigkeit der Römer, von fremden Völkern zu lernen, wird mehrfach bei den alten Schriftstellern gerühmt; so Cic. de rep. 2, 30: *quin hoc ipso sapientiam maiorum statues esse laudandam, quod multa intelleges etiam aliunde sumpta meliora apud nos mullo esse facta quam ibi fuissent, unde huc translata essent atque ubi primum exstitissent.* Athen. 6 p. 273 e (wahrsch. aus Poseidonios): διαφυλάττοντες γὰρ ἅμα καὶ τὰ πάτρια μετῆγον παρὰ τῶν χειρωθέντων, εἴ τι λείψανον καλῆς ἀσκήσεως εὑρισκον, τὰ ἄχρηστα ἐκείνοις ἐῶντες, ὅπως μηδ' εἰς ἀνάκτησιν ὧν ἀπέβαλον ἐλθεῖν ποτε δυνηθῶσι.

römischen, und war, namentlich was das Handelsrecht angeht, in hohem Grade entwickelt. Wir würden über diese Verhältnisse besser unterrichtet sein, wenn die späteren Historiker es sich mehr hätten angelegen sein lassen die Verkehrsverhältnisse Roms zu schildern, statt ihr Interesse für Völkerkunde darauf zu beschränken, von welchem der troischen Helden jede einzelne italische Stadt gegründet sein sollte[1]. Jedenfalls hat man im ältern Rom das griechische Recht sehr hoch geachtet: es ist eine interessante Tatsache, dass der Senat vor der Abfassung der Zwölf Tafeln eine Commission nach Unteritalien und Althellas schickte, um die griechischen Rechte an Ort und Stelle zu studiren; auch verschaffte man sich eine Abschrift der solonischen Gesetze, ehe man an die Ausarbeitung der eigenen ging[2]. Und dass wirklich griechische Bestandteile in den Zwölf Tafeln vorhanden waren, ist ausdrücklich und unverdächtig bezeugt[3]. Die unverständigen Aeusserungen späterer Schriftsteller, welche das Gesez mehr oder weniger zu einer Copie des attischen Rechts machen[4], ändern nichts an diesem Resultat: nicht ob, sondern nur in wie weit eine Beeinflussung vorhanden war, kann die Frage sein.

Indessen beweist dieses Heranziehen des griechischen Rechts doch nur eine Einwirkung desselben auf das römische Landrecht, Weltrecht ist dadurch in keiner Weise geschaffen worden. Dasselbe ist vielmehr aus den internationalen Verträgen[5] mit den nicht-italischen Staaten, von welchen oben (p. 118 f.) die Rede war,

---

[1] Schwegler I, 83. 310 ff.

[2] Liv. 3, 31. 32. Dionys. 10, 51 ff. Vgl. Hofmann Beiträge zur Geschichte des griech. u. röm. Rechts 1870 p. 2 ff. Schwegler III, 15 ff.

[3] Gai ad XII tab. 4 (D. 10, 1, 13) vgl. Plut. Sol. 23; Gai ib. (D. 47, 22, 4). Näheres bei Hofmann in der ang. Schrift. Ob dieser Schriftsteller nicht in manchen Punkten zu weit gegangen ist, kann natürlich hier nicht erörtert werden.

[4] Schrift de iur. ill. 21; Oros. 2, 13; vgl. Hoffmann p. 14 f.

[5] Nur um das von einem Staate den sämmtlichen oder — was auf gleicher Stufe steht (vgl. Momms. Forsch. I, 329) — einzelnen Bürgern des andern gewährte Gastrecht (hospitium publicum) handelt es sich hier. Die private Gastfreundschaft eines Römers mit einzelnen Ausländern oder auch fremden Völkern (applicatio, hospitium priuatum) legt dem Patron sehr hohe rechtliche und sittliche Verpflichtungen auf (Cic. diu. in Caec. 66; Sabin. b. Gell. 5, 13, 5), giebt aber dem Clienten keine persönliche Rechtsstellung in Rom, stellt ihn nur unter den Schutz des Patrons. vgl. Walter R. RG. I, 116 f.; Momms. a. a. O. 318 f.

hervorgegangen. Diesen müssen wir nunmehr unsere Blicke zuwenden.

Der wesentliche Inhalt der Bündnisse, soweit er das Privatrecht angeht, ist die gegenseitige Garantie der Rechtsstellung für die Angehörigen der contrahirenden Staaten durch Verheissung des ihnen zu gewährenden Rechtsschuzes; wobei es sich von selbst versteht, dass — wenigstens bei Bündnissen ‚zu gleichem Recht' — die fremden Gerichte als massgebend für die eigenen Untertanen anerkannt werden[1]. Vorzugsweise enthielten die Verträge mit den auswärtigen Staaten also processuale Regelungen. Der Umfang und die Art des Rechtsschuzes sind jedoch keineswegs in allen Fällen die gleichen und werden in der früheren Zeit selten durch allgemeine Clauseln bestimmt, sondern es finden sich in den einzelnen Tractaten und für die einzelnen Verhältnisse sehr spezielle und verschiedenartige Normirungen. Am klarsten tritt dies in den beiden karthagischen Bündnissen (vgl. ob. p. 118) hervor, in welchen den Römern auf Sicilien ein viel weiter gehender Schuz zugestanden wird als in Afrika und Sardinien. In Rom brachte man in dieser Hinsicht im grossen und ganzen dieselben Principien zur Anwendung, welche sich den Latinern und Italikern gegenüber bewährt hatten: wie diese unterstand auch der Grieche der Jurisdiction des Praetor peregrinus, hier wie dort sprachen Recuperatoren das Urteil.

Eine ähnliche Praxis scheint man anfangs auf dem Gebiete des materiellen Rechts befolgt zu haben. Zwar findet sich in republikanischer Zeit keinerlei Ehegemeinschaft mit überseeischen Völkern, wol aber wird den Römern im ersten karthagischen Bündnis das Comercium für die punischen Gebietsteile von Sicilien, im zweiten sogar für die Stadt Karthago und umgekehrt den Karthagern in Rom eingeräumt[2]. Aehnliches mag in früheren

---

[1] Vgl. das Bündnis mit Chios unt. p. 133. A. 3. Wenn die römische Gemeinde mit einem einzelnen Ausländer Gastfreundschaft schliesst, so kann natürlich von einer Gegenseitigkeit des Rechtsschuzes keine Rede sein. Dem Asklepiades und seinen Genossen (C. I. L. I, 203, 19 f., p. 112; Bruns font.⁵ 160 f.) wird es freigestellt, ob sie vor den Richtern ihrer Heimat, vor den römischen Magistraten oder der Obrigkeit einer mit Rom verbündeten Gemeinde processiren wollen. Dass Rom auch ohne weiteres über die von seinen Bundesgenossen zu gewährende Rechtshülfe verfügen kann, erklärt sich aus seiner tatsächlichen Praeponderanz zur Genüge.

[2] I. Polyb. 3, 22: ἐὰν Ῥωμαίων τις εἰς Σικελίαν παραγίγνηται ἧς Καρχηδόνιοι ἐπάρχουσιν, ἴσα ἔστω τὰ Ῥωμαίων πάντα. Deutlicher II. Polyb. 3,

Zeiten auch sonst vorgekommen sein, später aber hat man immer
von einer allgemeinen Verleihung des Conubiums und Comerciums
abgesehen[1]. Beide Institute sezen, wie oben (p. 127 ff.) dargelegt
wurde, ihrem innern Wesen nach gemeinsame Abstammung voraus,
eine Grundlage, welche bei den Semiten garnicht vorhanden war
und den Hellenen gegenüber wenigstens nicht empfunden wurde.
Auch spezielle Normirungen über das materielle Recht kommen
in den älteren Verträgen vor. Das erste karthagische Bündnis
bestimmte, dass alle Kaufverträge der Römer in Karthago
selbst sowie an der afrikanischen Küste, westlich vom schönen
Vorgebirge, und auf Sardinien öffentlich unter Zuziehung eines
Heroldes oder Notars abgeschlossen werden müssten: wenn diese
Form angewandt wäre, solle der Staat dem Verkäufer subsidiär
auf Zahlung haften, andernfalls aber der Vertrag nicht klagbar
sein[2]. Wo derartige Abmachungen vorhanden waren, bildeten sie
natürlich die Grundlage des materiellen Rechts. In der spätern
Zeit aber sind sie aus den Bündnissen verschwunden: den griechischen Städten gegenüber sezte sich allmählich überall eine bestimmte Rechtsübung für den Handelsverkehr als Gewohnheitsrecht fest, welches zum Teil auch in den Verträgen seine ausdrück-
liche Anerkennung gefunden hat. So heisst es in dem Bündnis
mit der pisidischen Gemeinde Termessos[3]: ‚Die Geseze, das Recht

---

24: ἐν Σικελίᾳ ἧς Καρχηδόνιοι ἐπάρχουσι καὶ ἐν Καρχηδόνι πάντα καὶ
ποιείτω καὶ πωλείτω ὅσα καὶ τῷ πολίτῃ ἔξεστιν· ὡσαύτως καὶ ὁ Καρχη-
δόνιος ποιείτω ἐν Ῥώμῃ.

[1] Vgl. Voigt ius nat. II, 217 ff.

[2] Polyb. 3, 22: τοῖς δὲ κατ' ἐμπορίαν παραγιγνομένοις μηδὲν ἔστω
τέλος πλὴν ἐπὶ κήρυκι ἢ γραμματεῖ· ὅσα δ᾿ ἂν τούτων παρόντων πραθῇ
δημοσίᾳ πίστει ὀφειλέσθω τῷ ἀποδομένῳ, ὅσα ἂν ἢ ἐν Λιβύῃ ἢ ἐν Σαρδόνι
πραθῇ. Man stellte also die Kaufverträge der Römer unter staatliche Controle, gab dafür aber auch staatliche Haftung zu. Kurz vorher heisst es:
μὴ πλεῖν Ῥωμαίους . . . ἐπέκεινα τοῦ καλοῦ ἀκρωτηρίου: auch wenn ein
römisches Schiff vom Sturm in diese Gegenden verschlagen wäre, solle es
nicht gestattet sein dort etwas weiteres, als was zur Ausbesserung der Havarie
oder zu gottesdienstlichen Zwecken notwendig sei, zu kaufen. Dass damit die
Gegend südlich vom schönen Vorgebirge den Römern verschlossen war, sagt
Polybios selbst im c. 23. Darin wäre auch die Stadt Karthago inbegriffen,
aber Polybios nimmt sie ausdrücklich aus, und stellt sie den andern für die
Römer zugänglichen Landschaften gleich: εἰς δὲ Καρχηδόνα καὶ πᾶσαν τὴν
ἐπὶ τάδε τοῦ καλοῦ ἀκρωτηρίου τῆς Λιβύης καὶ Σαρδόνα καὶ Σικελίαν ἧς
ἐπάρχουσι Καρχηδόνιοι κατ' ἐμπορίαν πλεῖν Ῥωμαίοις ἔξεστι.

[3] lex Antonia de Term. (C. I. L. I, 204. p. 114 Bruns font.⁵ 93) tab. II.

und die Gewohnheiten, welche im Jahre 663 zwischen den römischen und termessischen Bürgern gegolten haben, dieselben Gesese, dasselbe Recht und dieselben Gewohnheiten sollen auch fürderhin zwischen den römischen und termessischen Bürgern gelten.'

Der Grundsaz des antiken Verkehrslebens, dass jedes Volk sein eigenes Recht habe, welches aber nur den eigenen Staatsangehörigen zu gute komme, ist durch die geschilderte neue Rechtsbildung zunächst nicht angetastet worden. Es entstanden nur in den einzelnen Staaten neben den für den Bürger geltenden Landrechten[1] überall Rechtsgrundsäze und Usancen, nach denen die betreffenden Gemeinden die Beziehungen ihrer Bürger zu Ausländern, welche an diesen Landrechten keinen Teil hatten, beurteilten. Solche F r e m d e n r e c h t e gab es in Karthago und Massilia, in Termessos und Chios[2] so gut wie in Rom. Nur waren bei den Völkern, welche schon Jahrhunderte lang in dem grossen internationalen Handelsverkehr gestanden hatten, namentlich bei den

---

1N ff.: *Quae leges quodque ious quaeque consuetudo L. Marcio Sex. Iulio cos. inter ciueis Romanos et Termenses maiores Pisidas fuit, eaedem leges eidemque ious eademque consuetudo inter ceiues Romanos et Termenses maiores Pisidas esto.* Dirksen Versuche p. 137 ff. Aehnlich in Chios vgl. A. 2.

[1] Dass jedes Volk sein eigenes *ius ciuile* habe, ist bei den römischen Juristen ein anerkannter Grundsaz. Gai. 1, 1 vgl. 55. 193. 197; 3, 134; Paul. ad Sab. 14 (D. 1, 1, 11); Dosith. 1; Inst. 1, 2, 1—2; vgl. Voigt ius nat. II, 39 ff. In der Praxis wurde dies peregrine Civilrecht, wie oben (p. 120) bemerkt, nicht nur bei den autonomen, sondern auch bei den untertänigen Gemeinden durchweg von den Römern anerkannt.

[2] Für Karthago vgl. p. 132 A. 2. Die beiden lezteren Orte sind angeführt, weil uns ihr Fremdenrecht urkundlich bezeugt ist. Wegen Termessos vgl. p. 132 A. 3; bezüglich Chios wird in einer dem Jahre 818 angehörigen Urkunde (C. I. Gr. 2222) ein Senatsbeschluss des Jahres 674 (Λουκίψ [Σ]ύλλᾳ τὸ δε[ύτε]ρον ὑπάτψ) angeführt, in welchem es heisst: ὅπως νόμοις τε καὶ ἔθεσιν καὶ δικαίοις [χρῶν]ται ἃ ἔσχον, ὅτε τῇ Ῥωμαίων [φι]λίᾳ προςῆ[λ]θον, ἵνα τε ὑπὸ μηθ' ψτινι[οῦν] τύπψ ὦσιν ἀ[ρ]χόντων ἢ ἀνταρχόντων, οἵ τε παρ' αὐτοῖς ὄντες Ῥω[μαῖο]ι τοῖς Χείων ὑπακούωσιν νόμοις. Auch hier wird also der bestehende Rechtszustand anerkannt und ferner bestimmt, dass die Römer den chiischen Gesezen unterworfen sein sollten. Da Chios von der Jurisdiction der römischen Magistrate und Promagistrate eximirt wird — über den Begriff τύπος vgl. den Commentar von Böckh gg. E. — so ist damit einerseits gesagt, dass der Umfang des Rechtsschuzes der Römer sich nach dem chiischen Recht bestimmen soll, weiter aber wird das materielle chiische Fremdenrecht für die Römer als massgebend anerkannt. Vgl. die folg. Anm.

Griechen, die Eigentümlichkeiten des eigenen Rechts schon so
weit abgeschliffen, dass dieses viel weniger Abweichungen von den
Fremdenrechten aufwies [1] als das römische Landrecht, welches seine
Abgeschlossenheit deshalb in höherem Masse bewahrt hatte, weil
es schon in der frühesten Entwicklungsstufe durch eine Jurisprudenz getragen wurde, mit welcher sich die keiner andern Nation
messen konnte.

Beschränken wir uns speziell auf die römischen Verhältnisse,
so können wir die dort geltenden Fremdenrechte charakterisiren
als das römische Gewohnheitsrecht, nach welchem der Praetor
peregrinus den aus dem Verkehr der Römer mit den Ausländern
oder der Ausländer unter einander hervorgegangenen Rechtsverhältnissen den Schuz seiner Jurisdiction verlieh, und die römischen Recuperatoren die Processe entschieden. Die Summe der so
entstandenen Rechtsregeln ist es, welche die Grundlage des später
als Weltrecht bezeichneten Rechtsstoffes darstellt.

Bei der Verschiedenartigkeit der Ausgangspunkte müssen zunächst auch die Rechtsgrundsäze, welche den einzelnen Völkern
gegenüber zur Anwendung kamen, zum Teil recht mannigfaltig gestaltet gewesen sein. Vereinzelte Handelsbeziehungen, wie sie in der
frühern Epoche vorkamen, wurden natürlich immer nach dem jeweiligen
Bedürfnis geregelt: der Karthager stand in Rom unter anderm
Recht als der Massiliote. Nichts ist verkehrter als die Annahme,
dass man von der Anschauung der Notwendigkeit eines für alle
Völker gleichen Rechts ausgegangen sei und in bewusster Absicht
aus den verschiedenen ausländischen Rechten die dafür passenden
Regeln ausgewählt habe: vielmehr hat sich umgekehrt erst
als Folge der Entwicklung eine Ausgleichung zwischen den einzelnen Fremdenrechten vollzogen. Als Rom im sechsten Jahrhundert der Mittelpunkt des Handels geworden war und mit
sämmtlichen Ländern der alten Welt in Verkehr trat, fand eine
Concentration der Fremdenrechte in Rom statt wie in keinem
andern Staate: zu Vespasians Zeiten sollen dreitausend Urkunden auf dem Capitol vorhanden gewesen sein, welche Staatsverträge mit ausländischen Gemeinden und einzelnen Gastfreunden
des römischen Volkes, oder Bewilligungen von Rechtschuz in Rom
nebst wechselweiser Autonomie der fremden Staaten durch Senat oder

---

[1] Hieraus erklärt es sich, dass in dem eben angeführten Senatsbeschluss
die Römer geradezu den chiischen Gesezen unterstellt werden: es gab dort
keine privatrechtlichen Normen mehr, welche nur für chiische Bürger galten.

Volk enthielten[1]. Die Fremdenrechte stammesgleicher Völker wie
zum Beispiel der unteritalischen und sicilischen Griechen werden
schon in der früheren Periode inhaltlich nicht sehr von einander ab-
gewichen sein; jezt wo man im Osten in die fest organisirten griechischen Handelsbeziehungen eintrat, war das natürlich immer
weniger der Fall: gleiche wirtschaftliche Bedingungen erheischen
von selbst gleiche gesezliche Regelungen. Als dann die Ent-
faltung des Weltrechts so weit vorgeschritten war, dass sich ein
fester Kern von gewohnheitsrechtlich allerorts in Anwendung
kommenden Rechtssäzen herausgebildet hatte, wurde dieser — so
dürfen wir schliessen — für weitere Bündnisse einfach übernommen.
In den Urkunden über Verleihungen von Autonomie und Steuer-
freiheiten finden sich Meistbegünstigungsclauseln[2]: es ist wol nicht
zu gewagt anzunehmen, dass auch hinsichtlich des Privatrechts und
des Rechtsschuzes, welcher den Verbündeten in Rom und den
Römern im Ausland gewährt wurde, ähnliches vorgekommen ist.
So entstand allmählich ein Complex von Rechtssäzen, welche sich
ihrem wesentlichen Inhalt nach überall in gleicher Weise vorfanden:
das Gewohnheitsrecht, dem, wie wir sahen, die Römer in Termessos
und in Chios unterstellt wurden, wird sich materiell kaum von einander unterschieden haben und auch mit dem in Rom für die
Hellenen geltenden in der Hauptsache gleichartig gewesen sein[3];

---

[1] *Suet. Vesp.* 8: *aerearumque tabularum tria milia quae simul con-
flagrauerant restituenda suscepit . . ., instrumentum imperii pulcherrimum
ac uetustissimum quo continebantur paene ab exordio urbis senatus consulta. plebiscita de societate et foedere ac priuilegio cuicumque concessis.*

[2] So in den Privilegien, welche der Senat im Jahre 712 den karischen
Städten Aphrodisias und Plarasa verlieh (C. I. G. 2737; Bruns font.[5] p. 170):
ὁμοίως τε ἀρέσκειν τῇ συγκλήτῳ τὸν δῆμον τὸν Πλα[ρασέων καὶ Αφρο-
δεισιέ]ων τὴν ἐλευθερίαν καὶ τὴν ἀτέλειαν αὐτοὺς πάντων τῶν πραγ[μάτων
ἔχειν . . . καθ'ἄπερ καί τις πολιτεία τῷ καλλίστῳ δικαίῳ καλλίστῳ τε
νόμῳ ἐστίν [χρωμένη ἢ παρὰ τοῦ δήμο]υ τοῦ 'Ρωμαίων τὴν ἐλευθερίαν καὶ τὴν ἀτέλειαν ἔχει φίλη τε καὶ σύ[μμαχος οὖσα]. Aehnlich in
Herakleia (C. I Gr. 3400): συγχωροῦμεν δὲ ὑμῖν τήν τε ἐλευθερίαν καθότι
κα[ὶ ταῖς ἄλλ]αις πόλεσιν ὅσαι ἡμῖν τὴν ἐπιτροπ[ί]αν ἐδωκαν ἔχουσιν [πάν]τα
τὰ αὐτῶν πο[λι]τεύεσθαι κατὰ τοὺς ὑμετέρους νόμους. Ueber die *ciuitates
liberae et immunes* vgl. Marq. St. V. I, 350 ff.

[3] in der Hauptsache, aber nicht durchweg. Verschiedenheiten finden
sich, so namentlich hinsichtlich der griechischen σύγγραφα. Vgl. darüber
Gneist formelle Verträge 413 ff.; Voigt II, 417. Sie gelten in den griechischen Gemeinden für deren Angehörige (Gai 3, 134), wie für den Fremden,

nur die Formen, in welchen es zur Anwendung kam und im Process seinen Schuz fand, sind verschieden geblieben. Das Gewohnheitsrecht des internationalen Verkehrs war damit zu einer die Völker beherrschenden Macht geworden.

———

Auch bei der precarististen Rechtsstellung, welche Rom den Untertanen in der Provinz zugestand, ist der gleiche Hergang zu beobachten wie bei den Clientelstaaten und autonomen Gemeinden, nur dass hier an Stelle der Staatsverträge die von Rom gesezte Verfassung[1] trat. Dies Grundgesez der Provinz hatte in erster Linie den Zweck die Verwaltung, namentlich auch die Gerichtsverfassung, zu regeln. So enthielt die Constitution für Sicilien, die sogenannte *lex Rupilia*, über welche wir einigermassen orientirt sind[2], genaue Bestimmungen über die Zusammensezung der Richtercollegien und das Verfahren im Process der Provinzialen unter einander oder mit römischen Bürgern[3].

Weiter aber trat hier als wichtiger Factor das jährliche Edict des Statthalters ein[4], das zu der Constitution eine ähnliche Stellung hatte, wie das städtische Edict zum Gesezesrecht. Es diente also dazu, das Grundgesez auszubauen und zeitgemäss umzugestalten, und enthielt demnach vor allem Verwaltungsrecht[5]; auch hier steben die Rechtsschuz gewährenden und processleitenden Ver-

———

also auch für den Römer (Gneist 485 ff. 503 ff. vgl. p. 137 A. 5), sind aber niemals in das römische Fremdenrecht eingestellt worden.

[1] vgl. ob. p. 120.

[2] Durch die Verrinen Ciceros; das Nähere s. bei Voigt ius nat. II, 395 ff.; Marq. St. V. I, 91; Degenkolb Die lex Hieronica.

[3] Cic. in Verr. II, 2, 32. 39—40 über die Richter (vgl. Voigt II, 405 f. Degenkolb p. 19 ff.); 3, 92 über *vadimonium* u. dgl.

[4] Die Verhältnisse sind bekannt für die Statthalterschaft des C. Verres in Sicilien (681—683) durch Ciceros Anklagereden (vgl. Voigt cit. A. 2) und aus dem Proconsulat des M. Cicero in Kilikien (703—704) durch dessen Correspondenz. Vgl. Drum. VI, 131 ff.; Voigt II, 408 ff.

[5] Dahin gehört vor allem das Rechnungs- und Schuldenwesen der Gemeinden: *de rationibus ciuitatum, de aere alieno* (Cic. ad Att. 6, 1, 15). Namentlich machten die Verhältnisse der Städte zu den Publicanen viele Schwierigkeiten Cic. a. a. O. 15—16. Vgl. Savigny Zinswucher des M. Brutus, Verm. Schr. I, 346 ff. Ueber das Edict des Verres bezüglich der sicilischen Steuerpächter vgl. Cic. in Verr. II, 3, 25 ff.

fügungen des Statthalters obenan[1]. Als materielles Recht wird
einerseits das Landesrecht der Provinzen[2], andrerseits das Gewohnheitsrecht, wie es sich im Verkehr der Provinzialen mit den
Römern festgesezt hatte[3], anerkannt. Freilich konnte hier von
einer Garantie des Rechtsschuzes der Römer durch die untertänigen Gemeinden keine Rede sein: dafür hatte der Statthalter zu sorgen; aber wie oben (p. 119) dargestellt wurde, hatten
überall die Provinzialen, lange bevor sie unterworfen wurden, mit
den Römern in Verkehr gestanden, und hatten in Folge dessen
bestimmte Fremdenrechte[4]. Eine einfache Negation derselben
durch die Römer wäre unklug, ja unmöglich gewesen: man liess sie
also fortbestehen, und auch hier wurden sie die Grundlage des
Weltrechts. In vielen Punkten jedoch griff das Edict auch selbständig ordnend in die Rechtsverhältnisse der Untertanen ein; nicht
nur dass das spezielle Provinzialrecht geregelt wurde[5]: gerade die
Statthalter haben viel für die Ausgleichung zwischen dem römischen
und ausländischen Recht getan. Grosse Teile ihre Edicte haben
sie aus denen der städtischen Praetoren wörtlich übernommen[6],

[1] z. B. Cic. in Verr. II, 2, 33. Namentlich ist es auch hier immer das
Begehren der Provinzialen, unter einheimischen Richtern zu stehen: Cic. in
Verr. II, 2, 90; ad Att. 6, 1, 15 vgl. Marq. St. V. I, 356 (wo übrigens der
Pontifex und der Augur Scaevola verwechselt werden). Ausserdem gehört
hierher das Concursrecht (vgl. A. 6).

[2] Ueber das „suis legibus uti" bei den Provinzialen vgl. p. 120 A. 3;
Für Sicilien war in dieser Hinsicht die Gesezgebung des Diokles von Syrakus
mit ihren verschiedenen Revisionen massgebend. Voigt II, 400 ff.

[3] communia iura bei Cic. in Ver. I, 13; s. p. 138 A. 4.

[4] Das gilt auch für die ältesten Provinzen. Ueber den Handel mit
Sicilien und das aus demselben hervorgehende mutuum (μοῖτον) ist ob. p. 117 f.
die Rede gewesen. Für Sardinien hatte das erste karthagische Bündnis
einen Rechtszustand geschaffen (vgl. ob. p. 132); wenn derselbe auch durch
den zweiten Vertrag aufgehoben wurde, so liegt es doch auf der Hand, dass
bei der vorübergehenden Geltung des lezteren eine dauernde Umgestaltung
der einmal begründeten Verhältnisse nicht herbeigeführt werden konnte.

[5] Die griechischen σύγγραφα (p. 135 A. 3) waren Gegenstand von
Ciceros Edict; auch hatte ein Senatsbeschluss von 698 ihre Rechtsbestän-
digkeit für Kilikien anerkannt: Cic. ad Att. 5, 21, 11; 6, 1, 15. Vgl.
Gneist form. Vertr. 485 ff.

[6] Dahin gehören die Titel aus Ciceros Edict (ad Att. 6, 1, 15) über
den Nachlassbesiz (de hereditatum possessionibus), über das Concursrecht
(de bonis uendendis, de magistris faciendis). Vgl. Walter R. RG. I. 346.
Cicero hatte sein Edict zum grossen Teil schon vor seinem Amtsantritt in
Rom zusammengestellt (ad fam. 3, 8, 4).

in andern Fällen erklärten sie dieselben, ohne sie auszuschreiben, für massgebend[1]. Diese Entlehnungen betrafen sowol das Edict des Praetor urbanus als das des Praetor peregrinus, und sind wichtig, weil sie uns einerseits den Beweis liefern, dass auch speziell römisches Recht in den Provinzen Eingang fand[2], andrerseits einen Beleg für unsere obige Behauptung geben, dass im siebenten Jahrhundert das römische und die überseeischen Fremdenrechte bereits in den wesentlichsten Punkten identisch waren[3]. Wir können die vorstehenden Erörterungen am besten zusammenfassen durch Berufung auf die Schilderung, welche Cicero von dem sicilischen Rechtszustande entwirft: er erkennt dort als geltend an die einheimischen Landrechte, das durch die Constitution eingeführte und — müssen wir hinzufügen — durch die Edicte ausgebaute römische Sazungsrecht, und das Weltrecht[4]. Diese Rechtsgruppen waren aber keineswegs Sicilien eigentümlich, sondern fanden sich in allen Provinzen in gleicher Weise.

Werfen wir schliesslich noch einen Blick auf das Verhältnis der verschiedenen Provinzialedicte zu einander, so werden wir finden, dass auch hier ursprünglich die Mannigfaltigkeit grösser war als die Gleichheit, dass aber ebenso wie bei den Fremden-

---

[1] Cic. ad Att. 6, 1, 15: *de reliquo iure dicundo* ἄγραφον *reliqui. dixi me de eo genere ad edicta urbana accommodaturum, itaque curo et satis facio adhuc omnibus.*

[2] Auch Geseze, welche privatrechtliche Verhältnisse in der Provinz ordnen, finden sich, so die *lex Iulia et Titia* (Gai. 1, 185; Vlp. 11, 18), die *lex Appuleia* (Gai. 3, 122).

[3] Cicero sagt in der eben (A. 1) angeführten Stelle ausdrücklich, dass ihm die *edicta urbana* zur Richtschnur dienten. Da er uns den sonstigen Inhalt seines Edicts genau angiebt, unter diesen Titeln sich aber keine finden, welche Materien des Weltrechts behandeln (wie z. B. die Contracte oder den Eigentumserwerb), so folgt daraus, dass die lezteren zu den ἄγραφα und nach den römischen Edicten behandelten gehörten.

[4] Cic. in Verr. I, 13: *Hoc praetore Siculi neque suas leges neque nostra senatus consulta neque communia iura tenuerunt.* Die zu dieser Stelle gehörigen, arg in Verwirrung geratenen gronovianischen Scholien versucht Orelli (p. 391) folgendermassen zu ordnen und zu ergänzen: *,s w a s leges*: *regis Hieronis* (vgl. Voigt II, 401 ff.): *omne enim ius ciuile* [Siciliae] *est aut proprium ciuitatis aut ciuium Romanorum quod a populo Romano suscepit pr[ouincia] S[icilia per P. Rupilium]. nam hic inter decem legatos missus est, qui ex senatus consulto iura Siculis constitueret. ,Neque communia iura*: *iura gentium.* Troz aller Verkehrtheiten ist der richtige Kern dieser Scholien nicht zu verkennen.

rechten allmählich eine gegenseitige Annäherung stattfand. Wichtige Schritte in dieser Richtung sind schon in republikanischer Zeit geschehen. Das Edict des Q. Scaevola für Asien (um 656) wurde als mustergültig angesehen, der Senat empfahl es den Statthaltern anderer Provinzen zur Nachahmung[1]. Ueberhaupt aber waren gewissenhafte Beamte bemüht, aus den Edicten für die benachbarten und unter ähnlichen Verhältnissen stehenden Provinzen das beste zu für die ihrigen übernehmen. So dienten dem M. Cicero als Proconsul von Kilikien (703—704) nicht nur die Edicte seiner speziellen Amtvorgänger P. Servilius Vatia und Ap. Claudius Pulcher[3] zum Vorbild, sondern er entlehnte auch wichtige Bestandteile aus den asianischen des P. Licinius Crassus Mucianus und Q. Mucius Scaevola und dem syrischen des M. Calpurnius Bibulus[3]. Eine wirkliche Conformität des Rechts ist freilich auch auf diesem Gebiete erst in der Kaiserzeit herbeigeführt worden.

Aus der bisherigen Darstellung ergiebt sich, dass das Weltrecht nichts anderes ist als das römische Fremdenrecht auf einer bestimmten Entwicklungsstufe, nämlich derjenigen, wo es mit den Fremdenrechten der auswärtigen, und zwar speziell der hellenischen Staaten des Ostens in den Hauptpunkten identisch geworden ist. Daraus folgen zwei wichtige Schlüsse: einmal dass sich das Weltrecht ganz allmählich im Lauf der Jahrhunderte entwickelt hat, und weiter dass es römisches, nicht ausländisches Recht ist. Seine Entstehung kann überhaupt an keinen bestimmten Zeitpunkt geknüpft werden[4]: es ist in seinen Anfängen so alt wie der Verkehr mit den nicht-italischen Völkern, reicht also so weit zurück wie unsere Kunde von der römischen Geschichte. Ursprünglich hat es geringen Umfang gehabt, allmählich aber tritt es immer intensiver hervor und ist im siebenten Jahrhundert der Stadt bereits zu einem mächtigen

---

[1] Val. Max. 8, 15, 6.

[2] Das bedingte schon die tralaticische Beschaffenheit (vgl. ad Att. 5, 21, 11) des Edicts. Für Servilius vgl. ad Att. 6, 1. 16, für Ap. Claudius ad fam. 3, 8, 4.

[3] Crassus: ad Att. 5, 3. 2. Scaevola (vgl. A. 1): ad Att. 6, 1, 15. Bibulus: ebend.

[4] wie es Voigt ius nat. II, 621 versucht.

Strome angewachsen. Man pflegt heutzutage die Einsezung der
Peregrinen-Praetur um 512 als einen Wendepunkt anzusehen, und
sie ist es ohne Zweifel; ob man aber daraus für den damaligen
Umfang des Weltrechts irgend welche sicheren Folgerungen ziehen
kann, ist eine andere Frage. Das Wesen dieser Neuerung bestand bekanntlich darin, dass die Jurisdiction zwischen Bürgern und Ausländern (*inter ciues et peregrinos*) und zwischen Ausländern unter
einander (*inter peregrinos*) von der über die Bürger allein (*inter
ciues*) abgezweigt und dem neuen Magistrat übertragen wurde. Als
Grund hierfür wird in den Quellen die grosse Menge der damals
in Rom verkehrenden Fremden und die dadurch hervorgerufene
Ueberlastung des bisherigen städtischen Praetors angegeben[1]. Indessen einmal rechtfertigt die Menge der Fremdenprocesse noch
keineswegs den Schluss auf die grössere oder geringere Ausbildung des Weltrechts, und dann darf man doch auch nicht übersehen,
dass sich die Fremdenmasse damals zum grössten Teil aus Italikern
zusammensezte[2]; die schuzberechtigten Hellenen und Phoinikier
stellten jedenfalls ein weit geringeres Contingent für die Tätigkeit
des neuen Praetors, und nur diese kommen für das Weltrecht
in Betracht. Ferner ist es von Wichtigkeit, dass der Senat während
des zweiten punischen Krieges und auch noch später die Fremdenpraetur oftmals ausfallen liess oder auch die Träger dieser Magistratur mit andern Aufträgen betraute[3]: man darf sich also den Umfang ihrer Geschäfte nicht allzu gross vorstellen, da bis an das
Ende des sechsten Jahrhunderts immer noch eine Vereinigung der
beiden Jurisdictionen in der Hand des einen Praetor urbanus möglich erschien. Ein sicheres Urteil über das Wachsen der Fremdenprocesse ist nur möglich, so weit die Magistratslisten des Livius
reichen (d. h. bis 588); dass aber auch im Anfang des siebenten
Jahrhunderts der Praetor peregrinus als der im geringern Masse

---

[1] Pomp. 28: *Post aliquot deinde annos non sufficiente eo praetore,
quod multa turba etium peregrinorum in ciuitatem ueniret, creatus est et
alius praetor qui peregrinus appellatus est ab eo, quod plerumque inter
peregrinos ius dicebat.* Vgl. Karlowa R. RG I, 456 f. Voigt II, 593 f.

[2] Vgl. Momms. St. R. II, 211, der mit Recht hervorhebt, dass der Aus-
druck *peregrini* allgemein zu fassen ist und auch die Latiner einbegreift.
Auch in der ersten Zeit nach dem hannibalischen Kriege wird zunächst nur
über die Menge der Italiker in Rom geklagt (s. die Stellen bei Voigt
II, 594. A. 740), erst nach den griechisch-asiatischen Kriegen beginnt das
Einströmen des hellenischen Elementes in grösserem Umfange.

[3] Momms. St. R. II, 201 f

beschäftige angesehen wurde, geht daraus hervor, dass man ihm anfänglich die Leitung der Quaestionen für Repetunden (605) übertrug. Da sich aber schon 631 ein eigener Praetor repetundis findet[1], so darf man auf eine bedeutende Vermehrung nicht nur der Klagen wegen Erpressungen sondern auch der privatrechtlichen Peregrinenprocesse in der Zwischenzeit schliessen: und in der Tat tritt während der Periode der gracchischen Bewegungen zum ersten Mal ein grösseres nicht-italisches Element der Bevölkerung Roms deutlich in unsern Quellen hervor (vgl. ob. p. 122 ff.).

Treten wir jezt dem zweiten der oben aufgestellten Säze näher, dass das Weltrecht, obwol es zunächst als Fremdenrecht für die verbündeten Ausländer galt, doch kein ausländisches sondern römisches Recht war[2]. Um jedoch Missdeutungen vorzubeugen, mag hier die Terminologie von vorn herein festgestellt werden: römisches Recht ist dasjenige, welches ohne Rücksicht auf seinen materiellen Ursprung von der römischen Staatsgewalt gesezt und — gleichviel welchen Klassen der Bevölkerung gegenüber — von den römischen Magistraten und in den römischen Gerichten zur Anwendung gebracht wird. Für eine Auffassung, wie wir sie heute haben, dass der Richter unter Umständen ausländisches Recht anwenden müsse[3], fehlen alle Spuren in den Quellen und fehlt vor allem in der antiken Welt die notwendige Voraussezung: der Gedanke eines Staatensystems, dessen einzelne Glieder jedes eine eigenartige aber von den andern anerkannte Culturaufgabe in gleichberechtigter Weise, wenn auch mit verschiedenen Mitteln verfolgen. Grundsäzlich war das Recht des Staates nur für die eigenen Bürger da; und wenn man dies Princip überschritt, so geschah es doch nur um seiner selbst willen: man gewährte dem Fremden Rechtsschuz, um für den eigenen Staatsangehörigen im Auslande ein gleiches zu erlangen. Das Mass dieses Schuzes und die Art und Weise, in welcher er gewährt wurde, beruhte aber nicht auf einer nackten Re-

---

1 Ebend. 191; Lange R. A. I, 766. Verkehrt wäre es, die Vorstandschaft des Praetor peregrinus daraus erklären zu wollen, dass in den Repetundenprocessen die Kläger immer Provinziale, also Ausländer waren: die civile Jurisdiction *inter peregrinos* hat mit der strafrichterlichen Untersuchungstätigkeit und Geschworenenleitung nichts gemein.

² Vgl. Puchta I, 207. Voigt II, 664 ff.

³ So erklärt Savigny (Syst. I, 109 f.) die Entstehung des Weltrechts: im Peregrinenprocess sei fremdes Recht zur Anwendung gekommen, dann habe man das Gemeinsame erkannt und daraus den abstracten Begriff eines allen Völkern gemeinsamen Rechts hergeleitet.

ciprocität oder auf vagen Anschauungen über Recht und Billigkeit,
sondern, wie oben (p. 131 ff.) gezeigt wurde, auf positiven, vom
eigenen Staat ausgehenden, teils in den Verträgen niedergeschrie-
benen, teils gewohnheitsrechtlich erwachsenen Rechtsregeln, zu deren
Ausbau freilich jene Factoren wesentlich beigetragen haben.

Die direkten Abmachungen über das materielle Fremdenrecht
mögen, da wir zu wenig darüber unterrichtet sind, auf sich beruhen; wenden wir uns dem Gewohnheitsrecht zu. Wenn unsere
Darstellung, dass das Fremdenrecht ein Recht des dasselbe garantiren-
den Volkes war, die richtige ist, so war es jedenfalls bei unentwickel-
teren Verhältnissen das nächstliegende, Institute dieses Volkes auf das
andere, das heisst das schuzberechtigte, auszudehnen, mit andern
Worten aus dem eigenen Recht heraus analoge Formen für die Ausländer zu gestalten. Diesem Standpunkte entspricht eine der frühesten
weltrechtlichen Bildungen in Rom: die Stipulation. Während es
bei der dem Landrecht angehörigen Sponsion [1] — sehen wir von
ihrem ältesten, mehr oder weniger fraglichen, sacralen Charakter ab
— notwendig auf die Stichworte *spondesne? spondeo* ankam, bestand nach der Auffassung der römischen Juristen das eigentümliche Wesen der Stipulation darin, dass sie nur eine Correspondenz
von Frage und Antwort verlangte, während die Worte beliebig gewählt sein konnten (*dabis? dabo; promittis? promitto* u. s. w.). Demnach erweist sich die Stipulation als ein Institut, das in bewusster Anlehnung und nach Analogie der Sponsion ausgebildet ist. Der Grund
dieser Erweiterung des Rechts lag schwerlich in dem Bedürfnis
der Bürger unter einander, denn ebenso gut als man die Manci-
pations- und Legisactionsformeln unverändert beibehielt, hätte man
auch bei dem *spondere* stehen bleiben können: es ist vielmehr
das, was Gaius als das Charakteristische der Stipulation bezeichnet, dass sie im Gegensaz zu der stets landrechtlichen Sponsion
für den Geschäftsverkehr mit Ausländern brauchbar sei, und sowol

---

[1] S. Gai. 3, 92—93 über Sponsion und Stipulation, Vlp. ad Sab. 48 (D. 46,
4, 8, 4) über die mit der Stipulation auf gleicher Stufe stehende Acceptilation.
Auf die vielen, zum Teil sehr künstlichen Theorien über die Entstehung der
Stipulation einzugehen, ist hier nicht der Ort. Eine Zeitgrenze für ihr Auf-
kommen lässt sich natürlich nicht aufstellen; die Behauptung Voigts (ius nat.
II, 228 ff. vgl. IV, 426 ff.), dass sie ihre Einführung der *lex Silia* verdankt,
mag auf sich beruhen; eine Auseinandersezung mit diesem Gelehrten, der
Hypothesen an Hypothesen reiht ,*ut tesserulae, omnes arte pauimento atque
emblemate uermiculato*', und seine daraus gezogenen Schlüsse für historische
Tatsachen hält, ist fruchtlos.

in lateinischer wie in griechischer Sprache abgeschlossen werden
könne, als der Ausgangspunkt des Instituts anzusehen[1]. Man
wollte die eigene, nur für die Bürger geltende Form festhalten
und daneben eine andere, möglichst gleichartige haben, mittelst
deren der Römer auch mit dem Fremden contrahiren könne. —
Auf einer ähnlichen, aber doch schon etwas fortgeschrittneren
Stufe stehen die Fictionen des Peregrinenrechts. Der Ausländer,
welcher eine Entwendung oder Sachbeschädigung verübt hat, soll
vom Richter so abgeurteilt werden, als ob er römischer Bürger wäre:
es wird also das Landrecht der Zwölf Tafeln und des aquilischen
Gesezes auf ihn übertragen[2].

Diese Ausdehnungen des römischen Rechts auf die Fremden
gehören, wie gesagt, der früheren Zeit an, sie sind unbeholfene

---

[1] Das scheint mir, wenn man die Tatsachen, welche Gaius berichtet,
zum Ausgangspunkt nimmt, die ungezwungenste Auffassung.   Wenn zwei
Bürger mit einander contrahiren wollten, so waren sie in der ältesten
Periode auf die Sponsion beschränkt; erst als man begann, die weltrechtlichen
Institute in das Landrecht aufzunehmen (worüber unt. p. 147 ff.), wurde
auch *inter ciues* die freiere Form der Stipulation zulässig. Und seitdem tritt
eine gänzliche Verschmelzung der beiden Institute ein; als einziger Rest der
älteren Gestaltung bleibt bis auf Gaius Zeiten die Unanwendbarkeit des *spondesne? spondeo* im Peregrinenverkehr. Ser. Sulpicius (bei Gell. 4, 4) gebraucht
die Ausdrücke Sponsion und Stipulation bereits völlig unterschiedlos, Paulus
ist schon zu dem Saz vorgedrungen (D. 50, 16, 7): *Sponsio appellatur non
solum quae per sponsus interrogationem fit, sed omnis stipulatio promissioque*,
und Papinian hat die historische Entwicklung so weit vergessen, dass er die
Acceptilation unter den *actus legitimi* (vgl. ob. p. 22 A. 1) aufführt (D. 50,
17, 77).   Nichts ist aber verkehrter als diese Confundirung für das ursprüngliche zuhalten: mit Recht bemerkt Bechmann (Kauf I, 473), dass es mit der
Stipulation von Anfang an eine andere Bewandtnis gehabt habe als mit den
negotia sollemnia, ja selbst mit der grundsäzlich auf römische Bürger be-
schränkten Sponsion; nur damit, dass B. die Reception dieses Institutes aus
dem *ius gentium* ablehnt, kann ich mich nicht einverstanden erklären.   Die
Stipulation verdankt ihre Entstehung dem Verkehr mit den Griechen, und da
sie der älteren Periode angehört, wahrscheinlich den Griechen Unteritaliens.
Es galt nämlich als feststehend, dass sie in griechischer Sprache abgeschlossen
werden konnte (Gaius a. a. O.), während noch in der Kaiserzeit zweifelhaft
war, ob auch semitische Sprachen zulässig seien. Vlp. ad Sab. 48 (D. 45, 1,
1, 6): *sed utrum hoc usque ad Graecum sermonem tantum protrahimus an
uero et ad alium, Poenum forte uel Assyrium uel cuius alterius linguae
dubitari potest.*

[2] Gai 4, 37. Die anderweiten von Gaius erwähnten Fictionen gehören
nicht unter den Gesichtspunkt der Ausdehnung des Landrechts auf den Ausländer.

Anfänge des Weltrechts. Je mehr Rom in den internationalen
Verkehr eintrat, um so stärker wurde die Rückwirkung der ausländischen Rechte. Trozdem aber hat das Weltrecht seinen
ursprünglichen Charakter als ein von der römischen Staatsgewalt
gewährtes und vorzugsweise den Handelsbeziehungen zwischen
Römern und Ausländern geltendes Recht nicht verläugnet. Es
drang fremdes Recht in Rom ein, aber man recipirte nur in
seltenen Fällen dies Recht als solches, sondern meistens nur den
Rechtsstoff. Doch wird es zum richtigen Verständnis dieses Sazes
nötig sein, etwas weiter auszuholen. Wir haben (ob. p. 117 f. 129 ff. vgl. auch 143 A. 1a. E.) gesehen, dass Berührungen mit dem Griechentum in Unteritalien
und Einwirkungen seiner Civilisation auf Rom schon in den
frühesten Zeiten stattgefunden haben. Seit der Mitte des fünften
Jahrhunderts nehmen diese Beziehungen einen ungleich lebhafteren
Charakter und grösseren Umfang an: während bisher Einzelheiten
entlehnt waren, beginnen jetzt allmählich auf allen Gebieten des
Lebens griechische Anschauungen zu wirken und sich von Jahr
zu Jahr stärker zu entfalten. Ein näheres Eingehen auf die Geschichte dieses Ueberganges vom nationalen zum hellenistischen
Römertum verbietet sich hier von selbst, sie muss in ihren Grund-
zügen als bekannt vorausgesezt werden[1]. Früchte der neuen Cultur-
epoche treten uns schon um die Zeit des ersten punischen Friedens (513) entgegen. Damals übersezte Livius Andronicus die
Odyssee ins Lateinische und machte seinen Mitbürgern die griechischen Tragoedien und Komoedien zugänglich; während des
hannibalischen Krieges folgten ihm Cn. Naevius und Plautus, schrieb
Q. Fabius Pictor seine römische Geschichte in griechischer Sprache.
Aber nicht nur ,die Muse nahte sich beschwingten Schrittes dem
rauhen Volk des Romulus'[2]: in jenen Zeiten hat das griechische
Wesen auf allen Gebieten in Rom Fuss gefasst. Handel und Wirtschaft, Gesellschaft, Sitte und Religion, alles fängt an sich unter
seinen Einfluss zu beugen. Und wenn sich die gesammte Cultur
eines Volkes umgestaltet, so kann natürlich das Recht, ihr wich-
tigster Zweig, nicht zurückbleiben. Die Einzelheiten dieses Vorganges entziehen sich bei dem dürftigen Stand unserer Quellen

---

[1] Vgl. Voigt II², 635 ff.; Kuntze II², 195 ff.; Momms. R. G. I 861 ff.;
Teuffel R. L. G. § 91.

[2] Porcius Licinus (7. Jh. bei Gell. 17, 21, 45): *Poenicō bellō secundo
Mūsa pinnatō gradu Intulit se bellicosam in Rōmuli gentem feram.*

der genaueren Prüfung, aber wir werden nicht fehlgehen, wenn
wir die tiefgehende Beeinflussung des römischen Rechts durch das
griechische als gleichzeitig mit dem grossen Strome des sonstigen
Hellenismus ansezen. Etwa gegen Ende des fünften Jahrhunderts
haben griechische Rechtsanschauungen in grösserem Maasse in Rom
Eingang gefunden, im sechsten Jahrhundert lassen sich ihre Wirkungen an dem veränderten Charakter des Weltrechts bereits deutlich erkennen.

Dass das griechische Recht inhaltlich in hohem Grade entwickelt war, ist schon oben (p. 180) bemerkt worden: dies Urteil
wird durch die jüngsten Forschungen auf Grund neu entdeckter
Quellen, welche uns viel tiefere Blicke in die Altertümer des griechischen Privatrechts gestatten als vordem, immer mehr bestätigt.
Was aber seine formale Ausprägung angeht, so werden wir Ciceros
Ausspruch [1], dass es, mit dem römischen verglichen, von einer fast
komischen Unbeholfenheit sei, gewiss anerkennen. Mochten schon
die Zwölf Tafeln, juristisch betrachtet, eine unendlich grössere
Leistung sein als ihr Vorbild, die solonischen Geseze: noch viel
mehr fällt in's Gewicht, dass es in Griechenland an einer fachmässigen Bearbeitung des Rechts gänzlich fehlte. Die Rhetoren
und Philosophen, die sich mit demselben beschäftigten, haben entschieden mehr daran verdorben als genüzt: es gab ein griechisches
Recht, aber es gab keine griechische Rechtswissenschaft.

So wird unser obiger Saz, dass man in Rom den Rechtsstoff, nicht aber das Recht der Griechen selbst recipirte, erklärlich. Auf allen andern Gebieten des Wissens und Denkens
waren die Römer Nachahmer, oft Copisten ihrer Lehrmeister ohne
eigene Originalität, In der Jurisprudenz aber fühlte man zu sehr
die eigene Ueberlegenheit: man entnahm vieles aus dem griechischen Recht, aber die Art und Weise der Aneignung und die
Verarbeitung desselben war und blieb eine nationale. Man sah,
wie das fremde Recht mit seinen Bestimmungen die neu erwachten Lebensbedürfnisse zu befriedigen vermochte, und man
verschloss sich dieser Belehrung nicht, erreichte aber schliesslich
denselben Erfolg in der Hauptsache mit eigenen Mitteln. Wir

---

[1] De or. 1, 197: *Percipietis enim illam ex cognitione iuris laetitiam
et uoluptatem, quod, quantum praestiterint nostri maiores prudentia ceteris
gentibus, tunc facillime intellegetis, si cum illorum Lycurgo et Dracone et
Solone nostras leges conferre uolueritis, incredibile est enim, quam sit omne
ius ciuile praeter hoc nostrum inconditum ac paene ridiculum.*

müssen nur immer im Auge behalten, dass es in den weitaus
häufigsten Fällen der Praxis nicht darauf ankam, Verhältnisse
zwischen zwei Ausländern zu regeln, sondern ein für den römischen Bürger und für den Ausländer in gleicher Weise anwendbares Recht zu finden. Das römische Weltrecht, welches so entstand, ist das Resultat einer Specification, die aus fremdem Material
etwas Neues schuf, das nicht mehr in die alte Form zurückgebracht
werden konnte — und deshalb ist es Eigentum der Römer. Gerade
darin zeigt sich die grossartige Begabung der Römer für die
Jurisprudenz, dass sie es verstanden, fremde Vorbilder auf sich
wirken zu lassen, fremdes Recht sich zu eigen zu machen, dass
sie dasselbe aber immer nur in nationaler Umprägung wieder ausgaben.

Auf diese Weise sind die beiden wichtigsten Verträge des
Weltrechts entstanden: der Kauf und die Miete. Es kann keinem
Zweifel unterliegen, dass der Weltverkehr sie längst als formlose,
nach Treu und Glauben zu bemessende Geschäfte kannte, und
dass sie als solche auch den Römern schon in frühen Zeiten bekannt
geworden sind. Der Praetor peregrinus entnahm aus diesen Verhältnissen aber nur die Anregung zu ihrer Anerkennung, ihre
spezielle Gestaltung für das römische Weltrecht gewann er durch
die Anlehnung an die längst bestehenden Verkäufe, Verpachtungen
und Verdingungen des römischen Staatsrechts [1]. Noch ein anderes
Beispiel mag Erwähnung finden, weil wir dort die Quelle der
fremdländischen Herkunft genau zu erkennen vermögen. Man übernahm aus dem Seerecht der Rhodier die Vorschrift [2], dass Haverei-

---

[1] Dass Kauf und Miete als römische Consensualcontracte ihre Vorbilder im Gemeindevermögensrecht fanden ist m. E. überzeugend nachgewiesen
von Bechmann Kauf I, 439 ff.; Degenkolb Plazrecht und Miete 127 ff.;
Mommsen Zschr. d. Sar. Stift. VI, 260 ff. Dass man im Weltverkehr formlos
kaufte und mietete, bedarf ebenso wenig eines Beweises wie die Behauptung,
dass es notwendig war derartige Verträge im römischen Fremdenrecht für
klagbar zu erklären, wenn man sich in erfolgreicher Weise an diesem Weltverkehr beteiligen wollte.

[2] Paul. Sent. 2, 7, 1 (= D. 14, 2, 1): *Lege Rhodia cauetur, ut si leuandae
nauis gratia iactus mercium factus est, omnium contributione sarciatur, quod
pro omnibus datum (iactum) est.* Ueber die hieraus entspringenden *actiones locati
conducti* s. Paul. ad ed. 34 (D. 14, 2, 2). Eine interessante, diesen Grundsaz streifende Erwähnung findet sich bei dem aus Rhodos stammenden stoischen
Philosophen Hekaton (7. Jh.). Dieser stellte nämlich (Cic. de off. 3, 89)
im sechsten Buch seiner Pflichtenlehre eine Reihe höchst scholastischer

schäden nicht den Schiffer oder einzelne der Verfrachter allein treffen dürften, sondern von allen, welche an Schiff und Ladung beteiligt waren, gemeinsam getragen werden müssten: die Unterstellung dieses Grundsazes unter die Mietklagen dagegen ist römische Errungenschaft.

Wir haben bisher das Weltrecht als römisches Fremdenrecht geschildert, das sich im Lauf der Jahrhunderte unter dem Schuze des Praetor peregrinus herausbildete. Diese Darstellung zeigt uns aber nur den Ausgangspunkt und den ursprünglichen Charakter des Weltrechts. Ganz allmählich vollzieht sich nun, neben jenem ersten hergehend, ein weiterer Process: das römische Fremdenrecht gewinnt auch für die Rechtsbeziehungen der Bürger unter einander Geltung, ein Institut nach dem andern wird vom Praetor urbanus übernommen, bis schliesslich die ganze Masse des Weltrechts ein Recht der römischen Bürger geworden ist. Die Ursachen und der Verlauf dieses zweiten Stadiums in der Entwicklungsgeschichte des Weltrechts sind troz unserer mangelhaften Kenntnis der Einzelheiten unschwer zu erkennen.

Fragen über das rechte Benehmen des tugendhaften Mannes in zweifelhaften Fällen auf, darunter folgende: Hat der Eigentümer eines Schiffes das Recht jemanden, der sich beim Schiffbruch an eine Planke geklammert hat, fortzustossen (falls er das kann), da sie doch ihm gehört? ,Nein' antwortet der Philosoph, ,ebenso wenig als er einen Mitreisenden über Bord werfen lassen darf, weil das Schiff ihm gehöre: denn bis das Schiff an seinen Bestimmungsort gelangt ist, gehört es nicht dem Eigentümer, sondern den Reisenden'. Die Form in welcher Cicero diese Gedanken, wahrscheinlich im engen Anschluss an Hekaton, vorträgt, ist eine durchaus unjuristische; aber darf man vielleicht daraus den Schluss wagen, dass Hekaton doch immerhin von der Rechtsauffassung seiner Heimat beeinflusst war, und diese dahin praecisiren, dass sie eine Gesammtberechtigung von Schiffer und Verfrachter annahm, aus welcher sie die Pflicht der Repartirung bei Havereischäden herleitete? Allerdings lässt sich in der Stoa überhaupt und speziell bei Hekaton eine Neigung zu communistischen Anschauungen über das Eigentum nicht verkennen (vgl. Cic. de off. 3, 63): aber jedenfalls ist jene Auffassung die nächstliegende, und dass die Römer das Rhodische Seerecht nicht der *actio pro socio* sondern der *actio locati conducti* unterstellten, lässt sich nur durch die Annahme erklären, dass sie es zu einer Zeit recipirten, als sie schon einen klagbaren Mietcontract, dagegen noch keine ausgebildete *societas* kannten.

Der Verkehr mit den Ausländern wirkte notwendig auf den einheimischen zurück, indem er auch hier neuen Anschauungen Bahn machte und Anforderungen an das Recht stellte, denen es so, wie es von den Vätern überkommen war, nicht mehr gewachsen war. Seitdem Rom an dem Welthandel Teil zu nehmen begann, erwiesen sich die alten eng begrenzten Formeln immer mehr als unzulänglich, trat von Jahr zu Jahr die Ansicht, dass sie eine hemmende Schranke seien, im römischen Volke stärker hervor. Bisher hatte die Jurisprudenz geholfen, indem sie durch ihre Interpretation das lebende Recht mit dem überlieferten zu versöhnen suchte (ob. p. 93 ff.), auch die Gesezgebung hatte eingegriffen und manchen neuen Anschauungen Eingang verschafft (ob. p. 97 ff.). Aber das Ungenügende dieser Mittel war nicht zu verkennen: die Geseze griffen immer nur einzelne Punkte wie Vormundschaft und Sachbeschädigung auf, eine wirkliche Abhülfe wäre nur von einer umfassenden neuen Codification nach Art der Zwölf Tafeln zu erwarten gewesen; da diese ausblieb, mussten andere staatliche Organe die Fortbildung des Rechts in die Hand nehmen. Die stete Ausdehnung der Actionen des alten Rechts würde auf die Dauer zu ihrer Zersprengung geführt haben, man konnte schliesslich nicht alles in sie hinein interpretiren. Ausserdem war es auch gerade die Schwerfälligkeit dieser Formen, gegen welche das Rechtsbewusstsein der lebenden Geschlechter Opposition machte: das was einst die Sicherheit der Rechtsgeschäfte ausgemacht hatte, begann man jetzt, wie gesagt, als eine drückende Last zu fühlen.

Die Bedürfnisse der Bürger unter einander waren freilich nicht überall dieselben wie die des Fremdenverkehrs; es traten hier mancherlei Verhältnisse hervor, welche dem Ausländer gegenüber nicht vorhanden waren. So hat die publicianische Klage, von der Tradition einer der Mancipation unterliegenden Sache ausgehend, den Gegensaz zwischen dem sogenannten bonitarischen und quiritarischen Eigentum hervorgerufen, der natürlich für den Ausländer nicht in Betracht kam, weil dieser — soweit ihm nicht Comercium verliehen war — überhaupt nicht mancipiren konnte. Aber in den weitaus häufigsten Fällen traf doch beides zusammen und dann sind regelmässig die weltrechtlichen Institute für die Rechtsbeziehungen der Bürger massgebend geworden. Auf diese Weise fand der Eigentumserwerb durch Tradition und Occupation nebst deren Abarten (Verbindung und Vermischung, Fruchterwerb, Specification) seine Anerkennung, so wurden die Contracte des Welt-

rechts auch für die römischen Bürger massgebend, so kam man
dazu, dem natürlichen Recht der Blutsverwandtschaft im Familien-
und Erbrecht gegenüber dem alten landrechtlichen System der
Haushörigkeit immer weitern Spielraum einzuräumen. Vor allem
aber ist es die sittliche Verpflichtung zum Wort Halten, die jetzt den
gesammten Rechtsverkehr beherrscht. Sie ist als solche freilich von
jeher in Rom anerkannt gewesen[1], und stets hat der Grundsaz gegolten, dass man nicht nur dem Mitbürger sondern auch dem Ausländer zur Wahrung der Treue verpflichtet sei. Neu ist in dieser Periode
nur, dass zunächst das Fremdenrecht in den Contracten Rechts-
formen zu ihrem Schuze fand, und dass — nachdem schon das
jüngere Landrecht in einzelnen Punkten das gleiche Princip durchgeführt hatte (actio fiduciae) — nunmehr die weltrechtlichen auf
Treu und Glauben begründeten Geschäfte auch für die römischen
Bürger zu Rechtsgeschäften wurden. Die Gewissenhaftigkeit des
anständigen Menschen (fides)[2] ist der Angelpunkt des Weltrechts
gewesen, als man es recipirte, und sie ist es auch geblieben, als
in der Folgezeit die römischen Juristen jenen wunderbaren wissenschaftlichen Ausbau der Verträge des Privatrechts unternahmen,
welcher ihrem Recht für alle Zeiten den Stempel der Vollendung
aufgedrückt hat.

In neuerer Zeit hat man allerdings behauptet, dass es von
jeher formlose Rechtsgeschäfte in Rom gegeben habe[3] und speziell den Saz aufgestellt, dass die Tradition bei nicht mancipir-
baren Sachen stets direktes Eigentum verschafft habe. Ein anderer
Zustand sei gar nicht denkbar, eine Rechtsordnung, welche in
diesem Falle erst nach einem oder zwei Jahren durch Usucapion
Eigentum entstehen lasse, sei aus praktischen Gründen unmöglich[4].
Dass das Bedürfnis irgend eines Schuzes bei der Tradition vor-

---

[1] Vgl. Jhering Geist II, 520 ff.
[2] Vgl. über diesen Begriff Pernice Labeo I, 408 ff.; Voigt III, 206 ff.;
IV, 377 ff.; Bechmann Kauf I, 475 ff.
[3] So Karlowa R. RG. 455 f.: ,Der römische Staat habe auf den Verkehr zwischen Römern und Ausländern den Teil seines ungeschriebenen Rechtes
als anwendbar angesehen, welcher aus allgemein menschlichen Bedürfnissen
hervorgegangen sei. Zur Zeit als die Geschäfte des ius gentium im Fremdenverkehr Anwendung fanden, hätten sie auch unter den Bürgern nicht ohne
Schuz sein können, denn an Streitigkeiten unter Käufer und Verkäufer,
Mieter und Vermieter habe es nie gefehlt. Der Grundstock des Weltrechts
sei inter cives entstanden.'
[4] Bechmann Kauf I, 152. 305 ff.

handen war, kann nicht bezweifelt werden, wol aber dass das Recht ihm auf die angegebene Weise abgeholfen habe. Der Standpunkt des älteren Rechts bei der Eigentumsübertragung ist überhaupt kein absoluter sondern ein dispositiver. Die Wirkung der Klagbarkeit lässt es nur dann zu, wenn sie beabsichtigt ist, und sieht sie als beabsichtigt nur dann an, wenn die Parteien eine landrechtlich anerkannte Form für das Geschäft gewählt haben. Der tatsächliche Inhalt gebiert nicht die Klage, — das ist erst die Auffassung des Weltrechts — wol aber ist immer die Möglichkeit vorhanden ihn in eine Form zu kleiden, in welcher er für das Recht in Betracht kommt. Wer sich lediglich auf die Gewissenhaftigkeit seines Mitcontrahenten verlässt, den weist das Recht auch vorläufig blos auf diese Gewissenhaftigkeit an[1], aber es sezt eine verhältnismässig kurze Frist, nach deren Ablauf der hierauf beruhende Zustand sich durch Usucapion in einen rechtlichen verwandelt; wer dagegen von vorn herein den Rechtsschuz will, der kann sich durch Mancipation und, wo diese unzulässig ist, durch gerichtliche Cession, die keine bestimmte Beschaffenheit der Sache voraussezt, sichern[2]. Na-

---

[1] Das römische Recht bietet uns in historischer Zeit in der Entwicklung der *fidei commissa* das beste Analogon. Sie sind allerdings nicht einer innern Notwendigkeit des Rechtsverkehrs entwachsen, sondern scheinen zunächst den Zweck der Umgehung gesezlicher Vorschriften (*lex Voconia, Falcidia. Iulia de mar. ord.*) gehabt zu haben, aber die Wirkung, dass die Forderung des Vermächtnisnehmers anfangs lediglich auf der Gewissenhaftigkeit des Belasteten beruht, ist doch die gleiche wie in der frühern Zeit beim formlosen Kauf.

[2] Hiermit erledigt sich m. E. auch der von Bechmann (I, 471,) erhobene Einwand, dass die *leges* des Cato (de agric. 144 ff.) etc. durch ihre arge Verclausulirung nicht auf ein allgemeines Vertrauen sondern auf gegenseitiges Mistrauen hinweisen. Gewiss polemisirt B. mit Recht gegen die Anschauung von Voigt, welcher der *fides* eine Bedeutung beimisst, der gegenüber die Notwendigkeit des staatlichen Zwanges nicht zur Geltung gelangt sei. Von einer ‚Herrschaft‘ der *fides* sollte man überhaupt nicht reden, denn das Recht zwingt niemanden, dem andern Vertrauen zu schenken, sondern giebt es ihm nur anheim. Aehnlichen Erscheinungen begegnet man doch auch noch im heutigen Rechte. Das preussische Landrecht (I, 5, 131) bestimmt: ‚ein jeder Vertrag, dessen Gegenstand sich über 50 Thaler beläuft, muss schriftlich errichtet werden‘ und gewährt bei blos mündlichem Vertrage in diesem Falle keine Klage (155). Aehnlich verlangt der Code civil (1341) bei Verträgen über mehr als 150 Franken, dass sie eine Urkunde für sich haben, und schliesst, wenn diese nicht vorhanden, zwar nicht die Klagbarkeit, aber doch die Beweisbarkeit aus. Und doch kommen häufig genug in Preussen wie in Frankreich nicht-schriftliche Verträge über grössere Summen

mentlich der leztere Punkt ist wichtig: welche praktische Bedeutung konnte die Abtretung vor dem Magistrat haben, wenn die viel leichtere formlose Tradition zu demselben Resultate führte? Aber auch wenn das Geschäft formlos abgeschlossen war, konnten die Parteien die Hülfe des Rechts jedenfalls dadurch gewinnen, dass sie seinen Inhalt ganz oder teilweise durch Sponsionen oder Stipulationen klagbar stellten, ein in Rom sehr beliebtes Mittel. Und selbst wenn man diese Vorsicht ausser Acht gelassen hatte, stand dem Empfänger immer noch der weitgehende Schuz der Entwendungsklage (*actio furti*) gegen eigenmächtige Entziehung der Sache zu: es ist sicherlich kein Zufall, dass gerade diese Klage so viel von den alten Juristen behandelt wurde[1].

Das Weltrecht als Fremdenrecht der Römer geht mit seinen Anfängen in die frühesten Zeiten ihrer Geschichte zurück (ob. p. 117f.), es ist nicht erst durch den Hellenismus des sechsten Jahrhunderts geschaffen, sondern tritt mit ihm nur in eine neue Phase seiner Entwicklung ein. Die Uebernahme des Weltrechts in den Verkehr der römischen Bürger unter einander aber beginnt erst in dieser Zeit und geht seitdem Schritt für Schritt vor sich: ganz allmählich wurde ein Institut nach dem andern aus dem Fremdenrecht übernommen, wodurch natürlich die Fortbildung des Fremdenrechts selbst nicht gehemmt war. Ueber die zeitlichen Verhältnisse dieser Reception lässt sich im einzelnen nichts Näheres angeben: es versteht sich von selbst, dass die wichtigsten Geschäfte wie Kauf und Miete am ersten davon betroffen wurden; auch wird man am sichersten gehen, wenn man den Zeitraum zwischen der Einstellung etwa der genannten Contracte in das römische Fremdenrecht und der in das römische Bürgerrecht, mit andern Worten ihrer

---

vor: die Partei verlässt sich eben, obwol sie weiss, dass eine Klage nicht möglich ist, oder erfolglos bleiben wird, auf die Gewissenhaftigkeit des andern Teils.

[1] Das Nähere s. unten. — Auch die Behauptung Bechmanns (p. 307 f. 437), dass der Unterschied zwischen landrechtlichen und weltrechtlichen Erwerbsarten ein rein theoretischer sei, dass die Römer als Weltrecht nicht blos das bezeichneten, was von auswärts eingeführt, sondern auch das, was ihnen von Haus aus nach Substanz und Form mit andern Völkern gemein war, kann erst später (in dem Kapitel über Philosophie und Jurisprudenz) ihre ausführliche Widerlegung finden. Richtig ist, dass die späteren römischen Juristen die Sache so ansahen, aber diese Auffassung ist falsch und verdankt — wie näher darzulegen sein wird — ihre Entstehung nicht einer juristischen Betrachtung der Rechtsentwicklung, sondern ist in diese aus dem Kosmopolitismus der stoischen Philosophie hineingetragen.

Anerkennung durch den Praetor peregrinus und der durch den Praetor
urbanus, nicht allzu gross annimmt. Das Bedürfnis machte sich
in beiden Fällen geltend: die Erweiterung des ausländischen und
des inländischen Verkehrs sind zwei Factoren, die neben einander
stehen und sich während dieser Zeit des Umschwunges aller
Lebensverhältnisse in engster Wechselwirkung gegenseitig bedingen.
Man hat versucht aus den gleichzeitigen Schriftstellern, namentlich
aus Plautus und Cato Anhaltspunkte zu gewinnen[1]. In ersterer Beziehung scheint ein sicheres Resultat unmöglich; denn, wenn man
auch zugeben will, dass den vielfachen Erwähnungen von Kauf
und Miete bei diesem Dichter schon die Auffassung derselben als
Consensualcontracte zu Grunde liegt, so bleibt einerseits immer
noch die Frage übrig, wie weit Plautus hier von seinen griechischen
Originalen abhängig ist; andrerseits konnte er, selbst wenn er an
einzelnen Stellen römische Verhältnisse vor Augen hatte, ebenso
gut die Geschäftsformen, welche man dem Ausländer gegenüber
anwandte, wie die des einheimischen Rechtsverkehrs bei seinen
Mitbürgern als bekannt voraussezen, zumal die in den Komödien
auftretenden Personen durchweg Fremde sind[2]. Danach lässt
sich aus Plautus die Gültigkeit der Contracte nicht für das römische
Bürgerrecht sondern nur für das römische Fremdenrecht erweisen.
— Anders verhält es sich mit Catos Schrift über den Landbau[3]. Sie
ist für ein bestimmtes Landgut eines darin erwähnten L. Manlius in
der Gegend von Casinum und Venafrum berechnet[4] und sezt durchaus
römische Verhältnisse voraus; daher darf man, wenn hier weltrechtliche Institute als geltendes Recht behandelt werden, unbedingt den
Schluss auf ihre Herrschaft im Verkehr der Bürger unter einander
wagen. Und das ist hinsichtlich des Kauf- und Mietvertrages nach

---

[1] Für Plautus vgl. die bei Teuffel R. L. G. 98, 6 angeführte Litteratur.
ausserdem Bechmann Kauf I, 505 ff.; für Cato Bekker Zschr. f. RG. III,
417 ff. Bechmann 526 ff.

[2] Lezteres allein würde allerdings nichts beweisen. Es werden oft
genug von den Personen des Plautus unzweifelhaft landrechtliche Geschäfte
vorgenommen: der Dichter schaltet eben völlig frei mit derartigen Dingen
und will nicht wie ein Jurist interpretirt werden.

[3] Es handelt sich um die in den Capp. 114—150 enthaltenen ,leges
locationis und uenditionis'.

[4] So Nitzsch Zschr. f. d. Alt. Wiss. 1845 p. 193 ff.; m. E. mit Unrecht von Bekker (Zsch. f. RG. III, 135) bestritten. Es handelt sich nicht
blos um den Namen des Manlius, sondern noch mehr kommen die localen
Beziehungen (c. 135 ff.) in Betracht, welche ohne Frage auf ein bestimmtes
Gut hinweisen. Auch sie für spätere Einschiebsel zu halten, fehlt jeder Beweis.

der richtigen, obwol nicht unbestrittenen Ansicht [1] entschieden der
Fall, so dass man deren Reception in der zweiten Hälfte des
sechsten Jahrhunderts — denn in diese Zeit gehört das Werk Catos
— als vollzogen ansehen kann.

Als so das Weltrecht einmal Eingang in das Recht der römischen Bürger gefunden hatte, ging die Entwicklung schnell vorwärts
Nunmehr begegnen wir auch directen Entlehnungen aus dem fremden
in das städtische Recht. Namentlich scheint die griechische Hypothek [2]
nicht erst in dem Edict des Praetor peregrinus ihren Plaz gefunden zu
haben, sondern die Praetoren Salvius und Servius, denen sie ihre erste
Anerkennung in Rom verdankt, sind aller Wahrscheinlichkeit nach
städtische gewesen [3].   Sie ist vielleicht die getreuste Wiedergabe
fremden Rechtes und doch keine Copie desselben: der Einfluss
der alten Praediatur des öffentlichen Rechts auf ihre Ausbildung
kann nicht geläugnet werden [4].   Gegen Ende des sechsten und im
Anfang des siebenten Jahrhunderts hat dann die beginnende Zersezung der römisch-italischen Nationalität (ob. p. 122 ff.) viel zur Be-

---

[1] s. die p. 152 A. 1 citirte Litteratur.

[2] Vgl. Dernburg Pfandrecht I, 55 ff.

[3] Dass die *hypotheca* von dem speziellen Falle der Landpacht ausgegangen ist, ist bekannt: Dernb. I, 56. Ferner scheint mir unzweifelhaft, dass
sie von Cato (also in der zweiten Hälfte des 6. Jh.) als geltendes Recht behandelt wird (c. 146. 149. 150). Nun sind uns die Praetorenlisten von 536
—588 mit Ausnahme von zwei Jahren (579. 584) durch Livius bekannt. Sie
geben uns in der Tat einen Praetor urbanus mit dem Vornamen Servius, nämlich Ser. Sulpicius Galba im Jahre 567 (Liv. 38, 42). Ausserdem findet sich
noch Ser. Cornelius Lentulus (585, Liv. 43, 11. 15), welcher aber hier, da er
Provinzialpraetor in Sicilien war, nicht in Betracht kommen kann. Auf ersteren
wird man daher mit einiger Wahrscheinlichkeit die Einstellung der *actio
Seruiana* in das praetorische Edict zurückführen können. Die Ableitung von
dem Vornamen Servius hat ebenso wenig etwas Auffallendes wie die Benennung der *uia Appia* (vgl. Momms. Forsch. I, 24 f.), nur die Form *Seruiana*
statt *Seruia* wäre für die republikanische Zeit merkwürdig, aber sie ist uns
auch erst in den Rechtsquellen der Kaiserzeit bezeugt. Servius als Genti-
licium kommt in der Republik nicht vor. Das *interdictum Saluianum* ist
ohne Frage älter als die servianische Klage, sonst fehlt aber für ihre Datirung jeder Anhaltspunkt, nur dass sie, da in den Praetorenlisten des Livius
kein Salvier genannt wird, notwendig vor 536 fallen muss. Auffallend ist der
Name immerhin, er findet sich sonst erst in der ciceronischen Zeit (Cic. ad
Att. 10, 18, 1; 13, 44, 3; 16, 2, 6 u. ö.), ein Salvius war Tribun im Jahre
711 (App. B. 3, 50 ff.).

[4] Mit Recht macht aber Dernburg p. 35 geltend, dass das was der
Praediatur wesentlich ist, der Verkauf, bei der Hypothek zunächst fehlt.

schleunigung des geschilderten Processes beigetragen. Die ausländischen Elemente der Bürgerschaft, denen, wie der jüngere
Scipio sagte, Italien nur eine Stiefmutter war, haben zwar nicht
vermocht das Landrecht zu verdrängen, aber sie brachten doch
ihre mit dem römischen Fremdenrecht wesentlich übereinstimmenden
Rechtsanschauungen mit nach Rom, und sind so ein wichtiger
Hebel für die Anerkennung der völligen Gleichberechtigung von
Land- und Weltrecht geworden. Schon im siebenten Jahrhundert
wird der Saz, dass alles Weltrecht notwendig auch für den römischen Bürger gelten müsse, als das Ziel der Entwicklung bezeichnet[1].

Ueberblicken wir den bisherigen Verlauf. Das Weltrecht war
seinem Stoffe nach hauptsächlich dem Culturleben der Griechen
Italiens und des Ostens entlehnt; in Rom erhielt es als Fremdenrecht seine bestimmte Gestaltung und wurde so allmählich auch
ein Recht der römischen Bürger; als das Recht der Sieger wurde
es dann ein wichtiger Bestandteil des Romanismus, welcher den
Westen civilisirte[2]. Unterdessen waren die hellenischen Clientelstaaten Provinzen geworden, die Autonomie der freien Gemeinden
ward immer mehr zu einem leeren Namen; die Edicte der Statthalter liessen zwar die localen Rechte ihrem materiellen Inhalte nach
im ganzen unangetastet, aber sie formulirten sie doch nach dem
Muster der hauptstädtischen Edicte und bereiteten ausserdem auch
dem römischen Recht eine Stätte in der Fremde. Allmählich näherten

---

[1] Cic. de off. 3, 69: *quod ciuile non idem continuo gentium, quod autem
gentium idem ciuile esse debet.* Uebrigens ist der Saz aus einer philosophischen Speculation hervorgegangen. Das Nähere soll unten besprochen werden.

[2] Ueber die Romanisirung des Westens vgl. Momms. R. G. II, 406 ff.;
III, 552 ff. Voigt II, 432 ff. (wo auch die Rechtsverhältnisse jener Länder näher
dargelegt sind). Sardinien und Corsica sind erobert 516 und stehen unter eigener
Verwaltung seit 527, die beiden Spanien sind während des zweiten punischen
Krieges unterworfen und 557 als Provinz eingerichtet, im narbonensischen
Gallien beginnen die Kämpfe 600, das Land wird Provinz um 633, erweitert
durch Caesar 698—704. Die Romanisirung dieser Länder fällt also in eine
Periode, in welcher das Weltrecht schon zur herrschenden Macht in Rom
geworden war. Von einer Wechselwirkung kann in republikanischen Zeiten
nicht die Rede sein, diese Provinzen sind einseitig der empfangende Teil.
Erst nachdem sie völlig romanisirt waren, lässt sich in der Kaiserzeit eine
Rückwirkung auf Rom wahrnehmen.

sich die Edicte der Praetoren und Statthalter einander immer mehr und schufen so die Grundlage für die Rechtseinheit der Kaiserzeit. Nichts desto weniger war und blieb in der republikanischen Epoche das Weltrecht noch ein für sich bestehendes Recht, das von einer dem Landrecht grundverschiedenen Anschauungsweise getragen wurde. Beide Rechtsstoffe haben Geltung für den Bürger, aber beide scheinen zunächst nichts mit einander gemein zu haben, sondern gehen unvermittelt neben einander her. Das ist eine echt römische Erscheinung, zu welcher man Analogien vom Anfang bis zum Ende der römischen Geschichte finden kann. Neben dem Populus steht die Plebs, neben dem älteren Patriciersenat der jüngere patricisch-plebejische, neben den Consuln die Tribunen: alle diese Gewalten fungiren für sich, fassen gesondert ihre Beschlüsse; obwol Conflicte zwischen ihnen oft genug vorkommen, besteht der Dualismus doch fort bis in die Kaiserzeit hinein. Und als Augustus die Monarchie begründete, war derselbe Gesichtspunkt leitend: nicht etwa wurden die republikanischen Staatsformen in monarchische umgewandelt, sondern offiziell galt die Republik als fortbestehend, das Kaisertum wurde nur auf die alte Verfassung darauf gepflanzt[1]. Auch im Privatrecht ist dies neben einander Gehen zweier verschiedener Institute nicht blos beim Eindringen des Weltrechts und bei dem gleich darzustellenden Gegensaz des praetorischen zum Civilrecht zu verspüren: in ganz ähnlicher Weise hat sich das materielle Noterbrecht neben dem formellen entwickelt, haben die Fideicommisse Jahrhunderte lang den Legaten zur Seite gestanden. Ueberall haben wir hier dieselbe Erscheinung: das alte und das neue Institut bestehen neben einander, erst ganz allmählich tritt eine Verschmelzung ein und zwar meistens so, dass das eine Princip zum herrschenden wird, dabei aber die Grundsäze des andern in sich aufnimmt und verarbeitet. Was speziell das Verhältnis des Landrechts zum Weltrecht angeht, so ist bekannt, dass man in der Theorie noch bis in die spätesten Zeiten an dem Gegensaz festhielt: in Wirklichkeit fand allerdings unter den Kaisern ein völliger Ausgleich zwischen beiden Rechtsstoffen statt. Damit er-

---

[1] Am klarsten hat das Augustus selbst im Mon. Anc. (lat. 6, 13—16 = gr. 17, 17—22) ausgesprochen: Ἐν ὑπατείᾳ ἕκτῃ καὶ ἑβδόμῃ (726. 727) μετὰ τὸ τοὺς ἐμφυλίους ζβέσαι με πολέμους [κ]ατὰ τὰς εὐχὰς τῶν ἐμῶν πολε[ι]τῶν ἐνκρατὴς γενόμενος πάντων τῶν πραγμάτων ἐκ τῆς ἐμῆς ἐξουσίας εἰς τὴν τῆς συνκλήτου καὶ τοῦ δήμου τῶν Ῥωμαίων μετήνεγκα κυρίηαν. Vgl. auch die weitern Belege in Mommsens Commentar² p. 145 ff.

reichte das Weltrecht seine dritte und lezte Entwicklungsstufe:
seit Diocletian ist die Reichs- und Rechtseinheit eine vollendete
Tatsache.

Wenden wir uns von dieser vorausschauenden Betrachtung
zur Republik zurück, so bleibt noch die Frage übrig, wie und
durch welche Factoren sich die Ausbildung des römischen Weltrechts und speziell seine Reception in das Bürgerrecht vollzogen hat.
Durch zwei Kanäle ist es eingeflossen: einerseits haben ihm die
Praetoren durch ihre Actionen die äussere Gewähr seiner Geltung
gegeben. Dieser Punkt ist schon öfter berührt, trozdem wird es aber
nötig sein, noch eingehender von der Entwicklung des praetorischen
Edicts und der Klagformeln zu handeln (XV bis XVII Abschn.).
Andrerseits verdankt das Weltrecht seine Einführung den Juristen:
sie haben ihm die Wege gebahnt, sie haben es innerlich ausgebaut
und in das römische Recht eingefügt: eine stille, Jahrhunderte
lange Arbeit, deren Darstellung die eigentliche Aufgabe des vorliegenden Werkes ist [1].

XV. ANFÄNGE DES PRAETORISCHEN EDICTS UND DER KLAGFORMELN.

Die Praetur [2] ist im Zusammenhang mit den licinisch-sextischen
Gesezen des Jahres 387 entstanden als Jahresmagistratur mit der
speziellen Aufgabe der Civiljurisdiction. Der Praetor ist Magistrat
mit Imperium, und daraus folgt, dass zunächst hinsichtlich der
magistratlichen Tätigkeit beim Civilprocess nichts als der Beamte
geändert wurde. Denn da das Imperium nach römischem Staatsrecht nicht als ein Bündel bestimmter Competenzen sondern als

---

[1] Die allgemeinen Gesichtspunkte s. Abschn. XVIII ff.

[2] Neuere Litteratur für das praetorische Recht im allgemeinen: Hugo[11]
414 ff.; Christiansen R. RG. 285 ff., Burchardi Lehrb. d. R. R. I, 157 ff.;
Zimmern I, 118 ff.; Böcking Pand. I 31 ff.; Puchta I[8], 189 ff. 480 ff.; Keller R.
Civ. Pr.[5] 104 ff.; Bethmann-Holweg Civ. Pr. II, 4 ff.; Walter II[3], 8 ff.; Rudorff
I, 9 ff. 143 ff. II, 95 ff.; Rein 59 ff. 904 ff.; Danz[2] R. RG. I, 72 ff.; Es-
march[2] 175 ff. 209 ff.; Kuntze I, 122 ff. II[2], 248 ff.; Bekker Akt. II, 1 ff.;
Sohm Inst. 34 ff. 117 ff.; Padelletti[2] 99. 112 ff. 397 ff.; Karlowa I, 458 ff.; Ferrini
storia delle fonti 16 ff. Für die staatsrechtlichen Fragen vgl. Momms. St. R.
II[2], 185 ff.; Lange R. A. I[3], 770 ff.

einheitliche Fülle der Befehlsgewalt aufzufassen ist, die wol zeitweilig ruhen kann, aber principiell immer voll und ganz ihrem
Träger zusteht, so war es gleichgültig, ob der Consul oder der
Praetor die im Legisactionen-Process dem Magistrat vorgeschriebenen
Worte hersagte und den Laienrichter, welcher den Process entscheiden sollte, ernannte. Diese leztere Tätigkeit machte, seitdem
der Magistrat nicht mehr selbst das Urteil sprach, den eigentlichen
Inhalt seiner Jurisdiction aus (ob. p. 48—52), und in dieser Hinsicht ist er von jeher unumschränkt gewesen. Denn wenn sich
auch die Parteien über die Person des Geschworenen einigten, und
der Magistrat, wie es die Sitte forderte, den von ihnen Erkorenen
wirklich mit der Entscheidung betraute[1], so war er es doch, von
dem die Ernennung ausging; ausserdem blieb ihm aber auch in
solchen Fällen seine discretionäre Gewalt, und vor allem war er
rechtlich immer in der Lage, überhaupt die Einsezung eines Gerichts abzulehnen. Im lezten Grunde war die Bestellung des Geschworenen ein Befehl, welcher von einem Bürger die Erfüllung einer
einer staatlichen Pflicht erheischte, und als solcher konnte sie nur vom
Magistrat ausgehen: die Jurisdiction war ein Ausfluss, eine Betätigung des Imperiums[2]. Ob der Praetor diesen Befehl erlassen und
damit den Parteien den Rechtsweg eröffnen wollte oder nicht,
stand bei ihm; er unterlag in dieser Hinsicht nur den gewöhnlichen
Grundsäzen über die Verantwortlichkeit der Beamten[3]. Dennoch
war die Tätigkeit des Praetors im Legisactionen-Process zunächst
eine untergeordnete. Die Spruchformeln waren durch die Pontifices
fest normirt, er selbst hatte auf ihre Gestaltung gar keinen Einfluss;
die Parteien liessen sich von den Pontifices belehren und deren
Ansehen war wenigstens in der früheren Periode ein so feststehendes,
dass sich auch die praetorische Jurisdiction ihm fügen musste.
Ein Praetor, der da, wo die Pontifices einem Consulenten die zur
Klage nötige Formel erteilt, sich also für deren Zulässigkeit ausgesprochen hatten, die Ernennung des Richters verweigert hätte,
würde damit gegen die öffentliche Meinung verstossen haben[4]. Doch
war, wie oben (p. 58 f. 66 ff. 78 ff.) ausführlicher dargestellt ist, die
Herrschaft der Pontifices über das Recht und die Jurisprudenz nur
ein vorübergehender Zustand, und je mehr ihr Ansehen sank, desto
mehr stieg das der Praetoren.

---

[1] Vgl. Rein Priv. R. p. 867.
[2] Momms. St. R. I, 184.
[3] Vgl. darüber unt. p. 169 A. 1.
[4] Näheres s. im XVII Abschnitt.

Das Mittel, durch welches die Praetoren sich ihre einfluss-
reiche Stellung errangen und während der ganzen Republik die
Rechtsentwicklung leiteten, war ihr Edict. Dasselbe beruht ebenso
wenig wie die Jurisdiction auf einer den Praetoren zustehenden
besonderen Befugnis: wie jene ein Ausfluss des Imperiums war,
ist das Recht zu ediciren ein allgemeines aller römischen Magistrate[1].
Von so grosser Bedeutung sind die Edicte der Praetoren bekanntlich dadurch geworden, dass sie nicht nur im einzelnen Falle erlassen wurden, sondern regelmässig zu Anfang des Jahres für die
ganze Amtszeit veröffentlicht wurden, und dass diese Sitte eine
dauernde wurde. Unbeschadet des Rechts eigene Grundsäze aufstellen zu können, übernahm jeder Praetor von seinem Vorgänger
einen bestimmten Grundstock von Verfügungen und änderte natürlich um der Rechtssicherheit willen möglichst wenig daran. So
konnte sich eine feste Ueberlieferung herausbilden (*edictum tralati-
cium*): die Edicte wurden zu einer Summe von anerkannten, aber
von Jahr zu Jahr nachgeprüften Rechtssäzen; mit dem stabilen
Element verbanden sie das der Beweglichkeit und die Möglichkeit
den jeweiligen Anforderungen des praktischen Lebens gerecht
zu werden.

Das Edict ist ein Justizprogramm, in welchem der Praetor
angiebt, wie er seine Jurisdiction auszuüben gedenkt[2]. In erster
Linie kam es auf die Ordnung des Processes an; das materielle
Recht regelten die Praetoren als solches nicht: alle tiefgreifenden
Neuerungen, welche sie auf diesem Gebiete hervorbrachten, haben
sie im Edict unter dem Gesichtspunkt ihrer processualen Gestaltung behandelt. Denn Recht (*ius*) sezen kann der Praetor nicht,
wol aber kann er im einzelnen Falle befehlen, und kann auch im
allgemeinen die Grundsäze bekannt machen, von welchen er sich
bei seiner Amtsführung leiten lassen will. Darum spricht er nicht
wie das Gesez im Imperativ, sondern er verheisst: ‚ich werde einen
Richter bestellen‘, ‚ich werde zwingend, strafend einschreiten‘, er
verbietet Gewalt, verlangt von den Parteien dass sie sich gegenseitig Sicherheit leisten u. s. w. Diese Erscheinung liegt tief im
römischen Staatsrecht begründet: die dauernde Herrschaft des
Gesezes der Bürgerschaft und die vorübergehende Herrschaft des

[1] Momms. St. R. I, 199.

[2] Pomp. 10: *Eodem tempore et magistratus iura reddebant et, ut
scirent ciues, quod ius de quaque re quisque dicturus esset, seque praemu-
nirent, edicta proponebant.* Vgl. Lenel Ed. perp. 9 ff.

Magistrats sind die Grundpfeiler aller öffentlichen Ordnung; in der
Theorie hat der Magistrat keine Gewalt über das Gesez, ist vielmehr unter seine Macht gebeugt, praktisch kann aber diese Unterordnung doch nur durch einen andern Magistrat von gleicher oder
grösserer Amtsgewalt erfolgen (vgl. unt. p. 169). Dass beide Factoren, die ideale Macht des Gesezes und die reale der Magistrate
sich nicht in unfruchtbaren Conflicten aufgerieben haben, so oft
auch solche vorgekommen sind, sondern dass sie Jahrhunderte lang
mit einander gewirkt haben, sich gegenseitig anerkennend und
fördernd, darin ist vor allem die politische Grösse des römischen
Volkes zu erblicken. Als später dieser Kampf wirklich eintrat,
ging auch die republikanische Verfassung ihrem Ende entgegen.
Es giebt ein uraltes und doch ewig neues Geheimnis aller politischen Wohlfahrt: wenn die staatlichen Organe jedes einseitig nur
ihren Rechtsstandpunkt betonen, so vernichten sie damit sich selbst und
das Gemeinwesen; wenn ‚Gesez und Rechte‘ keine Wurzeln mehr
haben in der Rechtsüberzeugung der lebenden Geschlechter, so
werden sie zur ‚ewigen Krankheit und Plage‘ der Völker. Im
lezten Grunde beruht eben jedes staatliche Gedeihen auf den sittlichen Grundlagen des Pflichtgefühls der sich dem Recht unter-
ordnenden Behörden und des gegenseitigen Vertrauens zwischen
Regierenden und Regierten. Klar und deutlich tritt die Wahrheit
dieser Säze in der Entwicklungsgeschichte des praetorischen Rechts
zu Tage. So lange das Recht der Zwölf Tafeln mit ihrer sogenannten Interpretation und die pontificalen Legisactionen eine lebens-
kräftige Macht waren, haben die Praetoren überhaupt nicht oder
nur in untergeordneten Punkten, an denen sich Lücken zeigten,
eingegriffen. Als aber das Bedürfnis des erweiterten Verkehrslebens
nicht mehr mit dem Gesez auskam, fand das bewegliche praetorische Recht Mittel und Wege ihm gerecht zu werden: es ergänzte
das Landrecht und baute es unter Festhaltung des brauchbaren
Materials weiter aus; wo sich aber ein Widerspruch zwischen den
Anforderungen der neuen Zeit und dem überlieferten Recht herausstellte, scheuten sich die Praetoren auch nicht, dem lezteren
ihre Anerkennung im Process zu versagen. Sie durften das, weil
sie das öffentliche Rechtsbewusstsein für sich hatten; dieses ist es,
von welchem das praetorische Recht getragen und zu dem gemacht
wird, was es Jahrhunderte lang geblieben ist: eine lebendige
Stimme des römischen Privatrechts[1].

---

[1] Die Worte des Papinian und Marcinian (D. 1, 1, 7-8) sind bekannt:

Das Werden des Edicts lässt sich im einzelnen nicht mehr verfolgen[1]. Alle Versuche moderner Rechtshistoriker ‚Edictssysteme'[2] aufzustellen, beziehen sich notwendig auf die endgültige Form, welche das Edict durch die Redaction Julians erhalten hat, denn nur für diese liegt ein hinreichend sicheres Material vor. Nun wurde zwar im iulianischen Edict im ganzen troz mancher Aenderungen und Besserungen zweifellos die herkömmliche Ordnung festgehalten, welche sich im Laufe der Jahrhundérte ganz allmählich durch stete Anfügungen und Einschiebungen herausgebildet hatte[3]; aber gerade darum kann man auch nur ganz im allgemeinen behaupten, dass die ältesten Bestandteile des Edicts in den

Ius praetorium est quod praetores introduxerunt adiuuandi uel supplendi uel corrigendi iuris ciuilis gratia propter utilitatem publicam. — Nam et ipsum ius honorarium uiua uox est iuris ciuilis.

[1] Dernburg (Untersuchungen über das Alter der einzelnen Sazungen des pract. Edicts in den Festgaben für Heffter) glaubt aus der sprachlichen Fassung des Edicts zwei Mittel zur Erkenntnis des Alters seiner Bestimmungen entnehmen zu können. Einmal meint er (p. 104 ff.), dass diejenigen Säze, welche ihre Norm von der Rechtsfolge trennen, die frühesten Stücke darstellen, und ist geneigt dieselben dem ersten Jahrhundert der Praetur zuzusprechen. Dagegen ist zu bemerken, dass schon die Zwölf Tafeln Säze enthalten, welche unzweifelhaft eine Verbindung dieser beiden Bestandteile aufweisen; z. B. III, 3; V, 4 (wo das Princip der ausdrücklichen Hervorhebung der Norm so sehr verlezt ist, dass die Erbfolge der haushörigen Erben garnicht ausgesprochen, sondern nur aus der Voraussezung für die Succession der Agnaten zu entnehmen ist); VIII, 2—4. 11. 21. 22 Schöll. Was die weitere Behauptung von Dernburg, dass die indirecte Fassung der Säze mit *dicetur* auf eine spätere Entstehungszeit deute (p. 108 ff.) betrifft, so kann sie hier, wo es sich nur um die Anfänge des Edicts handelt, auf sich beruhen. Vgl. Karlowa R. RG. 467 A. 4 ff.

[2] Heffter im Rh. Mus. f. Jur. I, 51 ff.; Leist Rechtssyst. 17 ff.; Mommsen in Bekker und Muthers Jahrb. II, 319 ff.; Rudorff De iurisd. Ed. 2 ff. mit Recension von Brinz Krit. Viertelj. Schr. XI, 487 ff.; Esmarch R. RG. 361 ff.; Lenel Ed. perp. 12 ff. Von einem System in unserm Sinne darf man, wie Lenel mit Recht hervorhebt, überhaupt nicht reden. Es handelt sich um eine herkömmliche Reihenfolge, nicht um eine dogmatische Gliederung der Materien.

[3] Mommsen a. a. O. p. 323; Lenel p. 13. Diese Ansicht widerspricht nicht den Quellen, welche das Verdienst Julians gerade darin sehen, dass er das Edict ‚ordnete'. So Aur. Vict. de Caes. 19: *quippe qui primus edictum quod uarie inconditeque a praetoribus promebatur in ordinem composuerit*; Eutrop. 8, 17: *perpetuum composuit edictum;* Kais. Justinian (C. 4, 5, 10, 2): *Iulianum praetorii edicti ordinatorem* vgl. auch Const. δέδωκεν 18. Mit solchen Ausdrücken soll nur die redigirende Tätigkeit im Gegensaz zur schöpferischen hervorgehoben werden. Vgl. unt. p. 173, A. 3.

ersten Teilen des iulianischen Werkes zu suchen sind. Und das
führt uns wieder zu unserer obigen Anschauung (p. 158) über die
Tätigkeit der Praetoren zurück. Sie edicirten zunächst über die
Handhabung ihrer Jurisdiction selbst, ohne dem Landrecht und den
Legisactionen Abbruch zu tun, und sprachen sich über solche Punkte
aus, welche in dieser Hinsicht einer festen Regelung bedurften wie
die Fähigkeit der Parteien Anträge vor Gericht zu stellen (*de postu-
lando*) und Processbevollmächtigung (*de cognitoribus et procuratoribus*),
zogen auch vielleicht schon früh — aber in der älteren Zeit jedenfalls nur ergänzend — die Grundsäze der Zwölf Tafeln über Ladung
(*de in ius uocando*), Vergleich (*de pactis*), und Vertagung (*de uadi-
moniis*) in den Kreis ihrer Normirungen. Jedoch darf man diesen
Schluss nicht weiter als auf die behandelten Materien ausdehnen;
die Form, in welcher uns die dahin gehörigen Säze des Edicts erhalten sind, gehört ohne Frage einer späteren Zeit an. Jedenfalls
aber ergiebt sich aus dem Gesagten mit Sicherheit, dass die Anfänge
des Edicirens auf die Jurisdiction über Bürger zurückgehen, denn
es ist das Landrecht, dessen Lücken die Praetoren auf diese Weise
auszufüllen suchten.

... — -

Unter anderen Grundsäzen stand die Jurisdiction über die
den römischen Rechtsschuz geniessenden Ausländer, sei es dass
diese unter einander oder — was gewiss viel häufiger vorkam — mit
einem römischen Bürger processirten. Die Stelle der Geseze ver-
traten hier die den Rechtsschuz gewährenden und abgrenzenden
völkerrechtlichen Bündnisse oder Observanzen, und es kann keinem
Zweifel unterliegen, dass die Praetoren in der älteren Zeit die Jurisdiction den verschiedenen Staatsangehörigen gegenüber in verschiedener Weise und verschiedenem Umfange, genau nach Massgabe der
einzelnen Staatsverträge ausübten. Ob sie während dieser ältesten
Entwicklungsstufe des Weltrechts schon Edicte über ihre Amtstätigkeit
den Fremden gegenüber erliessen, ist ungewiss; die Entscheidung
der Processe geschah durch Recuperatoren (s. ob. p. 126 f. 131);
wie aber das Verfahren vor dem Magistrat geordnet war, ist eine
Frage, auf welche die Forschung bei dem ganz unzulänglichen
Quellenmaterial nur mit Vermutungen[1] antworten kann, deren nähere

---

[1] S. Bethmann-Hollweg 1. 67 ff.; Keller 35 ff.; Voigt ius nat. II, 177 ff.
Karlowa Civ. Pr. 218 ff.

Untersuchung indessen für unseren Zweck nicht erforderlich ist. Nur das muss hier constatirt werden, dass in einem Punkte ein durchgreifender Unterschied zwischen der Klage des Fremdenrechts und der des Landrechts stattfand: die leztere hatte in der Legisaction ein den Worten des Gesezes angepasstes, gleich diesem offiziell redigirtes (ob. p. 66 f. 98. 104) und für die Dauer festgestelltes Formular; zufolge dessen waren die Parteien in der Lage dem Richter mittelst der Litiscontestation (vgl. unt. p. 167) den Processinhalt, eben weil er in genau formulirte Sprüche gebannt war, so wie er vor dem Magistrat festgestellt war, zu vergegenwärtigen; ferner war die Aufgabe des Richters durch das Gesez und dessen Interpretation normirt: alles das fehlte von jeher bei der Klage des Ausländers oder gegen den Ausländer. Diese beruhte nicht auf dem Gesez, entbehrte also auch des gesezlichen Klagformulars; die Constituirung des Streitverhältnisses vor dem Magistrat spielte sich wahrscheinlich stets formlos ab, so dass eine Reproduction desselben durch Zeugen grossen Schwierigkeiten begegnet wäre. Keine gesezliche Grundlage bot den Richtern einen Anhalt für ihre Urteilsfindung, die genaue Kenntnis der Staatsverträge konnte man ihnen unmöglich zumuten, und schliesslich war in den lezteren das materielle Recht auch nur zum geringsten Teile geregelt (ob. p. 132 f.). Die Praetoren halfen hier durch ein einfaches Mittel: sie ersezten das ‚mündliche Protocoll‘ durch ein schriftliches, das gesezliche Formular durch ein magistratliches, die Legisaction durch eine practorische Action. Jene hatte eine unwandelbare Gestalt, diese war stets veränderlich, immer den speziellen Umständen des vorliegenden Falles angepasst; jene bestand aus Parteiworten und -handlungen, diese enthielt einen Befehl des Gerichtsbeamten an die Geschworenen, welcher ihnen ihre Obliegenheiten genau vorschrieb. Der Praetor ernannte also nicht blos die Richter sondern in Ermangelung gesezlicher Bestimmungen gab er ihnen von sich aus eine Instruction, in welcher unter Benennung der Parteien und Angabe des Tatbestandes nach Massgabe der Behauptungen des Klägers in hypothetischer Form, der weitere Befehl enthalten war, für den Fall der Erweisbarkeit dieser Behauptungen den Beklagten zu verurteilen, im andern Falle ihn freizusprechen. Diese practorische Klagformel enthält also eine Anweisung an die Richter im Fremdenprocess, dass, zwischen wem und worüber processirt wird. Ihnen wird damit an sich keine andere Tätigkeit übertragen, als sie der Richter im Legis-actionenprocess hatte: nur wird die Aufgabe, welche dort durch die

Bestellung selbst gegeben, dem Landrecht entnommen und durch die Litiscontestation normirt war, hier allein durch den Magistrat festgesezt und näher ausgeführt. Innerlich ist freilich die Verschiedenheit eine sehr grosse; denn während die Legisactionen immer nur einen eng begrenzten, vom Gesez vorgeschriebenen Inhalt in sich aufnehmen, kann der Praetor seiner Instruction an die Recuperatoren jeden beliebigen Inhalt geben [1]. Ferner darf man wol annehmen, dass auch die praetorischen Einreden (*exceptiones*) schon im Fremdenrechte üblich gewesen sind. Aus dieser Stellung des Praetors im Process der Ausländer, speziell aus seiner Befugnis die Klage in jedem einzelnen Falle zu formuliren, ergiebt sich, dass schon in der früheren Periode auch sein Einfluss auf das materielle Fremdenrecht ein sehr bedeutender gewesen sein muss. Als dann aber gegen Ende des fünften und im sechsten Jahrhundert die Concentration der Fremdenrechte in Rom begann (ob. p. 134 ff.), als das griechische Element immer mehr in demselben massgebend wurde, da griffen die Praetoren machtvoll in die Entwicklung ein, und sie sind es gewesen, die im wesentlichen die Unificirung der Fremdenrechte, das heisst ihre Umwandlung in das Weltrecht vollzogen haben.

Bei dieser Gelegenheit mag ein Rückblick auf unsere obige Behauptung (p. 144 ff.) am Plaze sein, dass das Fremdenrecht, wenn es auch seinen Stoff ausländischen Rechtsanschauungen entlehnte, doch nicht als ausländisches sondern als römisches Recht galt, und dass auch seine Gestaltung den römischen Charakter aufweist. Der Grund wird jezt erkenntlich sein: es galt nur, weil und so

---

[1] Die Herleitung des Formularverfahrens aus dem Fremdenprocess ist nahe liegend und oft versucht; so von Huschke Anal. Litt. (s. ob. p. 127 A. 1) 217; Puchta I, 205; Bethmann-Hollweg Civ. Pr. II, 15 f.; Voigt ius nat. II, 194; Rein 110; Esmarch 95 ff. 177 u. a. Diese Schriftsteller sind der Ansicht, dass die Methode des Processirens mit Klagformeln beim Praetor peregrinus aufgekommen und dann durch das aebutische Gesez auch unter Bürgern in der städtischen Jurisdiction für zulässig erklärt sei. Es wird aber unten (p. 179 ff.) nachzuweisen sein, dass das aebutische Gesez sich nur mit dem landrechtlichen Process befasste, dass die weltrechtlichen Actionen ohne Vermittlung dieses Gesezes im Rechtsverkehr der Bürger unter einander Eingang fanden. Die praetorischen Klagformeln sind also gleich dem materiellen Weltrecht ganz allmählich nach und nach recipirt, und das Eindringen des lezteren in das städtische Recht hat gerade in der Uebernahme der weltrechtlichen Actionen vom Praetor peregrinus auf den Praetor urbanus seinen Ausdruck gefunden.

weit es auf der Anerkennung der Praetoren beruhte, sein Gepräge aber hat es durch die praetorischen Klagformeln erhalten. Das Formularverfahren des Recuperatorenprocesses ist aber offenbar eine Rechtsbildung nach Analogie des Bürgerprocesses. Schon die Zweiteiligkeit des Verfahrens als Constituirung des Streitverhältnisses vor dem Magistrat und Aburteilung desselben durch die Laienrichter ist dem römischen Gerichtsgebrauch entlehnt. Die vom Praetor redigirten Klagformeln aber sind nur ein Aequivalent für die auf den Ausländer unanwendbaren und auch den materiellen Anforderungen des Fremdenrechts nicht genügenden feierlichen Sprüche der Legisactionen. Sie entbehrten zwar der Solemnität, kamen aber in der Wirkung auf dasselbe hinaus, indem sie den Richter veranlassten, den Process so, wie er vor dem Praetor fixirt war, zu entscheiden. Es ist dies im Grunde dieselbe Erscheinung, welche wir schon oben (p. 142 f.) bei der Entwicklung der Stipulation aus der Sponsion kennen lernten: auch dort liess man die Feierlichkeit des heimischen Rechts dem Fremden gegenüber fallen und führte statt dessen eine der Sponsion nachgebildete Form ein, welcher man aber dieselben Wirkungen wie jener verlieh[1].

Die Klagformulare wurden ursprünglich jedesmal nach dem Bedürfnis des vorliegenden Falles vom Praetor aufgesezt. Dabei ging dieser natürlich von den Anträgen der Parteien aus; auch war es ohne Frage schon in der früheren Zeit Sitte, dass der Kläger seinen Antrag dem Magistrat formulirt vorlegte, und weiter, dass er sich das dazu nötige Formular von einem Juristen aufsezen liess. Sicherlich haben schon die Juristen vor Sex. Aelius Catus im Fremdenrechte agirt und respondirt und sind auch in dieser Hinsicht die Interpreten der Rechtsüberzeugung des Volkes und die Vermittler der Einführung des Weltrechts gewesen. Je grösser nun aber die Menge der Fremdenprocesse wurde, und je intensiver sich die Anschauung Bahn brach, dass für alle schuzberechtigten Ausländer ein einheitliches Recht in Rom gelte, um so mehr trat auch

---

[1] Und — um die Vergleichung auch auf die spätere Entwicklung auszudehnen — wie die Stipulation nachher in das Bürgerrecht recipirt wurde und in demselben die wichtigste Rolle spielte, so ist auch der Formularprocess zum Bürgerprocess geworden und hat die Legisactionen verdrängt. — Auch die Recuperatoren finden sich später im städtischen Process, doch können wir über ihre eigentlichen Functionen in demselben keine Auskunft geben; nur das kann als sicher gelten, dass das Verfahren vor ihnen ein beschleunigtes war. Rein Pr. R. 875 f.; Lenel Ed. perp. 22.

das Bedürfnis hervor, die Klagformeln, welche der Praetor zu verleihen pflegte, wenigstens so weit sie regelmässig wiederkehrende Rechtsverhältnisse betrafen, im voraus zu kennen. Die Praetoren konnten sich dieser Forderung um der Rechtssicherheit willen nicht verschliessen und kamen ihr dadurch nach, dass sie die Formeln so, wie sie sie den Parteien zu erteilen gedachten, zu Anfang ihres Amtsjahres bekannt machten.

Diese öffentlich ausgestellten Klagformeln sind nicht mit dem oben geschilderten Edict zu verwechseln[1]. Lezteres ist ein Justizprogramm für die praetorische Jurisdiction und ist entstanden für die Processe der Bürger unter einander (ob. p. 158 ff.); die Klagformeln dagegen sind zunächst für die Fremdenprocesse berechnet, was unzweifelhaft daraus hervorgeht, dass hier zuerst, und ursprünglich nur hier das Bedürfnis nach solchen Formeln vorhanden war. Wol aber ist es wahrscheinlich, dass den Klagformeln von jeher auch ein Edict über die Fremden-Jurisdiction zur Seite stand. Beide praetorischen Kundgebungen, die für die Bürger allein und die für Bürger und Ausländer sind schon in der früheren Zeit als äusserlich getrennt zu denken, und waren es um so mehr, als im sechsten Jahrhundert die Fremdenpraetur von der städtischen abgezweigt wurde[2]. Seitdem blieben beide Jurisdictionen dauernd von einander geschieden und edicirten die Praetoren jeder für sich; auch wenn in der Folgezeit kein Praetor peregrinus gewählt wurde (ob. p. 140 f.), trat doch keine Confundirung der Stelle bei dem Praetor

.

---

[1] Diesen Gegensaz hat man längst erkannt, eine erschöpfende Darstellung hat er aber erst durch Wlassak Edict und Klageform (1882) gefunden.

[2] Das Edict des Praetor peregrinus wird erwähnt bei Gai. 1, 6: *ius autem edicendi habent magistratus populi Romani, sed amplissimum ius est in edictis duorum praetorum urbani et peregrini.* Boeth. z. Top. 28 p. 321 Or.; *Edicta magistratuum sunt quae praetores urbani uel peregrini uel aediles curules iura dixere.* Auch bei Cic. ad Att. 6, 1, 15 (*dixi me de eo genere mea decreta ad edicta urbana accommodaturum*) ist jedenfalls an die Edicte des Praetor urbanus und peregrinus, vielleicht ausserdem auch an das der Aedilen gedacht. In der lex Rubria (C. I. L. I p. 116; Bruns font.[6] p. 96 f.) I, 21. 31 wird von einer Sūpulation, *quam is quei Romae inter peregreinos ius deicit in albo propositam habet,* gesprochen, womit das Vorhandensein eines besonderen Albums des Praetor peregrinus zwar nicht speziell für Klagformulare, aber — was auf derselben Stufe steht — für praetorische Stipulationen bezeugt ist. Vgl. Pernice Labeo I, 56 ff.

urbanus ein, sondern eine Cumulation, bei welcher die sachliche
Scheidung bestehen blieb.

Man kann nun im Processrecht dieselbe Beobachtung machen
wie bei der Entwicklung des materiellen Rechts: troz der äusseren
Trennung der Factoren findet eine innere Annäherung zwischen
dem Bürger- und Fremdenprocess statt. Zunächst zeigt sich das
darin, dass die Klagformeln auch für den städtischen Verkehr Bedeutung gewinnen. Nicht als ob man durch das Beispiel des
Fremdenprocesses überhaupt erst dazu gekommen wäre, hier
Formeln aufzustellen: zu der ältesten Tätigkeit der Praetoren gehört
ohne Frage die Regulirung des vorläufigen Besizstandes (*uindicias
dare*) während des Eigentumsprocesses; sie geschah ursprünglich
wenn auch nicht nach blosser Willkür, so doch nach dem billigen
Ermessen des Praetors im einzelnen Falle[1], aber schon in früher
Zeit scheinen sich allgemeine Principien darüber festgesezt zu
haben, welche in den Formularen der Interdicte gegen Besizstörung
(*ubi possidetis, utrubi*) ihren Ausdruck fanden[2]. Ebenso mögen manche
der Formulare für die praetorischen Stipulationen ein verhältnismässig hohes Alter gehabt haben[3]; mit den eben geschilderten
weltrechtlichen Klagformularen aber haben diese Bildungen nichts
gemein.

Das Eindringen der lezteren in den städtischen Process
lässt sich aus den positiven Quellenzeugnissen nicht verfolgen.
Wann sie zuerst vorgekommen sind, wird auch durch keine Combination zu ermitteln sein — nur kann man mit Sicherheit behaupten,
dass sie nicht erst von dem aebutischen Gesez eingeführt sind
(vgl. unt. p. 175 ff.) —, dagegen scheint es möglich über das Wie,
also über die einzelnen Stufen der Entwicklung, aus der früheren
und der späteren Gestaltung der Verhältnisse heraus einigermassen
wahrscheinliche Schlüsse zu ziehen. Jedenfalls war im Bürgerprocess
ursprünglich ein Bedürfnis nach praetorischen Klagformen nicht in

---

[1] Für den Freiheitsprocess enthielten bereits die Zwölf Tafeln VI, 6
(Schöll) die positive Vorschrift des *uindicias dare secundum libertatem.*

[2] Vgl. Puchta I[8], 191.

[3] Dahin wären vor allem zu zählen die Stipulationen des *uadimonium
sisti* und *pro praede litis et uindiciarum* (Lenel Ed. perp. § 280 f.), welche
mit der ältesten processleitenden (ob. p. 161) und besizregulirenden Tätigkeit
des Praetors zusammenhängen.

der Weise wie im Fremdenprocess vorhanden. So lange die Legisactionen nicht eine leere Form waren, sondern die lebendige Ge-
staltung des Processes darstellten, so lange nur das Landrecht die
römischen Bürger beherrschte und so lange es auch wirklich den
Anforderungen des Verkehrslebens Genüge leistete, durfte der
Praetor sich erhebliche Abweichungen weder von den Formeln der
Klagen noch von den Grundsäzen des Rechts selbst in seiner Jurisdiction erlauben, auch keine willkürlichen, den Bannkreis des alten
Rechts durchbrechenden Neuerungen einführen, ohne einen argen
Conflict mit der öffentlichen Meinung heraufzubeschwören. Demgemäss hebt die Entwicklungsgeschichte der Klagformeln im Bürgerprocess nicht mit einer direkten Herübernahme derselben aus dem
Album für die Peregrinen an, sondern der Ausgangspunkt war von
untergeordneterer Art und betraf zunächst nur eine äusserliche
und geringfügige Neuerung. Bei einigermassen verwickelteren
Verhältnissen war nämlich die mündliche Litiscontestation
ein höchst unzuverlässiges Mittel der Ueberführung des Processes
aus dem magistratlichen Verfahren (*in iure*) in das richterliche
(*in iudicio*)[1]. Allerdings war es Sitte, dass die Parteien sich die
Legisactionsworte von Juristen, und zwar meistens schriftlich concipiren liessen[2], und in sofern war schon die Grundlage eines
schriftlichen Protocolles vorhanden. Aber solche Aufzeichnungen
waren doch immer nur Parteidocumente, und der Gegenbeweis
durch die Litiscontestations-Zeugen, dass die Formeln nicht so gesprochen wie sie geschrieben waren, dass also der Processinhalt
vor dem Magistrat anders festgestellt sei, als er jezt vor dem
Richter behauptet werde, war möglich und mag oft genug versucht
sein. Etwas ganz anders war es, wenn der Praetor hier selbst
eintrat und dem Richter ein schriftliches Protocoll über die vor
ihm gepflogenen Verhandlungen aushändigte. Zwar wäre damit an
sich nicht viel gewonnen gewesen, wenn der Praetor seine Auctorität blos als offizielle Urkundsperson eingesezt hätte, denn den Begriff
der öffentlichen Urkunde im heutigen Sinne, welche vollen Beweis
für den darin aufgezeichneten Vorgang erbringt, kannten die Römer
nicht: der Richter hätte im Zweifel nach wie vor auf die mündlichen Aussagen der Zeugen bei der Litiscontestation zurückgehen
müssen. Der Praetor trat aber mit seiner Amtsmacht, das heisst

---

[1] Vgl. vorläufig Bekker Akt. I, 87 ff.; Sohm Inst. 118 ff. Das Nähere
unt. p. 176 ff.

[2] Vgl. ob. p. 82.

mit seinem Imperium ein: er befahl dem Richter bei seinem Urteile die Constituirung des Processverhältnisses so als gegeben zu nehmen wie er es ihm vorschrieb. Das Mittel dazu war ein einfaches und seiner Form nach ohne Frage dem Fremdenprocess entlehntes. Wie der Praetor dort die formlosen Behauptungen des Klägers als Voraussezung der Verurteilung des Beklagten hinstellte (ob. p. 162), so fasste er hier die Worte des Klägers aus der Legisaction hypothetisch, und befahl nun in analoger Weise dem Richter den Beklagten zu verurteilen, wenn die in der Urkunde enthaltene Fundamentirung des Anspruches erwiesen sein würde, wenn nicht, ihn freizusprechen[1]. Dass der Praetor befugt war einen solchen Befehl zu erlassen, kann nach römischem Staatsrecht keinem Zweifel unterliegen. Zunächst mutete er ja damit dem Richter nichts anderes als was ohnehin dessen Pflicht gewesen wäre; aber auch wenn er das getan hätte, auch wenn er — wie das wirklich in der Folgezeit geschah — seinem Condemnationsbefehl einen Inhalt gegeben hätte, der aus den materiellen Voraussezungen des ihm vorliegenden Rechtsverhältnisses andere Folgerungen zog als das Landrecht gestattete, so hätte er dennoch unbedingten Gehorsam vom Richter fordern, ja durch Strafen erzwingen können[2]. Der römische Richter urteilt überhaupt nicht kraft

---

[1] Statt ,hunc hominem Stichum meum esse aio' heisst es: ,si paret hominem Stichum quo de agitur Auli Agerii esse . . . condemna: si non paret absolue'. Die Worte quo de agitur sind dabei heineswegs ganz in-inhaltlos: sie sagen dem Richter, dass der betreffende Sklave derjenige Processgegenstand sei, an welchem in iure die Vindiction und Contravindication vorgenommen war. Ebenso wird die Legisactionsformel ,aio te mihi centum dare oportere' wiedergegeben durch die praetorische Formel ,si paret Numerium Negidium Aulo Agerio centum dare oportere condemna' u. s. w. Vgl. Bekker Art. I, 87 f.

[2] Diese staatsrechtliche Stellung des römischen Magistrats haben Bekker und Sohm (a. a. O. vgl. p. 167 A. 1) nicht berührt. Namentlich sind deshalb Sohms Ausführungen (p. 119) verfehlt, wonach die schriftliche praetorische Formel während des Legisactionsprocesses ohne ,Rechtskraft' für den Richter und gewissermassen nur vertraulicher Natur gewesen sein soll, während allein die mündliche Litiscontestation massgebend geblieben sei; womit Bekkers (I, 88) Auffassung der Formeln als Aufzeichnung der vorangegangenen Spruchformeln zum Gebrauch des Richters im Wesentlichen übereinkommt. Aber wir brauchen gar nicht zu der blossen Theorie des Staatsrechts unsere Zuflucht zu nehmen: einen sehr interessanten Beleg für die obige Auffassung giebt Cicero in Verr. II, 2, 30. 31. Es wird von den Eigenmächtigkeiten des Verres in der Jurisdiction als Propraetor von Sicilien gesprochen: ,es kann

des Gesezes sondern immer nur kraft des an ihn ergangenen Befehls;
er urteilt nach dem Gesez nur soweit ihm dieser Befehl dazu
Raum lässt, und ist in keiner Weise befugt seine Einsicht über die
des Magistrates zu stellen. Gerade darauf beruht die ganze Entwicklung des praetorischen Rechts. Wie eng oder wie weit der
Befehl gefasst ist, was er enthält, das ist einzig Sache des Praetors,
der dafür die Verantwortung trägt: während der Amtsführung
kann nur die Intercession der gleichen oder höheren Amtsgewalt
(*par maiorue potestas*) seinem Gebot Einhalt tun, nach Ablauf des
Amtsjahres steht auch dem Verlezten der Rechtsweg des Rechen-
schaftsprocesses offen[1]. Auch wurde durch derartige praetorische

---

kein Zweifel sein', führt der Redner aus, ,dass unser ganzes Vermögen der
Willkür derer, welche die Gerichte niedersezen, und derer, welche das Urteil
sprechen, überantwortet wäre, wenn ein gewissenloser Praetor, dem Niemand
intercediren kann (d. h. ein Provinzial-Statthalter), auf die Klage des ersten
Besten wen er will zum Richter bestellt, und ein schurkischer Richter so
urteilt, wie es ihm befohlen ist. Und wenn der Praetor seine Instruction so
fasst (*in ea uerba iudicium det*), dass auch der pflichttreuste und rechts-
kundigste Richter nicht gerecht urteilen kann, muss nicht auch dieser gehorchen?
Hierfür wird nun ein Beispiel aus der städtischen Jurisdiction angeführt: *L.
Octauius iudex esto: si paret fundum Capenatem q. d. a. ex iure Quiritium P. Seruilii esse* etc. Und in der Tat konnte Cicero hinsichtlich des dem
Praetor geschuldeten Gehorsams — und darauf kommt es ihm an — die
römischen und provinziellen Richter auf eine Stufe stellen. Der einzige Unterschied war, dass in der Provinz wegen des dort herrschenden *Imperium militiae* die Intercession ausgeschlossen (*cui nemo intercedere possit*), dem
städtischen *Imperium domi* gegenüber aber zulässig war (s. d. folg. Anm.).

[1] Ueber die Intercession gegen praetorische Befehle s. Momms. St. R.
I, 257 f. II, 95. Belege für consularische Intercession s. Val. Max. 7, 7, 6,
für praetorische Cic. in Verr. II, 1, 119, für tribunicische Cic. p. Tull. 39.
Namentlich letztere Stelle ist interessant: der Kläger appellirt, weil die Klagformel nicht nach seinem Begehren abgefasst ist, an die Tribunen, welche
freilich die Intercession verweigern. — Für praetorische Rechenschaftsprocesse
(vgl. Momms. St. R. I, 672. 679 f.) bieten die Reden Ciceros gegen Verres
(II, 1, 103 ff.) ein ausgiebiges Beispiel: die schlechte Fassung sowol des
städtischen (680) als des sicilischen Edicts (681—683) und die willkürliche
Civiljurisdiction bilden Hauptpunkte in der Anklage. Anderweite Fälle dieser
Art sind nicht bekannt und mögen auch selten vorgekommen sein; aber das
beweist eben nur, wie sehr die praetorische Amtstätigkeit im Einklang mit der
Rechtsüberzeugung des Volkes stand. — Die Provocation könnte hier nur
in der Weise in Betracht kommen, dass der Praetor über den das Urteil ver-
weigernden Richter eine Strafe verhängte; indessen fehlt es dafür an Beispielen.

Befehle der formale Grundsaz — und etwas anderes ist er bekanntlich nie gewesen — dass der Magistrat kein Recht (*ius*) sezen könne, nicht verlezt. Man darf aber die vorstehenden Ausführungen nicht so verstehen, als ob nunmehr das Zeugenaufrufen (*testes estote*) im landrechtlichen Process weggefallen sei. Die Litiscontestation war Bestandteil der Legisaction[1] und ist als solcher gewiss vom Praetor formell nicht angetastet worden sondern hat ihre Schicksale geteilt (vgl. unt. p. 186 ff.). Nur das soll gesagt sein, dass sie zur blossen Form herabsank, indem sie aufhörte das Bindeglied zwischen den beiden Stadien des Processverfahrens zu sein, seitdem der Praetor den Richter mittelst eines Formulars instruirte.

Von diesen Anfängen ausgehend haben sich die Klagformeln des städtischen Processes schnell entwickelt. Vergegenwärtigen wir uns die privatrechtlichen Verhältnisse des sechsten Jahrhunderts, wie sie oben (p. 147 ff.) geschildert wurden. Das Weltrecht hat als römisches Fremdenrecht feste Gestalt gewonnen, ganz allmählich wird es in das Bürgerrecht übernommen. Diese Reception ist in erster Linie ein innerer Vorgang wie alle gewohnheitsrechtliche Bildung, das Mittel aber, welchem es seine äussere tatsächliche Geltung und Gestaltung verdankte, sind die practorischen Formeln gewesen. Wenn es richtig ist, dass der Praetor für seine dem Richter gegebenen Befehle allein verantwortlich ist, so folgt daraus, dass er ihn auch dahin instruiren kann, ein dem Landrechte gar nicht bekanntes Rechtsverhältnis zur Grundlage seines Erkenntnisses zu machen, indem er ihm nur die Tatsachen angiebt, von deren Nachweis die Verurteilung abhängen solle, oder auch kurzweg die Rechtsbegriffe des Weltrechts (wie *emere uendere, locare conducere, deponere, commodare* u. s. w.) zur Voraussezung derselben macht[2]. Für die auf solche Weise entstandenen Actionen

---

[1] Fest. ep. p.57: *Contestari litem dicuntur duo aut plures aduersarii, quod ordinato iudicio utruque pars dicere solet: ,testes estote'.* Ueber das Wesen der Litiscontestation vgl. Keller Litisc. u. Urteil p. 1 ff. Civ. Pr. 281 f.; Rudorff II, 232 ff.; Bethmann-Hollweg II, 478; Wieding Lib. Proc. 56 ff.; Puchta I[8], 526 ff.

[2] Das Beispiel der *actio depositi in factum* und *in ius concepta* giebt Gai. 4, 47.

des Weltrechts waren dem städtischen Praetor natürlich die schon
längst gebräuchlichen fremdenrechtlichen Klagformeln (ob. p. 162 ff.)
seines Collegen nicht nur in der äusseren Formulirung das Muster,
sondern ohne Frage wurden dieselben in der Hauptsache auch
ihrem Inhalt, ja ihren Worten nach so, wie sie dort concipirt waren,
übernommen. Die Jurisdiction des Fremdenpraetors ist so die
Werkstatt gewesen, welcher das Weltrecht einerseits seinem materiellen Gehalte nach die Anerkennung als römisches Recht verdankt,
andrerseits hat sie ihm aber auch das äussere Gepräge gegeben,
in welcher es in das Bürgerrecht recipirt worden ist.

Man würde aber fehlgehen, wenn man annehmen wollte,
das Weltrecht sei nur als eine im Fremdenrecht schon vorliegende
Rechtsbildung von den Praetoren in den städtischen Process übernommen und mit Klagformeln ausgestaltet worden, und nur durch
die Aufnahme des Weltrechts sei in dieser Periode das Recht umgestaltet worden. Das Weltrecht ist vielmehr eine von aussen her
in das römische Recht eindringende und es durchsezende Macht,
welche alle rechtschaffenden Organe beherrscht. Auf der andern
Seite drängt aber auch das städtische Recht selbst nach Erweiterungen, zum Teil dem Weltrecht entgegenkommend und mit ihm
auf halbem Wege zusammentreffend, zum Teil aber auch ohne
Rücksicht auf dieses nur aus sich selbst heraus.

In manchen Punkten wurde schon die Gesezgebung,
also das Landrecht selbst, diesem Bedürfnis gerecht (vgl. ob.
p. 148): das atilische Gesez über Ernennung von Vormündern durch
die Magistrate, das praetorische über den Schuz der Minderjährigen
gegen Ausbeutung ihrer Unerfahrenheit, das aquilische über Sach-
beschädigungen gehören in die erstere Kategorie. Der Grundsaz,
dass der Staat sich der Personen annehmen müsse, welche wegen
jugendlichen Alters ihre Angelegenheiten nicht allein besorgen können,
und der, dass jedermann den Schaden, welcher einem andern
durch seine Schuld erwachsen ist, zu vergüten habe, finden sich
bei allen Culturvölkern: aber dennoch sind diese Materien der
Quelle ihrer Entstehung wegen keine weltrechtlichen sondern landrechtliche[1]. Andrerseits wird man in dem cincischen Gesez über
Schenkungen wie in dem cornelischen über die Rechtsverhältnisse

---

[1] Man kann daraus so recht sehen, wie verkehrt die Anschauung der
römischen Juristen ist, dass Weltrecht alles das sei, was sich bei allen Völkern
als Recht vorfinde (ob. p. 115) — es kommt vielmehr für diesen Begriff
einzig auf die Quelle der Einführung in das römische Recht an.

der in feindlicher Gefangenschaft verstorbenen römischen Bürger
vergebens nach fremdenrechtlichen Principien suchen.

Das grösste Verdienst um diesen Ausbau des römischen
Rechts aus sich selbst heraus gebührt wiederum den Praetoren.
Vor allem sind in dieser Hinsicht zu nennen die durch das Edict
eingeführte und geordnete Wiedereinsezung in den vorigen Stand
(*in integrum restitutio*), der praetorische Nachlassbesiz (*bonorum
possessio*) mit seinem Interdictenschuz (*Int. quorum bonorum*), die
damit zusammenhängende Collationspflicht (zunächst als *collatio
emancipati*), das praetorische Executionsrecht (*missio in bona*), alles Institute, welche zu den folgenschwersten Neuerungen im römischen
Recht gehören. Indessen kommen sie hier, wo es sich um die
Klagformeln handelt, in geringerem Grade in Betracht, wichtiger
sind für uns die von den Praetoren neu eingeführten Actionen,
welche weder im Landrecht noch in dem als Gewohnheitsrecht geltenden Weltrecht, sondern nur in den Verheissungen (*iudicium
dabo*) der Praetoren in den Edicten ihre Grundlage haben, und
füglich als praetorische Klagen im engern Sinne bezeichnet
werden können. Zum Teil waren sie dem Landrecht allerdings
schon bekannt, wurden aber durch das Edict abgeändert oder umgestaltet, und sind wenigstens in ihrer neuen Form praetorisches
Recht, wie die *actio furti quadrupli*, die *actio iniuriarum aestimatoria*; zum grössten Teil aber waren sie völlige Neuerungen der
Praetoren (oder Aedilen): so die *actio (in factum) ex recepto*, die
actio Publiciana, die sogenannten *actiones adiecticiae qualitatis*, die
actio redhibitoria und *quanti minoris* u. s. w. Selbstverständlich begnügten sich die Praetoren nicht damit, die Zulässigkeit dieser
Klagen im Edict in Aussicht zu stellen, sondern sie entwarfen zugleich auch die zu ihrer processualen Durchführung nötigen Klagformulare.

Alle diese Errungenschaften, die weltrechtlichen wie die speziell
praetorischen Actionen, gehen zeitlich neben einander her; sicherlich würde die Annahme, dass eine dieser Klassen eine ältere Erscheinungsform dabote als die andere, verfehlt sein. Sie haben
alle das Gemeinsame, dass in der Klagformel dem Richter ein
Condemnationsbefehl erteilt wird, welcher dem Landrecht fremd ist.
Der Geschworene aber musste nach der ihm zu Teil gewordenen
Anweisung entscheiden, denn was und wie vor dem Praetor verhandelt worden war, ob formal mit Legisactionen oder formlos ohne
solche, kümmerte ihn nicht, wenn der Praetor ihm durch die schriftliche Formel die Feststellung des Processinhalts nach Massgabe der

mündlichen Verhandlungen vorlegte. Natürlich ist bei dieser Darstellung der Rechtsentwicklung immer nur die formale Seite der
praetorischen Tätigkeit in Betracht gezogen, denn dass der Praetor
in allen Fällen, wo er von seiner Befehlsgewalt einen dem Gesez unbekannten oder geradezu dagegen verstossenden Gebrauch machte,
— abgesehen von Willkürlichkeiten, die natürlich auch vorkamen[1]
— die öffentliche Meinung auf seiner Seite hatte, bedarf kaum einer
Erwähnung. Er gab ja damit nur der Rechtsüberzeugung des
Volkes Ausdruck, welche das Weltrecht zu einem sie beherrschenden
Gewohnheitsrecht erhoben hatte, und half ihr, da wo sie selbst die
Schranken des Landrechts als beengend fühlte, durch dessen Erweiterung in seinem Edict.

Seitdem nun die Praetoren in der städtischen Jurisdiction
Klagformeln in Anwendung brachten, haben sie natürlich auch
diese beim Beginn ihres Amtes öffentlich proponirt. Wir haben
seitdem folgende praetorische Bekanntmachungen (die nach den
weissen Holztafeln, auf welchen sie geschrieben waren, als Album[2]
bezeichnet werden) zu unterscheiden: das Fremdenedict nebst den
Formeln für Bürger und Ausländer oder Ausländer unter sich und
das städtische Edict mit Formeln für die Bürger allein. Die Actionen
des Fremdenrechts gehören natürlich immer dem Weltrecht an,
die des städtischen Rechts beruhen, wie gezeigt, zum Teil auf
dem Landrecht, zum Teil auf dem Weltrecht, zum Teil blos auf
dem Edict, und sollen demgemäss im folgenden kurzweg als
landrechtliche, weltrechtliche und praetorische bezeichnet werden.
Nun sah der Praetor das Landrecht, soweit es nicht geradezu sein
Zweck war umgestaltend einzugreifen (worüber gleich zu reden sein
wird), immer als eine vom Gesez oder dessen Interpretation, das Weltrecht als eine vom jüngern Gewohnheitsrecht gegebene und für
seine Jurisdiction massgebende Grundlage an, welche ihn einer
weiteren Regelung der betreffenden Materie überhob. Er begnügte
sich deshalb damit im Edict kurzweg seinen Schuz zu verheissen[3],
und proponirte ausserdem die in Anwendung kommende Klageformel.

---

[1] Sie spielen in den Verrinen Ciceros eine grosse Rolle (ob. p. 168
A. 2 p. 169 A. 1). Vgl. auch den Fall bei Val. Max. 7, 7, 7, wo die
Willkür gerade weil sie die öffentliche Meinung für sich hatte, gut ge-
heissen wird.

[2] Ueber die Bedeutung der Ausdrücke *album* und *edictum* vgl. Wlassak
Ed. u. Klagf. p. 18 ff.

[3] Die Behauptung von Wlassak (Ed. u. Klagf. p. 9 f.), dass die Civil-
klage überhaupt nicht im Edicte versprochen war, scheint mir vor allem da-

Im Falle der landrechtlichen Klage war zum Erlass der Formel die
Legisaction notwendige Voraussezung für den Praetor, so dass er
ohne dieselbe überhaupt keinen Richter bestellen konnte[1], bei der
weltrechtlichen Klage gab es eine Spruchformel überhaupt nicht: es
wurde also formlos vor dem Praetor verhandelt. Daneben stehen nun
die eigentlichen nur auf dem Edict beruhenden praetorischen Klagen.
Wir haben sie in solche geschieden, welche nur Abänderungen des
Landrechts darstellten, und solche, die ganz neu von den Praetoren
eingeführt wurden. Wie sich bei den ersteren die processuale Durchführung gestaltete, können wir nicht mit Sicherheit aus den späteren Tatsachen schliessen: wenn man aber eine Vermutung wagen
darf, so ist es am wahrscheinlichsten, dass hier (also z. B. bei
der *actio iniuriarum aestimatoria*) die Legisaction zunächst noch als
notwendige Form des Verfahrens bestehen blieb, während der Praetor
in seiner Klagformel, ohne weiter auf sie Rücksicht zu nehmen,
dem Richter die Verurteilung seinem Edict gemäss anbefahl. Bei
den neuen praetorischen Klagen (z. B. *actio redhibitoria*) konnte
wieder die Legisaction gar nicht in Frage kommen, so dass auch
hier das erste Stadium des Processes ein formloses war.

XVI. DAS AEBUTISCHE UND DIE IULISCHEN GESEZE.

In die bisher geschilderte Entwicklung griff nun das hochwich-
tige aebutische Gesez ein. Ueber die Zeit seines Erlasses sind
wir gar nicht und über seinen Inhalt nur in sehr mangelhafter
Weise unterrichtet. In folge dessen gehen in ersterer Hinsicht
die Meinungen der modernen Rechtshistoriker sehr weit auseinander, in lezterer wird die Wissenschaft zwar von einer be-

---

durch widerlegt, dass uns von Ulpian (ad. ed. 28: D. 13, 6, 1 pr.) folgende
Edictsworte mitgeteilt werden: *quod quis commodasse dicetur de eo iudicium dabo*, das Commodat als Contract aber war ein aus dem Weltrecht in
das Civilrecht (vgl. den XVII Abschn.) hinüber genommenes Institut. Ausserdem scheint mir die hier vertretene Ansicht für die gewiss richtige Vermutung von Wlassak p. 31 f., dass erst Iulian die Verschmelzung von Edict
und Klagform vorgenommen habe, eine notwendige Voraussezung zu sein.
Ich wüsste wenigstens keine andere Erklärung für die Pläze, welche die land-
und weltrechtlichen Klagformeln im iulianischen Edict erhalten haben, als
die, dass schon von Alters her hier ein *iudicium dabo* im Edict gestanden
hat. Der Charakter dieser Klagen als civiler wird m. E. dadurch nicht verändert.

[1] Dieser Punkt wurde erst durch die *lex Aebutia* abgeändert.

stimmten, aber nichts desto weniger unhaltbaren Ansicht beherrscht. Im folgenden soll zunächst der Inhalt des Gesezes untersucht werden: und dazu bildet eine genaue Betrachtung der Quellen die Voraussezung; auf die chronologische Frage werden wir später (p. 188) zurückkommen.

Am meisten erfahren wir durch Gaius[1]: bei den Legisactionen — so meint er — sei es durch die allzu grosse Peinlichkeit der alten Juristen dahin gekommen, dass der geringste Fehler den Verlust des Rechtsstreits herbeigeführt habe, und daher sei diese Processart missliebig geworden. Dem zu Folge seien jene Legisactionen durch das aebutische und die beiden iulischen Geseze aufgehoben, und sei es bewirkt worden, dass man mit bestimmt concipirten Worten, das heisst mit Formeln processire. Nur in zwei Fällen sei die Legisaction noch zulässig: bei der Klage wegen drohenden Schadens und als Einleitung zum Centumviralgericht. — Unbestimmter lautet der zweite Bericht: Gellius[2] findet in einem Verse des Ennius das Wort *proletarius* und bittet einen Juristen um Auskunft darüber. Dieser verweist ihn an die Grammatiker, und als ihm Gellius dartut, dass der Ausdruck auch in den Zwölf Tafeln vorkomme, meint der Jurist, dann gehe ihn die Sache ebenso wenig etwas an, denn die Altertümlichkeiten der Zwölf Tafeln kämen nur noch in den Legisactionen der Centumviralsachen vor, im übrigen seien sie seit dem Erlass des aebutischen Gesezes längst ‚eingeschlummert‘, und er beschäftigte sich nur mit dem geltenden Rechte.

Man hat aus diesen beiden Stellen, den einzigen, die über das aebutische Gesez reden, gewöhnlich entnommen, dasselbe habe — sehen wir vorläufig ganz von dem Centumviralgericht ab — die Legisactionen aufgehoben, dafür aber den Formularprocess ein-

---

[1] Gai, 4, 30—31: *Sed istae omnes legis actiones paulatim in odium uenerunt: namque et nimia subtilitate ueterum qui tunc iura condiderunt eo res perducta est, ut uel qui minimum errasset litem perderet. itaque per legem Aebutiam et duas Iulias sublatae sunt istae legis actiones effectumque est, ut per concepta uerba id est per formulas litigenus. tantum ex duabus causis permissum est lege agere: damni infecti et si centumuirale iudicium futurum est.*

[2] Gell. 16, 10. Die einschlägigen Worte (§ 8) lauten: *Sed enim cum proletarii et adsidui et sanates . . . euanuerint omnisque illa duodecim tabularum antiquitas nisi in legis actionibus centumuiralium causarum lege Aebutia lata consopita sit, studium scientiamque ego praestare debeo iuris et legum uocumque earum quibus utimur.*

geführt; der letztere sei bisher unter Bürgern nicht vorgekommen, erst das aebutische Gesez habe den Praetor urbanus befugt, Klagformeln zu erlassen[1]. Genau genommen ist das weder in einem der beiden Berichte ausgesprochen, noch muss es daraus geschlossen werden. Gaius giebt augenscheinlich keine Entwicklungsgeschichte des Formularwesens, sondern er stellt den Rechtszustand, welcher sich als Resultat der Gesezgebung auf diesem Gebiete herausgebildet hatte, dar. Nicht was jedes einzelne der einschlägigen Geseze vorgeschrieben hat, sondern was in Folge des aebutischen und des iulischen Gesezes zu seiner Zeit geltendes Recht[2] war, will er schildern. Und weiter: von keinem der beiden Geseze sagt er, dass es die Formeln eingeführt habe, sondern nur beide

---

[1] Dass die meisten Vertreter der herrschenden Meinung die Klagformeln im Fremdenrecht schon vor dem aebutischen Gesez anerkennen, ist bereits ob. p. 163 A. 1 bemerkt worden. Im städtischen Process dagegen sollen sie früher nicht vorgekommen, sondern erst durch dies Gesez eingeführt sein. Das Verdienst, zuerst einen richtigeren Weg eingeschlagen zu haben, hat E. J. Bekker. Es heisst in seiner Process. Cons. p. 33, die *lex Aebutia* habe unmittelbar sehr geringe Abänderungen des alten Verfahrens vorgeschrieben oder gestattet, Abänderungen deren Tragkraft zu Ciceros Zeit nur zu erkennen vermochte wer tiefer und ernster in das Recht eindrang als dieser beredte Mund. Nachdem B. dann in der Zsch. f. RG. das Zusammenbestehen von Legisaction und Formel nachgewiesen (s. unt. p. 194 A.3), hat er in den Aktionen (I, 87 ff.) seine Ansichten dahin näher ausgeführt, dass das aebutische Gesez die Schriftformeln nicht eingeführt habe; wie die letzteren in Gebrauch gekommen, wissen wir nicht, sie seien in den blühenden Legisactionsprocess hineingetragen, haben ursprünglich nur tatsächliche nicht rechtliche Anerkennung gefunden, dann weiter die Spruchformeln entbehrlich, nicht unmöglich gemacht, bis man eingesehen habe, dass man mit ihnen allein auskommen könne. Bekkers Resultate sind im Ganzen anerkannt von Wieding Lib. proc. 68 ff. (dessen Theorie über die Litiscontestation als wirklichen Contract der Parteien ich mich aber nicht anschliesse) und von Sohm Inst. p. 118 ff. Freilich gehen diese Darstellungen nur von der Betrachtung der Entwicklung des Processes aus und lassen die staatsrechtliche Stellung des Praetors unberücksichtigt. Wenn man diese zur Grundlage macht, so werden sich einerseits einige Correcturen von Sohms und Bekkers Auffassung als notwendig ergeben (vgl. ob. p. 167 f.; unt. p. 183); andrerseits manches, das von ihnen nur als Vermutung aufgestellt ist, der Wahrscheinlichkeit — denn eine solche ist auf diesem Gebiete überhaupt nur zu erzielen — näher gerückt werden.

[2] Das Gaius von dem zu seiner Zeit geltenden Rechte redet geht aus der Art seiner Darstellung unzweideutig hervor: *effectum est, ut . . . per formulas litigemus . . ., cum ad centumuiros itur, ante lege agitur sacramento . . ; damni uero infecti nemo uult lege agere, sed potius per stipulationem . . . obligat aduersarium suum.*

zusammen sollen den ‚Effect' gehabt haben, dass man in der Kaiserzeit nur noch mit Formeln processirte. Noch viel weniger geht aus
Gellius Erzählung für unsere Frage hervor: nur dass die Legisactionen seit dem aebutischen Gesez auf keinem andern Gebiet
mehr als auf dem des Centumviralprocesses Anwendung gefunden
hätten, wird gesagt; über die Entstehung des Formularprocesses ist
nichts aus der Stelle zu entnehmen; derselbe wird garnicht erwähnt[1].

Aber Gaius und Gellius konnten das auch garnicht sagen,
was die herrschende Meinung aus ihnen heraus lesen will, ohne
sich in Widerspruch zu den Grundprincipien des republikanischen Staatsrechts zu sezen. Wir müssen auf diesen Punkt, auf
welchem die ganze hier durchgeführte Theorie von den praetorischen Actionen basirt ist, und der sie zu mehr als einer blossen
Hypothese macht, etwas näher eingehen. Es ist schon wiederholt
(ob. p. 156 f. 167 ff.) darauf hingewiesen, dass alle Amtsgewalt
des Praetors in seinem Imperium enthalten ist[2]. Wir können
diesen Begriff nicht besser definiren, als indem wir die Worte
desjenigen Schriftstellers wiedergeben, dem wir die erste wirklich juristische Behandlung des römischen Staatsrechts verdanken: es heisst bei Mommsen (I, 22): ‚Imperium bezeichnet
in seinem allgemeinsten technischen Wert die oberste mit Commando und Jurisdiction ausgestattete Amtsgewalt. — (Dieses)
unbedingte Befehlsrecht ist in dem königlichen Rom
ohne Unterschied der Kategorien des Befehlens in einer Hand
vereinigt; und auch in dem republikanischen Rom führen dasselbe,
wol abgeschwächt, aber doch auch in seiner Totalität die
Consuln und wer College der Consuln oder Inhaber consularischer
Gewalt ist'. Das Imperium kann theoretisch nur als magistratliche Allmacht aufgefasst und in dieser Hinsicht am besten mit
dem Eigentumsbegriff des Privatsrechts auf eine Linie gestellt werden.
Wie dieser die Totalität des Rechts darstellt, die Befugnis alles mit

---

[1] Vgl. Bekker Akt. I, 91.
[2] Vgl. für die folgenden Erörterungen Momms. R. St. I, 22 ff. 182 ff.
Es ist hier immer nur von dem Imperium im weitern Sinne die Rede, nicht
von dem militärischen Commando, welches speziell ebenfalls als Imperium
bezeichnet wird (ebend. 114 ff.), auch nicht von dem Imperium im engern
Sinne, welches die Rechtslehrer der Jurisdiction gegenüber stellen (ebend.
183 A. 1. 3; 184 A. 2.), ein hier nicht weiter zu behandelnder Gegensaz, auf
welchem die Unterscheidung der *iudicia legitima* und *imperio continentia*
(Gai. 4, 103 ff.) beruht. Vgl. Zimmern III, 89 ff.; Keller 213 ff.; Bethmann-
Hollweg II, 91 ff.; Rudorff II, 11 ff.; Kuntze I, 158; Lenel Ed. perp. 20 ff.

der Sache machen zu können, so giebt das Imperium seinem Träger
das Recht alles befehlen zu können. Das Eigentum ist daher
nicht als ein Bündel einzelner Befugnisse aufzufassen: wol hat
der Eigentümer das Recht seine Sache zu gebrauchen, zu nuzen
u. s. w., aber nicht macht die Summe dieser Rechte sein Eigentum aus; sondern, weil das Eigentum die totale Herrschaft bedeutet,
giebt es keine Beziehung, in welcher ihm die Sache nicht unterworfen
wäre. Ebenso wenig erschöpft die Mehrheit der Befugnisse, welche
dem Dictator, Consul oder Praetor zustehen, also etwa das militärische Obercommando, das Verhandlungsrecht mit Volk und Senat,
die Coercition, Jurisdiction u. s. w. den Begriff des Imperiums;
sondern, weil der Consul das Imperium hat, kann er überall und
unbedingt befehlen. Mit dieser theoretischen Allgewalt des Eigentums wie des Imperiums, sind tatsächliche und rechtliche, vorübergehende wie dauernde Beschränkungen wol vereinbar, wenn dieselben
auch soweit reichen sollten, dass sie das übrig bleibende leere Recht
praktisch fast wertlos machen: der Eigentümer muss die nachbarlichen
Einwirkungen und die Nuzungen des Servitutberechtigten dulden; die
Macht des Consuls ist im städtischen Amtsgebiet immer durch die
Provocation gebunden, sie kann durch den Dictator und die Tribunen in weitgehender Weise eingeengt sein, ohne darum qualitativ eine andere zu werden[2]. Auch als später feste Competenzen

---

[1] Der nicht juristische Leser sei bezüglich des Eigentumsbegriffes auf
Windscheid Pand. I § 167 verwiesen.

[2] In manchen Punkten freilich hinkt dieser wie alle Vergleiche. Das
Eigentum ist seinem Begriff nach ein ausschliessliches Recht, das Imperium
ist in einer ursprünglichen Gestalt als königliches zwar von dem gleichen
Princip beherrscht, hat dasselbe aber in der Republik mit der Collegialität ver-
tauscht. Zwar wirkt auch hier die alte Anschauung noch fort: so weit die
Collegialität auf der *par potestas* beruht, ist sie in Parallele mit dem privatrechtlichen Miteigentum zu stellen, nur dass dieses ein gewissermassen zu-
fälliger und anomaler, jene ein notwendiger Zustand ist; aber schliesslich
liegt doch der Intercession und dem Saz ,*potior causa prohibentis*' derselbe
Gedanke zu Grunde. Nur für die Intercession der *maior potestas* (des Dic-
tators und Tribunen gegen den Consul und aller dieser Magistrate gegenüber
dem Praetor) findet sich kein Analogon im Privatrecht. Denn eine höhere
Gewalt über die Sache als die durch das Eigentum verliehene giebt es nicht;
die Servituten und Pfandrechte, welche es einschränken, sind mindere Rechte,
welche so zu sagen dem Eigentum einen Abzug machen, während zwischen
dem Imperium des Consuls und Praetors das Bild der höheren, die niedere
teilweise deckenden und bindenden Macht am Plaze ist. Ebenso lassen
sich für die notwendige Befristung des Imperiums, für die Provocation und

(*prouinciae*) im Staatsrecht aufkommen, bleibt das Imperium an sich dasselbe. Der städtische Praetor ist für die Civiljurisdiction eingesezt, nichts desto weniger hat er volles Imperium: wenn die Consuln Rom verlassen, so führt er statt ihrer die laufende Staatsverwaltung, und zwar kraft eigenen Rechts, nicht etwa als Mandatar der Consuln; sein bisher gebundenes Imperium entfaltet sich nunmehr unbegrenzt, gerade wie das Eigentum wieder frei wird, wenn der darauf ruhende Niessbrauch wegfällt.

Kehren wir an der Hand dieser Betrachtungen zu dem aebutischen Gesez zurück, so wird es klar sein, dass dasselbe die Klagformeln nicht erst eingeführt haben kann. Denn da dieselben formal nichts sind als ein magistratlicher Befehl an den Richter (ob. p. 167), so ist nicht abzusehen, weshalb der Praetor zum Erlass eines solchen erst durch ein besonderes Gesez in Stand gesezt werden musste, während er ohne Zweifel von jeher durch sein Imperium dazu rechtlich befugt war. Aus den Grundsäzen des römischen Staatsrechts ziehen wir die Berechtigung, bei unserer obigen Auffassung stehen zu bleiben, dass die Praetoren auch vor dem aebutischen Gesez in der Lage waren den Richter mit Klagformeln zu instruiren, und dass sie von diesem formell ihnen immer zustehenden Recht Gebrauch machten, wenn und so weit sie damit einem im Volke lebenden Rechtsbedürfnis zu entsprechen glaubten.

Was aber war denn der positive Inhalt des aebutischen Gesezes? Aus den Berichten des Gaius und Gellius geht eine Tatsache mit Sicherheit hervor, welche die Grundlage für alle weitere Forschung bilden muss: dass das aebutische Gesez die Beziehungen zwischen Legisaction und Klagformel regelte, mit andern Worten den landrechtlichen Process umgestaltete. Und allein für dies Gebiet traf das Gesez Bestimmungen: es ist durchaus ungerechtfertigt dasselbe auf die weltrechtlichen und die speziell-

die späteren Competenzregulirungen keine Parallelen im Privatrecht angeben; nur muss man immer darauf hinweisen, dass diese Einschränkungen dem ursprünglichen, das heisst königlichen Imperium fremd sind. Aber der Wert solcher Vergleichungen liegt auch gar nicht darin, dass man in allen Einzelheiten genau dieselbe Entwicklung verfolgen kann, sondern lediglich in dem Erkennen des gleichen Grundgedankens in der Verschiedenheit der Erscheinungen. Und ohne Frage wird man das eigentümliche Widerspiel der theoretischen Vollkommenheit und der praktischen Unvollkommenheit im Eigentum und Imperium als eine solche, tief in der Rechtsauffassung des römischen Volkes begründete, dem Staats- und Privatrecht gemeinsame Grundanschauung anerkennen müssen.

praetorischen Actionen[1] auszudehnen. Die Worte des Gaius bieten
auch nicht den geringsten Anhalt für die Annahme, dass erst seit
dem aebutischen Gesez etwa der Kaufcontract oder der Hypotheken-
vertrag unter römischen Bürgern klagbar wurden; hierfür gab es
niemals Legisactionen, sie müssen also im städtischen wie im Fremdenprocess immer ohne Solemnitäten mittelst blosser Edition und Postulation der Klagformel vor dem Magistrat verhandelt worden sein. Nur
da, wo sich überhaupt Legisaction und Klagformel gegenübertreten
konnten, das heisst da, wo das römische Gesez oder dessen Auslegung
durch die Juristen dem Bürger einen durch die Pontifices in feierliche
Worte gekleideten Anspruch verlieh (ob. p. 66 f. 89. 104), daneben
aber der Praetor dem Richter eine schriftliche Instruction über den
Processinhalt als Norm für das ihm anbefohlene Urteil erteilte (ob.
p. 167 f.), griff das aebutische Gesez Plaz. In der Hauptsache schlossen
die im Landrecht üblichen Klagformeln der Praetoren sich eng an die
pontificalen Spruchformeln an, in einzelnen Fällen aber hatten sie
aller Wahrscheinlichkeit nach schon vor dem aebutischen Gesez
Abweichungen in sich aufgenommen (vgl. ob. p. 172. 174); aber damit
war an den Legisactionen selbst garnichts geändert. Denn diese waren
offizieller Natur wie das Gesez selbst, gleichsam dessen Pertinenz
(ob. p. 66. 98), und konnten darum von den Praetoren wol umgangen oder durch neue Bildungen ersezt, aber doch nicht in ihrer
Existenz aufgehoben werden. Zwar hätten die Praetoren sie wie
so manches andere landrechtliche Institut allmählich unberücksichtigt lassen und so ausser Uebung bringen können: wahrscheinlich
wäre das auch der Verlauf der Dinge gewesen, wenn nicht die Gesezgebung eine schnellere Entscheidung herbeigeführt hätte. Ueber die
Veranlassung dieses Eingriffes in die ruhige Entwicklung des Rechts
sind wir zwar nicht näher unterrichtet, aber doch scheint sie in der
Ueberlieferung wenigstens angedeutet zu sein. Gaius hebt nämlich ausdrücklich einen Gegensaz zwischen der öffentlichen Meinung
und den Juristen hervor: da diese — so erzählt er — zäh daran festhielten jedes Versehen in den Legisactionen mit dem Processverlust zu bestrafen, was doch mehr und mehr unzeitgemäss erschien, so habe man sich schliesslich mit einem Gesez geholfen.
Der Einfluss der Juristen, auf welche mit diesen Worten hingewiesen wird, muss also ein so grosser gewesen sein, dass die Praetoren ihm nicht entgegenzutreten wagten. Unwillkürlich drängt sich
dabei der Gedanke an Sex. Aelius Catus auf. Er hatte der Erhal-

---

[1] Ueber diese Begriffe vgl. ob. p. 173 f.

tung des alten nationalen Rechts seine ganze Tätigkeit gewidmet,
hatte die Legisactionen dadurch, dass er das Ius Flavianum zu
einem praktisch brauchbaren Recht machte (ob. p. 103 f.), lebens-
fähig zu erhalten gesucht, hatte in den Tripertita einen grossen
Commentar zum Landrecht geschaffen, dessen eigentlicher Zweck
war, ein für die Praxis massgebendes Handbuch zu liefern (ob. p.
104 ff. 110) — was Wunder, wenn er wie so mancher andere
hochbedeutende Mann in dem Ideenkreis, dem er seinen Ruhm
verdankte, stehen blieb und im Alter das Verständnis für die neu
erwachsenden Bedürfnisse des Rechtsverkehrs verlor? Unbedingt
war er am Ende des sechsten und im Anfang des siebenten Jahrhunderts die erste juristische Auctorität (ob. p. 102. 101 A. 4.),
und in Folge dessen konnte sein Ansehen wohl bestimmend auf die
Praetoren wirken. In Aebutius dagegen wird man einen Volkstribunen sehen müssen, der unbekümmert um den verdienten, aber
mit seinen Legisactionen erstarrten Koryphaeen der Jurisprudenz,
der Rechtsüberzeugung des Volkes Bahn brach und den Praetoren
die Sache über den Kopf wegnahm. Mag man indessen dieser
Vermutung — denn weiter kann sie nichts sein wollen — Glauben
schenken oder nicht, so haben wir doch jedenfalls durch die vorstehenden Erörterungen einen sicheren Aufschluss über den eigentlichen Zweck des aebutischen Gesezes gewonnen. Es wandte sich
gegen die Notwendigkeit und den Zwang des Legisactionenver-
fahrens und namentlich gegen den Saz, dass der Praetor nur auf
richtig vorgetragene Spruchformeln reagiren dürfe, dass dagegen der
geringste Fehler in diesen oder in dem dazu gehörigem Ritus unbedingt den Verlust des Processes zur Folge haben müsse. Diese
mit dem innersten Wesen der pontificalen Actionen zusammenhängende Rechtsvorschrift (ob. p. 19 ff.) beseitigte also das aebutische Gesez[1]. Aber es beseitigte sie nicht überall, liess vielmehr
in zwei Fällen das alte Recht noch in vollem Umfange fortbestehen: nämlich als notwendige Form der Einleitung des Processes,
wenn das Richtercollegium aus Centumvirn bestand, und bei der
Klage wegen drohenden Schadens[2]. Von lezterem Falle, aus dem

---

[1] Ich glaube mit dieser Darstellung denselben Punkt getroffen zu haben,
wie Jhering (Geist II, 645 ff.), dass nämlich der Unterschied zwischen dem Formularprocess und den Legisactionen nicht in einer Aufhebung des Formalismus überhaupt, sondern in einer Abschwächung seiner Gefährlichkeit bestand,
und werde auch im Folgenden versuchen, dieser Auffassung noch mehr gerecht zu werden.

[2] Gai. 4, 30—31; Gell. 16, 10, 8; vgl. ob. p. 175. A. 1 und 2.

für unsere Frage keine näheren Aufschlüsse zu gewinnen sind, soll
hier ganz abgesehen werden[1]; dagegen wird auf die Competenz
des Centumviralgerichts[2] einzugehen sein.

In der Kaiserzeit betrafen die Centumviralprocesse, wie man
aus den vielen Beispielen mit Sicherheit schliessen kann, nur die
Erbschaftsklagen (*hereditatis petitio* und *querela inofficiosi testamenti*).
Ganz anders liegen die Dinge im lezten Jahrhundert der Republik.
Zu Ciceros Zeit sind neben den Einzelrichtern zwei grössere Collegien
als erkennende Gerichte in Civilsachen tätig: die Decemvirn und die
Centumvirn. Ihre Competenz scheint sich auf das gesammte Gebiet
der Vindicationen erstreckt zu haben[3]. Vindication ist aber jeder
durch die *legis actio sacramento* als symbolisches ‚Gewalt zeigen‘ con-
struirte Rechtsstreit; der Begriff umfasst nicht nur die Eigentums-,
Servituten- und Erbschaftsklagen, sondern auch die Statusprocesse[4].

---

[1] Gaius (4, 31) sagt über ihre Legisactionsform gar nichts; nur fügt
er hinzu, dieselbe sei unpraktisch, weil die Parteien sie regelmässig durch
Benuzung der im praetorischen Edict proponirten Stipulationen — welche
wir aus dem rubrischen Gesez, Cap. 20 (C. J. L. I p. 116 Bruns font. [5] p. 96 f.)
näher kennen — umgangen hätten. Vgl. Huschke Gaius p. 203 ff.; Burckard
Forts. v. Glück Buch 39 u. 40 II, 73 ff.

[2] Genaueres über die Centumvirn sowie die gleich zu erwähnenden
Decemvirn, über die Verfassung und Competenz der durch sie gebildeten
Gerichtshöfe s. bei Zimmern III, 36 ff. 94 ff.; Bethm.-Hollweg I, 56 ff.;
Keller[5] 23 ff.; Puchta I[6], 435 ff.; Rudorff II, 29 ff.; Rein 869 ff.; Kuntze
II[2], 112 ff.; Baron I, 396.

[3] Bethmann-Hollweg Zsch. f. g. RW. V, 358 ff. Anderweite Ansichten,
die sich indessen dem Resultat dieser Arbeit gegenüber nicht zu behaupten
vermocht haben, findet man bei Rein in Paulys R.E. II, 260 f. zusammengestellt und in der eben (A. 2) angeführten Litteratur näher beleuchtet. Ueber
Einzelheiten mag man mit B. H. streiten, das Princip ist unbedingt richtig.
Hauptquelle ist Cic. de or. 1, 173.

[4] Man fasst im Anschluss an Gaius 4, 5 den Ausdruck Vindication
gewöhnlich in dem späteren Sinne von dinglicher Klage (*in rem actio*), versteht also darunter die *rei uindicatio, die actio negatoria* und *confessoria,*
ferner die *hereditatis petitio* (Gai. 4, 17). Für das ältere Recht ist damit
der Begriff aber nicht erschöpft: *uindicatio* ist (ebenso wie *condictio*) keine
von dem materiellen Inhalt sondern von der processualen Form der Klage
hergenommene Bezeichnung, und dass sie in dieser Hinsicht auch den Sta-
tusprocesss umfasst, geht aus Ausdrücken wie *in libertatem uindicare,* aus
der dabei vorkommenden Vindicien-Erteilung (XII Taf. VI, 6 Schöll) und
aus der Analogie der *manumissio uindicta* unzweifelhaft hervor; vgl. auch
Gai. 1, 134.

Die Centumvirn waren in allen diesen Fällen zuständig [1], die Decemvirn finden sich nur bei Statusfragen [2]; wie aber die Concurrenz in lezterer Hinsicht gelöst wurde, lässt sich aus den Quellen nicht erkennen. Aber es kommt für unsern Zweck auch wenig darauf an, denn das steht fest, dass beide Gerichte ein formelles Verfahren vor dem Magistrat mittelst der Legisactionen voraussezten [3]. Dass der Praetor ausserdem in der Lage gewesen wäre eine Klagformel zu erteilen, ist nicht anzunehmen, denn die Centurmvirn waren keine durch den Praetor ernannten, sondern unabhängig von ihm nach gesezlicher Vorschrift berufene Richter; sie amtirten nicht auf Befehl des Praetors, wurden also auch nicht von ihm instruirt [4]. Gerade dieser Punkt beweist die Richtigkeit unserer Auffassung (ob. p. 168) über die Klagformel: wäre sie neben der Legisaction blos eine vertrauliche Mitteilung des Praetors an die Richter gewesen, so ist garnicht abzusehen, weshalb die Centumvirn ein derartiges schriftliches Protocoll, das sie gar nicht band, nicht gern als eine Erleichterung ihrer Aufgabe entgegengenommen haben sollten [5]. Aber die Klagformel war eben ein Befehl des Praetors an den von ihm ernannten Richter, dem sich dieser nicht entziehen konnte, und deshalb galt sie den Centumvirn gegenüber für unzulässig. Hätte der Praetor hier von seiner Befehlsgewalt Gebrauch machen wollen, so würde er nicht, wie bei der Unterweisung des Einzelrichters, mit der öffentlichen Meinung sondern gegen dieselbe gehandelt haben.

Alle Beispiele von Centumviralsachen, die wir aus dem siebenten Jahrhundert kennen, betreffen Erbschafts- oder Statusklagen, während andrerseits Eigentumsprocesse mit Klagformeln blos vor

---

[1] Auch in Statusprocessen: Cic. de or. 1, 173 238; vgl. die Biogr. des Brutus.

[2] Cic. p. Caec. 97.

[3] Für Centumviralsachen sind die Legisactionen bezeugt durch Cic. in Verr. II, 1, 115; de or. 1, 175; Val. Max. 7, 7, 2. 5; Gai. 4, 16. 31. 95. Gell. 16, 10, für die Decemvirn durch Cic. p. Caec. 97; de domo 78. Auf das Verhältniss beider Behörden zu einander näher einzugehen, ist hier nicht der Ort.

[4] Ausserdem darf man wol auch Gaius 4, 95 dahin verstehen, dass bei dem Centumviralprocess die Klagformel gänzlich unzulässig war. — Wahrscheinlich wurde auch die *iudicis datio* (Gai 4, 15) durch die gewöhnliche Ausloosung und Ablehnung der Geschworenen ersezt.

[5] Zu dieser Ansicht hätte m. E. Sohm von seiner Theorie (ob. p. 168 A. 2) aus gelangen müssen. Die Ausführungen auf p. 121 scheinen mir nicht ganz consequent zu sein.

Einzelrichtern nachweisbar sind[1]. Nur zwei Erklärungen sind für diese Erscheinung möglich[2]: entweder war in dem einen Falle das Centumviralgericht als notwendig vorgeschrieben, während im andern die Parteien die Wahl hatten, oder der Centumviralprocess war in keiner Beziehung ein obligatorisches Verfahren, seine Herbeiführung stand völlig im Belieben der Parteien, und nur allmählich hat sich jene Competenzregulirung als bestimmtes Herkommen herausgebildet[3]. Diese leztere Ansicht findet die beste Stüze in der römischen Volksanschauung über den Erbschaftsprocess: man fasste wol einen Eigentums- oder Servitutenstreit als reine Rechtsfrage auf, wenn es sich aber um die Rechtsbeständigkeit eines Testaments handelte, so spielte jederzeit ein öffentliches und sittliches Moment mit. Das Testament galt als ein „Spiegel des Anstandes des Ver-

---

[1] Cic. in Verr. II, 2, 31 giebt die *formula petitoria*: *L. Octavius iudex esto: si paret fundum Capenatem quo de agitur ex iure Quiritium P. Servilii esse neque is fundus Q. Catulo restituetur.* Man könnte für die Behauptung, dass die Eigentunısklage vor die Centumvirn gehörte, vielleicht auch die Tatsache anführen, dass, so oft dieses Gericht tätig wurde, ein Speer aufgesteckt wurde, *„quod maxime sua esse credebant quae ex hostibus cepissent* (Gai. 4, 16), wenn nicht diese Erklärung von gar zu zweifelhaftem Wert wäre.

[2] Eine dritte Möglichkeit wäre die, dass überhaupt nur Erbschaft- und Statusprocesse vor die Centumvirn (resp. Decemvirn) gehört hätten. Jedoch muss diese Ansicht von vorn herein zurückgewiesen werden, weil sie nicht ohne eine Anfechtung von Cic. de or. 1, 173 durchzuführen wäre. Damit würde aber die Grundlage aller unserer Kenntnis über diese Dinge aufgehoben werden.

[3] Aus dieser Ansicht muss gefolgert werden, dass auch eine Einleitung der Erbschaftsklage durch die *formula petitoria* und eine Verhandlung derselben vor dem Einzelrichter an sich möglich gewesen ist, obwol sie — wir können nicht sagen, aus welchen Gründen — nicht üblich gewesen zu sein scheint, wenigstens nicht nachweisbar ist. Dagegen findet sich bei Erbschafts- wie Eigentumsstreitigkeiten eine noch kürzere Processart, das Sponsionsverfahren. Gai 4, 91 ff.: *ceterum cum in rem actio duplex sit, aut enim per formulam petitoriam agitur aut per sponsionem* etc.; Cic. in Verr. II, 1, 115: *lege ageret in hereditatem, aut pro praede litis vindiciarum cum satis accepisset, sponsionem faceret et ita de hereditate certaret.* Auf diese vielbesprochene Materie kann hier nicht eingegangen werden; nur muss gegen Bethmann-Hollweg (Zsch. f. g. RW. V, 380 ff.) bemerkt werden, dass es falsch ist, in dieser Tatsache das — nach BH von dem aebutischen Gesez eingeführte — Wahlrecht der Parteien (ob Centumvirn und Legisactionen oder Einzelrichter und Klagformel) herzuleiten: durch die Sponsion wurde der Rechtsstreit in das Gebiet der Condiction hinübergeleitet; es handelt sich hier aber um die Frage, ob nicht innerhalb der Vindicationen ein solches Wahlrecht stattgefunden hat.

storbenen'[1], und um anständig gestorben zu sein, musste er aller
derer, mit denen er im Leben durch ein Verwandschafts- oder
Freundschaftverhältnis verbunden gewesen war, gedenken. Die
öffentliche Meinung, welche die Enterbung oder Uebergehung der
nächststehenden Personen im Testament als Verlezung einer sittlichen
Pflicht und eine der grössten Beschimpfungen ansah, fand in den
Urteilssprüchen des Centumviralgerichts ihren lebhaftesten Ausdruck.
Dies Gericht entschied garnicht blos über die Rechtsfrage, sondern es
betrachtete sich geradezu als die Stimme des öffentlichen[2] Gewissens und urteilte nicht nur über das Testament sondern auch
über den lezten Willen selbst[3]. Wo dieser Gesichtspunkt nicht zu-
traf, sondern wo es sich um lediglich juristische Fragen handelte,
wie regelmässig bei Eigentums- und Servitutenprocessen, gewiss
aber auch bei unbedeutenderen Erbschaftsstreitigkeiten, hat man
die Schwerfälligkeit des Centumviralgerichts vermieden und statt
dessen vom Praetor den Einzelgeschworenen erbeten.

Ob nun das Wahlrecht der Parteien bei den Vindicationen in
der geschilderten Art und Weise durch das aebutische Gesez eingeführt ist, oder unabhängig von diesem, vor oder nachher entstanden ist, muss eine offene Frage bleiben[4]. Wir wissen nichts

---

[1] Plin. Ep. 8, 18: *quod creditur uulgo: testamenta hominum speculum
esse morum.* Vgl. ferner Cic. Phil. 2, 40 wo der Redner den ihm von Antonius angehängten Makel, er werde nicht zum Erben eingesezt, mit der Behauptung, von seinen Freunden auf diese Weise mehr als 20 Millionen Ses-
terzen erworben zu haben, zurückweist. Vgl. auch de domo 85; Suet. Aug. 66.

[2] Die Publicität der Centumviralgerichte wird öfter hervorgehoben,
sie werden in Gegensaz gestellt zu den *iudicia priuata* vor dem Einzelrichter:
Cic. de or. 1, 173. 176—178; Quint. 5, 10, 115.

[3] Beispiele liefern die bei Val. Max. 7, 7 und 8 angeführten Fälle in
Menge. Wie weit sich das Centumviralgericht über den Willen des Testators
hinwegsezen konnte, zeigt Quint. 7, 4, 20: *iam uero si exheredatum a se
filium pater testatus fuerit elogio ,propterea quod is meretricem amauerit',
non omnis hic erit quaestio an huic delicto pater debuerit ignoscere et cen-
tumuiri tribuere debeant ueniam.* Ebend. 3, 10, 3 wird es geradezu als die
Aufgabe des Gerichts hingestellt, zu entscheiden ,*uter dignior hereditate sit'.
Nur bei dieser Auffassung von der Aufgabe der Centumvirn war die Ausbildung der *querela inofficiosi testamenti* möglich; vgl. Bekker Akt. I, 278. —
Vielleicht lagen die Dinge auf dem Gebiete der Statusprocesse ähnlich; doch
sind wir zu wenig darüber unterrichtet, um ein Urteil wagen zu können.

[4] Sie ist aus unserm Quellenmaterial nicht zu entscheiden, da sie von zwei
unsicheren Factoren abhängt: dem Alter des aebutischen Gesezes und des
Centumviralgerichtshofes. Auf lezteres soll hier nicht eingegangen werden;

darüber, ob sich das Gesez überhaupt mit der richterlichen Zuständigkeit befasste, sondern nur, dass es die Verhältnisse zwischen
Legisaction und Klagformel regelte, und dass es, wie eben gezeigt
wurde, die ersteren für den Fall eines Centumviralgerichts in ihrer
alten Strenge aufrecht erhielt.

Aber auch nur auf diesem Gebiete bestand der Zwang der
Legisactionen fort, im übrigen — das heisst bei den nicht vor
die Centumvirn (oder Decemvirn) gebrachten Vindicationen und
bei allen persönlichen Klagen — wurden sie, wie Gaius sagt[1], aufgehoben und trat in Folge dessen der Formularprocess an ihre
Stelle. Der Bericht ist nicht ganz klar: notwendig drängt sich dabei die Frage auf: wie wurden die Legisactionen aufgehoben?
Ein doppeltes ist denkbar: entweder wurden die Spruchformeln
geradezu abgeschafft und die Parteien angewiesen, vor dem Praetor
formlos wie bei den weltrechtlichen und praetorischen Actionen zu ver-
handeln[2], oder es wurde auch jezt das alte Recht nicht direkt umgestossen, sondern nur gesagt, dass ausser beim Centumviralverfahren
ein Formfehler in der Legisaction nicht mehr schaden, das heisst
den Processverlust nach sich ziehen solle. Von diesen beiden Möglichkeiten hat die leztere schon deswegen die grössere Wahrscheinlichkeit für sich, weil sie den geringsten Bruch mit der Vergangenheit darstellt; und ihr allein entsprechen auch die aus dem Ende
der Republik bekannten tatsächlichen Verhältnisse[3]. Es werden
nämlich öfters bei Cicero Legisactionsformulare für persönliche
Klagen wie für Auseinandersezungsprocesse, welche beide niemals
den Centumvirn unterstanden haben, mitgeteilt und dabei garnicht
als blosse Antiquitäten, sondern als in der Praxis vorkommendes

---

s. das Nähere bei Huschke Verf. d. Ser. Tull. 585. 605 f.; Bethmann-Hollweg Zsch.
f. g. RW. V, 360; Civ. Pr. I, 56; Puchta I, 438; Keller 30 f.; Rudorff II,
33; Rein 870 A. 2; Karlowa Civ. Pr. 247 ff.; Mommsen St. R. II, 220; R.
G. II, 359. Die Annahme der Entstehung nach 513 scheint mir wegen Fest.
ep. 54 notwendig, der zeitliche Zusammenhang mit den Geschworenengerichten
im Strafprocess wahrscheinlich.

[1] Gai. 4, 30; vgl. ob. p. 185. A. 1.

[2] Das scheint die Anschauung von Gaius zu sein, wenn er sagt: *tantum ex duabus causis permissum est lege agere: damni infecti et si
centumuirale iudicium futurum est.* Aber man darf nicht vergessen, dass
Gaius den Zustand; wie er sich nach den iulischen Gesezen herausgebildet
hatte, schilderte. Vgl. ob. p. 176; unt. p. 192.

[3] Sie wird auch dem Ausdruck *consopiri* bei Gellius (ob. p. 175 A. 2)
am ersten gerecht: das alte Recht ist ‚allmählich unpraktisch geworden‘.

Recht behandelt[1]. Diese Erscheinung lässt sich, wenn unsere bisherigen Ausführungen[2] das richtige getroffen haben, nur auf zweierlei Weise erklären: entweder durch unsere eben aufgestellte Vermutung, dass die Legisactionen durch das aebutische Gesez nicht verboten sondern nur ihrer Wirkung entkleidet worden seien, oder man muss überhaupt die Existenz des Gesezes für Ciceros Zeit in Abrede stellen. Der praktische Unterschied zwischen diesen beiden Ansichten ist der, dass im ersten Falle die gedachten Legisactionen Ciceros nichts sind als formulirte Parteibehauptungen, mit denen man am Herkommen festhaltend den Process eröffnete: Fehler und Weglassungen schadeten nicht mehr; und wenn auch der im Recht so scharf hervortretende, auf Erhaltung des Bestehenden gerichtete Sinn der Römer zunächst keine unnötigen Veränderungen an den Spruchformeln vorgenommen haben mag, so wurden doch andererseits solche Bestandteile der Legisactionen, welche man aus praktischen Gründen als lästig empfinden musste, wie die Einsezung oder Gewährleistung des Sacraments, gewiss sehr bald zur inhaltlosen Form. Nach der andern Meinung hätten die gesammten Formeln auch zu Ciceros Zeit noch genau nach den pontificalen Vorschriften hergesagt werden müssen, und hätte jeder Fehler den Verlust des Processes zur Folge gehabt. Eine sichere Entscheidung dieser Frage

---

[1] Diese Tatsache ist zuerst nachgewiesen in einem Aufsaze von Bekker (Zsch. f. RG. V, 341 ff.; vgl. Act. I, 90 ff.), der in der neueren Litteratur nicht die Beachtung gefunden hat, die er verdient. Allerdings scheidet der Verfasser nicht die Legisactionen aus, die auch als Einleitung eines Centumviralprocesses denkbar sind. Aber auch wenn man das tut, so bleiben doch eine Reihe von Formularen übrig, welche die obige Behauptung genügend rechtfertigen. So die *actio furti*: de nat. deor. 3, 74: *ope consilioue tuo furtum aio factum esse* (Bekk. 345); die *actio familiae erciscundae* de or. 1, 237: *nec idcirco qui, quibus uerbis erctum cieri oporteat, nesciat idem erciscundae familiae causam agere non possit* (Bekk. 345); weiter ist (p. 346) mit Recht p. Mur. 27 als Beweis für den Fortbestand der *legis actio per iudicis arbitriue postulationem* herangezogen worden, nur de off. 3, 70 hätte wegfallen sollen, da es sich hier offenbar um Geschäftsformulare handelt (*captus*). — Dass die Vindication mittelst einer *formula petitoria* ebenfalls durch eine Legisaction eingeleitet werden konnte, ist aus dem Gesagten klar, aber die bekannte Stelle p. Mur. 26 zwingt nicht zu dieser Annahme: der Gedanke an die Hinüberleitung von diesen entschieden als geltendes Recht behandelten Spruchformeln in einen Centumviralprocess ist nicht absolut ausgeschlossen.

[2] Vgl. die Darstellung des Rechtszustandes vor dem aebutischen Gesez oben p. 168 ff.; 180.

ist nur auf Grund einer sicheren Datirung des aebutischen Gesezes
möglich: diese ist zwar oft genug versucht, aber die Ansichten der
neueren Forscher gehen auf zweihundert Jahre aus einander[1]. Mit
Recht hält Bekker die Meinungen, welche das Gesez vor die Tripertita (und das Ius Aelianum) sezen, keiner Beachtung wert; er selbst
neigt, obwol er auch die andere Möglichkeit zulässt, dazu, das
aebutische Gesez möglichst nahe an die iulischen heranzurücken,
es also nach Cicero zu stellen. Indessen ist zu berücksichtigen,
dass zu Ciceros Zeit entschieden der Praetor mit seinen Klagformeln schon den Process beherrschte[2], dass aber das aebutische
Gesez doch mehr den Eindruck macht, als ob es in die Zeit des auf-
strebenden, nicht des unbestrittenen praetorischen Einflusses fällt.
Andrerseits lässt die Art, wie die Legisactionen bei Cicero (namentlich in der Rede für Murena) erwähnt werden, sie zwar als ein in
der Praxis noch angewandtes, aber doch schon im Absterben begriffenes, nicht mehr lebenskräftiges Rechtsinstitut erscheinen,

---

[1] Pighius schreibt das Gesez vermutungsweise zwei von ihm fingirten
Volkstribunen, dem T. und C. Aebutius Carus zu und sezt es willkürlich in
das (capit.) Jahr 520, eine Angabe die leider auch noch in modernen Schriften
Unheil stiftet. Vgl. über die Frage nach dem Alter des Gesezes: Zimmern III, 92 A. 1; Burchardi Wiedereins. p. 302 f.; Lehrb. d. R. R. I, 149;
Puchta I, 193; Leist Rechtssyst. 17 A. 1; Bethmann-Hollweg Civ. Pr. II,
5; Rudorff I, 106; Keller Civ. Pr.[5] 104 A. 270; Rein 905 A. 1; Kuntze
II[2], 248 f.; Voigt ius nat. II, 655. IV, 466; Bekker Act. I, 91 f.; Puntschart
Grundgesetz. Civ. R. 115 f. Nach unserer Darstellung von der Entwicklung
der praetorischen Klagformeln können die Ansichten, welche das Gesez nach
der Reception des Weltrechts (Voigt) oder nach der Existenz gewisser Exceptionen (Burchardi, Puchta) zu fixiren suchen, nicht ins Gewicht fallen.
Ebenso wenig giebt die Tatsache, dass das calpurnische Gesez von 605
seinen Repetundenprocess durch eine *legisactio sacramento* (lex Acil. rep. 23:
C. J. L. I p. 59; Bruns font.[5] 61) — ohne Frage im Anschluss an den bestehenden Civilprocess (Momms. St. R. II, 214. 569) — einleiten liess, einen
festen Anhaltspunkt für das aebutische Gesez; vielleicht hängt aber das Centumviralgericht mit den Quaestionen zusammen. Das einzige wirklich in Betracht kommende Moment haben Bethmann-Hollweg und Bekker m. E. richtig
in den Schriften des Sex. Aelius gesehen: freilich ist es ein sehr ungenaues,
da es uns immer nur einen *terminus post quem* bietet.

[2] Vgl. Cic. p. Rosc. com. 24: *Sunt iura, sunt formulae de omnibus
rebus constitutae, ne quis aut in genere iniuriae aut ratione actionis errare
possit. expressae sunt enim ex unius cuiusque damno, dolore, incommodo,
calamitate, iniuria publicae a praetore formulae ad quas priuata lis accom-
modatur.* Weitere Nachweise für das Vorkommen des Formularprocesses
bei Cicero giebt Bekker p. 353 f.

namentlich ist es auffallend, dass das Sacrament selbst wol bei
den Centumviralgerichten [1] aber nie in anderen Processen als geltendes Recht erwähnt wird, was doch der Fall sein müsste, wenn die
Legisactionen hier wie dort in der alten Weise fortbestanden hätten.
Auch das darf nicht ausser Betracht bleiben, dass die Neuerung nach
Gaius Bericht gegen den Einfluss der Juristen durchgesezt wurde:
zu Ciceros Zeit aber gab es wol kaum einen Juristen, der sich für
die Erhaltung der Legisactionen in ihrer ganzen Strenge erwärmt
hätte. Mit welchem Recht man das leztere von Sex. Aelius Catus behaupten könnte, ist oben (p. 180 f.) besprochen worden. So hat
von allen chronologischen Ansäzen, der, nach welchem der Erlass
des aebutischen Gesezes um die Wende des sechsten zum siebenten Jahrhundert fällt, die grösste Wahrscheinlichkeit für sich.

Wenn das am Ende der Republik herrschende Verhältnis
zwischen Legisactionen und Klagformeln mit Recht als das durch
das aebutische Gesez herbeigeführte anzusehen ist, so ergiebt sich
von selbst, dass die in der Kaiserzeit bestehenden Abweichungen
aus den anderen, den Process reformirenden Gesezen herrühren,
welche uns Gaius anführt: den beiden iulischen[2]. Leider werden
sie von Gaius nur genannt, nähere Angaben über Zeit und Inhalt
fehlen. Dass eins derselben mit der Civilprocessordnung Kaiser
Augustus' (*lex Julia iudiciorum priuatorum*) identisch ist, hat man
längst mit grosser Wahrscheinlichkeit behauptet, über das andere
ist nichts Gewisses zu ermitteln, nicht einmal ob Caesar oder Augustus
sein Urheber war[3]. Um zu Aufschlüssen über den Inhalt der

[1] Val. Max. 7, 7, 2; 7, 8, 2; Cic. p. Caec. 97; de domo 78 (von Decemvirn).
[2] Gai. 4, 31. Gellius erwähnt die iulischen Geseze nicht. Vgl. Zimmern III, 93; Bethmann-Hollweg Zsch. f. g. RW. V, 384 ff.; Civ. Pr. II, 9;
Puchta I 8, 481; Keller 28. 105; Rudorff I, 96; II, 91.
[3] Die *lex Iulia iudiciorum priuatorum* gehörte wahrscheinlich zu den
Neuordnungen, welche Caesar nach dem alexandrinischen Triumph (725) vornahm; vgl. Cassiod. Chron. zu 727 (ed. Momms. Akad. d. Sächs. Ges. d. Wiss.
phil.-hist. Cl. III, 628): *Caesar leges protulit, iudices ordinauit, pro-
uincias disposuit et ideo Augustus cognominatus est.* Genauer lässt sich das
Jahr nicht bestimmen, denn dieser Bericht zieht die Ereignisse zusammen, in so
fern er die erst nach der Verleihung des Ehrennamens Augustus (Jan. 727)
erfolgte Provinzialordnung vor dieselbe sezt. Auch die Reorganisation des

Geseze zu gelangen, wird es nötig sein, auf eine uns am Ende der Republik entgegentretende Erscheinung hinzuweisen. Die uns bekannten Beispiele von Centumviralprocessen gehören zum weitaus grössten Teil der ersten Hälfte und der Mitte des siebenten Jahrhunderts an[1]. In der späteren Zeit sind sie seltener, wenn sie auch nicht gänzlich fehlen[2]; namentlich aber ist auffallend, dass Cicero, so oft er auch das Gericht als ein reiches Feld für rednerische Tätigkeit rühmt, doch immer nur von den Lorbeeren seiner Vorgänger im Sachwalteramt, namentlich des L. Crassus, nie aber von eigenen oder solchen seiner Zeitgenossen zu erzählen weiss[3]. Nur einmal ist er — was allerdings auf gleicher Stufe steht (vgl. ob. p. 182 f.) — in einem Statusprocess vor den Decemvirn aufgetreten[4]; aber diese Rede gehört seiner frühesten Zeit an, in Centumviralsachen dagegen hat er niemals gesprochen. Man kann diese scheinbar sich widersprechenden Tatsachen nur so verstehen, dass der Gerichtshof zwar in der öffentlichen Meinung sein hohes Ansehen (vgl. ob. p. 185) nicht eingebüsst hatte, in der Praxis aber zurückgetreten war. Die Parteien nahmen seltener zu ihm ihre Zuflucht, griffen vielmehr kraft des ihnen zustehenden Wahlrechts (ob. p. 184) immer häufiger zu dem schnelleren und und leichteren Verfahren vor dem Einzelrichter. Auch hat sich vielleicht der Einfluss der Juristen in dieser Richtung bemerkbar

---

Collegiums der Centumvirn durch Augustus (Suet. 36) gehört wahrscheinlich hierher. In dem andern iulischen Gesezo die *lex Iulia iudiciorum publicorum* erblicken zu wollen ist eine durch nichts gerechtfertigte Vermutung.

[1] So namentlich die wichtigste Sammlung, die bei Cicero 1, 173 ff. Diese Beispiele werden nämlich dem im Jahre 663 gestorbenen L. Crassus in den Mund gelegt.

[2] Der von Val. Max 7, 7, 2 erzählte Fall fand bei Lebzeiten des Pompeius (gest. 706) seine Erledigung. Auch der Decemviralprocess des Cicero (s. Anm. 4) ist in dieser Hinsicht zu erwähnen.

[3] Vgl. dazu Tac. dial. 38: *causae centumuirales quae nunc primum obtinent locum adeo splendore aliorum iudiciorum obruebantur, ut neque Ciceronis neque Caesaris neque Bruti neque Caelii neque Calui non denique ullius magni oratoris liber apud centumuiros dictus legatur.* So sehr dieser Bericht hinsichtlich der mit Namen aufgeführten, grösstenteils zu den Atticisten gehörigen Redner den Tatsachen entspricht, so wenig richtig ist die allgemeine Behauptung am Schlusse. Die bei Cic. de or. 1, 173 ff. angeführten Beispiele, namentlich die vielgelesenen Reden des Crassus und Scaevola aus der *causa Curiana* widerlegen den Saz durchaus.

[4] Cic. p. Caec. 97: *cum Arretinae mulieris libertatem defenderem et Cotta decemuiris religionem iniecisset non posse nostrum sacramentum iustum iudicari* etc. Drumann V, 245 sezt den Process in das Jahr 675.

gemacht: es ist nicht zu übersehen, dass die vielfachen Lobprei-
sungen über das Centumviralgericht fast immer von Rednern ausgehen, dass ihm seine grosse Bedeutung in der Hauptsache von
den Sachwaltern, nicht von den Juristen zugeschrieben wird. Ohne
Frage galt das wissenschaftliche Ansehen dieser Fachmänner bei
dem durch ihre Responsen geleiteten Einzelrichter ungleich mehr
als bei den Hundertmännern, welche ihre Aufgabe darin sahen sich
nicht unter, sondern über das Gesez zu stellen; und andrerseits
war gewiss die Sympathie der römischen Juristen für diese unabhängige Stimme des im Volke lebenden natürlichen Rechtsgefühls
nicht viel grösser als die der heutigen für die Schwurgerichte. Wenn
nun in der Kaiserzeit[1] das Centumviralgericht wieder in umfang-
reicher Weise tätig, bisweilen sogar mit Geschäften überbürdet erscheint[2], wenn jezt die Erbschaftsklagen (*hereditatis petitio* und
querela inofficiosi testamenti)[3], regelmässig[4] und zwar nur diese,
vor den Centumvirn verhandelt werden, so liegt die Folgerung
nahe, dass Augustus einerseits die Competenz des Gerichtshofes
auf diese Sachen beschränkte, sie aber andrerseits auch zu einer
obligatorischen machte.

Wie verhielt es sich nun aber mit den Legisactionen und
Klagformeln? Das aebutische Gesez wollte nach der oben (p. 186)
gegebenen Auffassung den Fehler in der Legisaction nicht mehr
als Grund des Processverlustes angesehen wissen. Damit war aber

---

[1] Nachweise s. in der ob. p. 189 A. 2 citirten Litteratur; vgl. Tac.
dial. 38 (p. 190 A. 3).

[2] Suet. Vesp. 10.

[3] Die Querel darf seit Augustus als geltendes Recht bezeichnet werden.
Der Kaiser selbst war durchaus von der oben (p. 186) angedeuten römischen
Anschauung über die Pflicht des Testators seine Verwandten und Freunde zu
bedenken beherrscht; Suet. Aug. 66 : *nam quamuis minime appeteret hereditates ... amicorum tamen suprema iudicio morosissime pensitauit neque dolore dissimulato, si parcius aut citra honorem uerborum, neque gaudio, si grate
pieque quis se prosecutus fuisset.* Vgl. Val. Max. 7, 8, 6. Praktische Fälle
der Querel, welche unter Augustus' Regierung vor dem Centumviralgericht
verhandelt wären, wüsste ich allerdings nicht anzugeben, denn die Sache bei
Val. Max. 7, 7, 3 ist durch *extraordinaria cognitio* erledigt, (ebenso § 4, wo
es sich aber um Praeterition handelt), der Centumviralprocess der Erben der
Urbinia aber betrifft eine *hereditatis petitio*; s. d. Stellen bei Meyer. or. fr.[2]
p. 495 ff. Seit Augustus zieht auch die Jurisprudenz die Querel in den Kreis
ihrer Betrachtungen und beginnt sie wissenschaftlich auszubauen.

[4] Vielleicht war die Zuständigkeit des Centumviralgerichts von einer
Erwachsenheit des Streitgegenstandes abhängig: vgl. Wetzel Vind. 75 ff.;
Lenel Ed. perp. 416.

das eigentümliche Wesen derselben, welches gerade in dem ge-
nauen Hersagen der Worte bestanden hatte, zerstört: wenn es
hierauf nicht mehr ankam, so konnte consequenter Weise auch
die gänzliche Nichtachtung der Legisaction keinen Grund mehr
für die Sachfälligkeit abgeben, denn fehlerhaft angewandt war sie
gerade so gut ein Nichts wie ganz unterlassen. Dennoch schleppte
sich die Unbequemlichkeit der wertlos gewordenen Spruchformeln
bis in die ciceronische Zeit fort (ob. p. 186 ff.), erst unter den
Kaisern sind sie abgesehen vom Centumviralprocess verschwunden.
Wir sind gewiss berechtigt auch diese Erscheinung auf die iulische
Processordnung zurückzuführen und dahin zu erklären, dass hier
die Legisactionen geradezu verboten und die Parteien allein auf
die Edition und Postulation der Klagformel nach Massgabe des
praetorischen Edicts verwiesen wurden.

Damit war dann der Zustand erreicht, den uns Gaius schildert:
die Legisactionen waren aufgehoben, nur vor Centumviralprocessen
(und bei der Klage wegen drohenden Schadens vgl. ob. p. 182) blieben
sie zulässig[1]; im übrigen herrschte das Formularverfahren, welches
— können wir hinzusezen — nunmehr in seiner äusseren Gestaltung sich von dem bei weltrechtlichen und praetorischen Klagen
von jeher üblichen nicht mehr unterschied.

XVII. CIVILRECHT UND PRAETORISCHES RECHT.

Durch das Eingreifen der Praetoren in die Rechtsentwicklung
ist ein neuer Rechtstoff geschaffen, welchen die römischen Juristen
als ,praetorisches' oder ,honorarisches' Recht bezeichnen und dem
,Civilrecht' gegenüberstellen[2]. Diese Unterscheidung bewegt sich

---

[1] Das *permissum est* bei Gaius 4, 31 kann nicht anders verstanden
werden: die Legisactionen müssen im übrigen nun wirklich aufgehoben, nicht
mehr blos für überflüssig erklärt sein.

[2] Quellennachweise s. bei Wlassak Kritische Studien zur Theorie der
Rechtsquellen p. 2 ff. — Der hier durchgeführte Sprachgebrauch, welcher
die Begriffe Civilrecht und Landrecht streng trennt, ist ein eigenmächtiger.
Aber so wenig es wohl irgend einem Forscher der römischen Rechtsgeschichte entgangen ist, dass der Ausdruck *ius ciuile* etwas anderes bezeichnet,
je nachdem er im Gegensaz zu *ius gentium* oder *ius honorarium* steht, so
viel Verwirrung ist doch durch den gleichen Namen in unserer Litteratur
hervorgerufen. M. E. liegt in dem Vorzug der grösseren Klarheit die Berechtigung die Ausdrücke zu trennen, auch wenn die Römer es nicht tun.

nur auf dem Gebiete der für die römischen Bürger geltenden Rechtssäze, für dieses aber ist sie erschöpfend, so dass alles städtische
Recht entweder civil oder praetorisch ist [1]. Als Einteilungsprincip
kommt allein die Quelle in Betracht, welcher die einzelnen Materien
entstammen.

Danach ist praetorisch alles das Recht, welches, wie die
Römer sich ausdrücken, von den Praetoren ‚eingeführt, begründet' [2]
ist, das heisst dasjenige, für welches die städtischen Praetoren
ohne Vermittlung eines andern rechtschaffenden Organes zuerst
in dem städtischen Edict ihren Schuz verhiessen [3] und dem sie
selbständig seine Gestaltung gegeben haben. Natürlich haben die
Praetoren dies Recht nicht erfunden: ihr Verdienst liegt vielmehr
darin, dass sie die Bedürfnisse des Lebens und die Gewohnheiten,
mittelst deren das Volk denselben gerecht zu werden suchte, zu
beobachten und ihnen in ihren Edicten Ausdruck zu geben verstanden [4]. Damit taten sie aber nicht mehr und nicht weniger wie
jeder Gesezgeber, welcher seine Aufgabe richtig erfasst hat: so ist
das Edict eine dem Gesez ebenbürtige Rechtsquelle geworden.

Dem gegenüber gehören zum Civilrecht diejenigen Institute,
für welche die Praetoren nur das mittelbare Organ gewesen sind,
indem sie eine Klagformel dafür aufstellten, welche aber nicht dem
Edict ihre Entstehung verdanken. Allerdings kann der Praetor im
Edict civilrechtlichen Ansprüchen die Klagbarkeit zusagen, und scheint
das regelmässig getan zu haben, um das Publikum nicht im unklaren
darüber zu lassen, ob er dieselben schüzen werde; aber auf die
Materie selbst geht er in den meisten Fällen nicht weiter ein, sondern
sezt sie so, wie sie vom Gesez oder Gewohnheitsrecht anerkannt ist,
für seine Jurisdiction als geltend voraus. Dem entsprechend prä-
ponirt er im Album die Klagformel, im Edict aber begnügt er sich
damit, kurzweg für einen solchen Fall die Einsezung eines Richters

---

[1] Ebend. p. 35 ff.

[2] Pomp. 10: *Edicta praetorum ius honorarium constituerunt.* Pap.
defin. 2 (D. 1, 1, 7): *ius praetorium est quod praetores introduxerunt.* Vgl.
Gai. 4, 11: *edicta praetoris quibus complures actiones introductae sunt.* Inst.
3, 13, 1 (s. p. 194 A. 2).

[3] Näheres bei Wlassak p. 18 ff.; Karlowa R. RG. 465 ff.

[4] Papinian (s. A. 2): *introduxerunt ... propter utilitatem publicam.*
In diesem Sinne ist auch zu verstehen Cic. de inuent. 2, 67: *Consuetudinis
autem ius esse putatur id quod uoluntate omnium sine lege uetustas com-
probarit ... quo in genere et alia sunt multa et eorum multo maxima pars
quae praetores edicere consuerunt.*

zu verheissen[1]. Natürlich wird dadurch der Charakter des fraglichen Instituts kein anderer, sein Ursprung bleibt das entscheidende. Wenn freilich der Praetor zu Umgestaltungen des Civilrechts vorschreitet, so legt er dem Rechtsaz, so weit die Aenderungen reichen, honorarische Qualität bei: so gehören z. B. die Injurien-, die Entwendungs- und die Hinterlegungsklage einerseits dem Civilrecht, andrerseits dem praetorischen Recht an. Indessen ist mit diesen Ausführungen der Begriff des Civilrechts nur umschrieben, nicht bestimmt. Um aber zu einer positiven Definition vorzudringen, wird es nötig sein auf die Klagformel zurückzugreifen. Wir stellten oben (p. 172 ff.) die speziell praetorischen Actionen den land- und weltrechtlichen gegenüber. Wenn es nun keinem Zweifel unterliegen kann, dass erstere die Formulirung der von den Practoren neu eingeführten Ansprüche darstellten, und wenn die Gegensäze von civil und praetorisch alles Recht umfassen, so müssen die land- und weltrechtlichen Klagformeln dem Civilrecht entsprechen. Für jene ist die Quelle das Gesez, für diese das jüngere Gewohnheitsrecht, jene sind für die Processe der Bürger unter einander geschaffen, diese aller Wahrscheinlichkeit nach zuerst für den Fremdenverkehr aufgestellt und erst später, als die öffentliche Meinung die fremdenrechtlichen Institute auch für die Römer als massgebend anzusehen begann, von den städtischen Practoren in ihr Album übernommen[2] (vgl. den XV. Abschn.). Civilrecht ist dem-

---

[1] A. M. Wlassak und Karlowa: s. ob. p. 173. A. 3. Dort wurde auf die Edictsworte ‚*Commodati uel contra: quod quis commodasse dicetur de eo iudicium dabo*‘ hingewiesen. Ganz analog hat es ohne Frage geheissen ‚*si hereditas petetur — si singulae res petentur, si certum petetur*‘ (u. s. w.) *iudicium dabo*; und ähnlich sind auch die Rubriken *mandati uel contra, empti uenditi, locati conducti* u. a. zu ergänzen.

[2] Diese Gliederung des Rechtsstoffes wird in den Institutionen (3, 13, 1) zur Einteilung der Obligationen verwendet: *Omnium autem obligationum summa diuisio in duo genera deducitur: namque aut ciuiles sunt aut praetoriae. ciuiles sunt quae aut legibus constitutae aut certe iure ciuili comprobatae sunt . praetoriae sunt quas praetor ex sua iurisdictione constituit quae etiam honorariae uocantur.* Dass hier unter den ‚wenigstens vom Civilrecht anerkannten‘ Obligationen die weltrechtlichen zu verstehen sind, scheint mir unzweifelhaft. Ob freilich die Verfasser der Institutionen oder der Jurist, dem sie die Stelle entlehnten, sich dessen bewusst waren, ist zweifelhaft; wenigstens ist sonst eine solche Dreiteilung bei den Juristen der Kaiserzeit nicht nachzuweisen. Diesen ist das Weltrecht längst mit dem Landrecht in den einen Begriff Civilrecht zusammengeflossen: das erstere gilt ihnen nur als eine besondere Qualität einzelner civilrechtlicher Institute, dass es sich nämlich bei

nach das auf Gesez oder Gewohnheitsrecht beruhende von den Praetoren anerkannte und geschüzte, aber nicht von ihnen eingeführte
und ausgebildete Recht.

Es ist also durchaus irrig, das praetorische Edict als den-
jenigen Kanal anzusehen, durch welchen das Weltrecht vorzugsweise seinen Eingang in Rom gefunden hat. Vor allem muss in
Betracht gezogen werden, dass das honorarische Recht überhaupt
nur die Verhältnisse der Bürger im Auge hat: nur für diese will
es Rechtssazungen aufstellen, nicht ein für alle Menschen geltendes
Recht schaffen. Die Interessen der Ausländer werden nicht vom
städtischen sondern vom Peregrinenpraetor berücksichtigt, die Bestimmungen des städtischen Edicts galten zunächst gar nicht einmal
für die Fremden, sondern wurden erst später, als sich die Ausgleichung der verschiedenen im römischen Reiche geltenden Rechte vollzog, auf sie erstreckt. Das schliesst aber nicht aus, dass weltrechtliche Institute oder Principien auch auf das städtische Edict Einfluss
gewannen, indem sie für die Neuschöpfungen des Practor urbanus
vorbildlich wurden. So hat, wie schon oben (p. 153) bemerkt wurde,
der Hypothek des städtischen Rechts das griechische Recht zum
Muster gedient; so ist das Bedürfnis nach der Anerkennung der
weltrechtlichen Tradition die treibende Kraft bei der Aufstellung
der publicianischen Klage gewesen. Aber in der Hauptsache enthält das praetorische Recht kein Weltrecht, sondern ist viel richtiger
als eine zeitgemässe Fortbildung des Landrechts aufzufassen[1],
dessen eigentliche Quelle, das Volksgesez, im siebenten Jahrhundert
zu versiegen begann: das Weltrecht ist zum grössten Teil durch die
Vermittlung der Juristen direkt ins Civilrecht aufgenommen. Allerdings haben diese Rechtsgruppen viel mit einander gemein: für beide
liegt der Grund ihrer Anerkennung, im Bedürfnis des grösseren Verkehrs, und darum fällt auch ihre Einführung ungefähr in dieselbe
Zeit; beide werden im Gegensaz zum Landrecht von dem Princip der
Billigkeit (*aequitas*) beherrscht. Und schliesslich ist auch für das Weltrecht die praetorische Amtstätigkeit notwendige Voraussezung; denn
während die landrechtlichen Ansprüche in den Legisactionen das

---

alleo Völkern in gleicher Weise finde; im übrigen begnügte man sich damit,
die speziellen Erscheinungsformen, in welchen das Recht in der Kaiserzeit
seinen Ausdruck findet, aufzuzählen. So Gai. 1, 1 ff.; Pap. defin. 2 (D. 1, 1, 7);
Inst. 1, 2, 3 ff.

[1] S. Bekker Akt. II, 263. 269 f.; Karlowa R. RG. 469; vgl. auch
Puchta I⁸, 210; Kuntze, Krit. Viertlj. Schr. IX, 507 f.

Mittel der klagweisen Durchführung besassen, konnten die weltrechtlichen wie die speziell praetorischen nur verfolgt werden, wenn der
Praetor sie mit einer Action, das heisst mit einer schriftlichen Klagformel ausstattete. In beiden Fällen fühlte er die Notwendigkeit
einer Abhülfe und einer Erweiterung des geltenden Rechts, aber das
unterscheidende ist, dass er im einen die materielle Grundlage
der Klage durch das Gewohnheitsrecht als gegeben ansah, im
andern sie von sich aus durch sein Edict selbständig schuf. Es
wird später genauer auszuführen sein, wie die Jurisprudenz das
Weltrecht als jüngeres Civilrecht dem älteren, das heisst dem Landrecht, zunächst an die Seite stellt, dann — es ist dies die grosse
wissenschaftliche Tat des Pontifex Q. Scaevola — mit ihm zu
einem System verarbeitet. Hier soll nur noch hervorgehoben werden,
dass der Hauptbeweis für den dargestellten Sachverhalt aus den
Werken der Juristen der Kaiserzeit zu entnehmen ist: die wichtigsten
Materien des Weltrechts, namentlich die Lehren von den Contracten und dem formlosen Eigentumserwerb sind Gegenstand der
civilrechtlichen Commentare zum Sabinus, finden in den Schriften
zum Edict nur eine nebensächliche Behandlung[1].

Schliesslich soll noch ein Blick auf das Verhältnis der Praetoren zu den Pontifices geworfen werden (vgl. ob. p. 157. 159).
Von einer Collision zwischen beiden Gewalten konnte, so lange
der Legisactionenprocess noch in Blüte stand, kaum die Rede sein.
Die Pontifices waren die Behörde, welche die Formeln und den
Ritus der Klage bestimmten, und dabei auch dem Magistrat seine
— freilich sehr bescheidene — Rolle zuwiesen. Die Praetoren
konnten an den Formeln nichts ändern; sie hätten allerdings die
Niedersezung des Gerichts verweigern können, aber in den ersten
Jahrzehnten ihrer Tätigkeit war das Ansehen der Pontifices noch
zu stark, als dass die Praetoren es wagen durften, ihnen mit ihrer
Amtsmacht entgegen zu treten. So ernannten sie gewiss allemal den
Richter, sobald die Pontifices sich der Partei gegenüber durch die
Einhändigung eines Klagformulars für die Zulässigkeit des Rechts-

[1] nämlich da, wo die Stellen des Edicts commentirt werden, in welchen
der Praetor seinen Schuz für die civilrechtlichen Ansprüche verhiessen und
wo Iulian — wie Wlassak (Ed. u. Klagf. p. 20. 22. 31) richtig hervorhebt
— die betreffende Klagformel eingefügt hat.

weges ausgesprochen hatten, vgl. ob. p. 19.25; waren sie doch nicht einmal in der Lage jene zu controliren, denn die im pontificalen Archiv aufbewahrten Sammlungen von Actionen und Responsen waren den Praetoren natürlich ebenso verschlossen wie jedem andern ausserhalb des Collegiums stehenden Bürger (vgl. ob. p. 56 ff.). Erst nachdem um die Mitte des fünften Jahrhunderts die Publication der Actionen durch Ap. Claudius und Cn. Flavius (ob. p. 70 ff.) der Geheimkunde der Pontifices ein Ende gemacht hatte, begann die Bedeutung der praetorischen Amtsgewalt für den städtischen Process und das städtische Recht stetig zu wachsen. Jezt erst konnten die Praetoren das gesammte Material der Legisactionen überschauen, und dadurch, dass sie es zu ihren hypothetischen Formeln verarbeiteten (ob. p. 168), ihren Zwecken dienstbar machen, jezt erst konnten sie allmählich dazu übergehen, den Richter auch ohne Rücksicht auf das Landrecht und abweichend von dessen Spruchformeln zu instruiren (ob. p. 168 ff. 172 ff.), indem sie ihn immer mehr ihrer Befehlsgewalt unterstellten. Es ist möglich, dass die ältesten Bestandteile des Edicts, welche, wie wir sahen[1], processleitender Natur waren, also der Tätigkeit der Pontifices nicht entgegentraten, schon vor das Jahr 450 fallen; dennoch kann man mit Sicherheit behaupten, dass die eigentliche Entwicklung sowol der praetorischen Klagformeln wie des honorarischen Rechts im städtischen Amtsbezirk erst möglich war, seitdem die Praetoren von dem Drucke der pontificalen Auctorität befreit waren.

Troz dieser zeitlichen Aufeinanderfolge der pontificalen und praetorischen Rechtsbildung darf man die Praetoren doch nicht als Nachfolger der Pontifices bezeichnen. Denn obwol sie in manchen Punkten an die pontificale Methode anknüpften, nahmen beide Gewalten doch im Grunde eine so verschiedenartige Stellung zum Recht ein, dass auch die von ihnen ausgehende Rechtsentwicklung einen wesentlich anderen Charakter tragen musste. Die Pontifices waren in erster Linie Sachverständige, nur sehr geringe reale Machtmittel standen ihnen zu Gebote, aber ihr Ansehen war das höchste im Staate; die Praetoren dagegen waren Magistrate, ihre Jurisdiction beruhte lediglich auf ihrer Befehlsgewalt, dem Imperium. Darum fehlt bei den Praetoren gänzlich die Respondenten-Tätigkeit, sie be-

---

[1] Oben p. 161. 166. Versuche das Alter des praetorischen Rechts festzustellen s. bei Hugo[11] 118 ff.; Zimmern I, 123 ff.; Huschke Inc. auct. 60 ff.; Puchta I, 210 f.; Rein 61 A. 1; Dernburg in den Festgaben für Heffter (1873) 91 ff.; Karlowa R. RG. 462 f. 467 A. 4.

rieten nicht die Parteien sondern standen über ihnen[1]. Die Pontifices waren an das Gesez gebunden, ihre Legisaction musste die
Stichworte desselben notwendig in sich aufnehmen und war darum
wie das Gesez selbst umwandelbar. Neugestaltend haben die Pontifices nicht weiter auf das Recht eingewirkt, als es jeder berufsmässige
Juristenstand tun wird, nur dass die Bedingungen in dieser Hinsicht
für sie ausserordentlich günstig lagen, indem sie Jahrhunderte lang
durch die Geheimhaltung ihres Archivs und ihrer Tradition das
Recht ausschliesslich beherrschten. Das Mittel, mit welchem sie
dasselbe fortbildeten, war die Interpretation des Gesezes: durch
ihre Auslegung schoben sie den Worten desselben zwar in grossem
Maasse neues Recht unter, aber von dieser Grundlage des Gesezes
konnten sie sich niemals loslösen. Die Praetoren waren dem Geseze gegenüber in ungleich freierer Stellung. Ihre Klagformeln waren
nicht für die Dauer unabänderlich, sondern wurden nur für ein Amts-
jahr festgestellt, unterlagen also einer jährlichen Revision, ja sie
konnten sogar für den einzelnen Fall nach Bedürfnis umgestaltet
werden. Allerdings verliehen auch die Praetoren ihre Actionen zunächst
nach Massgabe des Gesezes, und formulirten sie im engen Anschluss
an die Legisactionen; aber sie waren weder an die Worte des
Gesezes gebunden, noch auf die aus ihnen hervorgehenden Ansprüche beschränkt: so konnten sie dem Weltrecht Anerkennung
für den städtischen Verkehr verschaffen und das Landrecht durch
ihr Edict teils fortbilden, teils umgestalten (vgl. ob. p. 166 ff.). Die
Möglichkeit nach eigenem Ermessen Recht zu sezen, fehlte den
Pontifices gänzlich: dem honorarischen Recht der Praetoren haben
sie nichts an die Seite zu stellen.

---

[1] Aus diesem Grunde sind die Versuche, den Praetor zum Nachfolger
des delegirten Pontifex (Pomp. 6; vgl. ob. p. 44 f.) zu machen (Leist. Gesch.
d. R. Rechtssyst. 18 f.; Rudorff I, 147; II, 90; vgl. auch Puntschart Grund-
gesezl. Civilrecht 95 ff.) von vorn herein zu verwerfen. Ebenso beruht die
Ansicht von Leist p. 20 (zustimmend Rudorff a. a. O.; Rein 62 ff.; dagegen
Bethmann-Hollweg Civ. Pr. II, 7; Karlowa R. RG. 462), dass die Legisactionen im Edict (richtiger Album) proponirt gewesen seien, auf einer Ver-
kennung der staatsrechtlichen Verhältnisse des Pontifical-Collegiums und der
Magistratur.

XVIII. DIE CAUTELARJURISPRUDENZ.

Nachdem wir im Vorhergehenden die Entstehung des Weltrechts und des practorischen Rechts und ihr Verhältnis zum städtischen Recht kennen gelernt haben, wenden wir uns nunmehr
wieder unserer eigentlichen Aufgabe zu, und fragen uns, welche
Veränderungen der neue Rechtsstoff in der Jurisprudenz hervorgerufen hat[1].

Die römische Jurisprudenz geht, wie oben (p. 80 ff.) näher
dargelegt wurde, von der praktischen Tätigkeit der Juristen
aus. Wir lernten diese nach drei Richtungen hin kennen: als Caviren, Agiren und Respondiren, Begriffe, welche auch jetzt
ihre Bedeutung behalten und demnach der folgenden Darstellung
zu Grunde gelegt werden müssen[2].

Dass die Cautelarjurisprudenz, auf welche zunächst einzugehen ist, auch in der gegenwärtigen Periode noch von grosser
Wichtigkeit war, versteht sich von selbst, da ja das Landrecht,
das in ihr seinen eigentlichen Ausdruck fand, fortdauernd in Geltung blieb. Der Formalismus desselben forderte auch jezt notwendig die Zuziehung der Juristen beim Abschluss der in sein
Gebiet gehörenden Rechtsgeschäfte: wir werden Gelegenheit haben
auch im siebenten Jahrhundert die namhaftesten Vertreter der
Wissenschaft als Concipienten von Geschäftsformularen kennen zu
lernen[3]. Aber ihre Wirksamkeit gestaltete sich sehr verschieden
nach der Art des Geschäftes und der dafür verwendbaren Formeln;

---

[1] Neuere Litteratur: Hugo[11] 445 ff.; Christiansen 291 ff.; Burchardi I, 81 f.
155 ff. 162 ff.; Zimmern I, 190 ff.; Puchta I[8], 163 ff. 173 ff.; Walter II[8], 13 ff.;
Rudorff I, 150 ff.; Rein 44 ff.; ders. in Pauly R. E. IV, 630 ff.; Danz I[2], 74 f.
82 ff.; Esmarch[2] 186 ff.; Kuntze I, 125 ff. II[2], 228 ff.; Sohm 41 ff.; Karlowa
I, 473 ff.; Padelleti-Cogliolo[3] 107 ff. 423 ff.; Ferrini 20 ff. Die ältere Litteratur findet man am besten bei Zimmern.

[2] Für die im folgenden zu behandelnden Formeln des römischen Rechts
bietet ein reiches Material Barn. Brissonius de formulis. Für das Privatrecht
kommt speziell das sechste (Geschäfte unter Lebenden) und siebente Buch
(Testamente) in Betracht. Dies Werk sammelt aber Formeln des römischen
Rechts überhaupt; es bedarf kaum der Erwähnung, dass wir keineswegs
alle angeführten Citate ohne weiteres für die republikanische Jurisprudenz verwerten können.

[3] Im Allgemeinen ist davon schon ob. p. 88 f. gesprochen worden.

es wird deshalb nötig sein die verschiedenen Klassen derselben einer genaueren Betrachtung zu unterziehen.

Die Stipulation[1] konnte bei allen Geschäften unter Lebenden vorkommen und gestattete hier jeden beliebigen Inhalt, soweit er nur überhaupt nicht vom Rechte verboten war. Wenn die Parteien über das, was sie wollten, einig waren, so bestand die Aufgabe des Juristen im wesentlichen darin, den Inhalt ihrer Willensübereinstimmung in die Gestalt einer Frage zu bringen; beengenden Formvorschriften begegnete er dabei nicht weiter, als dass er auf die Zuspizung des Fragesazes in eines der vom Rechte anerkannten Worte und auf eine entsprechende Antwort zu achten hatte (vgl. ob. p. 24. 142 f.). Wol aber konnten sich bedeutende sachliche Schwierigkeiten ergeben: einerseits kam es nämlich darauf an die den praktischen Verhältnissen angemessenste Form zu finden[2], andrerseits aber auch darauf, die Stipulation so zu gestalten, dass sich ihr Inhalt den Vorschriften des Rechts unterordnete. Gerade hierin liegt die eigentliche Kunst bei dem Caviren durch Stipulationen: der Jurist musste sorgen, dass er das Recht für die Partei nuzbar machte und ihr den Schuz desselben zu gute kommen liess, dass also das subjective Recht in jeder Beziehung durch das objective gedeckt war[3]. Nun finden sich allerdings von Alters her für die verschiedensten Geschäfte eine Reihe von ganz feststehenden Stipulationsformularen oder von Bestandteilen derselben, welche kaum jemals bedeutende Aenderungen erlitten haben. Nichts desto weniger sind sie keine rechtlich notwendigen Formeln, sondern geniessen nur deswegen ein so grosses Ansehen, weil sie sich in der Praxis bewährt hatten, und so als das Resultat einer Jahrhunderte langen Erfahrung von einem Geschlecht dem andern überliefert wurden. Der Jurist wich nicht ohne Not von ihnen ab; wenn aber die

---

[1] Streng genommen müssten wir hier, da es sich um das Landrecht handelt, von der Sponsion reden. Indessen ist die Stipulation sehr früh aus dem Weltrecht recipirt (ob. p. 142 f.), und die Ausbildung der hier in Betracht kommenden Formulare hat sich an beiden Instituten in gleicher Weise vollzogen, so dass wir die Bezeichnungen ohne Unterscheidung gebrauchen können.

[2] In dieser Beziehung sind die Kaufstipulationen des Manilius höchst lehrreich: für jede Sorte von Vieh lautet das Formular nach den natürlichen Verhältnissen desselben verschieden. S. unt. die Biographie des Manilius.

[3] Das ist es, was die Römer als Schuz vor dem *decipi* verstehen: vgl. ob. p. 80 A. 2.

Verhältnisse des speziellen, ihm vorliegenden Falles eine Abände-
rung forderten, so scheute er sich auch nicht sie nach Bedürfnis
umzugestalten[1].

Anders lag die Sache bei der Mancipation[2]. Dieselbe

[1] Für solche Grundtypen kann man Material in reicher Fülle aus Briss.
6, 158 ff. entnehmen. Einzelne Beispiele mögen hier Plaz finden. Die herkömmliche Stipulation beim Kauf einer Erbschaft lautet: *quanta pecunia ex
hereditate Titii ad te peruenit, peruenerit, doloue malo tuo factum est eritue
quo minus perueniat (tantam pecuniam dare spondes?*) (Cels. Jul. Vlp.; D.
50, 16, 97; D. 15, 1, 37 pr.; D. 45, 1, 50, 1). — Das Schema für Cautionen
von Conventionalstrafen giebt Labeo (bei Venulei. Stip. 1 — D. 45, 1, 137, 7)
folgendermassen: *si ut aliquid fiat stipulemur, et usitatius et elegan-
tius esse sic subici poenam ,si ita factum non erit*; at cum quid ne fiat
stipulemur, tunc hoc modo ,si aduersus ea factum erit*; et cum alia
fieri alia non fieri coniuncte stipulemur, sic comprehendendum ,si non feceris, si quid aduersus ea feceris*. Als Beispiele für concrete Gestaltungen
vgl. Vlp. ad Sab. 49 (D. 45, 1, 38, 13): *cui rei dolus malus non abest,
non afuerit, quanti ea res erit tantam pecuniam dari spondes?*; Vlp. ad ed. 20
(D. 45, 1, 72, 1): *si ante Kalendas Martias primas opus perfectum non
erit, tum quanti id opus erit tantam pecuniam dari (spondes)?*; Pap. Quaest.
2 (D. 45, 1, 115 pr.): *te sisti in certo loco: si non steteris quinquaginta
aureos dari spondes?* — Als gebräuchliche Schlussformel für längere Stipulationen findet sich: *haec sic recte dari fieri praestarique spondes?* C. I. L.
III p. 951. (Bruns p. 269); VI, 10241 (Br. p. 252). 10247 (Br. p. 253), oder mit
Einschluss eines Strafgedinges bei Alfenus im Auszug des Paul. 3 (D. 17, 2,
71 pr.): *haec quae supra scripta sunt ea ita dari fieri neque aduersus ea
fieri: si ea ita data facta non erunt, tum uiginti milia dari?* — Ferner
mag noch auf die verschiedenen Garantieformeln hingewiesen werden, wie z. B.
per te non fieri, ausführlicher *neque per te neque per heredem tuum fieri*
in den verschiedensten Anwendungen mit und ohne Conventionalstrafe bei
Scaevola, Ulpian und Paulus (D. 45, 1, 133; ebend. fr. 50 pr.; fr. 85,
3; fr. 2, 5; fr. 83 pr.; fr. 92; D. 10, 2, 25, 12); *dolum malum abesse
afuturumque* bei Papinian und Ulpian (D. 7, 9, 5 pr.; D. 45, 1, 38, 13;
ebend. fr. 121 pr.); vgl. auch Vlp. ad ed. 32 (D. 19, 1, 13, 2): *quanti emp-
toris interfuit non decipi*. Auch die noch näher zu besprechenden Stipulationen zum Schuz gegen Sklavenfehler und Viehmängel, sowie gegen
Eviction gehören hierher.

[2] Vgl. aus der neueren Litteratur namentlich Jhering Geist II[4], 537 ff.;
Leist Mancipation und Eigentumstradition; Bechmann Kauf I, 68 ff., 155 ff.;
Voigt XII Tafeln I, 192 ff. II, 125 ff. Ein Eingehen auf die vielen einschlägigen Fragen ist hier natürlich nur in soweit möglich, als es die Aufgabe dieses Abschnittes, das heisst die Ermittlung, welchen Anteil die Juristen
an der Ausbildung der Mancipation hatten, erfordert.

stellte in ihrer ältesten Gestalt ein formelles Kaufgeschäft dar;
sie beruhte als solches auf einem bestimmten Ritual, sowie auf einer
feststehenden vom Käufer auszusprechenden Formel und war bekanntlich nur an bestimmten Sachen (Grundstücken der römischen
Feldmark, Sklaven, Zug- und Lastvieh, den sogenannten *res mancipi*)
möglich [1]. Indessen ist dieser Charakter der Mancipation im Verlauf der Geschichte nicht unverändert festgehalten, sondern Gesez
und Juristen haben ihr Anwendungsgebiet in der verschiedenfachsten
Weise erweitert, aber immer so, dass der Inhalt, welcher ihr in
den einzelnen Stadien ihrer Entwicklungsgeschichte gegeben werden
kann, als ein durch das objective Recht begrenzter erscheint [2]. Die
ältesten dieser Ausdehnungen scheinen die gewesen zu sein, welche
den Kreis der Objecte der Mancipation betrafen: wie Sklaven so
begann man auch freie Menschen zu verkaufen und brachte sie
dadurch in einen sklavenähnlichen Zustand (*serui loco*), welcher
speziell nach diesem Geschäfte als Mancipium bezeichnet wurde.
Ferner wurde schon in verhältnismässig früher Zeit der Verkauf
von Felddienstbarkeiten und der Verkauf eines Vermögens von
den Juristen als zulässig erachtet. In beiden Fällen liegt der Fortschritt darin, dass man eine unkörperliche Sache zum Gegenstand
der Mancipation machte: während aber bei den Felddienstbarkeiten
das Kaufgeschäft noch als Selbstzweck erscheint, ist dieser Gesichtspunkt bei dem Vermögenskauf (*familiae emptio*) bereits nicht mehr
massgebend. Vielmehr hat hier die Erweiterung der Mancipation das
Ziel, die Testamentserrichtung zu ermöglichen [3], und die Juristen
haben damit die Bahn der Scheingeschäfte betreten. Ein weiterer
Schritt in dieser Richtung wurde durch das Zwölf-Tafel-Gesez hervorgerufen (vgl. ob. p. 91 f.). Die Preiszahlung geschah nach dem
ältesten Recht durch Zuwägen des Geldes: als nun aber die Decemvirn das gemünzte Geld einführten, war jener Act bedeutungslos geworden. Die Gesezgeber mussten den Zwiespalt zwischen
dieser ihrer Neuerung und der herkömmlichen Art der Entrichtung
des Kaufpreises voraussehen und hier notwendig eine Abhülfe
treffen. Sie taten es, indem sie zwar die Formalien der Mancipation

---

[1] Gai. 1, 119 ff.: *hunc ego hominem ex iure Quiritium meum esse aio
isque mihi emptus esto hoc aere aeneaque libra.* Vlp. 19, 3 ff.

[2] Auf das Nexum ist hier nicht einzugehen, da es eine Entwicklungsgeschichte wie die Mancipation nicht aufzuweisen hat, sondern früh durch
die Gesezgebung abgeschwächt, seine eigentliche Bedeutung verlor und allmählich abstarb.

[3] Das Nähere s. unt. p. 207 ff.

unangetastet liessen, aber verordneten, dass das scheinbare Zuwägen (welches sich dann in der Praxis als ein Anklopfen mit dem Kupferstück an die Wage gestaltete) hinsichtlich der Gültigkeit des Geschäfts dem wirklichen gleichstehen solle, mit andern Worten, indem sie das Hersagen (*nuncupare*) der Spruchformel für genügend erachteten, um die Mancipation, wenn sonst nur ihre Voraussezungen vorhanden waren, als rechtsbeständig erscheinen zu lassen[1]. Damit war die Mancipation, sowol was den Verkauf von Sachen als den von freien Menschen betrifft, ganz zum Scheinkauf geworden[2]. In ersterer Beziehung erscheint sie seitdem als Form der Eigentumsübertragung: sie konnte zwar auch jezt noch ein Kaufgeschäft zur materiellen .Grundlage haben, es wurde aber auch möglich, ganz andere Zwecke wie Schenkung, Pfandbestellung u. s. w. mit ihr zu verfolgen. Ebenso wurde das Mancipium von den Juristen fortgebildet und für das Familienrecht in der mannigfachsten Weise zur Emancipation, Adoption und Coemption verwertet.

Wenn man diese Entwicklung überblickt, so versteht sich von selbst, dass die Juristen, die eigentlichen Träger derselben, die alte Formel der Mancipation nicht immer unangetastet lassen konnten, sondern dieselbe dem eigentlichen Zwecke des beabsichtigten Geschäfts entsprechend vielfach umgestalten mussten. Schon der Verkauf der Servituten forderte eine etwas andere Fassung[3], noch viel mehr aber die Mancipation des Vermögens um der Testamentserrichtung willen[4]. Für das Mancipium kam man mit der gewöhnlichen Formel aus, weil dasselbe ursprünglich durchaus als reeller Verkauf aufgefasst wurde und sich nur in der Wirkung von dem Sachenkauf unterschied; das gleiche gilt von der daraus

---

[1] Das ist die m. E. allein richtige Auslegung, welche Bechmann (I, 195 ff.) dem Saze (VI, 1 Sch.) ‚*cum nexum faciet mancipiumque, uti lingua nuncupassit, ita ius esto*‘ gegeben hat. Die eigentliche Preiszahlung beim Kauf geschah ausserhalb des Mancipationsactes und veranlasste noch eine besondere Vorschrift des Gesezes (J. 2, 1, 41), auf die es aber hier nicht ankommt.

[2] In dieser Gestalt, als *imaginaria venditio*, wird sie uns von Gaius geschildert. Vgl. auch ob. p. 94.

[3] Sie ist uns nicht überliefert, muss aber etwa gelautet haben: *ius mihi esse eundi agendi in fundo Corneliano aio: idque mihi emptum esto etc.*

[4] Die Formel ist erhalten bei Gai. 2, 104: *Familia pecuniaque tua endo mandatelam custodelamque meam, quo tu iure testamentum facere possis secundum legem publicam. hoc aere aeneaque libra esto mihi empta.*

hervorgegangenen Emancipation und Adoption, für die Coemption
dagegen, wahrscheinlich das jüngste dieser Scheingeschäfte, erschienen Abänderungen im Formular nötig [1].

Aber auch in der Verwendung der Mancipation für die Eigentumsübertragung ist man nicht bei dem nackten Formular stehen
geblieben, sondern hat Zusäze in dasselbe aufgenommen. Jedoch
war die Erweiterung der Mancipationsformel auch in dieser Hinsicht nicht dem Belieben der Parteien anheimgegeben, sondern stand
unter der Controle der Juristen. Diese bestimmten Inhalt und
Umfang der Mancipation durch die gewöhnlichen Mittel ihrer Interpretation, das heisst, wenn sie ein Formular zu entwerfen hatten,
so liessen sie nur bestimmte Zusäze zu, und wenn sie über eine
abgeschlossene Mancipation um ein Gutachten angegangen wurden,
so erkannten sie dieselbe nur dann als rechtsbeständig an, wenn
sie keine fremdartigen Zutaten an sich trug. Selbstverständlich
war dabei nicht ihre Willkür, sondern ihre Auffassung des geltenden
Rechts massgebend. Ihnen schwebte immer der ganz bestimmte
Begriff der Mancipation als eines ursprünglich wirklichen, seit den
Zwölf Tafeln fingirten Baarkaufes vor, und nur was sich diesem
unterordnete, wurde von ihnen als Bestandteil der Formel zugelassen [2]. In Folge dessen haben die Zusäze bei der Mancipation
nur einen geringen Spielraum: zunächst war bei der Uebereignung
von Grundstücken immer eine genaue Bezeichnung des Objects

---

[1] Gai. 1, 123 (mit den Ergänzungen von Krüger): [E]a quidem quae
coemptionem fac[it non] de[ducitur in] seruilem condicionem; a [p]u[renti-
bus autem uel a coemptionato]ri[bus] mancipati mancipataeue seruorum loco
constituuntur ... sed differentiae ratio manifest[a] e[st], cum a parentibus
et a coemptionatoribus isdem uerbis mancipio accipi[a]nt[ur] quibus serui:
quod non similiter [fit] in coemptione. Die Manus stellt die Frau nicht
ancillae sondern filiae loco. Vgl. Huschke Studien p. 185 ff. 199 ff.; Karlowa
Formen der röm. Ehe und Manus p. 50 ff.

[2] Die ältere Auffassung (welche neuerdings wieder von Voigt XII
Taf. I, 130 ff.; II, 125 ff. vertreten wird) meinte, auf Grund des Sazes der
Zwölf Tafeln ,cum nexum faciet etc.' habe jede beliebige Bestimmung in die
Nuncupation des Mancipationsformulars aufgenommen werden können, und
sei damit der verbindlichen Kraft derselben teilhaftig geworden. Hiergegen
hat schon Jhering II, 545 ff. Einspruch erhoben; namentlich aber ist es das
Verdienst Bechmanns, jene Vorschrift auf das richtige Maass zurückgeführt
und festgestellt zu haben, dass nur solche Erweiterungen möglich waren,
welche mit der Natur der Mancipation als Baarkauf im Einklang standen
(I, 195 ff. 237. 350; vgl. ob. p. 202 f.). Bezüglich der hier vorzugsweise in Betracht kommenden leges s. unt. p. 216 f.

(nach dem bisherigen Eigentümer und seiner Lage) nötig, zu welcher eine Angabe der Grösse nach dem Flächeninhalt hinzutreten konnte: bei beweglichen Sachen dagegen fanden derartige Bestimmungen nicht statt[1]. Ferner sind fraglos Angaben über die Eigenschaften der Sache möglich gewesen[2], doch ist uns nur eine derselben überliefert, nämlich die, dass das Grundstück in seiner grösst-besten Beschaffenheit (*uti optimus maximusque*) erworben sein solle, was die Juristen dahin verstanden, dass es von Servituten frei sein müsse[3]. Umgekehrt war es jedenfalls beim Niessbrauch, wahrscheinlich aber auch bei andern Servituten möglich, die dingliche Belastung im Formular zum Ausdruck zu bringen[4]. Für die Hinzufügung einer Befristung liegt zwar kein Beleg vor, aber es ist auch kein Grund abzusehen, der sie ausgeschlossen hätte[5]. Schliesslich gestattete die Formel, wenn sie nur einen Scheinkauf darstellte, dass der wahre materielle Grund des Geschäftes darin angegeben wurde (*donationis, fiduciae causa*)[6].

---

[1] Vgl. Bechmann I, 247. (Ueber die *actio de modo agri* s. ebend. 248; Voigt XII Taf. II, 469). Der Grund war der, dass die Mancipation nicht körperlich an dem Grundstücke selbst vollzogen wurde, während bei Mobilien Gegenwärtigkeit der Sache notwendige Voraussezung war, also das *hunc hominem* genügte.

[2] Bechmann (I, 246. 249) führt als möglich an die Angabe, dass das Grundstück als *praedium dominans* mit Servitutrechten behaftet sei, ferner die Bezeichnung des Sklaven als *furtis notisque solutus*. Belege sind dafür nicht vorhanden.

[3] Q. Scaevola bei Venulei. Stip. 16 (D. 21, 2, 75): *nisi, ut optimus maximusque esset, traditus fuerit fundus: tunc enim liberum ub omni servitute praestandum.* Weitere Belege für diese Formel s. bei Briss. 6, 35; Voigt XII Taf. II, 151.

[4] Paul. Man. 1 (Vat. fr. 50): *emptus mihi est deducto usufructu* mit und ohne Zeitbestimmung für den Niessbrauch. Für andere Servituten vgl. Bechmann I, 245 f. Die Frage nach der Haftung, wenn die Angabe der Servituten unterblieben war, interessirt uns hier nicht.

[5] Ueber Bedingung und Auflage s. Bechmann I, 237 ff.

[6] Bechmann I, 222 ff. — Nicht als ein eventuell möglicher Zusaz, sondern als ein immer notwendiges Erfordernis der Mancipation ist die Benennung des Preises im Formular aufzufassen. Es heisst bei Gai. 1, 119 *emptus mihi esto hoc aere*, und es fragt sich, ob dies ‚*hoc aere*‘ wirklich so gesprochen wurde, oder ob damit nur Blanketworte gegeben sein sollten, für welche im speziellen Formular der concrete Preis eingesezt wurde. Für leztere Ansicht spricht die Hervorhebung der *nuncupata pecunia* bei Cincius (Fest. p. 173) unter Hinweisung auf den Saz *cum nexum faciet* etc. und bei Varro de l. l. 6, 60, ferner die Tatsache, dass in den Formularen des Scheinkaufs

Bei dieser Ausdehnung der Mancipationsformel nach aussen und nach innen gingen die älteren Juristen keineswegs theoretisch zu Werke, indem sie den Begriff der Mancipation zu definiren unternommen hätten — die frühesten uns bekannten Versuche in dieser Richtung gehören erst dem siebenten Jahrhundert an — sondern sie liessen sich ihrer Gewohnheit gemäss durch ihre Formel- und Responsensammlungen leiten. Wer ein neues Anwendungsgebiet für die Formel gefunden zu haben glaubte, oder einen bisher noch ungebräuchlichen Zusaz für möglich hielt, suchte dieser seiner Ansicht natürlich bei ihm vorkommenden Fällen einen praktischen Ausdruck zu geben; geltendes Recht wurde sie aber erst, wenn sie allgemeine Anerkennung gefunden hatte. So hat sich die Mancipationsformel langsam aber sicher in den Händen der Juristen entwickelt.

———————

Neben den Formeln für Stipulationen und Mancipationen steht nun noch eine dritte Klasse, welche ein fruchtbares Feld für die Wirksamkeit der Juristen abgab: die testamentarischen Verfügungen. In ihrer ältesten Fassung, als Bestandteile der öffentlichen Testamente (*in calatis comitiis* und *endo procinctu*) sind sie für uns verschollen, und es hat auch keinen Zweck hierüber Vermutungen aufzustellen: wir kennen sie erst in der Gestalt, welche ihnen das Privattestament gegeben hat. Hier aber haben sie einen eigenartigen, von dem der bisher erwähnten Formeln verschiedenen Charakter: während die Stipulation materiell und formell zweiseitig [1], die Mancipation materiell zweiseitig aber formell einseitig ist [2], er-

—— —— —

regelmässig auch ein Scheinpreis angegeben wird (*emptus esto nummo uno*), und schliesslich die Gestalt, in welcher die Formel bei Paulus (Vat. fr. 50) erscheint, *emptus mihi est pretio*: wären *hoc aere* wirklich solenne Worte gewesen, so hätten sie nicht durch *pretio* ersezt sein können. Innere Gründe s. bei Jhering II, 546 ff.; Bechmann I, 92 ff.; Voigt XII Taf. II, 135 f.

[1] Das ist auch noch in der uns bekannten Gestalt der Stipulation der Fall: obwol hier der Stipulator die Hauptrolle hat, ist doch das Geschäft ohne die Antwort des Promittenten gänzlich hinfällig. Nun hat aber, wie Christiansen (Inst. 308 ff.) annimmt, ursprünglich nicht blos das Schlusswort, sondern der ganze Fragesaz in affirmativer Form wiederholt werden müssen, eine mir sehr glaubhaft erscheinende Vermutung (vgl. Jhering II, 556 ff.); und wenn sie richtig ist, so wirkten anfänglich beide Parteien in gleicher Weise mit.

[2] Es muss ein Verkäufer und ein Käufer vorhanden sein, die Gegen-

scheinen die testamentarischen Formeln nach Inhalt und Gestalt immer als einseitige Verfügungen; sie sind als Befehle gefasst und werden in der Sprache des alten Rechts als *leges* (*legare*) bezeichnet. Im späteren Recht hat dieser Ausdruck allerdings eine viel weitere Bedeutung angenommen (vgl. p. 211 ff.); aber am frühesten nachweisbar und in ihrem ursprünglichen Charakter am klarsten erkennbar sind die *leges* im Mancipationstestament. Vergegenwärtigen wir uns also kurz dessen Entwicklungsgeschichte [1]. Es ist bekanntlich aufgekommen als Aushülfe für solche Fälle, in welchen das älteste Recht nicht ausreichte: wenn nämlich ein Bürger nicht mehr in der Lage war, die Zeit für das ordentliche Testiren (d. h. die *calata comitia* am 24. März und 24. Mai) abzuwarten, weil er sein Ende herannahen fühlte, so mancipirte er sein Vermögen einem Freunde, indem er diesem zugleich anbefahl, wie er damit nach seinem Tode verfahren sollte. Diese Befehle sind es, welche als *leges* bezeichnet werden; ihre Anordnung geschah ursprünglich mündlich und trug davon den Namen *nuncupatio* [2]. Nun blieb aber das Mancipationstestament nicht blos als Notbehelf bestehen, sondern sezte sich allmählich als regelmässige Form des lezten Willens fest. Dabei kam neben der mündlichen Rede auch bald die schriftliche Form des Testirens auf: der Erblasser hatte seine Verfügungen in einer verschlossenen Urkunde aufgezeichnet, und nuncupirte unter Verweis auf dieselbe nur im allgemeinen, statt wie ursprünglich die einzelnen Bestimmungen mündlich an-

---

wart beider ist bei dem Act nötig, wenn auch nur der Käufer handelnd auftritt. Vgl. Leist. Manc. 21: ‚Die Mancipation ist nach der den Römern eigenen Auffassung die Formulirung eines materiell zweiseitigen Kaufacts (Sachleistung gegen Preisleistung) vom einseitigen Standpunkt des Käufers aus'.

[1] Gai. 2, 102 ff. Selbstverständlich werden hier nur diejenigen Punkte berührt, welche für die Geschichte der *leges* ausschlaggebend sind.

[2] Gai. 2, 104 vom schriftlichen Testament: *et hoc dicitur nuncupatio: nuncupare est enim palam nominare, et sane quae testator specialiter in tabulis testamenti scripserit ea videtur generali sermone nominare atque confirmare*; vgl. Ulp. 20, 9; Varro de l. l. 6, 60: *nuncupare nominare valere apparet in legibus ubi nuncupatae pecuniae sunt scriptae.* Cincius bei Fest. p. 173: *nu[n]cupata pecunia est .. nomina[ta], certa, nominibus propriis pronunciata*: ‚*cum nexum faciet mancipiumque, uti lingua nuncupass[i]t, ita ius esto*'; *[d est] ‚uti nominarit locutusue erit, ita ius esto*'. Nach diesen Stellen ist zweifellos, dass *nuncupare* zunächst die mündliche Rede bezeichnet, und dass es in dieser Bedeutung — um das gleich vorwegzunehmen — sowohl bei Rechtsgeschäften von Todes wegen als unter Lebenden vorkommt. Ueber *leges, legare* vgl. p. 204 A. 4.

zugeben[1]. Es erhellt, dass dies Testament einen doppelten Charakter aufweisen musste : als Mancipation zwischen dem Erblasser
und dem Käufer des Vermögens (*familiae emptor*) ist es ein Geschäft unter Lebenden, seinem eigentlichen in der Nuncupation
hervortretenden Gehalte nach enthält es Verfügungen von Todes
wegen. Beide Positionen haben ihre Wirkungen geäussert[2], die
weitere Entwicklung aber ist dadurch bestimmt, dass die leztere
Seite immer mehr in den Vordergrund trat, bis sie schliesslich
zum allein herrschenden Princip wurde und das Scheingeschäft
des Vermögenskaufs zur blossen Form herabsank. Der erste Schritt
in dieser Richtung geschah durch das Zwölf-Tafel-Gesez. Bei dem
Mancipationstestament bestand nämlich immer eine grosse Gefahr:
das Vermögen war dem Käufer übergeben, damit er die Verfügungen
nach dem Tode des Erblassers erfülle ; diese Pflicht war ursprünglich eine rein sittliche, der Vollzug des Testamentes beruhte also
auf dem guten Willen des Vermögenskäufers. Hier griffen die
Zwölf Tafeln mit ihrer bekannten Vorschrift ein, dass alle leztwilligen *leges* bindend sein sollten[3]. Im Anschluss an dies
Gesez haben die Juristen dann das Wesen der *leges* festgestellt,
mochte auch dieser Ausdruck als Bezeichnung für die testamentarischen Verfügungen insgesammt früh verloren gehen[4]: es sind

---

[1] Das Formular dieser Nuncupation hat uns Gai. 2, 104 überliefert,
welcher die p. 207 A. 2 angeführten Worte daran knüpft. — Wie Festus (p. 173)
berichtet, hatte der Philologe Santra eine Reihe von Citaten gesammelt, aus denen
er nachwies, dass die Anwendung des Ausdruckes *nuncupatio* auch über den
eigentlichen Wortsinn hinausreiche, es bezeichne nicht nur *directo nominata*,
sondern auch *promissa et quasi testificata, circumscripta, recepta* d. h. irgend
wie Zugesagtes und gewissermassen Bezeugtes, Umschriebenes, in eine andere Erklärung Aufgenommenes. Es scheint mir nicht angemessen, diese Worte mit
Bechmann (Kauf I, 260) auf die *dicta* des Verkäufers zu beziehen; denn wenn
diese auch ausserhalb des Mancipationsformulars stehen, so sind sie doch *directo
nominata*. Dagegen ist wol möglich bei den *circumscripta* und *recepta* an die
auch von Gaius als uneigentliche Nuncupation bezeichnete Testirformel ,*haec
ita ut in his tabulis cerisque scripta sunt, ita do, ita lego ita testor*' zu
denken, welche auf die geschriebenen *leges* hindeutete und sie in sich aufnahm.

[2] Vgl. Jhering II, 535 f.

[3] V, 3 Sch.: *Uti legassit super pecunia tutelaue suae rei, ita ius
esto;* vgl. ob. p. 92.

[4] Dass *legare* hier gleichbedeutend ist mit *legem dicere* bedarf keines
Beweises; dass der Ausdruck im Sinne der älteren Jurisprudenz alle
testamentarischen Verfügungen traf, sagt Pomponius (ad Q. Muc. 5: D. 50,
16, 120) unzweideutig : *Verbis legis duodecim tabularum his ,uti legassit*

einseitige, vom Hausherrn seinem Vermögen aus eigener Machtvollkommenheit mitgegebene Bestimmungen von Todes wegen[1]. Ihre Geltung ist nicht aus der zwingenden Kraft der Mancipation herzuleiten, mit welcher sie weder äusserlich noch innerlich in Verbindung stehen, sondern beruht lediglich auf jenem Saze der Zwölf Tafeln[2]. Ihrer Form und ihrem Inhalt hat zwar das Gesez keine Schranken gezogen, wol aber die Juristen, denen seine Interpretation oblag, und deren Herrschaft wol nirgends eine so absolute war wie auf diesem Gebiete. Wenn sie in der Folgezeit das Privattestament mittelst ihres Cavirens und Respondirens den strengsten Regeln unterstellten[3], wenn sie speziell für die *leges* — was für

suae rei, ita ius esto' latissima potestas tributa uidetur et heredis instituendi et legata et libertates dandi tutelas quoque constituendi. In dieser allgemeinen Bedeutung findet sich der Ausdruck *lex* auch noch in einem Citat, das sich seiner Formulirung wie der Art seiner Ausführung nach als eine Regel des älteren Rechts kennzeichnet (vgl. unt. Absch. XXVII), nämlich bei Hermogenian (iur. ep. 4 : D. 32, 22 pr.): *nemo eam sibi potest legem dicere ut a priore ei recedere non liceat.* Im übrigen hat sich das Wort später bekanntlich in der Form *legata* auf die erbrechtlichen Singularsuccessionen concentrirt; vgl. Pomp. a. a. O. *sed id interpretatione coangustatum est uel legum uel auctoritate iura constituentium;* die ältere Bedeutung findet sich nur noch vereinzelt, z. B. bei Vlp. Inst. 8 (D. 30, 114, 14); Resp. 15 (D. 40, 5, 40, 1); Paul. Reg. 2 (D. 28, 1, 14). Weshalb Bechmann (I, 274 A. 3) die lezteren Stellen nicht in diesem Zusammenhange gelten lassen will, ist mir nicht ersichtlich.

[1] Ob ursprünglich im *testamentum per aes et libram* eine Erbeinsezuug möglich war, scheint, da der *familiae emptor heredis loco* war (Gai. 2, 103. 105), zweifelhaft; jedenfalls geschah sie, seitdem der leztere zur blossen Formperson herabgesunken war (Gai 103: *nunc rero alius heres testamento instituitur).* Es beruht auch das wahrscheinlich auf einer Interpretation des Wortes *legare* durch die Juristen (vgl. Pomp. p. 208 A. 4). Für uns ist die Frage nach dem Inhalt der *leges* vor den Zwölf Tafeln ohne Bedeutung. Vgl. Bechmann 297—299.

[2] S. Pernice Labeo I, 474 ff.; Bechmann Kauf I, 95 f. 295 ff., deren Erörterungen m. E. diesen Punkt völlig klar gestellt haben. Vgl. auch Voigt Zwölf Taf. I, 220 ff.

[3] Dass die Juristen das Testament zum formalsten aller Rechtsgeschäfte gemacht haben, wurde schon oben (p. 81) bemerkt. Vgl. zu den dort (A. 4) angeführten Citaten noch Cic. in Verr. II, 1, 107; Arrian Epikt. Diss. 2, 13, 7; Jhering II, 416. Ihre Vorschriften erstreckten sich übrigens nicht blos auf die Worte des Testaments, sondern auch auf den Ritus seiner Errichtung; s. Vlp. ad Sab. 1. 2 (D. 28, 1. 20, 8. 10 fr. 21, 3), wo die Erwähnung der *Veteres* und die Regularform auf die ältere Jurisprudenz hinweisen.

14

deren Wesen charakteristisch ist — die Notwendigkeit der imperativischen Form in den Vordergrund stellten, und bei deren Mangel
die betreffende Verfügung, oder, wenn er die Erbeinsezung betraf,
sogar das ganze Testament für hinfällig erklärten, so konnte ihr
Ausgangspunkt dabei nur der sein, dass sie in dem *legare* des
Gesezes einen ganz bestimmten juristischen Begriff sahen, der notwendig ein Befehlen des Testators voraussezte, das blosse Wünschen
und Bitten dagegen ausschloss. Die Juristen fanden nun für die
verschiedenen Arten der testamentarischen Verfügungen die Formen,
welche diesem Charakter der *leges* entsprachen und wussten
ihnen ein nahezu gesezliches Ansehen zu geben. Es gab eine
Reihe von Grundformen, an welchen man während der republikanischen Periode unbedingt festhielt; Abänderungen, Zusäze und
neue Formeln waren auch hier völlig in den Händen der Juristen,
und wurden nur dann zugelassen, wenn ein wirkliches Bedürfnis
dafür vorhanden war[1]. Dadurch wurden die Testamente inner-

---

[1] Eine Uebersicht über die allgemeinsten Grundtypen für die testamentarischen Formeln, soweit sie sicher der republikanischen Zeit angehören,
möge hier das Gesagte veranschaulichen: Erbeinsezung: *Titius heres esto*
(Gai. 2, 117; dort auch die unzulässigen Formen; vgl. Briss. 7, 15 ff.).
Cretion: *cernitoque in centum diebus proximis quibus scies poterisque*
(Gai. 2, 165. 174; vgl. Briss. 7, 25). Enterbung (*nominatim*): *Titius filius
meus exheres esto; (inter ceteros)*: *ceteri omnes exheredes sunto* (Gai. 2,
127 f.; vgl. Briss. 7, 31). — Nirgends tritt die Rechtsbildung durch die Cautelarjurisprudenz so deutlich hervor wie in der Lehre vom formellen Noterbenrecht:
dieselbe geht nur mittelbar auf eine Interpretation der Säze der Zwölf Tafeln
über das Intestaterbrecht zurück; unmittelbar beruht sie auf einer Auslegung
der Formeln, welche sich herkömmlicher Weise unter dem Einfluss der Juristen
für die spezielle und generelle Enterbung von haushörigen Erben festgesezt
hatten: dadurch dass die Juristen nur diese Formeln für zulässig erklärten,
schufen sie das Praeteritionsrecht. — Ferner entstand durch die Tätigkeit der
Juristen aus der gewöhnlichen Einsezungsformel die für nachgeborene
Kinder: (*filius*) *siue uiuo me siue mortuo natus fuerit, heres esto* (Pomp.
ad Sab. 1 (D. 28, 2, 10; vgl. Briss.7, 17) und die entsprechende Enterbungsformel:
quicumque mihi filius genitus fuerit exheres esto (Gai. 2, 132; Inst. 2, 13. 1);
erstere wurde dann von C. Aquilius Gallus zu der bekannten Formel für
Einsezung von Enkeln erweitert (D. 28, 2, 29 pr.). Vulgarsubstitution:
si mihi L. Titius heres non erit, tunc Seius heres mihi esto. (Modest. Pand.
2. (D. 28, 6, 1, 1); vgl. Briss. 7, 35). Pupillarsubstitution: *Si filius
meus mihi heres non erit, siue heres erit et prius moriatur quam in suam
tutelam uenerit, tunc Seius heres esto* (Gai. 2, 179; vgl. Briss. 7, 36 ff.).
Vormundschaftsernennung: *L. Titium liberis meis* (*uxori meae*) *tuto-
rum do* oder *liberis meis* (*uxori meae*) *Titius tutor esto* (Gai. 1, 149; vgl.

halb sehr enger Schranken gehalten: noch das uns erhaltene Testament des Dasumius aus dem Jahre 108 n. C. zeigt ganz die alten Formeln und ist von auffallender Einförmigkeit im Ausdruck.

Die im vorhergehenden geschilderte Dreiteilung der Formeln in Sponsionen (oder Stipulationen), Mancipationen und testamentarische Verfügungen entspricht dem Zustande des älteren Landrechts; und wenn man das eigentümliche Wesen der Cautelarjurisprudenz verstehen will, so muss man die ursprüngliche Verschiedenheit der drei Gruppen streng betonen. Indessen hat hier bald eine Verschiebung stattgefunden: die *leges* kommen nämlich seit dem sechsten Jahrhundert, vielleicht auch schon früher, nicht mehr blos in Testamenten, sondern auch in Geschäften unter Lebenden vor[1]. Es wird nötig sein dieser Erscheinung näher zu treten, um die Frage beantworten zu können, ob auch sie auf die Tätigkeit der römischen Juristen zurückzuführen ist.

Einer direkten Uebertragung der *leges* auf die Rechtsgeschäfte unter Lebenden standen zunächst innere wie äussere Gründe entgegen: hier liegt immer eine Willenseinigung zweier Parteien zu Grunde, welche als Private einander gleich stehen; es ist deshalb nicht möglich, dass der eine Contrahent eigenmächtig dem andern bindende Verfügungen auferlege. Aber vorausgesezt, dass factisch eine Uebereinstimmung der Parteien über die näheren Bestimmungen und Clauseln des abzuschliessenden Vertrages vorgelegen hätte: wäre es nicht denkbar gewesen, diese wenigstens äusserlich als Verfügungen des einen oder andern Teils zu fassen? Bei der

---

Briss. 7, 50); die spätere Wandlung der Formel in *Titiae uxori meae tutoris optionem do* s. bei Gai. 1, 150 ff.). Freilassung: *Stichus liber esto* (Vlp. 2, 7; Pomp. ad Sab. 2 (D. 40, 4, 4); vgl. Briss. 7, 60), mit Erbeinsezung verbunden: *Stichus seruus meus liber heresque esto* (Gai. 2, 186); vgl. Briss. 7, 27). Vermächtnisse: *Titio hominem Stichum do lego* (Gai. 2, 193): *heres meus Stichum seruum meum dare damnas esto* (Gai. 2, 201) und die Abarten, welche spätere Wandlungen dieser Grundformen darstellen: *L. Titius hominem Stichum praecipito* (Gai. 2, 216); *heres meus damnas esto sinere L. Titium hominem Stichum sumere sibique habere* (Gai. 2, 209). Ueber die Ausbildung der Legate für bestimmte Klassen von Sachen, welche so viele Interpretationen der älteren Juristen hervorgerufen haben, s. Briss. 7, 66 ff.

[1] Neuere Litteratur: Pernice Labeo I, 472 ff.; Bechmann Kauf I, 204 ff. 656 ff.; Pernice in der Zsch. d. Sav. St. V, 111 ff.; Voigt Zwölf Taf. I, 151 ff. II, 146 ff.467 ff.

Stipulation war das aus formalen Gründen unbedingt ausgeschlossen:
sie bestand aus einer Frage mit entsprechender Antwort, so dass
von einem einseitigen Bestimmen dabei keine Rede sein konnte.
Anders lag die Sache bei der Mancipation: diese tritt allerdings
äusserlich als einseitige Erklärung auf (s. ob. p. 206 A. 2). Jedoch geht
sie als solche immer von dem Erwerbenden aus; wenn aber hier
überhaupt Verfügungen vorkommen konnten, so hätten sie von dem
hingebenden Teile, also dem Verkäufer, der Sache mit auf den Weg
gegeben werden müssen. Und wo hätten sie ihren Plaz finden sollen?
Die Mancipationsformel selbst war viel zu eng begrenzt (ob. p. 202 ff.),
als dass sie fähig gewesen wäre, derartige Zusäze in sich aufzunehmen; und bindende Verfügungen ausserhalb der Formel zu erlassen,
war wenigstens zunächst nicht möglich, weil diese einer ihre Beachtung erzwingenden Grundlage entbehrt hätten. Die Anerkennung der
Geltung leztwilliger Verfügungen durch die Zwölf Tafeln (ob. p. 208)
beweist am klarsten, dass die Rechtsanschauung jener Zeit die *leges*
nicht an sich gelten liess, sondern eine besondere gesezliche Vorschrift für nötig hielt, um ihnen bindende Kraft zu verleihen. Da
diese nun für die Rechtsgeschäfte unter Lebenden fehlte, so kommen
wir zu dem Resultat, dass im älteren Landrecht die *leges* hier überhaupt nicht rechtsverbindlich waren.

Und doch haben die *leges* auch in die Rechtsgeschäfte unter
Lebenden Eingang gefunden, freilich nicht auf dem Wege der
Fortbildung des Landrechts durch die Interpretation der Juristen,
sondern sie sind von aussen her, und zwar aus dem Gemeinde-
Vermögensrecht entlehnt. Ueber die rechtliche Natur des lezteren bestehen viele Streitfragen[1], aber jedenfalls steht die Tatsache fest, dass, wenn der Staat Partei war, die Actionen des
Landrechts weder bei der Abschliessung von Rechtsgeschäften noch
bei der Austragung von Rechtsstreitigkeiten Plaz griffen, und dass
auf dem Gebiete der Kauf- und Mietgeschäfte, welche hier in erster
Linie in Betracht kommen, das bindende Element des Vertrages
die formlose Willenseinigung zwischen dem Staate und dem Privaten war. Weiter darf es zwar als erwiesen gelten, dass die Ge-

---

[1] Mommsen St. R. I², 162 ff. 227 ff. II², 425 ff. 437 f.; Stadtrechte
(Abh. d. Sächs. Ak. d. W. III) 466 ff.; Zsch. d. Sav. St. VI, 260 ff.; Bruns,
Zur Geschichte der Cession (Symb. Bethm.-Hollw. obl.) 26 ff.; Göppert Zsch. f.
RG. IV, 250 ff.; Heyrovsky Ueber die rechtlichen Grundlagen der *leges con-
tractus* bei Rechtsgeschäften zwischen dem röm. Staat und Privaten (1881);
Bechmann Kauf I, 439 ff. vgl. 267 f. 274; Degenkolb Plazrecht und Miete
127 ff. Pernice Zsch. d. Sav. St. V, 1 ff. 111 ff.

meinde bei Privatgeschäften keine andere Rechtsstellung einnahm
als ihr Mitcontrahent;[1] aber die grössere Machtfülle des Staates
und das Ansehen des Magistrates, der in seinem Namen tätig wurde,
vor allem aber der Umstand, dass es immer der Staat war, von dem das
Geschäft ausging, bewirkten dennoch, dass er tatsächlich dem Privaten ganz anders gegenüber trat, als wenn dieser mit seines gleichen
verhandelte. So kam es, dass der Staat beim ‚Weggeben' (*vendere*)
und ‚Unterbringen' (*locare*) einer Sache oder herzustellenden Arbeit
die Bestimmungen, unter denen er den Contract abschliessen wollte,
selbstherrlich regulirte, ehe er sie dem Uebernehmer vorlegte.
Dem entsprach auch die Art und Weise, in welcher die staatlichen
Verkäufe und Verpachtungen vor sich gingen : die Versteigerung
an den Meistbietenden oder Mindestfordernden. Der Magistrat
liess sich nicht auf ein Pactiren mit den Privaten ein, sondern
gab ihnen nur die Bedingungen kund, unter denen er bereit war
die Sache zu übertragen, Arbeiten zu verdingen, Lieferungen zu
vergeben[2]. Und diese Bedingungen formulirte er als Befehle an den
Uebernehmer, welche, wenn auch auf anderer juristischer Grundlage
beruhend, so doch in demselben Gewande auftraten wie die testamentarischen Verfügungen (das heisst im Imperativ), und wie diese als
leges (*contractus*) bezeichnet wurden. Auch die Gegenleistungen,
welche der Staat auf sich nehmen wollte, bestimmte er selbst: aber
der Sachlage entsprechend erschienen sie nicht als Verpflichtungen
sondern als freiwillige Zusagen (im Futurum).

Diese Grundsäze haben nun allmählig auch für das Privatrecht Geltung gewonnen und zwar naturgemäss zunächst da, wo
die Bedingungen die gleichen waren wie beim Gemeinde-Vermögensrecht, nämlich auf dem Gebiete des Weltrechts. Bei der Reception
des formlosen Kauf- und Mietcontractes[3] war, wie schon erwähnt

---

[1] So mit Recht Pernice Zsch. 112 ff. gegen Heyrovsky, dessen Schrift
den Zweck hat nachzuweisen, dass die öffentlich rechtlichen *leges contractus*
magistratliche, aus eigener Kraft rechtsverbindliche Normen gewesen wären.

[2] Aenderungen auf Wunsch des Uebernehmers sind dabei natürlich
nicht ausgeschlossen, vgl. Pernice 114 f.

[3] Es bedarf kaum der Erwähnung, dass Kauf und Miete nicht die
einzigen Geschäfte waren, bei denen *leges* vorkamen, sondern nur die, bei
welchen sie ihre erste und wichtigste Ausbildung fanden. Auch sonst werden
leges häufig genug erwähnt, z. B. bei Schenkungen: Vlp. ad Sab. 31 (D. 24,
1, 7, 8) vgl. Briss. 6, 1508; beim Depositum: Vlp. ad. ed. 30 (D. 16, 3, 1, 6
vgl. § 12); bei der Dotalbestellung: Pomp. ad Sab. 15 (D. 23, 4 7); Paul.
ad ed. 35 (D. 23, 4, 20, 1); bei der Adoption: Gai. 1, 140; Paul. Quaest. 11

wurde, hauptsächlich das Staatsrecht vorbildlich: gerade die Uebernahme der *leges contractus* ist der beste Beweis dafür[1]. Der Verkäufer oder Vermieter benennt seine Bedingungen, indem er sie
wie der Magistrat bei Geschäften der Gemeinde als *leges* formulirt.
Wie dieser gebietet er der Gegenpartei, was sie leisten soll, und
verheisst ihr, was er dafür gewähren will[2]. Die Versteigerung kam
allerdings im Verkehr der Privaten selten vor; indessen eine n o t -
w e n d i g e Voraussezung für die Aufstellung von *leges* ist sie auch
bei den Contracten des Staats nicht gewesen, die juristische Geltung
der lezteren hing nicht von ihr ab. Diese beruhte vielmehr allein
auf der Willenseinigung der Parteien : Kauf und Miete sind Consensualcontracte und durchaus nach den Grundsäzen von ‚Treu
und Glauben‘ (*bona fides*) zu bemessen : alles, was die Parteien
vereinbaren, gleichviel wie sie es geäussert haben, gilt als Inhalt
des Geschäftes: also sind auch die in der Form der einseitigen
Verfügung erscheinenden, tatsächlich aber von der einen Seite der
anderen angetragenen und von dieser angenommenen Bedingungen
von der bindenden Kraft des Vertrages nicht ausgeschlossen.

Auch die Stellung des Käufers und Pächters ist für den Entwicklungsgang des Rechts bezeichnend. Sie formulirten — obwol
für sie dasselbe Bedürfnis dazu vorlag wie für den Verkäufer und
Verpächter — keine eigentlichen *leges*, denn diese konnten nur
von dem ausgehen, der die Sache weggab: er gab ihr gleichsam die
weiteren für ihr Schicksal massgebenden Bestimmungen mit auf
den Weg[3]. Aber der Verkehr fand auch hier einen Ausweg:

(D. 1, 7, 34); bei der Einsezung eines Institor oder Exercitor s. Briss. 6, 119.
120 u. s. w.

[1] Vgl. ob. p. 146. — Bechmann I, 275 und Pernice Lab. I, 173 haben
mit Recht darauf hingewiesen, dass die *leges* nicht Essentialien sondern nur
Accidentalien des Geschäfts betrafen. Es erklärt sich das sehr einfach aus
unserer Auffassung, dass die Verträge als solche ihren Ursprung in dem Fremdenverkehr haben, dass aber ihre spezielle Gestaltung aus dem Gemeinde-
Vermögensrecht entlehnt wurde.

[2] Beispiele bieten die *leges* bei Cato de agri cult. 144 ff. in Fülle.
Vgl. ausserdem Varro de l. l. 6, 74; Alfen. Dig. 7 (D. 19, 2, 29); Proc.
Epist. 6 (D. 50, 16, 126); Scaev. Dig. 7. (D. 18, 1, 81, 1). Gewiss mit Recht
bemerkt Pernice Zsch. d. Sav. St. V, 116 hierzu, dass es sich nur um eine
tatsächlich bessere Lage des Weggebenden handle, dass diese Formulirung
aber rechtlich bedeutungslos sei. Nichts desto weniger ist sie für die Herkunft der *leges* bezeichnend.

[3] Dass die *leges* vom Veräusserer oder Verpächter ausgehen, zeigen
alle Beispiele : um seinetwillen sind sie überhaupt nur concipirt: Pomp. ad

Käufer und Mieter erhielten Sicherheit durch Stipulationen, in denen sie sich von der Gegenseite die nötigen Garantien über die Güte der Waare, das Recht des Verkäufers an derselben u. s. w. zusagen liessen [1].

Wie gesagt, *leges* im bisher geschilderten Sinne waren das nicht, weil ihnen das charakteristische Merkmal derselben, die wenigstens formell einseitige Verfügung fehlte; aber es kann nicht Wunder nehmen, dass der Verkehr eben deswegen, weil sie mit jenen auf gleicher Stufe standen, sie auch als solche bezeichnete [2]. Diese ungleichartige Behandlung der an sich gleichstehenden Parteien im gegenseitigen Vertrag ist eben nur aus der geschichtlichen Entwicklung der *leges* erklärlich.

Sab. 35 (D. 18, 3, 2) von der *lex commissoria: quia id uenditoris causa caueretur.* Daraus folgt, dass der Veräusserer sich nicht selbst damit einschränken will: Ulp. ad. Sab. 31 (D. 24, 1, 7, 8): *quia uenditor siue donator non sibi uult legem imponi nec potest sed ei qui accepit,* ebenso Paul. Resp. 15 (D. 40, 5, 40, 1); andrerseits ist es aber auch seine Schuld, wenn die *lex* unklar gefasst ist, und im Zweifel soll sie zu seinen Ungunsten ausgelegt werden: Veteres bei Pap. Quaest. 5 (D. 2, 14, 39): *pactionem obscuram uel ambiguam uenditori et qui locauit nocere, in quorum fuit potestate legem apertius conscribere;* eine Anwendung dieses Sazes bei Pomp. ad Sab. 35 (D. 18, 1, 33). Die *lex* ist also vom Verkäufer auf die Sache gelegt: Neratius Membr. 5 (D. 18, 3, 5): *lege fundo uendito dicta;* Paul ad ed. 35 (D. 23, 4, 20, 1): *legem enim suae rei dicit,* und das Rechtsgeschäft ist von ihm damit belastet: Afric. Quaest. 9 (D. 40, 7, 15, 1); Ulp. ad Sab. 28 (D. 8, 4, 6 pr.).

[1] Als die besten Beispiele hierfür können die Kaufstipulationen des Manilius bei Varro gelten (das Nähere darüber in der Biographie dieses Juristen). Vgl. ausserdem Briss. 6, 5 ff. 52. 173. Natürlich beschränkte sich der Gebrauch von Stipulationen bei den Contracten nicht auf diese Fälle, sondern jede beliebige Zusage oder Sicherung von der einen oder andern Partei konnte in dieser Gestalt auftreten, ein Saz, welcher der Belege durch Beispiele nicht bedarf; vgl. Briss. 6, 168 ff.

[2] So werden namentlich die Kaufstipulationen des Manilius als *leges* bezeichnet: Cic. de or. 1, 246; Varro de r. r. 2, 2, 5. Damit hat der Begriff der *leges* seinen ursprünglichen Charakter von Verfügung eingebüsst und ist zu dem allgemeinen einer ,Geschäftsclausel' geworden. Andrerseits werden auch die oben (p. 204 f.) behandelten Zusäze und Erweiterungen, welche im Mancipationsformular selbst möglich waren, *leges* genannt (z. B. die Formel *uti optimus maximusque* bei Proc. Epist. 6 (D. 50, 16, 126)). Und schliesslich hat man auch den gesammten redigirten Vertragsentwurf als *lex* bezeichnet (Pernice Lab. I, 473; Bechmann I, 264 ff.). Dadurch hat sich dann der Begriff ganz verflüchtigt: die steten Erweiterungen haben ihn zu einem so schwankenden und unklaren gemacht, dass er — wie unser ,Clausel, Bedingung, Bestimmung' eines Rechtsgeschäfts — jeder juristischen Fixirung spottet. Vgl. unt. p. 218.

Wir haben der *leges* bisher immer nur in Beziehung auf die weltrechtlichen Geschäfte gedacht: sie finden sich aber auch, und zwar sehr häufig, bei Veräusserungen solcher Sachen, für welche das Landrecht die Mancipation forderte, als *leges mancipii* erwähnt [1]; und das kann nicht Wunder nehmen, da diese Sachen (Grundstücke, Sklaven, Vieh) zu den gewöhnlichsten Verkehrsobjecten gehörten. Sehr verkehrt aber wäre es daraus den Schluss ziehen zu wollen, dass die *leges* hier am frühesten vorgekommen wären. Ihre Entlehnung aus dem öffentlichen Recht in das Weltrecht bietet eine ganz ungezwungene Erklärung für ihr Auftreten in den privaten Rechtsgeschäften unter Lebenden; gegen die eben berührte Annahme spricht alles. Das Mancipationsformular war, wie wiederholt (ob. p. 202 ff. vgl. 212) hervorgehoben ist, garnicht dazu geschaffen, derartige Verfügungen in sich aufzunehmen; eine gesezliche Vorschrift, welche ihnen wie den testamentarischen *leges* selbständige Geltung verliehen hätte, fehlte: es lässt sich schlechthin keine andere Grundlage für sie finden als die formlose Vereinbarung der Contrahenten. Da diese aber nicht bei der Mancipation, sondern nur bei den Contracten das rechtswirkende Moment bildete, so ergiebt sich die weitere Folgerung, dass die *leges* auch zuerst bei den Contracten aufgekommen und aus diesen in jene übernommen sind. Es kommt ja zweifelsohne auch in der Mancipation immer eine Willenseinigung der Parteien zum Ausdruck, wenn auch in anderer Form als bei den Contracten; und obwol diese nicht genügte, den Eigentumsübergang nach Landrecht zu bewerkstelligen, so konnte sie doch nach weltrechtlicher Anschauung als ausreichende Grundlage für die hinzuzufügenden *leges* angesehen werden. Wir kommen also zu dem Resultat, dass die *leges* bei der Mancipation eine eigene, von dem Formalismus der lezteren unabhängige Stellung gehabt haben [2].

---

[1] So Varro de l. l. 5, 27: *lege praediorum urbanorum*; 6, 74: *in lege mancipiorum*; Cic. de or. 1, 178: *in mancipii lege*: de part. orat. 107: *ex lege praedii*.

[2] Es ist das Verdienst von Bechmann (I. 269 ff. vgl. 194 ff.) erschöpfend nachgewiesen zu haben, dass die *leges* nicht ein Bestandteil der Nuncupation im Mancipationsformular gewesen sind. Das Ergebnis, welches wir, die Entwicklung der Jurisprudenz verfolgend, gewannen, deckt sich also in diesem Punkte mit dem von Bechmann auf dem Wege der historisch-dogmatischen Erörterung des materiellen Rechts festgestellten. Nur was die Enstehungsgeschichte der *leges* angeht, sind wir zu abweichenden Ansichten gekommen. Bezüglich der im Text nicht erwähnten *dicta* und der *fiducia* kann ebenfalls auf Bechmann (I, 251 ff. 284 ff.), für leztere auch auf Jhering (Geist II,

Aus dem Ursprung der *leges* in den Rechtsgeschäften unter
Lebenden und aus der verschiedenartigen Stellung, welche das
Gesez zu ihnen und zu den leztwilligen Verfügungen einnahm,
erklärt sich eine weitere Tatsache, die auf den ersten Blick be-
fremdlich erscheinen möchte. Während die Juristen die lezteren
den strengsten Regeln unterstellten und durch die Handhabung
der Formeln das gesammte testamentarische Erbrecht beherrschten
(vgl. ob. p. 209 ff.), bestanden für die ersteren gar keine formellen
Vorschriften. Es war freilich Sitte, dass auch die *leges* als Ver-
kaufsbedingungen im Imperativ, und dass die Zusagen des Verkäufers als Verheissungen im Futurum erschienen, aber Voraussezung für ihre Gültigkeit war das ganz gewiss nicht. Ohne
Frage zog man auch oft genug vor dem Abschlusse von weltrechtlichen Contracten die Juristen zu Rate und übertrug ihnen die
Conception der *leges*, aber es war das bei weitem nicht in dem
Grade notwendig wie bei den landrechtlichen Geschäften. Denn
was hier in erster Linie ihre Gegenwart erheischte, fehlte dort:
es gab keinen Formfehler, der das Geschäft nichtig gemacht hätte.
Jedermann konnte die *leges* formuliren, es fragte sich im Falle eines
Processes immer nur, ob hinsichtlich derselben Willensübereinstimmung zwischen den Parteien vorgelegen hatte. Die Aufgabe des
Juristen, den man etwa consultirte, bestand also hier nicht darin, die
allein rechtsbeständige, sondern nur darin, die brauchbarste Fassung
zu finden; und das war eine Frage, die er nicht aus seiner Wissenschaft, sondern aus seiner Kenntnis des praktischen Lebens beant-
wortete. Dass ihm in dieser Hinsicht aber jeder erfahrene Ge-
schäftsmann gleichstand, ja überlegen sein konnte, versteht sich
von selbst. Nicht ganz so verhielt es sich bei den Stipulationen,
welche man zur Sicherheit des Käufers und Mieters dem Vertrage
beizufügen und ebenfalls als *leges* zu bezeichnen pflegte (vgl.
p. 215). Wenn ihre Abfassung auch nicht viel Kunst erforderte,
und wenn sie hinsichtlich ihres Inhaltes auch keinen Beschränkungen unterlagen (vgl. ob. p. 200 f.), so dass man sie oft genug
ohne irgend welche juristische Hülfe abgeschlossen haben mag, so
unterstanden sie doch immerhin dem Princip des Formalismus und
gehörten deshalb herkömmlicher Weise der Jurisprudenz an. Dem
entspricht es auch, dass sich in dem Buche des Praktikers Cato

---

530 ff.) und Degenkolb (Zscb. f. RG. IX, 172 ff.) verwiesen werden. Die
Opposition. welche neuerdings von Voigt (XII Tafeln II, 116 ff.) gegen die
Resultate Bechmanns erhoben hat, scheint mir belanglos.

über die Landwirtschaft keine Formulare für Mancipiationen und
Stipulationen, wol aber solche für *leges* bei Verpachtungen, Verdingungen und Verkäufen finden [1], dass dagegen Varro, als er über den
gleichen Gegenstand schrieb, und seinem Buche Garantieformeln
für Viehkäufe einfügen wollte, die dafür notwendigen Stipulationen
(vgl. ob. p. 215) aus dem Actionenwerke des Juristen Manilius
entlehnte.

Die *leges* bei Geschäften unter Lebenden verdanken also weder
ihre Entstehung noch ihre Ausbildung den Juristen [2]. Mit den Contracten sind sie als eine aus dem Gemeinde-Vermögensrecht entlehnte Methode zur Concipirung der einzelnen dem Verkäufer oder
Vermieter zu praestirenden Leistungen eingedrungen; als Bestandteil der Verträge des Weltrechts haben sie mit diesen stillschweigend
ihre gewohnheitsrechtliche Anerkennung im römischen Civilrecht gefunden; mittelst der vom Praetor für die einzelnen Contracte proponirten Klagformel wurden sie als Inhalt der zwischen den Parteien
getroffenen Vereinbarungen geltend gemacht. Damit ist nun aber
auch die Stellung der Juristen zum Weltrecht überhaupt gekennzeichnet: nicht die Formulirung der Contracte war ihre eigentliche
Aufgabe, denn jede Gestalt, in welcher die Parteien ihren Willen
zum Ausdrucke gebracht hatten, genügte dem Weltrecht; der Ausgangspunkt ihrer Tätigkeit ist hier in viel geringerem Masse der,
sich vor das abzuschliessende Geschäft zu stellen, als der, über
die Rechtsbeständigkeit eines abgeschlossen vorliegenden Geschäftes zu entscheiden, vor allem die Frage zu beurteilen, ob und mit
welcher Klage dasselbe verfolgbar sei, und wie nach unparteiischer
Auffassung der Wille der Contrahenten am richtigsten ausgelegt
werden müsse. Mit andern Worten: der Anteil der Juristen an
der Einführung und dem Ausbau des Weltrechts beruhte nicht eigentlich in ihrer Kunst des Cavirens, sondern äusserte sich vorzugsweise im Agiren und Respondiren [3].

---

[1] Damit hängt auch die gewiss richtige Bemerkung von Bechmann
(I, 529) zusammen, dass einzelne der *leges* des Cato bereits einen tralati-
cischen Charakter haben, andere von ihm nach seiner eigenen Erfahrung zusammengestellt sind.

[2] S. den XIX. und XX. Abschnitt. Hieraus erklärt es sich auch, dass
der Begriff der *leges* ein so schwankender und vieldeutiger ist (vgl. ob. p. 215
A. 2).

[3] Allerdings wird auch das Concipiren der *leges* öfters als *cauere* bezeichnet: Scaev. ὅροι (D. 50, 17, 73); Varro de l. l. 6, 74; Pomp. ad Sab. 35
(D. 18, 3, 2); Pomp. ex Plaut. 6 (D. 47, 12, 5); aber deswegen gehört das

Weiter aber liegt in diesen Verhältnissen auch das Schicksal
der Cautelarjurisprudenz ausgesprochen: sie behält ihre Bedeutung
für die landrechtlichen Geschäfte bis in die Kaiserzeit hinein; je
mehr aber das Weltrecht diesen den Boden abgewinnt, um so mehr
tritt auch die Cautelarjurisprudenz zurück (vgl. ob. p. 89).

XIX. EDITION UND POSTULATION.

Während man, wie unsere bisherigen Erörterungen ergeben
haben, von der Cautelarjurisprudenz nur sagen kann, dass sie sich
in der gegenwärtigen Periode noch erhielt, da ihr das neue Recht
keinen neuen Stoff bot, sondern im Gegenteil wesentlich dazu bei-
trug sie überflüssig zu machen, verhält sich das auf dem Gebiete
des Agirens gerade umgekehrt. Das Abfassen von Klagformeln
erhielt durch die Actionen des praetorischen Albums eine in jeder
Beziehung erhöhte Bedeutung: ein neues im höchsten Grade frucht-
bringendes Feld wurde damit der Jurisprudenz erschlossen. Wenden
wir im folgenden unsere Blicke dieser Tätigkeit zu.

Das eigentümliche Wesen des ältesten römischen Ladungs-
verfahrens (*in ius uocatio*) bestand bekanntlich darin, dass der
Kläger seinen Gegner, nötigenfalls unter Anwendung von Gewalt,
zwingen konnte ihm sofort vor Gericht zu folgen. Da er aber den
Grund seiner Ladung nicht anzugeben brauchte, bevor sie vor dem
Magistrat standen, [1] so lag für den Beklagten, ganz abgesehen von
der Schwierigkeit sogleich einen Sachverständigen zu finden, der
ihm die nötigen Spruchformeln an die Hand gab, doch eine grosse
Unbilligkeit darin, dass er verpflichtet sein sollte, sich ohne jede
Vorbereitung auf den Process einzulassen. Diesem Uebelstande
half man wahrscheinlich schon in den Zwölf Tafeln durch das
sogenannte Vadimonium ab, indem man dem Beklagten eine Vertagung bewilligte, wenn er durch Sicherheitsleistung mittelst Bürgen-
stellung sein Wiedererscheinen vor dem Magistrat versprach [2]. Im

---

legem dicere nicht zur Cautelarjurisprudenz im eigentlischen Sinne (ob.
p. 80 f.) Beide Worte, *cauere* wie *leges*, sind technisch-juristische Kunstaus-
drücke gewesen aber nicht geblieben.
[1] So mit Recht Keller 219. 226 und Demelius Zsch. f. RG. I, 351 ff.
gegen Bekker Process. Consumpt. 89 ff.
[2] Gai. 4, 184: *Cum autem in ius uocatus fuerit aduersarius neque*

practorischen Formularprocess wurde dieses Vadimonium geradezu
zur Notwendigkeit, denn nach den Vorschriften des Edicts konnte
der Kläger nur dann eine Klagformel vom Magistrat erlangen, wenn
er sie zuvor dem Gegner ,angegeben' hatte (*edere actionem*). Der
eigentliche Zweck dieser Edition[1] war also der, dem Beklagten
die Möglichkeit einer Vorbereitung zu gewähren; sie geschah durch
mündliche oder schriftliche Mitteilung der Formel, welche der Kläger
zu erbitten gedachte[2]. Natürlich musste sich dann auch der Beklagte
erklären, ob er zugestehen, läugnen, oder welche Einreden[3] er
vorschüzen werde. In Folge dessen wurde es in der spätern Republik allmählich Sitte, dem Beklagten das erste Erscheinen vor
dem Magistrat zu erlassen und das Vadimonium gleich an die

---

*eo die finiri potuerit negotium, uadimonium ei faciendum est, id est, ut
promittat se certo die sisti.* — *Vades* werden schon in den Zwölf Tafeln
(I, 10 Sch.) erwähnt. — Ueber das Vadimonium im allgemeinen vgl. Zimmern
III, 389 ff.; Puchta I, 466 f.; Bethm.-Hollw. II, 198 ff.; Keller 221 f.; Rudorff II, 211 ff.; ders. in d. Z. f. RG. IV, 61 ff.; Lenel Ed. perp. p. 65 ff.

[1] Zimmern III, 343 ff.; Puchta I, 466 ff.; Rudorff II, 228 ff.; Z. f. RG. IV,
26 ff.; Bethmann-Hollweg II, 211 ff.; Keller 235 ff.; Bekker Akt. II, 229 ff.; Lenel
Ed. perp. 48 ff.; Wieding Libellproc. 49 ff. 181 ff. Ausführlichere Litteratur-
und Quellenbelege s. in der leztgenannten Schrift. Auf die verschiedenen Controversen über das Wesen der Edition kann hier natürlich nicht eingegangen
werden: ich muss mich darauf beschränken meine Ansicht aufzustellen.

[2] Die Klagformel muss so angegeben werden, wie sie factisch vom
Kläger erbeten werden soll; es genügt nicht den Streitpunkt im allgemeinen
zu bezeichnen: Cic. p. Quinct. 63: *Fatetur .. iudicium quin acciperet in ea
ipsa uerba quae Naeuius edebat non recusasse.* Gai. 4, 93: *formulam edi-
mus qua intendimus sponsionis summam nobis dari oportere.* Paul. de in-
iur. (Coll. 2, 6, 3): *demonstrat . . praetor . . qualem formulam edat.* Const.
des Sev. und Anton. v. 30. Aug. 202 (C. 2, 1, 3): *Edita actio speciem fu-
turae litis demonstrat.* Besonders Vlp. ad ed. 4 (D. 2, 13, 1 pr.): *Qua
quisque actione agere uolet eam edere debet; nam aequissimum uidetur eum
qui acturus est edere actionem, ut proinde sciat reus, utrum cedere an con-
tendere ultra debeat, et, si contendendum putat, ueniat instructus ad agendum cognita actione qua conueniatur;* vgl. auch § 1 eod. über die Formen
der Edition. Auch die Beweismittel müssen edirt werden: § 3 cod.; Bethm.-
Hollw. II, 213 f.; Keller 238.

[3] Dass Exceptionen edirt werden müssen, wird zwar nirgends in den
Quellen bezeugt, aber es ist die notwendige Consequenz aus dem Saze: *exci-
piendo reus fit actor.* Wenn das Editionsverfahren wirklich den Zweck einer
Vorbereitung für die Postulation haben sollte, so war es notwendig, auch dem
Kläger Gelegenheit zu geben, sich für die Abwehr der Exceptionen zu rüsten
A. M. Zimmern III, 346 A. 15.

Ladung zu knüpfen[1]. Damit wurde auch die Edition zu einem
aussergerichtlichen Act[2], der den Praetor gar nicht berührte, und
lediglich dazu diente, die Parteien zu nötigen, sich selbst über das,
was sie wollten, klar zu werden und ihre Ansprüche und Einreden in die nötigen Klagformeln zu fassen.

Auf Grund dieses Editionsverfahrens erfolgte dann die Instruction des Processes vor dem Magistrat: der Kläger ,beantragte'
nunmehr den Erlass der von ihm angegebenen Formel bei dem
Praetor (*postulare actionem*)[3], der Beklagte bestritt den Anspruch
(*infitiari*), oder erbat seinerseits die Einfügung von Exceptionen in
die dem Kläger zu bewilligende Formel[4]. In beiden Fällen antwortete der Praetor durch ein Decret,[5] indem er entweder den
Kläger abwies (*denegare actionem*)[6] oder die Klagformel aufsezen
liess und dem darin ernannten Richter anbefahl auf Grund derselben in der Sache zu entscheiden (*ordinare iudicium*). Die Postulation stellte ein sehr einfaches Verfahren dar, wenn sich die
Parteien bei der Edition über die Composition der Formel ge-

---

[1] Vgl. Puchta I, 167; Bethm.-Hollw. II, 198 ff.; Keller 226 f.

[3] Das ist entschieden die Auffassung von Vlpian (D. 2, 13, 1; s. p. 220
A. 2): er erklärt es geradezu für den Zweck der Edition, dass der Beklagte vor-
bereitet zur Verhandlung *in iure* komme, nachdem er die gegen ihn zu benuzende Klagformel kennen gelernt habe : *ueniat instructus ad agendum
cognita actione qua conueniatur* — es liegt gar kein Grund vor, die Worte
agere und *actio* hier in einer anderen als ihrer technischen Bedeutung zu
fassen.

[8] Vlp. ad ed. 6 (D. 3, 1, 1, 2): *Postulare est desiderium suum uel
amici sui in iure apud eum qui iurisdictioni praeest exponere.* Vlp. ad ed.
I (D. 39, 2. 4, 8): *Postulare uutem proprie hoc dicimus: pro tribunali petere,
non alibi.* Cic. p. Quinct. 60 ff.; in Verr. II, 3, 152; p. Tull. 53. Der Ausdruck war übrigens schon bei den Legisactionen ein technischer wie die
Formel bei Val. Prob. 4, 8 zeigt: *te praetor iudicem arbitrumue postulo
uti des.* Das Nähere s. bei Puchta I, 148 f.; Bethm.-Hollw. II, 203 ff. 215 ff.;
Keller 262 ff.; Lenel Ed. perp. p. 61 ff.

[4] Auch das Bestreiten des Beklagten wird als ein Postuliren aufgefasst
Vlp. ad ed. 6 cit.: *Postulare est . . uel alterius desiderio contradicere;*
ebenso das Erbitten von Exceptionen: Cic. de inuent. 2, 58 f. — Die Fälle,
in welchen der Beklagte den Anspruch zugestand oder ohne Verteidigung
blieb (*confessus, indefensus*), berühren uns hier nicht, weil es bei ihnen nicht
zur Erteilung einer Klagformel kam.

[5] Rhet. ad Her. 2, 19; Cic. p. Quinct. 63; Vlp. ad ed. 6 cit. (D. 3,
1, 1, 3). Wie wir oben (p. 169) sahen, war dies Decret appellabel.

[6] S. Bethm.-Hollw. II, 216; Keller 240 f.; Rudorff II, 230.

einigt hatten: in solchen Fällen gab der Praetor, falls nicht
etwa ein öffentliches Interesse mitsprach[1], die Formel so, wie
sie beantragt war; denn die Parteien disponirten natürlich über
den Streitgegenstand[2]. Häufig aber kam es auch zu lebhaften
Verhandlungen vor dem Magistrat, zwar nicht darüber, wie das
Streitverhältnis materiell zu entscheiden sei, wol aber darüber, ob
auf Grund der sich aus der Edition ergebenden positiven und
negativen Behauptungen die postulirte Action oder Exception überhaupt, und ob sie so, wie sie erbeten war, erteilt werden könne[3].

---

[1] Bei Cicero in Verr. II. 3, 152 verweigert der Praetor die Action, um
kein Praejudiz für einen Criminalprocess zu schaffen.

[2] Cic. p. Caec. 8: *Etenim si praetor is qui iudicia dat numquam peti-
tori praestituit, qua actione illum uti uelit* . . . Das gilt natürlich hinsichtlich der Exceptionen in gleicher Weise vom Beklagten.

[3] Ueber den Inhalt der Verhandlungen *in iure* s. Cic. de inuent. 2, 58:
*In iure enim exceptiones postulantur et quodam modo agendi potestas datur et
omnis conceptio priuatorum iudiciorum constituitur.* Cic. de part. or. 99:
*Atque etiam ante iudicium de constituendo ipso iudicio solet esse contentio,
cum aut sitne actio illi qui agit, aut iamne sit, aut num iam esse desierit,
aut illane lege, hisne uerbis sit actio quaeritur.* In der Rede p. Tull. 38
wird ein Streit über die Einfügung des Wortes *iniuria*, in der Schrift de
inuent. 2, 59—60 eine Debatte über die Einschaltung einer Exception in
die Formel erwähnt; ein anschauliches Bild derartiger Verhandlungen *in iure*
giebt Cic. de or. 1, 166 f. Das Nähere über die dabei in Betracht kommenden Punkte s. b. Bethm.-Hollw. II, 216 f. Keller 239 ff. — Auf die Frage, ob
man die Entscheidung des Praetors über Erteilung oder Verweigerung der
Klagformel als ein erstes hypothetisches Urteil in der Sache aufzufassen habe,
braucht hier nicht eingegangen zu werden. Diese Ansicht ist schon von Jhering
(II, 411) ausgesprochen und neuerdings von Schultze (Privatrecht und Process
I. 229 ff.) des näheren ausgeführt worden. Das praetorische Decret gebe,
so meint dieser Schriftsteller, den Obersaz, zu welchem der Richter *in iudicio* den Untersaz festzustellen, und woraus er dann im Urteil die Schlussfolgerung zu ziehen habe. Gegen diese Auffassung hat sich lebhafter und gerechter Widerspruch erhoben: s. Eisele in den Gött. Gel. Anz. 1884, 822 ff.;
Demelius in Grünh. Zsch. XI, 735 ff.; Pernice Zsch. d. Sav. St. V, 47 ff.; Wach
Hdb. des Deutsch. Civ. Pr. R. I, 26 f. Schon früher hatte Bülow (Process-
einreden 289) der in den Text aufgenommenen Auffassung dahin Ausdruck
gegeben, dass *in iure* die Processvoraussezungen, *in iudicio* das materielle
Streitverhältnis zu erledigen seien. Wenn man festhält (worauf Wach (A. 594 a
zu Keller p. 213) hinweist), dass es sich um weitere Voraussezungen als im
modernen Process handelt, so ist diese Formulirung der Antwort auf die
streitige Frage gewiss zu billigen. Am besten tut man sich an die einzelnen,
vor dem Praetor zu erörternden und festzustellenden Punkte zu halten, die
man bei Demelius a. a. O. aufgezählt findet, und unter ihnen ist der über die

Das Verfahren vor dem Magistrat lief also darauf hinaus, die für die Verhandlungen über die Streitsache vor dem Richter notwendigen Voraussezungen zu gewinnen, und die Debatten über die Redaction der Klagformel betrafen die an den Geschworenen zu richtende Fragestellung. Da von dieser natürlich sehr viel abhing, so standen diese Verhandlungen an Wichtigkeit keineswegs hinter denen vor dem Richter zurück und wurden, wenn es sich um bedeutendere Sachen handelte, wie diese regelmässig von Sachwaltern geführt[1].

Die Juristen hatten als solche nichts dabei zu tun: ihr eigentliches Gebiet war nicht die Postulation sondern die Edition: Die Aufgaben, welche ihnen hier entgegen traten, waren im Grunde dieselben wie die, welche wir oben (p. 82 f.) bei den Legisactionen kennen lernten, nur dass sie ungleich mannigfaltiger und schwieriger geworden waren. Das erste war die Auswahl der für den vorliegenden Fall nötigen Action aus dem praetorischen Album: die Jurisprudenz war zu sehr zu einer Kunst geworden, als dass der Laie sich selbst hätte helfen können. Bei ganz alltäglichen Fragen begegnete er technischen Schwierigkeiten in Menge: er konnte nicht wissen, ob er besser täte, als Eigentümer oder als redlicher Besizer gegen den Inhaber seiner Sache vorzugehen, oder ob schon der Interdictenschuz für ihn ausreiche; die Grenzen der verschiedenen persönlichen Klagen waren so flüssig, dass nur eine durch langjährige Praxis bewährte Sachkunde hier einen zuverlässigen Rat erteilen konnte. Und auch wenn es feststand mit welcher Action geklagt werden müsse, so bedurfte die Partei immer noch der Hülfe der Juristen bei der Zusammensezung der einzelnen Formelbestandteile (Intention, Demonstration u. s. w.) zu einem für die Edition verwendbaren Formular und zur Ausfüllung desselben auf Grund des concreten Tatbestandes. Man denke ferner an die Gefahren der Ueberforderung (*plus petitio*): aus den von Cicero[2] mitge-

---

dem Geschworenen vorzulegenden Fragen, das heisst die Feststellung des Wortlautes der Formel, der wichtigste.

[1] Aus Ciceros Schriften kann man deutlich ersehen, wie häufig sie vorkamen. Ihre Bedeutung für den Redner wird oft hervorgehoben. S. die p. 222 A. 3 citirten Stellen; Bethm.-Hollw. II. 205. Bekanntlich regelte das Edict die processuale Stellvertretung *in iure* durch Cognitoren und Procuratoren und schloss bestimmte Personen von dem *postulare pro aliis* aus. Lenel Ed. perp. p. 61 ff. 70 ff.; Keller 249 ff.; Eisele Cognitur und Procuratur.

[2] De part. or. 99; de or. 1. 166 f.; vgl. im allgemeinen Gai. 4. 53. Inst. Iust. 4, 6, 33 ff.

teilten Beispielen und Vorschriften für den Redner geht hervor, dass
die Sachwalter es bei der Postulation förmlich darauf anlegten, den
Gegner zur Ueberspannung seines Anspruches zu verleiten, um ihn
dann im Verfahren vor dem Richter mit Leichtigkeit sachfällig zu
machen.

Es kommt aber noch eins hinzu. Der Praetor war nicht an
die von ihm proponirten Actionen gebunden, sondern konnte, wenn
es ihm erspriesslich schien, bei der Abfassung der Klagformel von
denselben abweichen. Denn die Actionen waren so, wie sie im
Album verzeichnet standen, blosse Musterschemata, die entweder
ganz allgemein gefasst waren, oder, wenn sie sich auf einen bestimmten Processgegenstand bezogen, doch nur einen typischen
Fall ins Auge fassten, während sich der Praetor selbstredend vorbehalten hatte, in ähnlichen Fällen die gleiche Formel unter Einfügung des analogen Sachverhalts zu erteilen[1]. Und schliesslich
konnte der Praetor völlig neue Formeln bewilligen, welche im
Album garnicht vorgesehen waren[2]. Da indessen die Partei durch
das Editions- und Postulationsverfahren auch in diesem Falle zum
Angeben einer bestimmten Formel gezwungen war, der Praetor
aber stets die Möglichkeit hatte, die begehrte Action kurzweg abzuweisen, so wird der Kläger es kaum gewagt haben, eine bisher unbekannte Formel von dem Praetor zu begehren, wenn er
nicht die Auctorität eines bedeutenden Juristen hinter sich hatte.
So kann man annehmen, dass der Anerkennung neuer Ansprüche
durch den Praetor regelmässig die durch die Juristen vorausging[3].

XX. DIE WIRKSAMKEIT DER JURISTEN ALS RESPONDENTEN.

Das Institut der Rechtsbescheidung (*respondere*) der Parteien durch die Juristen hat in dieser Periode seiner äusseren Gestaltung sowie seiner inneren Methode nach nur geringe Veränderungen gegenüber der früheren aufzuweisen. Dem Umfange nach
hatte es freilich sehr zugenommen: bei dem sich immer lebhafter

---

[1] Wlassak Ed. u. Klagf. 70 ff. 80 (Beispiele s. p. 72 ff.); Bethm.-Hollw.
II, 217; vgl. Huschke Gaius 129 ff. Ebenso gehört hierher die Frage, ob
eine *actio utilis* zulässig sei; s. darüber Keller 240. 445 ff.

[2] Beispiele bei Bethm.-Hollw. II, 217; Keller 237.

[3] Vgl. Karlowa R. RG. 479 f.

gestaltenden Rechtsverkehr und bei der immer complicirteren Entwicklung des Rechts war das Bedürfnis nach tüchtigen Respondenten und das Ansehen der bewährtesten unter ihnen natürlich beständig im Wachsen begriffen. Was die Art und Weise des Respondirens angeht, so lassen wir auch hier (vgl. ob. p. 83 f.) diejenigen Consultationen ausser Betracht, welche sich auf die Formulirung eines abzuschliessenden Geschäfts oder einer anzustellenden Klage beziehen, — sie erledigen sich durch das, was über das Caviren und Agiren gesagt ist — und beschränken uns auf die Responsen über Rechtsfragen im engern Sinne. Der Ausgangspunkt ist bei diesen ein anderer: während der Jurist dort die Gestaltung für ein vorhandenes Recht der Partei finden soll, handelt es sich hier darum, festzustellen, welcher Rechtssatz (*ius* im objectiven Sinne) dem vorliegenden Geschäft oder der postulirten Klage gegenüber zur Anwendung kommt, oder, was auf dasselbe hinausläuft, welches Recht (im subjectiven Sinne) sich aus diesen Tatsachen ·für die Partei ergiebt.

Bezüglich der Rechtsgeschäfte besteht demnach die Aufgabe des Juristen einerseits darin, zu ermitteln, welches Rechtsverhältnis unter der Form derselben verborgen ist, und welche Veränderungen in ihren rechtlichen Beziehungen die Parteien durch das Geschäft hervorrufen wollten, weiter aber in der Beantwortung der Frage, wie sich das geltende Recht zu dieser Absicht der Parteien stellt. In ersterer Beziehung, das heisst in der Auslegung der Rechtsgeschäfte, ist zwar die Methode nicht eigentlich verändert, aber doch ein freieres Schalten der Juristen bemerkbar. Neben die Geschäfte des Landrechts sind die des Weltrechts getreten, bei denen es nicht auf die Form der Willensäusserung ankam, sondern alles, was die Parteien überhaupt nur zum Ausdruck gebracht hatten, oder was sich als Schlussfolgerung aus den das Geschäft darstellenden Tatsachen ergab, als Inhalt galt (vgl. oben p. 115 f.). Der Willensinterpretation war damit ein viel weiterer Spielraum gegeben, und die Responsen der Juristen waren so recht eigentlich das Mittel für dieselbe [1]. Natürlich äusserte diese freie Behandlung der formlosen weltrecht-

---

[1] Beispiele solcher Willensinterpretationen bei landrechtlichen oder weltrechtlichen Geschäften haben wir für die Ausdrücke: *penus legata* bei Sex. Ael. (s. ob. p. 107), Rutil. (D. 33, 9, 3, 9), Q. Scaev. (ebend. pr. 6. 9; Gell. 4, 1, 17) vgl. Cic. de part. or. 107; *nummi legati* Veteres (D. 28, 5, 79, 1); *aurum legatum* Q. Scaev. (D. 34, 2, 34); *argentum factum legatum* Q. Scaev.

lichen Geschäfte auch seine Rückwirkung auf die solemnen landrechtlichen: ob das Wort und die Schrift oder der Wille ausschlaggebend sei, ist jezt die wichtigste Frage für den Juristen beim
Respondiren wie für den Sachwalter in der gerichtlichen Verhandlung[1].

Die Anwendung des Rechts auf den vorliegenden Fall sezt
aber auch die Erkenntnis dieses Rechts selbst voraus. So weit dasselbe ein geschriebenes ist, tritt also hier neben die Auslegung
des Rechtsgeschäfts noch die des Gesezes. Man kann nicht
sagen, dass auch in dieser Beziehung die Tätigkeit der Juristen
eine freiere geworden wäre, denn das war sie in der vorhergehenden Epoche schon im höchsten Grade: die Interpretation bestand
schon seit Jahrhunderten mindestens ebenso sehr im Hineinlegen
als im Auslegen. Das eigentliche Ziel der Juristen war von jeher
ein praktisches: nicht so sehr kam es ihnen darauf an, den Willen
des Gesezgebers und den Sinn des Gesezes zu erfassen, als die
Vermittlung zwischen dessen Worten und dem Bedürfnis des
Lebens zu finden[2]. Dieselbe Tendenz ist auch jezt nicht nur
hinsichtlich der Zwölf Tafeln[3], sondern auch den jüngeren Ge-

---

(34, 2, 19, 7. ebend. fr. 27 pr.); *fundus cum instrumento legatus* Q. Scaev.
(D. 28, 5, 35, 3); *lana legata* Veteres (D. 32, 70, 12); *ligna quae in fundo
erant legata* Q. Scaev. (D. 32, 55 pr.); ferner für Ausdrücke bei Vermächtnissen wie: *quod eius causa emptum est* bei Q. Scaev. (D. 34, 2, 10), *para-
tum est, erit* Q. Scaev. (D. 34, 2, 34, 1—2); *quantum per epistulam scripsero,
quantum ex illa actione detraxero* bei den Veteres 35, 1, 38; für testamentarische Freilassungen vgl. Q. Scaev. (D. 40, 7, 29, 1; ebend. fr. 39 pr.);
usus legatus Q. Scae v. (D. 7, 8, 4, 1); *habitatio* Rutil. (D. 7, 8, 10, 3);
für die bei Kaufcontracten übliche Clausel *fundus uti optimus maximusque*
(vgl. ob. p. 205) bei Q. Scaev. (D. 18, 1, 59; D. 21, 2, 75; *servitutes si
quae debentur, debebuntur* Veteres (D. 19, 1, 39); Stipulationen wie *annua
bima trima die dari* Veteres (D. 45, 1, 140, 1).

[1] S. darüber vorläufig Voigt Jus nat. III, 67 ff. 98 ff. IV, 350 ff. Unten
soll über diesen Punkt noch eingehender gehandelt werden.

[2] Vgl. ob. p. 93 f. und die dort citirten Aeusserungen von Jhering,
dgl. Puchta I⁸, 182, der unter dem Hinweis auf die Wortbedeutung von
interpretari die Juristen zutreffend als ,Unterhändler' charakterisirt.

[3] Allerdings bemächtigte sich jezt auch die philologisch-antiquarische
Forschung der Zwölf Tafeln, worüber das Nähere unten in der Biographie
des L. Aelius Stilo mitgeteilt werden soll — Als Beispiele für Interpretationen
dieses Gesezes mögen vorläufig dienen: Acilius (s. unt. p. 247 f.): Cic. de leg.
2, 59; P. Scaevola: Cic. Top. 24; Q. Scaevola: Gell. 3, 2, 12 f.; Veteres:
Varro de l. l. 5, 22; Fest. p. 274 (*recinium*); Gell. 20, 1, 28; Gai. 1, 165;

sezen[1] gegenüber die herrschende. Und doch haben sich in dieser Periode die Mittel und der Begriff der Interpretation wesentlich verändert. Wir sahen oben (p. 95 f.), dass dieselbe sowol mittelst des Cavirens als des Agirens und Respondirens geschah, und dass ihr Resultat ein Juristenrecht war (*ius civile*, gleichbedeutend mit *interpretatio* im objectiven Sinne), welches man nicht anders rechtfertigen zu können glaubte, als indem man es den Vorschriften der Zwölf Tafeln unterlegte; jezt aber beginnt der Ausdruck sich auf die Auslegung im engern Sinne, das heisst die Ermittlung des Inhalts der Geseze und der Rechtsgeschäfte zu concentriren. Dem entsprechend werden keine Scheingeschäfte mehr aufgestellt; die alten von der früheren Jurisprudenz construirten bleiben zwar in Geltung, aber die Fortbildung hört auf: die im sechsten Jahrhundert aufkommenden formlosen Rechtsgeschäfte gehören dem Weltrecht an und bedürfen der Deckung durch das Gesez nicht mehr; ihre Geltung hängt von ihrer Anerkennung in den Responsen der Juristen und im Album der Praetoren ab.

––––––

2, 54 f.; 3, 189; D. 40, 7, 21; D. 47, 7, 3 pr.; D. 50, 16, 234. Für Stilo vgl. Cic. de leg. 2, 59; Top. 10; Fest p. 290 (*sonticum*).

[1] Beispiele für Interpretationen jüngerer Geseze: *lex Aquilia* von Brutus: D. 9, 2, 27, 22; Veteres: ebend. fr. 11, 4; fr. 27, 13; fr. 51, 1; vgl. auch Inst. 4, 3, 10. *lex Atinia*: von Manilius, Brutus, P. und Q. Scaevola: Gell. 17, 7, 3. Der *ratio Voconiana* wurde schon (ob. p. 99) gedacht. Auch Interpretationen zum praetorischen und aedilicischen Edict begegnen wir jezt häufig, z. B. von Cato (D. 21, 1, 10, 1); Rutilius (D. 43, 27, 1, 2); Q. Scaevola (D. 43, 24, 5, 8; D. 50, 17, 73, 2); Veteres (D. 2, 4, 4, 2; D. 3, 1, 1, 6; D. 42, 4, 7, 13; D. 43, 19, 4 pr.). — Interessant ist auch eine Interpretation der Veteres bei Vlp. de off. proc. (Coll. 15, 2, 2), welche ich auf ein *edictum repentinum* des Jahres 615 beziehen zu können glaube. Ulpian spricht nämlich von einem Senatsbeschluss aus dem Jahre 770 — Tac. Ann. 2, 32 und Dio 57, 15 sezen ihn auf 769 an —, welcher die *mathematici* und *Chaldaei* (vgl. Gell. 1, 9, 6) aus Italien vertrieb, und fügt hinzu, die Veteres seien der Ansicht gewesen, dass nur die gewerbsmässige Ausübung (*professio*), nicht aber schon die Kenntnis ihrer Kunst (*notitia*) verboten sei. Nun erfahren wir von Val. Max. 1, 3, 3, dass schon 615 durch ein Edict des Fremdenpraetors Cn. Cornelius Hispallus eine ähnliche Ausweisung stattgefunden hatte. Es scheint mir um so mehr geboten die Interpretation der Veteres auf dieses Edict zu beziehen, als uns Dio. a. a. O. den Inhalt desselben folgendermassen angiebt: τὸ πρότερον δόγμα δι' οὗ ἀπηγόρευτο μηδὲν τοιοῦτον ἐν τῇ πόλει μεταχειρίζεσθαι. Dies ,sich Befassen' mit der verbotenen Zauberkunst war allerdings ein so allgemeiner Ausdruck, dass er wol die Unterscheidung der Juristen zwischen *professio* und *notitia* hervorrufen konnte.

Die Bewahrung und Anwendung sowol des durch die Interpretation der Zwölf Tafeln geschaffenen als auch des neben
diesen geltenden Gewohnheitsrechts war bisher lediglich Sache der
traditionellen Ueberlieferung gewesen, und durch Anlehnung an
frühere Entscheidungen ähnlicher Rechtsfragen, vielfach auch unter
Berufung auf andere Juristen als Gewährsmänner für die eigenen Responsen gehandhabt worden (vgl. ob. p. 84). Die Bedeutung dieser
Praejudicien ist in der gegenwärtigen Periode in stetem Zunehmen
begriffen, daneben aber fängt man jezt auch an, das ältere wie das
jüngere Gewohnheitsrecht theoretisch zu formuliren. Mit dieser neuen
Methode, der Regularjurisprudenz, werden wir uns (im folgenden Kapitel) noch eingehender beschäftigen müssen; doch mag
schon hier die Bemerkung Plaz finden, dass sie für das Responsenwesen von unendlicher Bedeutung war; denn wie man die Rechtsregel aus den Fällen der Praxis abstrahirte, so brachte man sie
auch ihnen gegenüber zur Anwendung. Immer mehr aber begann
die sich in dieser Periode entwickelnde theoretische Litteratur ins Gewicht zu fallen: die hier ausgesprochenen Meinungen
der Juristen wurden für die Praxis gerade so gut wichtig wie die
Sammlungen von Responsen.

Von grosser Bedeutung für die Wirksamkeit der Juristen war
schliesslich auch die Verschiedenartigkeit ihrer Stellung gegenüber
dem Praetor und dem Richter. Es wäre verkehrt, anzunehmen,
dass die Rechtsbescheidungen sich nur an den lezteren gewandt
hätten. In einer nicht unbeträchtlichen Anzahl von Fällen, z. B.
bei der Wiedereinsezung in den vorigen Stand und bei der Injurienklage, hatten sich die Praetoren im Edict ausdrücklich eine
materielle Cognition vorbehalten[1], in anderen, wie bei der Verleihung des Nachlassbesizes, ergab sie sich mit Notwendigkeit
von selbst: natürlich respondirten die Juristen über derartige
Fragen im weitesten Umfange. Aber das war nicht das einzige:
auch wenn der Praetor nicht in eine Untersuchung des Tatbestandes eintrat, hatte er doch immer die Entscheidung über Ge-
währung oder Verweigerung der postulirten Action (vgl. ob. p. 221 f.);
und dem entsprechend sind — zwar nicht aus republikanischer Zeit,
aber doch unter den Kaisern — Responsen nachweisbar, welche
sich über Zulässigkeit oder Denegation der Klage aussprechen[2].
Trozdem aber scheinen die Rechtsbelehrungen des Praetors durch

---

[1] Lenel. Ed. perp. § 41–43; 190–196.
[2] Paul. ad Plaut. 17 (D. 5, 1, 24, 2): *Cassius respondit sic seruan-*

die Juristen in dieser Hinsicht nur selten in der Form eines direkten Gutachtens über das Recht der Partei erfolgt zu sein; und das ist in der Natur der Sache begründet. Denn die Abweisung des Klägers durch den Praetor hatte doch hauptsächlich nur den Zweck, völlig grundlosen Ansprüchen von vorn herein einen Riegel vorzuschieben; in den meisten Fällen entschlugen sich die Praetoren aller weiteren Ermittlungen und begnügten sich eine Klagformel zu erteilen, auf Grund deren der Richter dieselben vornehmen mochte. Demgemäss bezogen sich die Verhandlungen im Postulationsverfahren auch wesentlich auf die Conception der Formel, und auf dieses Ziel war auch die Tätigkeit der Juristen, so weit sie das Verfahren vor dem Magistrat betraf, vorzugsweise gerichtet. Mit andern Worten: das Agiren, das Aufsezen der Formel zum Zweck der Edition und Postulation, kam hier viel mehr in Betracht als das eigentliche Respondiren über die Rechtsfrage (vgl. ob. p. 228 f.).

Lezteres war vorzugsweise dem Richter gegenüber am Plaze, denn bei diesem bestand die Hauptaufgabe in der Untersuchung des Tatbestandes, welcher dem Streitverhältnis zu Grunde lag. Der Jurist bot ihm durch sein Respondiren die Handhabe zur Verurteilung oder Freisprechung des Beklagten, indem er ihm sagte, was Rechtens wäre, je nachdem sich die Parteibehauptungen bewahrheiten würden oder nicht. Die wichtigste Frage war dabei natürlich die, ob dem Kläger die verlangte Action überhaupt zustehe [1], aber sie war nicht die einzige: die Juristen respondirten

---

dum, ut, si . . non sit concedenda actio, si uero . . non sit inhibenda: Iulianus sine distinctione denegandam actionem. Pap. Resp. 13 (D. 35, 2, 15, 1): *actionem ex stipulatu denegandum.* Aussprüche der Juristen über Denegation von Klagen finden sich auch sonst oft in den Pandekten, aber es lässt sich meistens nicht ermitteln, ob sie auf ein Responsum zurückgehen. Dazu kommt, dass später der technische Sprachgebrauch nicht mehr streng festgehalten ist: vgl. z. B. African. Quaest. 8 (D. 24, 3, 34): *quaesitum est, quae partes iudicis sint. respondi . . denegandam actionem.* Hier wird also die Abweisung der Klage durch den Richter als *denegare* bezeichnet.

[1] Die Erörterungen über die zu benuzende Action, welche sich schon bei den älteren Juristen sehr häufig finden, sind fast immer auf diesen praktischen Gesichtspunkt zurückzuführen. Vgl. für die *actio furti*: Sex. Aelius, Manilius, Brutus, Q. Scaevola, Veteres (Cic. ad fam. 7, 22; Gai. 3, 196. 202; D. 9, 2, 27, 21; D. 41, 3, 38 (= J. 2, 6, 7); D. 47, 2, 17 pr.; ebend. fr. 67, 2; fr. 77); *cond. furtiva*: Veteres (D. 13, 1, 20); *actio legis Aquiliae*: Q. Scaevola, Veteres (D. 9, 2, 11, 4; ebend. fr. 31. 39. 51, 1); *actio de pauperie*: Q. Scaevola (D. 9, 1, 1, 11); *actio commodati*: Q. Scaevola, Ve-

auch über einzelne zwischen den Parteien streitige Punkte, wohin
namentlich die Auslegung von Gesezen und Rechtsgeschäften gehört,
ferner über den Inhalt der Rechtsbegriffe wie Arglist (*dolus
malus*) und Redlichkeit (*bona fides*), Verschuldung (*culpa*) und
Zufall (*casus*), die jezt eine so grosse Rolle im Rechtsverkehr zu
spielen begannen, über processuale Consumption, Beweislast u. s. w.
Es war geradezu der Zweck dieser Gutachten, den Richter der
Entscheidung über die Rechtsfrage zu überheben. Und das wurde
von Jahrzehnt zu Jahrzehnt notwendiger, denn je complicirter sich
das Recht entwickelte, um so mehr musste es sich der Kenntnis
des Laienrichters entziehen: der Umfang des Stoffes, die Schärfe
der Begriffe und die Feinheiten der Unterscheidungen erheischten
schon in dieser Periode eine berufsmässige Beschäftigung mit dem
Recht. Jedoch gründete sich der Einfluss der Juristen, so gross
er war, nur auf deren wissenschaftliches Ansehen: von einem äusseren Zwange, kraft dessen die Responsen den Richter bei seiner
Urteilsfindung gebunden hätten, ist während der Republik nicht
die Rede [1].

Die Responsen waren Bescheidungen des Juristen an den
Consulenten; doch war es, so weit sie sich auf den Process bezogen, für die Partei wichtig, dem Richter den Nachweis ihrer Echtheit und Herkunft zu liefern, denn gerade die Autorschaft, das Ansehen des befragten Juristen, war, da das Responsum regelmässig keine
Entscheidungsgründe gab (s. ob. p. 90), für den Richter ausschlaggebend. So lange das Respondiren — was ursprünglich ohne Frage
die allein übliche Form war — mündlich geschah, ging der Jurist
mit der Partei vor Gericht und gab dort persönlich sein Gutachten
vor dem Richter ab. Daneben aber kamen schon in dieser Periode
auch schriftliche Responsen auf, welche der Partei gewöhnlich garnicht ausgehändigt, sondern von dem Juristen direkt an den Richter
übermittelt wurden. Indessen scheint auch die in der Kaiserzeit
für die privilegirten Responsen notwendige Form, welche in der
Erteilung einer versiegelten Urkunde an die Partei bestand, schon
zu republikanischer Zeit vorgekommen zu sein [2].

---

teres (D. 13, 6, 5, 11; D. 47, 2, 77); *actio depositi*: Q. Scaevola (D. 47,
2, 77); *actio locati conducti*: Veteres (D. 11, 6, 1 pr.); *actio pro socio*: Veteres (D. 17, 2, 52, 18).

[1] Vgl. Cic. p. Caec. 67—69.

[2] Pomp. 49: *Neque responsa utique signata dabant*: damit weist
Pomponius auf das zu seiner Zeit geltende Recht hin und deutet zugleich

XXI. DER RECHTSUNTERRICHT.

Mit dem Respondiren eng verbunden ist der Rechtsunterricht[1]. Es ist schon oben[2] auf die in Rom übliche Sitte hingewiesen worden, dass sich Jünglinge an erfahrene Männer anschlossen, um von ihnen in das öffentliche Leben eingeführt zu werden. Das galt ganz besonders von den angehenden Juristen: nach Anlegung der Männerkleidung[3] wählten sie sich einen berühmten Respondenten zum Leiter ihrer Studien, und oftmals gestaltete sich der Verkehr des Schülers mit dem Lehrer auch zu einem Verhältnis pietätvoller Verehrung des jüngeren zum älteren Manne. Es war das selbstverständlich, wenn es sich, wie bei den beiden Catonen[4] oder bei Q. und P. Scaevola[5], um Sohn und Vater handelte; aber zum Hause des lezteren stand auch P. Rutilius Rufus in nahen persönlichen Beziehungen[6], und die Art, wie Cicero von seinem Lehrer, dem Augur Scaevola, spricht, zeigt, dass er ihm stets ein ehrendes Andenken bewahrt hat[7].

durch das *utique* an, dass die versiegelten Responsen auch früher schon vorgekommen seien; — *sed plerumque iudicibus ipsi scribebant*: in republikanischer Zeit waren also schriftliche unversiegelte Gutachten üblich: sie konnten, da ihnen die äussere Beglaubigung fehlte, natürlich nur an den Richter, nicht an die Partei ausgehändigt werden; — *aut testabantur qui illos consulebant*: diese Worte können des Gegensazes wegen nur von dem mündlichen Respondiren verstanden werden, welches notwendig vor dem Richter erfolgen musste.

[1] Vgl. aus der neueren Litteratur besonders Heineccius 1, 3 § 156; Zimmern 1, 249 ff.; Puchta 1[6], 274 ff.; Rudorff 1, 309; Karlowa 488 ff.; Bremer Rechtslehrer und Rechtschulen 1 ff.

[2] p. 58; vgl. auch Cic. de off. 2, 46: *Facillime autem et in optimam partem cognoscuntur adulescentes qui se ad claros et sapientes uiros bene consulentes rei publicae contulerunt, quibuscum si frequentes sunt, opinionem adferunt populo eorum fore se similes quos sibi ipsi delegerunt ad imitandum.*

[3] s. das Citat A. 7.

[4] s. die Biographie des jüngern Cato.

[5] Dass Q. Scaevola von seinem Vater in der Jurisprudenz unterwiesen wurde, zeigt Cic. de leg. 2, 47: *saepe* inquit Publii filius, *ex patre audiui* ...' Auch sonst finden sich vielfach Beziehungen des Sohnes auf den Vater (z. B. Gell. 17, 7, 3; D. 50, 7, 18), welche jedenfalls beweisen, dass er dessen juristische Leistungen hoch anschlug.

[6] Cicero fährt in der A. 2 angeführten Stelle fort (§ 47): *P. Rutilii adulescentiam ad opinionem et innocentiae et iuris scientiae P. Mucii commendauit domus.*

[7] Cic. Lael. 1: *Ego autem a patre ita eram deductus ad Scaeuolam*

Der Unterricht war in der Hauptsache ein praktischer, und
geschah von Alters her in der Weise, dass die Schüler bei den
Consultationen des Lehrers zugelassen wurden (vgl. ob. p. 76 ff. 85).
Er zählte als solcher zu den ehrenvollsten Berufspflichten[1] und es
gab wol kaum einen Juristen, der sich dieser Aufgabe entzogen hätte,
sondern gerade die namhaftesten von ihnen sezten ihren Stolz
darein, von einem Kreise lernbegieriger junger Leute umgeben zu
sein. Diese bildeten so zu sagen seinen Generalstab, und man
darf annehmen, dass auch das Interesse des Lehrers, durch sie für
seine Anschauungen und Meinungen Propaganda zu machen, bei
dem Unterricht bedeutend ins Gewicht fiel. Gewissermassen gab
es also schon in der Republik Rechtsschulen, nur hatten sie keine
derartige Organisation wie die der Kaiserzeit, und es fehlten die
principiellen und methodischen Gegensäze, welche für die Sabinianer
und Proculianer charakteristisch sind; oder wenn solche vorhanden
waren, hatten sie sich noch nicht so weit zugespizt, dass dadurch
die sämmtlichen Juristen in zwei verschiedene Lager gespalten
wurden: vorläufig machte noch jeder Lehrer für sich allein Schule[2].

Die Methode war die oben dargestellte des Disputirens[3].
Der Lehrer besprach den Fall mit den Schülern, indem er sie an-
leitete sich eine Meinung darüber zu bilden, und sie auf dieselben

---

*sumpta virili toga, ut, quoad possem et liceret, a senis latere nunquam
discederem.* Plut. Cic. 3: Ἅμα δὲ τοῖς περὶ Μούκιον ἀνδράσι συνὼν πολι-
τικοῖς καὶ πρωτεύουσι τῆς βουλῆς εἰς ἐμπειρίαν τῶν νόμων ὠφελεῖτο. Im
ersten Buche des Dialogs über den Redner schildert uns Cicero den Scaevola
als einen heitern und doch würdigen Greis; der warme Ton, in dem das
geschieht, macht dem Schüler Ehre; vgl. auch ad Att. 4, 16, 3: *ioculatorem
senem.* Aus Cic. de leg. 1, 13 geht hervor, dass auch Atticus sich an Scaevola angeschlossen hatte. Nach des Augurs Tode begab sich Cicero zum
Pontifex Scaevola, aber dass ein intimeres Verhältnis zwischen beiden Männern
bestanden habe, kann man aus Ciceros Schriften troz der mannigfachen Anerkennung, die er ihm zu Teil werden lässt, nicht schliessen.

[1] Cic. orat. 142—143 (s. p. 235 A. 1).

[2] Pomponius 39 ff. führt ganz genau die Gruppen von Schülern an,
welche sich an die einzelnen Lehrer anschlossen.

[3] S. ob. p. 85, wo auch die Belegstellen zu finden sind. Diese Methode ist von Bremer p. 19 ff. für die Kaiserzeit genauer besprochen worden.
In der Republik war sie im ganzen dieselbe; nur hat die Lehrtätigkeit des
Ser. Sulpicius insofern eine Aenderung bewirkt, als sie ein bedeutendes theoretisches Element in die Disputationen einführte, woraus dann die Quaestionen-
Litteratur der Kaiserzeit erwuchs. Das Nähere ist unten in der Biographie
des Sulpicius darzustellen.

Hülfsmittel verwies, die er selbst dabei benuzte: die Praejudizien, die Rechtsregeln und die Litteratur (vgl. ob. p. 228). Ohne Frage sprachen dann auch die Schüler ihre Ansicht aus, aber in erster Linie waren sie doch Hörer (*auditores*), und bestand die Disputation in einem das Für und Wider abwägenden Vortrage des Respondenten[1]. In der früheren Zeit mochte derselbe in gleichem Maasse eine Rechtsbelehrung der Partei und eine Unterweisung der Schüler bezwecken, seitdem aber das Recht complicirter und für den Laien unzugänglicher geworden war, wurde für ihn der kurze, jezt meistens schriftlich abgefasste Bescheid das wesentliche, und trat bei der Disputation der Lehrzweck immer mehr in den Vordergrund[2]. Nun wurden aber die wichtigeren Rechtsfälle regelmässig nicht blos einem, sondern mehreren Juristen vorgelegt, da sich

---

[1] Die attischen Nächte des Gellius bieten vielfache Beispiele für solche Disputationen über juristische und nicht-juristische Fragen; für erstere ist besonders wichtig 13, 13: *Quaesitum esse memini in plerisque Romae stationibus ius publice docentium aut respondentium, an quaestor populi Romani a praetore in ius uocari posset: id autem non ex otiosa quaestione agitabatur, sed usus forte natae rei ita erat, ut uocandus esset in ius quaestor. non pauci igitur existimabant ius uocationis in eum praetori non esse, quoniam magistratus populi Romani procul dubio esset, et neque uocari neque, si uenire nollet, capi atque prendi salua ipsius magistratus maiestate posset. sed ego qui tum adsiduus in libris M. Varronis fui, cum hoc quaeri dubitarique animaduertissem, protuli unum et uicensimum rerum humanarum in quo ita scriptum erat (etc.).* Die Disputation geht hier in den öffentlichen Schulen (*stationes*) vor sich, und solche (als Locale) gab es allerdings in republikanischer Zeit unseres Wissens nicht; aber dass die Methode, was Vortrag und Erörterung anlangt, im wesentlichen die gleiche gewesen ist, kann als sicher gelten.

[2] In Ciceros Darstellungen über den Rechtsunterricht erscheint das Hören entschieden als die Hauptsache; vgl. orat. 143; Brut. 306: (*Q. Scaeuola*) *consulentibus respondendo studiosos audiendi docebat.* Diese Stellen scheinen zwar der im Text aufgestellten Behauptung zu widersprechen; dass aber factisch das didaktische Interesse bei den Disputationen das überwiegende war, geht aus Ciceros Worten im Laelius hervor, wo es in Beziehung auf denselben Q. Scaevola heisst (§ 1): *itaque multa ab eo prudenter disputata, multa etiam breuiter et commode dicta memoriae mandabam, fierique studebam eius prudentia doctior.* Das Wort *audire* wird sowol bei Cicero wie bei Pomponius durchaus als technischer Ausdruck für die praktische, niemals für die theoretische Ausbildung gebraucht. Die Stelle aus Seneca (Contr. 9, 25, 23 p. 258 Burs.) ist mit Unrecht von Cuiacius (Obs. 27, 4) auf den juristischen Unterricht bezogen: es handelt sich speziell um die Schüler des Rhetors M. Porcius Latro.

beide Parteien Gutachten geben liessen. Und wenn auch der
Jurist nicht direkt als Respondent mit der Sache befasst war, so
hinderte ihn doch nichts, sie aus sachlichen Gründen zum Gegenstande einer Besprechung mit seinen Schülern zu machen; oft
mochten auch die Vertreter der Wissenschaft unter einander darüber disputiren. So kam es, dass Rechtsfragen von einiger Bedeutung in den fachgenössischen Kreisen die weiteste Verbreitung
fanden und mit dem lebhaftesten Interesse besprochen wurden. Es
ist ganz gewiss kein Zufall, dass sich unter den wenigen Bruch-
stücken, welche uns von den Juristen jener Zeiten erhalten sind,
eine verhältnismässig grosse Anzahl Controversen findet (vgl. ob.
p. 84 A. 3). Namentlich liefert uns der Fall des Consulars C.
Mancinus (618 oder 619) ein deutliches Bild solcher Erörterungen:
wir können noch genau die Gründe und Gegengründe, welche für
die Meinungen des Brutus und des P. Scaevola geltend gemacht
wurden, erkennen. Derselbe Brutus hat in seinen Dialogen über
das Civilrecht aller Wahrscheinlichkeit nach derartige Disputationen
des Rechtslehrers vor seinen Schülern zur Darstellung gebracht [1].

Neben diesem praktischen Unterricht hat es von Alters her
einen theoretischen gegeben. Schon die Schule gab die Grundlage: Cicero [2] erzählt uns, dass noch zu seiner Jugendzeit dort die
Zwölf Tafeln und andere Volksgeseze auswendig gelernt wurden.
Aber es war das keine speziell juristische Vorbildung; mit Recht
stellt Marquardt [3] es in Parallele mit dem Erlernen des Katechis-
mus in unseren Elementarschulen. Indessen gab es auch Fachmänner, welche sich damit befassten, jungen Leuten die Anfangs-
gründe der Jurisprudenz beizubringen. Das erste Beispiel dieser
Art bietet uns der Unterricht, welchen der alte Cato seinem Sohn
erteilte [4]; und auch sonst scheint es im siebenten Jahrhundert
nicht selten vorgekommen zu sein, dass der Jurist, welcher die
praktische Ausbildung übernahm, wenigstens den Schülern, die sich
näher an ihn anschlossen, auch die notwendige Propaedeutik zu

---

[1] Das Nähere findet sich unten in der Biographie des M. Brutus.

[2] De leg. 2, 9: *A paruis enim, Quinte, didicimus ,si in ius uocat ito'
et eius modi leges alias nominare.* Ebend. 59: *Discebamus enim pueri XII
ut carmen necessarium quas iam nemo discit.*

[3] Priv. Alt. p. 94. Ob die weitere Bemerkung dieses Gelehrten, dass
die Zwölf Tafeln wahrscheinlich für den Unterricht im Lesen benust worden
seien, richtig ist, muss dahingestellt bleiben.

[4] Vgl. die Biogr. der beiden Catonen (Abschn. XXV und XXVI);
ebendort und unt. p. 249 über die *Praecepta ad Marcum filium.*

teil werden liess[1]. Dieselbe lief wesentlich auf ein Bekannt Machen mit den Gesezen, vornehmlich den Zwölf Tafeln und deren Interpretation, also auf das Auslegen der einzelnen Vorschriften und das Einprägen der dazu gehörigen Klag- und Geschäftsformeln hinaus; auch durch Lehrbeispiele versuchte der Jurist der Praxis vorzuarbeiten[2], in

---

[1] Es kommen folgende Stellen in Betracht: Cic. orat. 141 ff., besonders 142: *cur igitur ius ciuile docere semper pulcrum fuit hominumque clarissimorum discipulis floruerunt domus?* 143: *alteros* (die Juristen im Gegensaz zu den Rednern) *enim respondentes audire sat erat, ut ii qui docerent nullum sibi ad eam rem tempus ipsi seponerent, sed eodem tempore et discentibus satis facerent et consulentibus.* 144: *,at dignitatem docere non habet'* . . . *an, quibus uerbis sacrorum alienatio fiat, docere honestum est, ut est?* Brut. 306: *ego autem iuris ciuilis studio multum operae dabam Q. Scaeuolae Q. f.* (Hdschr. *P. f.*), *qui quamquam nemini se ad docendum dabat, tamen consulentibus respondendo studiosos audiendi docebat.* Puchta 1[8] 276 ff. hat auf Grund der ersteren Stellen sehr absprechend über den theoretischen Unterricht geurteilt, namentlich meint er, die angesehenen Juristen hätten sich nicht damit befasst. Dagegen haben Bremer p. 8 und ihm folgend Karlowa p. 489 mit Recht die Worte aus dem Brutus angezogen und aus ihnen geschlossen: wenn es besonderer Erwähnung bedurfte, dass Scaevola — wir lassen vorläufig unentschieden, ob der Augur oder der Pontifex gemeint ist — niemanden theoretisch unterrichtete, so hätten natürlich die anderen namhaften Juristen sich dieses *docere* um so mehr angelegen sein lassen. Mir scheint nicht einmal die Stelle aus dem Orator jenes Resultat Puchtas zu rechtfertigen. Cicero spricht hier von der Notwendigkeit eines wissenschaftlichen Unterrichts in der Rhetorik und beklagt sich, dass die öffentliche Meinung darin etwas nicht Anständiges sehe; sei es doch in der Jurisprudenz von jeher anders gewesen: dort stehe der Unterricht im höchsten Ansehen. Nun macht sich der Schriftsteller selbst den Einwurf, der juristische Unterricht sei aber ein praktischer und die Respondenten machten kein eigenes Metier daraus: gerade darauf beruhe seine Geltung. Dass Cicero indessen nicht der Meinung ist, es sei jede theoretische Unterweisung durch die berühmteren Juristen ausgeschlossen, geht aus den gleich folgenden Worten hervor, wo er im Widerspruch mit dem vorher Gesagten anerkennt, dass es anständig sei, den Schülern Formeln (*quibus uerbis sacrorum alienatio fiat*) beizubringen (§ 144 s. ob.). Das ist doch ohne Frage etwas anderes als das *audire* beim *respondere* im § 143. Die ganze Beweisführung Ciceros ist schief, und wer daraus Schlüsse ziehen will, bewegt sich auf schwankendem Boden.

[2] Dass der Unterricht sich in der älteren Zeit an die Zwölf Tafeln anlehnte, geht hervor aus Cic. de leg. 1, 17, wo Atticus dem Gesprächsführer Cicero, der seinen Plan, eine philosophische Entwicklung des Rechts geben zu wollen, angedeutet hat, folgendes erwidert: *non ergo a praetoris edicto ut plerique nunc neque a XII tabulis ut superiores sed penitus ex intima philosophia hauriendam iuris disciplinam putas.* (Die Stelle ist schon von Karlowa I, 489 f. in diesem Sinne verwertet.) Dass Formeln erlernt werden mussten,

welche die Schüler dann ganz allmählich hinübergeleitet wurden. Man
darf sich die Scheidung zwischen diesem isagogischen und dem
praktischen Unterricht für die ältere Zeit nicht allzu scharf vorstellen [1]: die Schüler haben wol stets an den Consultationen teil genommen, und je weiter ihre Vorbildung fortgeschritten war, um so
mehr wurden sie auch von dem Lehrer bei den Disputationen
herangezogen. Erst seit der zweiten Hälfte des siebenten Jahrhunderts hat sich eine wirkliche Trennung festgesezt. Der theoretische
Elementarunterricht (seitdem als *instituere* bezeichnet) nahm einen
höheren Aufschwung, wie es scheint in Folge der Wirksamkeit des
L. Lucilius Balbus[2], eines grundgelehrten Mannes, den aber
seine Schwerfälligkeit hinderte mit Erfolg als Respondent aufzutreten: so gab er sich der Ausbildung von Anfängern hin und schuf
aus derselben eine eigentliche Vorstufe des Unterrichts, welche die

---

zeigt der Spott des Antonius in der Schrift de or. 1, 246 : *nec quisquam est
eorum qui, si iam sit ediscendum sibi aliquid, non Teucrum Pacuuii malit
quam Manilianas uenalium uendendorum leges ediscere.* Vgl. für das Sacralrecht or. 144: *quibus uerbis sacrorum alienatio fiat, docere.* Die Lehrbeispiele
werden in der Topik 45 erwähnt: *ficta etiam exempla similitudinis habent
uim, sed ea oratoria magis sunt quam uestra; quamquam uti etiam uos
soletis, sed hoc modo: finge mancipio aliquem dedisse id quod mancipio dari
non potest. num idcirco id eius factum est qui accepit? aut num is qui
mancipio dedit ob eam rem se ulla re obligauit?*

[1] Der allgemeine Ausdruck für das Unterrichten der älteren Zeit ohne
Rücksicht darauf, ob es theoretisch oder praktisch geschieht, ist *profiteri*
(Pomp. 35. 38); das Wort drückt nur den Gegensaz der öffentlichen Fort-
pflanzung der juristischen Kenntnisse zu der geheimen im Pontifical-Collegium (vgl. oben p. 58 ff. 76 ff.) aus. Ebenso wird *docere* und *discere,
studere, operam dare* und entsprechend *iuris magistri* und *discipuli, studiosi*
ohne Unterschied sowol vom theoretischen, wie vom praktischen Unterweisen
gebraucht; vgl. Cic. Brut. 154. 306; or. 142 f.; de leg. 1, 13; Gell. 4, 1, 16 ;
Pomp. 43 ff.

[2] Ueber Balbus vgl. Pomp. 43, wo von Sulpicius gesagt wird: *institutus a Balbo Lucilio.* Hier wird zum ersten Male ein eigentliches *instituere*
erwähnt, mit welchem Ausdruck Pomponius nicht im allgemeinen ein Einführen in die Jurisprudenz, sondern eine spezielle theoretische Lehrmethode
bezeichnen will. Unsere Vermutung, dass dieselbe von Balbus ausging, wird
gestäzt durch Cic. Brut. 154: *cumque discendi causa duobus peritissimis operam
dedisset (Sulpicius), L. Lucilio Balbo et C. Aquilio Gallo . . . Balbi, docti et
eruditi hominis, in utraque re* (d. h.: *in agendo et in respondendo*) con-
sideratam tarditatem uicit expediendis conficiendisque rebus.* Diese eigentümliche Beanlagung qualificirte den Balbus ganz besonders zu einer derartigen Lehrtätigkeit.

jungen Juristen durchzumachen pflegten, bevor sie sich in die Praxis begaben. Damit soll indessen keineswegs gesagt sein, dass dieser Unterricht für Anfänger nun durchweg eigenen Lehrern anheimgefallen sei: im Gegenteil waren es nach wie vor die ersten Juristen, die sich damit befassten[1]; aber der Umfang der Kenntnisse, welche als notwendige Vorbildung für die Praxis galten, war seitdem in die feste Form eines bestimmten Lehrcursus eingefügt. Daneben blieb aber als der wichtigste Teil des Unterrichts die praktische Ausbildung, das Hören (*audire*) der Disputationen des Respondenten (vgl. ob. p. 232 ff.)[2]. Auch hier trat am Ende der Republik eine innere Um-

---

[1] So C. Trebatius Testa (Pomp. 47). Wenn es ebendort von Labeo heisst, er habe sich das Jahr so eingeteilt, dass er sechs Monate in Rom *cum studiosis* lebte, sechs der Schriftstellerei widmete, so ist bei den ersten Worten ebenso sehr an die theoretische wie an die praktische Ausbildung zu denken; vgl. Bremer 47. Dass das *instituere* in der Kaiserzeit von den berühmtesten Juristen betrieben wurde, hat Bremer zur Genüge nachgewiesen.

[2] Bei Pomponius (43) wird ausser dem *audire* und *instituere* noch ein *instruere* erwähnt. Es heisst von Sulpicius: *operam dedit iuri ciuili et plurimum eos de quibus locuti sumus audiit, institutus a Balbo Lucilio, instructus autem maxime a Gallo Aquilio qui fuit Cercinae.* In unserer modernen Litteratur ist deshalb vielfach die Ansicht von einer Dreiteilung des juristischen Unterrichts herrschend; vgl. Puchta I, 275; Rudorff I, 309 A. 1; Bremer 8; Karlowa 489 f. 675. Diese Schriftsteller verstehen unter dem *instruere* eine ausserordentliche Förderung, die einen in der praktischen, die anderen in der theoretischen Unterweisung; sie stellen dieselbe als speziellen Lehrcursus neben den Elementarunterricht und das ,Hören' beim Respondiren. Karlowa glaubt sogar in diesen Ausdrücken die Grundlinien des Unterrichts, wie er auf den Rechtsschulen der Kaiserzeit stattfand, erkennen zu können. Dass sich *audire* immer auf den praktischen, *instituere* auf den theoretischen Unterricht bezieht, ist richtig (vgl. ob. p. 233 A. 2; p. 236 A. 2). Was das *instruere* angeht, so darf man m. E. aus diesem ἅπαξ λεγόμενον des Pomponius nicht auf eine allgemeine Form des Unterrichts schliessen. Ausschlaggebend ist, dass es dem Cicero absolut unbekannt ist; in den zahlreichen Stellen, wo dieser Schriftsteller vom Rechtsunterricht spricht, kennt er immer nur den Gegensaz des theoretischen und praktischen Unterrichts, nicht aber zwei verschiedene Stufen des einen oder anderen. Auch Pomponius unterscheidet im § 47 nur *audire* und *instituere*. Die Sache erklärt sich aber auch so ganz befriedigend: Sulpicius ,hörte' bei allen namhafteren Respondenten, genoss den theoretischen Unterricht des Balbus, und begab sich ausserdem nach Cercina um sich dort auch noch von Gallus ausbilden zu lassen. Das leztere wird als *instruere* bezeichnet, und dieser Ausdruck ist mit Recht auf eine ausserordentliche, theoretische Förderung gedeutet worden, weil von einer juristischen Praxis auf jener Insel keine Rede sein kann; aus dieser vereinzelten Tatsache aber auf einen allgemein üblichen Lehrcursus zu schliessen, liegt kein Anhalt vor.

wandlung ein, welche wir jedoch besser erst bei der Besprechung der
Wirksamkeit des Mannes zur Darstellung bringen, von dem sie ausgeht: des Ser. Sulpicius Rufus.

XXII. GERICHTLICHE TÄTIGKEIT DER JURISTEN.

Schliesslich müssen wir noch einer Reihe von öffentlichen
Aufgaben gedenken, welche zwar nicht notwendig den Juristen zufielen, aber doch häufig von ihnen übernommen wurden.
Am wenigstens gilt das — woran nach moderner Anschauung
am ersten zu denken wäre — von der Praetur und dem Richteramt. Die Praetur war eine Staffel in der Aemterlaufbahn, welche
selten um ihrer selbst willen, sondern meist nur als Vorstufe zu
höheren Ehren und höherem Gewinn begehrt wurde. Allerdings
haben auch alle namhaften Juristen sich in der Staatscarriere versucht, aber eine Berücksichtigung ihrer besonderen Qualification[1] für

---

[1] Lebhafter Protest muss erhoben werden gegen die Art der Argumen-
tation bei Bremer Rechtslehrer p. 35. Es heisst dort: ,Beinahe sämmtliche
Juristen vor August . . waren nachweislich Praetoren. So werden (folgt eine
Aufzählung der berühmtesten Juristen) als Praetoren oder Consuln genannt;
dass im lezteren Falle die Praetur vorausgegangen sei, unterliegt keinem
, Zweifel. Will man nun etwa behaupten, dass die genannten Personen dieses Amt
erlangt haben, obgleich sie Juristen waren, oder liegt es nicht vielmehr auf
der Hand, dass sie Praetoren wurden, weil sie vorzügliche Juristen waren?'
Dagegen ist zu bemerken, dass vor dem villischen Annalgesez (574) keineswegs mit Sicherheit aus dem Consulat auf eine Praetur geschlossen werden kann
— so war z. B. Sex. Aelius Catus, wie die livianischen Listen dartun, sicher
nicht Praetor —; im siebenten Jahrhundert trifft diese Voraussezung allerdings zu, aber damit ist immer noch nicht gesagt, dass die betreffenden Juristen durch die Wahl zum Praetor notwendig zu einer edicirenden oder
jurisdictionellen Tätigkeit berufen wurden; bei der (im Text erwähnten) Ausloosung der Praeturen ist dies seit der sullanischen Verfassung schon deswegen wenig wahrscheinlich, weil von den acht jährlich gewählten Praetoren stets sechs durch die Leitung der Quaestionen in Anspruch genommen
waren: so wissen wir von C. Aquilius, dass ihm die *quaestio de ambitu*
(Cic. p. Cluent. 147), und von Ser. Sulpicius, dass ihm die *quaestio peculatus*
(Cic. p. Mur. 42) zugefallen war. Die Behauptung Bremers, ein geschulter
Jurist habe stets als besonders qualificirt für die richterlichen (?) Magistraturen
gegolten, ist also in keiner Weise zulässig. Im lezten Jahrhundert der Republik war Geburt, Reichtum und Ambitus jeder Art ausschlaggebend bei
der Bewerbung um Magistraturen: auf die persönlichen Fähigkeiten kam bei
den damaligen Zuständen am wenigsten an.   ·

die städtische oder Fremdenpraetur fand schon deshalb nicht statt, weil die praetorischen Competenzen immer der Ausloosung anheim fielen[1]. Nur von einem einzigen, dem P. Rutilius Rufus, lässt sich mit einiger Sicherheit behaupten, dass er städtischer Praetor gewesen ist und das Edict mit einer Concursordnung bereichert hat; von dem als Kenner des Pontificalrechts berühmten P. Crassus ist überliefert, dass er im Jahre 546 die Fremdenpraetur bekleidete; als Statthalter werden mehrere Juristen genannt, vor allem der Pontifex Q. Scaevola in Asien: seiner Bedeutung für die Gestaltung der Provinzial-Edicte haben wir schon gedacht (ob. p. 139), und werden noch einmal darauf zurückkommen müssen[2]. — In den weitaus häufigsten Fällen waren also diese Aemter in den Händen von Laien, denen damit die wichtigsten juristischen Aufgaben, das Ediciren und die Civiljurisdiction zufielen. Eine Beihülfe durch berufsmässige Kenner des Rechts war also dringendes Bedürfnis. Die Aufgabe des Richters[3] war durch die Klagformel normirt. Er hatte lediglich die von den Parteien erbrachten Beweise und Gegenbeweise zu prüfen, ihre Plaidoyers anzuhören und dann auf Grund der in der Klagformel enthaltenen praetorischen Anweisung das Urteil zu fällen. So war die Tatfrage von der Rechtsfrage getrennt und nur die erstere dem Richter überwiesen; aus diesem Grunde mochte man glauben, auch jezt nicht an der alten, auf patriarchalischen Verhältnissen begründeten Institution der Laienrichter rütteln zu brauchen. Die Juristen wurden zu dem Geschworenendienst nicht mehr herangezogen als andere Senatoren oder Ritter[4]; ja, man darf annehmen, dass die streitenden Privaten sich selten auf einen Juristen einigten, weil sie gewohnt waren ihn als Berater der Partei anzusehen. Dennoch gab man sich in Rom nicht dem verhängnisvollen Irrtum hin, dass eine Entscheidung über die Tatfrage ohne juristische Kenntnisse überhaupt möglich wäre: die Vorlegung der Rechtsgutachten vor Gericht beweist zur Genüge das Gegenteil. Diese Responsen waren ohne Zweifel die wichtigste Hülfe für den Richter; und doch liegt es

---

[1] Momms. St. R. II, 199 f.
[2] Belege s. in den Biographien der Genannten.
[3] Vgl. Jhering II, 411 ff.
[4] Als Richter im Civilprocess wird erwähnt P. Scaevola in der Rhet. ad. Her. 2, 19; ferner C. Aquilius Gallus im Process des Quinctius (Cic. p. Quinct. 1. 10. 36. 91) und des C. Visellius Varro gegen die Otacilia bei Val. Max. 8, 2, 2.

auf der Hand, dass sie nicht in allen Fällen ausreichen konnten,
denn sie waren im voraus abgegebene Bescheide, und beruhten
auf der einseitigen Darstellung der Sachlage, welche die Partei dem
Juristen gegeben hatte. Nun konnten aber im Laufe des Processes,
bei der Beweisaufnahme und den Verhandlungen der Parteien, sich
Verschiebungen des Tatbestandes ergeben oder unvorhergesehene
Rechtsfragen auftauchen, in denen der Laienrichter sich nicht zu
helfen wusste; und auch wenn das nicht der Fall war, konnte allein
die Frage, ob das von der Partei behauptete Rechtsverhältnis be-
wiesen war, so grosse Schwierigkeiten machen, dass wiederum
juristischer Rat für den Richter nötig wurde.

Den bezeichneten Bedürfnissen wurde durch eine von uns näher
zu besprechende Einrichtung abgeholfen, welche jedoch, wenn sie
auch vorzugsweise dazu diente, die mangelnde Rechtskunde des
Praetors und des Richters zu ergänzen, in ihren Grundlagen weit
über diesen Zweck hinausging. Es ist eine uralte römische Sitte,
dass der Beamte oder Privatmann, welcher zur Entscheidung einer
Angelegenheit berufen ist, sich mit einem Beirat (*consilium*) um-
giebt [1], an dessen Stimme er zwar rechtlich nicht gebunden ist,
den er aber regelmässig anhört, bevor er seinen Spruch verkündet [2].
Der Grundgedanke dieses Instituts ist allerdings nicht der, die
fehlende Sachkunde zu ergänzen, sondern der, einseitige Auffassung
und Willkür zu vermeiden [3]; daher kommt es, dass in juristischen
Dingen nicht bloss Fachmänner in das Consilium gewählt werden [4],
und weiter, dass auch der Jurist, wenn er als Richter fungirt,

---

[1] Ueber das Consilium im allgemeinen vgl. Momms. St. R. I, 293 ff.,
speziell über sein Vorkommen im Process ebend. 300; Bethmann-Hollweg II.
136 f.; Keller 33. Wir haben desselben schon oben (p. 48 ff.) gedacht, indem wir das Pontifical-Collegium als ein gerichtliches Consilium des Königs
bezeichneten und dasselbe mit dem politischen, dem Senat, in Parallele stellten.
In diesen beiden Beziehungen hat sich schon sehr früh das Consilium zu
einer beschliessenden Behörde umgestaltet. Demgemäss ging auch das pontificale Consilium auf den *ordo iudiciorum priuatorum* nicht über (ob. p. 52):
der Laienrichter hatte ein Consilium von Privaten, welches eben der Gegenstand unserer jezigen Erörterung ist. — Auch das Consilium im Familiengericht wurde schon erwähnt (ob. p. 49).

[2] Eine Entscheidung gegen das Consilium wird berichtet bei Gell. 14,
2, 9 ff.

[3] Mommsen (a. a. O.) bezeichnet es treffend als Correctiv der Einzelent-
scheidungen.

[4] Val. Max. 8, 2, 2: *C. Aquilius, uir magnae auctoritatis in scientia
iuris ciuilis excellens, iudex adductus adhibitis in consilium principibus ciui-*

dennoch Ratsmänner zuzieht[1]. Indessen verband sich mit diesem ersten Zweck doch entschieden der weitere einer Unterstüzung durch Sachverständige[2]. Schon bei der Abfassung des Edicts und der Proposition der Actionen im Album war technische Beihülfe dringend erforderlich. Darum beriet sich der designirte Praetor bereits vor dem Amtsantritt mit rechtskundigen Männern, wie weit er das von seinem Amtsvorgänger überkommene Material beibehalten, was er streichen, welche Neuerungen er aufnehmen sollte[3]. Aber derartige Besprechungen waren mehr vertraulicher Natur: ein eigentliches Consilium trat erst im Processe auf, sowol im Instructionsverfahren als im Verhandlungstermin vor dem Richter[4]. Dort bestand seine Aufgabe darin, den Praetor zu beraten, ob er die begehrte Action abschlagen oder gewähren und wie er sie formuliren solle, hier, dem Richter anzugeben, wie die Rechtsfrage im Process durch

---

tatis etc. Gell. 14, 2, 9: *tunc amici mei quos rogaueram in consilium, uiri exercitati atque in patrociniis* (Sachwaltertum) *et in operis fori celebres semperque se circumundique distrahentibus causis festinantes etc.* Die Ausdrücke sind so allgemein, dass es mit Vorurteil interpretiren hiesse, wenn man sie blos auf Juristen beziehen wollte. Bei Cic. de or. 1, 168 wird der (allerdings in der Jurisprudenz sehr bewanderte) Redner L. Crassus als Ratsmann genannt. Vgl. auch Momms. 302 f.

[1] So hat C. Aquilius Gallus ein Consilium: Val. Max. 8, 2, 2 (s. die vor. Anm.); Cic. p. Quinct. 10. 36. 91.

[2] Juristen im Consilium: Cic. Top. 65: *primata enim iudicia maximarum quidem rerum in iuris consultorum mihi uidentur esse prudentia. nam et adsunt multum et adhibentur in consilia.* Gell. 12, 13, 2: ,Cur', inquit, ,hoc me potius rogas quam ex istis aliquem peritis studiosisque iuris quos adhibere in consilium iudicaturi soletis'.

[3] Cicero (in Verr. II, 1, 119) sagt, dass Beratungen über die Composition des Edicts während der Designation des Praetors Verres stattfanden. Allerdings wirft er diesem vor, er habe sich dazu der Hülfe zweifelhafter Personen bedient; aber man darf unbedingt annehmen, dass sich bessere Praetoren auch an bessere Männer wandten. Mit Recht bemerkt Karlowa (R. RG. I, 479), die Hülfe der Juristen im Edict sei unverkennbar.

[4] Ein Consilium des Praetors im allgemeinen wird erwähnt: Cic. p. Flacco 77; speziell bei der Instruction der Processe: de or. 1, 166 (wenn es dort von P. Scaevola heisst, er habe widerwillig viele Stunden den Verhandlungen vor dem Praetor zugehört, so kann er nur als Ratsmann genötigt gewesen sein auszuhalten); ebend. 168 (vom Redner L. Crassus): *nobis in tribunali Q. Pompei praetoris urbani, familiaris nostri, sedentibus.* Vom Consilium des Richters sprechen die meisten der in den vorigen Anm. citirten Stellen; ferner Cic. de fin. 2, 62; auch in der Provinz ist es gebräuchlich: Cic. in Verr. II, 2, 71.

16

Urteil zu entscheiden sei. Ein Zwang, überhaupt ein Consilium
zuzuziehen, bestand jedoch während der Republik nicht; ebenso
waren, wie schon bemerkt, der Richter und der Praetor in der
Auswahl ihrer Ratsmänner ungebunden: sie erliessen nach ihrem
Gutdünken eine Aufforderung an erprobte Männer, welche sie zu
diesem Amte für tauglich hielten, im Termin zugegen zu sein[1].
Das Consilium, wie es im Processe zur Verwendung kam, beruhte also
auf blossem Herkommen und unterlag keinen bindenden Normen:
die ständige und gesetzlich geregelte Assessur der Kaiserzeit war
der Republik noch fremd[2].

In ähnlicher Lage wie der Richter befand sich auch die
Partei. Es kam für sie in erster Linie darauf an, überhaupt ein
günstiges Responsum für ihren Fall zu erlangen, weiter musste
aber auch sie darauf gefasst sein, dass sich während der Verhandlungen neue Rechtsfragen ergaben (vgl. oben p. 240). Wie der
Richter so bedurfte also auch die Partei eines Beirates im Processe, auch für sie war die Gegenwart eines sie unterstützenden
Juristen notwendig. Denn dieser allein war im Besiz des technischen ‚Rüstzeuges‘ für den Rechtsstreit, und im Stande der Partei
‚die Waffen in die Hand zu geben‘ womit sie sich gegen ihren
Gegner wehren oder angreifend gegen ihn vorgehen konnte[3].

---

[1] *in consilium vocare* (Cic. p. Flacco 77), *rogare* (Gell. 14, 2, 9).

[2] Ueber die Assessur vgl. Bethm.-Hollw. II, 137 ff.; Bremer Rechtslehrer 83 ff. Der Ausdruck *adsidere* ist m. W. für die Republik nicht belegbar, *consessores* kommt bei Cic. de fin. 2, 62 vor, ist aber wol kaum als
technische Bezeichnung aufzufassen. Vgl. auch Pernice Labeo I, 63.

[3] In Ciceros Schrift über den Redner (1, 242) führt Antonius folgendes
aus: *non est difficile oratori eius partis quamcumque defendet auctorem
aliquem inuenire: a quo cum amentatas hastas acceperit, ipse eas oratoris
lacertis uiribusque torquebit.* Diese Worte sind eine Antwort auf die Aeusserung des Crassus (im § 198 ebend.): *itaque, ut apud Graecos infimi homines
mercedula conducti ministros se praebent in iudiciis oratoribus, ei qui apud
illos* πραγματικοί *uocantur; sic in nostra ciuitate contra amplissimus quisque et clarissimus uir, ut ille . . (Sex. Aelius Catus) multique praeterea . .
perfecerunt, ut in respondendo iure auctoritate plus etiam quam ipso ingenio ualerent.* Hiernach möchte es scheinen, als sei die im Text erwähnte
Sitte eine griechische gewesen, während man in Rom mit den Responsen
auskam. Das leztere mag allerdings lange Zeit der Fall gewesen sein, namentlich so lange das Respondiren mündlich vor Gericht geschah (s. ob. p. 230);
jedenfalls ist die Rechtsbescheidung von diesem *hastas ministrare* zu unterscheiden, denn jenes wendet sich an den Richter, dieses nur an die
Partei. Die Sitte mag aus dem griechischen Processwesen übernommen sein,
dass sie seit dem Ende der Republik in Rom üblich war, kann man aus

Damit ist aber auch die juristische Tätigkeit im Process erschöpft. Namentlich stand der Beruf der Sachwalter (*causidici, oratores*) in keiner inneren Beziehung zur Rechtswissenschaft. Allerdings traten oftmals Juristen in dieser Eigenschaft vor Gericht auf; den meisten von ihnen wird eine mehr oder weniger grosse Gewandtheit in der öffentlichen Rede nachgerühmt, der Pontifex Q. Scaevola zählte sogar zu den ersten Rednern seiner Zeit: aber ein Zusammentreffen dieser beiden Fähigkeiten war etwas Zufälliges; die Processführung selbst lag dem Juristen als solchem nicht ob, er war Berater, nicht Vertreter oder Wortführer der Partei. Dennoch haben Eloquenz und Jurisprudenz manche Berührungspunkte gehabt, welche für die Entwicklungsgeschichte der lezteren nicht ohne Bedeutung geblieben sind. Davon kann jedoch erst später in anderem Zusammenhange gehandelt werden.

XXIII. DIE JURISTISCHE SCHRIFTSTELLEREI.

Während in den vorstehenden Erörterungen die wesentlichen Gesichtspunkte für die praktische Jurisprudenz nicht nur im allgemeinen sondern auch mittelst näheren Eingehens auf Einzelheiten zur Darstellung gebracht werden konnten, ist das Gleiche bei der juristischen Litteratur nicht möglich. Denn die Eigenart der einzelnen Juristen hatte hier selbstverständlich einen weit grösseren Spielraum als in der Praxis, so dass sich die allgemeine Betrachtung auf einen Ueberblick über die verschiedenen Richtungen der Schriftstellerei beschränken muss, und dabei nur wenige nebensächliche Punkte vorweg zur Erledigung bringen kann.

Dass die juristische Litteratur aus den Aufzeichnungen des

Ciceros Topik (§ 65) schliessen: *nam et adsunt (iuris consulti) multum (in iudiciis) . . et patronis diligentibus ad eorum prudentiam confugientibus hastas ministrant.* Volles Licht bringt Quintilian (12, 3, 3—4), wo über die Notwendigkeit der Rechtskenntnis für den Redner gehandelt wird: *quid fiet in altercatione, ubi occurrendum continuo nec libera ad discendum mora est? quid si forte peritus iuris ille non aderit? . . neque ego sum n o s t r i m o r i s ignarus oblitusue eorum qui uelut ad arculas sedent et tela agentibus subministrant, neque idem Graecos quoque nescio factitasse unde nomen his pragmaticorum datum est.* Hierauf ist auch zu beziehen Ovid. ars amat. 3, 531; Quint. 3, 6, 58—59; Juv. 7, 122 f.; Ps. Asc. p. 104: *qui defendit alterum in iudicio aut patronus dicitur, si orator est, aut aduocatus, si aut ius suggerit aut praesentiam suam commodat amico.*

pontificalen Archivs hervorgegangen und sich diesen in Form und
Inhalt eng angeschlossen hat, dass sie sich demgemäss in der älteren
Zeit auf das Sammeln von Formeln und Responsen beschränkte,
ist oben (p. 86 ff.) näher dargelegt worden. Diese Litteraturgat-
tungen behielten zwar in der gegenwärtigen Periode noch ihre
Bedeutung, aber eine Fortentwicklung derselben fand nicht mehr
statt.

Was zunächst die Geschäftsformeln angeht, so versteht
es sich von selbst, dass sie das Schicksal der Cautelarjurisprudenz
teilten (vgl. ob. p. 217 ff.). Es ist bereits (ob. p. 88 f.) erwähnt
worden, dass das siebente Jahrhundert noch eine Anzahl solcher
Sammlungen aufweist, dass sie aber mit dem Ende desselben
immer seltener werden: wir können in der ersteren Tatsache einen
Beweis für die fortdauernde Wichtigkeit des Landrechts in dem
geschäftlichen Verkehr dieser Zeit, in der lezteren ein Zeichen für
das siegreiche Vordringen des Weltrechts erblicken.

Zusammenstellungen von Klagformeln lassen sich in der
Litteratur dieser Periode mit Sicherheit nicht mehr nachweisen.
Damit soll nicht gesagt sein, dass die Juristen ihren Werken an
geeigneten Stellen nicht auch solche Actionen, seien es landrechtliche oder praetorische, eingereiht hätten. Gelegenheit dazu war
ja oft genug vorhanden, und Spuren davon finden sich vielfach in
den Fragmenten: bewegte doch keine Frage die Wissenschaft lebhafter als die, welche Klage im gegebenen Falle zulässig sei[1].
Aber Sammlungen, wie wir sie früher kennen lernten, mit dem
speziellen Zweck, das Material an Klagformeln zusammenzufassen
und litterarisch zu veröffentlichen, begegnen nicht mehr, weil das
Bedürfnis danach erloschen war. Denn für die vorhandenen Legisactionen leisteten die abschliessenden Arbeiten des Sex. Aelius
Catus, das Ius Aelianum und die Tripertita (ob. p. 103 ff.), der
Praxis vollkommen Genüge, und Neubildungen haben auf diesem
Gebiete seit dem aebutischen Geseze schwerlich noch stattgefunden.
Für die praetorischen Actionen aber wäre eine derartige Arbeit
erst recht überflüssig gewesen, da ja das Album selbst eine Zusammenstellung der geltenden Klagformeln enthielt, also das, was
bei den Legisactionen den Antrieb zu ihrer litterarischen Conception gebildet hatte, das Verlangen nach Veröffentlichung, hier
von vorn herein befriedigt war.

---

[1] Beispiele sind aus den ob. p. 229 A. 1 gegebenen Citaten zu entnehmen.

Ueberhaupt ist eine spezielle Bearbeitung des praetorischen Edicts und Albums dem siebenten Jahrhundert noch fremd. Beide Materien wurden zwar in den Schriften der Juristen vielfach behandelt (vgl. ob. p. 227 A. 1), aber doch nur gelegentlich, nicht in eigenen Werken. Für die lezteren fehlte vorläufig noch die nötige Grundlage. Denn ohne Frage war damals die praetorische Rechtsbildung und Klagformulirung noch starken Schwankungen ausgesezt, weil sie noch zu sehr in der Entwicklung begriffen war. Erst nachdem das tralaticische Element das bewegliche überwunden hatte, und die praetorischen Rechtssazungen zu grösserer Stabilität gelangt waren, konnte eine fruchtbringende Bearbeitung derselben Plaz greifen [1]. Bis in die Zeit Ciceros bildete das Civilrecht durchaus die Grundlage des Rechtsstudiums und der juristischen Schriftstellerei, erst gegen die Wende des Jahrhunderts trat das praetorische Edict in den Vordergrund [2]. Wahrscheinlich ist hierfür die Wirksamkeit des Ser. Sulpicius Rufus massgebend gewesen: wenigstens steht es fest, dass er sich eingehend mit dem Edict als solchem befasst und den ersten Commentar dazu geschrieben hat, eine Arbeit, die wir mit ziemlicher Sicherheit in das Jahr 709 sezen können [3].

Ueber die Responsensammlungen sind wir für die gegenwärtige Periode sehr dürftig unterrichtet: wir können nur aus einer Notiz Ciceros constatiren, dass sie in der herkömmlichen Weise fortbestanden [4]; auf bestimmte Juristen zurückzuführende Werke dieser Art sind nicht nachweisbar.

Wol aber sind uns von fast allen bedeutenderen Juristen dieser Epoche Responsen bekannt, ja die Bruchstücke ihrer Werke, welche auf uns gekommen sind, tragen zum grössten Teil den Charakter solcher Rechtsbescheidungen an sich, so dass die Folgerung nicht abzuweisen ist, dass die meisten Werke dieser Zeit ein Niederschlag der in der eigenen Praxis bei Begutachtung vorgelegter Rechtsfragen gesammelten Erfahrungen gewesen sind und dass gerade darin ihr Wert beruht habe. Die Responsen erschienen aber hier

---

[1] Vgl. Pernice Labeo I, 59.

[2] Cic. de leg. 1, 17: *Non ergo a praetoris edicto, ut plerique nunc, neque a XII tabulis, ut superiores, sed penitus ex intima philosophia hauriendam iuris disciplinam putas.*

[3] Pomp. 44. Die Rechtfertigung dieser Datirung gehört in die Biographie des Ser. Sulpicius Rufus.

[4] S. ob. p. 90 A. 2.

nicht mehr blos in der lapidaren Gestalt der pontificalen Decrete,
sondern waren von einem oft sehr ausgedehnten, die Gründe und
Gegengründe erörternden, die zustimmenden oder abweichenden
Bescheide anderer Juristen heranziehenden Text begleitet: die Controversen wurden jezt nicht mehr blos mündlich sondern auch schriftlich ausgefochten[1]. Den Stoff dieser Bücher muss man sich nach
bestimmten Gesichtspunkten gruppirt denken; welche Ordnung dabei
massgebend war, ist allerdings nicht bekannt, wenigstens bieten
die Quellen keinen Anhalt für eine direkte Beantwortung dieser
Frage. Wenn man aber aus der überlieferten Tatsache, dass Q.
Scaevola der erste war, der ein freies wissenschaftliches System
befolgte[2], einen Rückschluss wagen darf, so kann es nur der
sein, dass in den früheren Werken die Legalordnung der Zwölf
Tafeln vorherrschend war[3]. Der Anschluss an das Gesez konnte
ein mehr oder weniger enger sein: es ist aber anzunehmen,
dass dasselbe bei den meisten Arbeiten dieser Zeit nichts weiter
als die Grundlage für die Reihenfolge der behandelten Materien
abgab[3].

Daneben stehen nun die eigentlichen Commentare, eine
Litteraturgattung, welche, wie wir oben (p. 104 ff.) sahen, auf Sex.
Aelius Catus zurückgeht. Das Wort bezeichnet seiner Ableitung
gemäss zunächst ,Aufzeichnungen zum Gedächtnis', und in diesem
Sinne begegneten wir ihm, als wir von den Commentaren der
Pontifices sprachen[4]. Diese Grundbedeutung bleibt auch ferner-
hin bestehen, nur der Umfang dessen, was man der Erinnerung
wert hielt, wird allmählich ein grösserer: man versteht darunter
ganz allgemein Werke, welche die Ergebnisse der Jurisprudenz
in sich aufnahmen, und gebraucht den Ausdruck ziemlich unter-

---

[1] Belege für diese Art der Schriftstellerei zu geben wäre überflüssig,
wir werden ihnen bei den einzelnen Juristen oft genug begegnen. Namentlich
sind die Schriften des Brutus in dieser Hinsicht lehrreich.

[2] Pomp. 41. Das Nähere in der Biographie des Q. Scaevola.

[3] Auch hierauf ist das p. 245 A. 2 angeführte Wort Ciceros (de leg.
1, 17), dass die frühere Jurisprudenz sich an das Zwölf-Tafel-Gesez anschloss,
zu beziehen.

[4] Vgl. ob. 42. Ebenso begegnen wir Commentaren der Augurn (Marq.
St. V. III, 384 f.) und der Magistrate (Varro de l. l. 6, 88. 91 f.; Cic. p. Rab.
perd. 15; Teuffel R. LG. 78). Damit ist die Bedeutung ,Denkwürdigkeiten,
Memoiren' nahe verwandt (z. B. *Caesaris commentarii de bello Gallico,
ciuili*). Der griechische Ausdruck ὑπομνήματα steht vollständig auf gleicher
Stufe.

schiedlos mit *libri*[1]. Schon früh — wahrscheinlich auf Grund der Tripertita — begann sich aber auch die speziellere Bedeutung des Begriffes zu entwickeln, welche wir allein damit zu verbinden pflegen[2]. Die Commentare in diesem lezteren Sinne unterscheiden sich von jenen eben besprochenen dadurch, dass bei ihnen immer der T e x t des zu erläuternden Gesezes den Ausgangspunkt bildet; der Charakter dieser Werke ist in erster Linie ein exegetischer, eine Wortinterpretation gehört notwendig dazu; im übrigen aber, namentlich hinsichtlich des verwendeten Materials, ist natürlich das Belieben der einzelnen Autoren ein völlig freies: auch hier haben Responsen und Controversen in grosser Menge Plaz gefunden. Diese Arbeiten sind also nichts anderes als schriftliche Redactionen dessen, was wir oben (p. 227) als Interpretation im engern Sinne bezeichnet haben, und wie diese betrafen sie natürlich in erster Linie das Zwölf-Tafel-Gesez[3].

Von den Commentaren dieser Art mag einer gleich hier Erwähnung finden: der des L. ACILIUS[4]. Leider sind unsere Nachrichten über die Persönlichkeit wie über das Werk dieses Schrift-

---

[1] So wird bei Fest. p. 157 von Commentaren des Cato zum Civilrecht gesprochen; so bezeichnet der Redner L. Crassus die drei Bücher des Brutus *de iure civili* abwechselnd als *libri* und als *commentarii* (Cic. de or. 2, 223—224). Galus nennt seine Institutionen und seine Schrift *de bonorum possessionibus* (Inst. 3, 33) *commentarii*; ebenso bezeichnet Javolenus die von ihm excerpirten Schriften des C. Cassius (D. 35, 1, 54 pr.). Vgl. Pernice Lab. I, 53.

[2] Diese Bedeutung konnten wir schon (ob. p. 108 A. 1) bei Cicero nachweisen: die Gegenüberstellung (de or. 1, 240) der *libri P. Mucii* und *commentarii Sex. Aelii* beweist, dass unter lezteren Commentare im engern Sinne zu verstehen sind. In der Kaiserzeit kommt diese Bedeutung sehr häufig vor; vgl. Gell. 1, 12, 18: *in commentariis Labeonis quae ad duodecim tabulas composuit*; ebend. 1, 21, 2: *Hyginus in commentariis quae in Vergilium fecit*; ebend. 2, 6, 1: *grammatici qui commentaria in Vergilium composuerunt*; Suet. de gramm. 18 (von L. Crassicius): *commentario Zmyrnae* (des Cinna) *edito*; Gal. 3, 54: *diligentior interpretatio propriis commentariis* (zur *lex Iulia et Papia Poppaea*) *exposita est*; vgl. auch die einleitenden Worte des Gaius zu seinem Zwölf-Tafel-Commentar (D. 1, 2, 1); ferner Const. *Tanta* 21: *ut nemo . . . audeat commentarios* (Διδ.: ὑπομνήματα) *iisdem legibus adnectere*.

[3] Citate von Interpretationen aus Commentaren zu den Zwölf Tafeln, deren Urheber nicht genannt sind, begegnen häufig: Nachweise bei Dirksen Verrius und Festus Hinterl. Schr. I, 84. Commentare zu anderen Gesezen sind aus dieser Zeit nicht bekannt.

[4] Heineccius Hist. iur. Rom. Germ. 1, 3, 125; Zimmern I, 104. 268; Schöll XII tab. rel. 25 f.; Sanio Varr. 162 f. Padelletti[2] 110.

stellers äusserst dürftig. Er muss gegen Ende des sechsten Jahrhunderts gelebt haben, denn er wird als Zeitgenosse des Sex. Aelius
und des M. Cato erwähnt[1]. Seine juristischen Kenntnisse und sein
grosses Ansehen als Respondent und Rechtslehrer trugen ihm den
Beinamen des ,Weisen' (*sapiens*) ein. Dass er einen Commentar zu
den Zwölf Tafeln geschrieben hat, können wir nur daraus schliessen,
dass Cicero einmal eine Interpretation zu diesem Geseze von ihm
anführt[2].

Es kommt noch eins hinzu: Das Zwölf-Tafel-Gesez war im
siebenten Jahrhundert bereits zu einem interessanten Denkmal der
älteren römischen Sprache und Geschichte geworden. Als nun in
Folge griechischer Anregungen die grammatischen und historischen
Studien zu erblühen begannen, griffen auch die Philologen und An-
tiquare mit Vorliebe nach diesem Stoffe und interpretirten ihn von
ihren Gesichtspunkten aus. Schon der eigentliche Begründer der
römischen Sprach- und Altertumsforschung L. Aelius Stilo hat einen
Commentar zu den Zwölf Tafeln geliefert. Indessen mag es hier genügen auf diese Tatsache hinzuweisen: wir werden dem Einfluss
der grammatischen Studien auf die Jurisprudenz später noch näher
treten müssen.

Auch der theoretische Unterricht wurde die Grundlage für
eine bestimmte Gattung der Schriftstellerei, welche wir als isago-

---

[1] Pomp. 37: *deinde Sex. Aelius et frater eius P. Aelius et P. Atilius
maximam scientiam in profitendo habuerunt, ut duo Aelii etiam consules
fuerint; Atilius autem primus a populo Sapiens appellatus est.* Cic. Lael. 6:
*te (Laelium) Sapientem et appellant et existimant. tribuebatur hoc M. Ca-
toni, scimus L. Acilium apud patres nostros appellatum esse Sapientem, sed
uterque alio quodam modo: Acilius quia prudens esse in iure ciuili putabatur, Cato quia multarum rerum usum habebat.* Gesprächsführer ist an
lezterer Stelle der Historiker C. Fannius, dessen Blüte in die Gracchenzeit
fällt, Acilius gehörte also der Generation vor ihm an. Bei Cicero (a. a. O.
und in der gleich anzuführenden Stelle aus den Gesezen) wird er Acilius, bei
Pomponius Atilius genannt, bei Cicero führt er den Vornamen Lucius, bei
Pomponius Publius. An der Identität darf jedoch nicht gezweifelt werden,
da die Zeitverhältnisse stimmen und der Beiname *Sapiens* von beiden Schriftstellern bezeugt ist. Natürlich sind die Namen bei Cicero als die richtigen
anzusehen, da dieser ihm zeitlich näher stand und Pomponius oft in den
Namen ungenau ist. Ob man weiter gehen und ihn mit dem bei Liv. 40,
31 f. im Jahre 573 unter dem Propraetor Q. Fulvius Flaccus im diesseitigen
Spanien erwähnten L. Acilius identificiren darf (vgl. Preuner in Paulys R.
E. I², 110), muss dahingestellt bleiben.

[2] Cic. de leg. 2, 59; s. die Fragmentensammlung.

gisch-propaedeutische bezeichnen können. Freilich lässt
sich aus dem sechsten und siebenten Jahrhundert nur ein Werk
dieser Art mit Sicherheit anführen: das Elementarbuch, welches
der ältere Cato für seinen Sohn verfasste. Es bildete vielleicht
einen Teil der *Praecepta ad Marcum filium*[1], und enthielt kurz
gefasste und möglichst praktische Anweisungen, wie sie einem
jungen Römer zur Einführung in die Kenntnis des Rechts nach
Catos Anschauungen zweckdienlich waren. Eine übersichtliche
Darstellung des gesammten Rechtsstoffes in der Art Lehrbücher
der Kaiserzeit darf man auf keinen Fall darin vermuten: vielmehr muss man annehmen, dass das Material, wie überhaupt in
Catos Schriften ungeordnet oder doch nach willkürlichen Gesichtspunkten zusammengetragen war[2].

Das eigentümliche Kennzeichen für die bisher geschilderte
juristische Schriftstellerei ist ihre enge Verbindung mit der Praxis.
Nun hat es zwar in Rom nie eine Rechtswissenschaft gegeben,
deren Zweck ein anderer gewesen wäre, als Material für die
Praxis zu schaffen oder für dieselbe vorzubilden, aber die Mittel,
mit denen man dies Ziel zu erreichen suchte, bestanden jezt nicht
mehr allein in der Zusammentragung und Erläuterung des gewonnenen Stoffes, sondern man begann allmählich auch denselben theoretisch zu durchdringen. Die Anfänge dieser neuen
Richtung liegen in der Regularjurisprudenz, welche im nächsten
Kapitel eingehend zu behandeln sein wird. Auch sie geht noch von
der Praxis aus, ist aus der Respondententätigkeit erwachsen, aber
doch in ihrer Ausbildung über dieselbe hinausgegangen und zu
einer theoretisch wissenschaftlichen Behandlungsweise geworden.
An sie knüpft die eigentlich systematische Bearbeitung des Rechts
an, das Resultat einer längeren Entwicklung, welche sich aber
nicht mehr mit den Factoren der römischen Jurisprudenz allein
vollzieht, sondern wesentlich durch die griechische Wissenschaft
beeinflusst ist. Auch diese Erscheinung kann hier nur angedeutet
werden, wir werden noch oftmals darauf zurückkommen müssen. Die
Einwirkungen des Hellenismus auf die juristische Schriftstellerei

---

[1] Das Nähere s. unten in der Biographie des älteren Cato.

[2] Die epistolographische Litteratur (Karlowa I, 477) bedarf hier keiner
Erwähnung, da sie vor Ser. Sulpicius Rufus nicht nachweisbar ist, also
von einem Einfluss derselben auf die Entwicklung während der Republik
keine Rede sein kann. Eigentliche Bedeutung gewann sie erst in der
Kaiserzeit.

beginnen schon mit dem Ausgange des sechsten Jahrhunderts; aber seine Spuren — soweit wir aus unseren Fragmenten Schlüsse wagen dürfen — sind zunächst nur vereinzelte und von untergeordneter Art. Die Juristen aus der Mitte des siebenten Jahrhunderts jedoch sind fast sämmtlich durch die Schule der Stoa hindurchgegangen, und daher ist es erklärlich, dass die Denkformen dieser Philosophie für die Jurisprudenz massgebend wurden. Aber es ist bezeichnend, dass gerade der Mann, welcher diese Errungenschaft zu einer dauernden für das römische Recht gemacht hat, es auch gewesen ist, welcher die Eigenart der römischen Jurisprudenz für alle Zeiten gerettet und seine Wissenschaft vor einer Auflösung in philosophische Speculationen bewahrt hat: wir meinen den Pontifex Q. Scaevola.

Sehr gross kann der Umfang der älteren juristischen Litteratur nicht gewesen sein, erst gegen Ende der Republik mehrten sich die Rechtsbücher bedeutend[1]. Eine gewisse Gleichförmigkeit des Inhalts lässt sich nicht verkennen, da die Schriftstellerei regelmässig das Civilrecht betraf und vorzugsweise aus der Praxis ihre Nahrung zog. Die Actionen, welche man sammelte, waren im Grunde die gleichen, und wenn ein Jurist eine andere Fassung vorschlug oder gar eine neue Formel aufstellte (vgl. ob. p. 203 ff. 206), so waren diese Abweichungen vom Herkommen doch immer nur verhältnismässig geringfügige. Und hinsichtlich der Responsen wurde schon oben bemerkt, dass hervorragende Rechtsfälle bei dem da-

---

[1] Cic. de or. 1, 192: *omnia sunt enim posita ante oculos, collocata in usu cotidiano in congressione hominum atque in foro, neque ita multis litteris aut uoluminibus magnis continentur. eadem enim sunt elata primum a pluribus, deinde paucis uerbis commutatis etiam ab eisdem scriptoribus scripta sunt saepius.* Vgl. andrerseits Cic. ad Fam. 7, 19: *num ius ciuile uestrum ex libris cognosci potest? qui quamquam plurimi sunt, doctorem tamen usumque desiderant.* Der scheinbare Widerspruch in diesen beiden Stellen desselben Autors löst sich unschwer: die erstere Stelle ist dem L. Crassus bei Gelegenheit eines in das Jahr 663 gesezten Gespräches in den Mund gelegt, die leztere stammt aus einem 710 von Cicero an C. Trebatius Testa geschriebenen Briefe: dazwischen lag die fruchtbare Schriftstellerei des Ser. Sulpicius — nach Pomp. 43 soll er 180 Bücher verfasst haben — und zum Teil auch schon seiner Schüler.

maligen öffentlichen Leben schnell eine gewisse Berühmtheit er-
langten und von allen Juristen, auch wenn sie nicht zur Abgabe
eines Gutachtens an die Partei aufgefordert waren, lebhaft besprochen und in ihren Schriften erörtert wurden [1]. Man citirte sich
gegenseitig, teils um entgegenstehende Meinungen zu bekämpfen,
teils um die eigene Ansicht durch die Auctorität eines berühmten
Collegen zu stüzen [2].

Aus dem grossen Ansehen, welches bedeutende Rechtsgelehrte
genossen, erklärt es sich auch, wenn wir schon in verhältnismässig
früher Zeit Fälschungen auf berühmte Namen erwähnt finden.
Die Autorschaft des Ap. Claudius an dem Werke *de usurpationibus*
haben wir schon oben (p 86 f.) als äusserst zweifelhaft hingestellt:
jedenfalls ist, wenn ein solches Buch überhaupt existirt hat, dasselbe in republikanischer Zeit verfasst worden, da später ein praktisches Interesse an diesem Gegenstande nicht mehr vorhanden war.
Ebenso wurde bereits der drei unächten Bücher unter Sex. Aelius
Catus Namen gedacht (ob. p. 110): über ihre Entstehungszeit ist
allerdings nicht einmal eine Vermutung möglich. An die drei
Bücher des M. Brutus über das Civilrecht hatte sich schon um die
Mitte des siebenten Jahrhunderts eine apokryphe Fortsezung an-
gehängt [3].

Der Stil der juristischen Schriften dieser Zeit war noch ein
recht ungelenker, wie sich das aus der Tatsache, dass die Litteratur von den Formel- und Responsensammlungen des pontificalen
Archivs ihren Ausgang nahm, von selbst erklärt; auch die Ausdrucksweise der Geseze wirkte ohne Frage vorbildlich für die Juristen. Erst durch Ser. Sulpicius Rufus wurde der Lapidarstil überwunden, und hat seitdem einer fliessenderen und kunstmässigen
Schreibweise Plaz gemacht.

Alles in allem genommen kann man sich troz mancher hoch-
bedeutender Leistungen des Eindrucks nicht erwehren, dass die

---

[1] Vgl. ob. p. 233 f. 246.

[2] S. die (p. 250 A. 1) angeführten Worte Ciceros. Dass diese Auslassungen über die Originalität der juristischen Autoren so geringschäzig
klingen, erklärt sich zum guten Teil dadurch, dass sie auf die Notwendigkeit
von Ciceros eigener Schrift ‚*de iure ciuili in artem redigendo*' vorbereiten
sollen. Zu diesem Zwecke kann er für das Recht selbst und die praktische
Tätigkeit der Juristen nicht genug Worte des Lobes finden, während ihre
litterarischen Leistungen als bisher recht unbedeutend geschildert werden. —
Zur Sache vgl. Blume Zsch. f. g. RW. IV, 277 ff.; Zimmern I, 206 f.

[3] Vgl. vorläufig Cic. de or. 2, 224. Näheres unten bei Brutus.

Litteratur in der gegenwärtigen Periode noch durchaus im Werden begriffen war, und dass wenigstens bei den Juristen vor Q. Scaevola die Praxis durchaus im Vordergrund stand. Viele von ihnen sind überhaupt garnicht schriftstellerisch tätig gewesen, und es wird wenig von ihnen zu sagen sein, da die Quellen sich, was ihre praktische Wirksamkeit anlangt, meist in allgemeinen Ausdrücken bewegen. Dennoch müssen wir unsere Aufmerksamkeit ihnen ebenso sehr zuwenden wie jenen, von deren litterarischen Arbeiten uns Reste erhalten sind: wenn auch ihre Leistungen im einzelnen nicht mehr nachweisbar sind, so haben doch gerade sie oft sehr viel zur Fortentwicklung der Jurisprudenz beigetragen.

XXIV. ALLGEMEINE LEBENSVERHÄLTNISSE DER JURISTEN.

Ehe wir uns den einzelnen Juristen zuwenden, mögen noch einige Ausführungen über die Art und Weise, wie sie ihrem Beruf gerecht wurden, und über die Stellung, welche sie im öffentlichen Leben einnahmen, Plaz finden.

Zunächst eine Bemerkung über die in der Kaiserzeit sehr geläufige Bezeichnung der Juristen [1] der republikanischen Epoche als der ‚Alten‘ (*ueteres* seltener *antiqui*)[2]. Man darf zwar einen solchen Ausdruck nicht für einen streng technischen nehmen und wie ein Gesezeswort interpretiren — er kommt auch in Beziehung auf

---

[1] Ueber die gewöhnlichen Benennungen als *iuris prudentes, periti, consulti, auctores, conditores* zu sprechen, wie dies in manchen neueren Compendien geschieht, halte ich für überflüssig: sie erklären sich vollauf aus dem, was über die Beschäftigung der Juristen gesagt ist; Belege kann man aus jedem Lexicon entnehmen. Die Ausdrücke werden unterschiedlos gebraucht, *conditores* natürlich vorzugsweise mit Beziehung auf die rechterzeugende Tätigkeit der Juristen. Diese Bezeichnung kommt übrigens keineswegs, wie es aus Gaius 1, 7 scheinen möchte, blos den kaiserlichen patentirten Respondenten zu, sondern wird von Gaius selbst auch den republikanischen Juristen beigelegt (4, 30).

[2] Das Verdienst diesen Sprachgebrach in der angegebenen Weise nachgewiesen zu haben, gebührt Dirksen (Beiträge 159 ff.); zustimmend Zimmern I, 202 f.; Sanio Proleg. 14 A. 1; Pernice Labeo I, 5; Kuntze I, 126 f. Wenn lezterer hier von einer juristischen Patristik spricht, so hinkt dieser Vergleich doch allzu sehr, denn gerade das, was für die älteren Kirchenschriftsteller charakteristisch ist, dass die spätere Doctrin immer wieder auf sie zurückgreift, ist bei den römischen Juristen nicht der Fall.

jüngere Rechtskundige vor[1] — im ganzen aber hat man, wenn
man bei einem der klassischen Juristen[2] von den Alten liest, dabei
an die Republikaner zu denken. Es liegt ja nichts näher, als dass
die lebenden Generationen, wenn sie sich des Gegensazes zu den
früheren bewusst sind, von diesen als den Alten sprechen; ist
es doch auch bei uns durchaus gebräuchlich, die vor der historischen Schule liegende Jurisprudenz als die ältere zu bezeichnen.
Jene Voraussezung nun traf bei den Römern ganz besonders zu,
denn die Juristen der Kaiserzeit benuzten die Schriften ihrer republikanischen Vorgänger, welche für sie keine direkte praktische
Bedeutung mehr hatten, nur zum allergeringsten Teile im Originale,
sondern, wenn sie dieselben der historischen Reminiscenz oder gar
der Curiosität wegen heranzogen, meistens durch Vermittlung
des Labeo oder Sabinus (vgl. ob. p. 5). So gestattet hier die Bestimmung des Begriffes der ‚Alten‘ eine schärfere Abgrenzung,
als unter andern Umständen möglich sein würde[3].

Kehren wir zur Republik zurück, so können wir in den
frühesten Zeiten die Respondenten geradezu als die allgemeinen
Vertrauensmänner des Volkes bezeichnen. Cicero schildert uns ihre
Tätigkeit mit lebhaften Farben: in allen möglichen, juristischen
und nicht juristischen Dingen, wie Kauf und Bewirtschaftung von
Grundstücken, Verheiratung der Töchter u. s. w. erteilten sie
dem Bürger bereitwilligst ihren Rat[4]. Natürlich waren solche,

---

[1] Kaiserliche Juristen werden als *ueteres* bezeichnet z. B. von Pomponius fid. 2 (D. 35, 2, 31), wo von einer *opinio Casii et ueterum* über Fideicommissrecht und das Falcidische Gesez die Rede ist; ähnlich von Ulpian
ad ed. 31 (D. 17, 2, 52. 18); vgl. auch Isid. 5, 24, 5.

[2] Nur von diesen kann die Rede sein, dass im Sprachgebrauch der
Constitutionen nach Diocletian eine weitere Verschiebung des Begriffes eingetreten ist (Dirksen 183 ff.; Zimmern I, 203) hat nichts befremdendes.

[3] Vgl. Pernice Lab. I, 5, der den Wendepunkt bei Ser. Sulpicius sehen
will. Mir scheint von Sanio Proleg. 71 ff. der Nachweis erbracht, dass auch
die Schriften dieses Gelehrten nicht mehr Gegenstand des direkten Studiums
in der Kaiserzeit waren; und wenn das richtig ist, so werden wir ihm nach
Massgabe des angeführten Unterscheidungsmerkmales zu den *ueteres* im Sinne
der classischen Juristen rechnen müssen.

[4] Cic. de or. 3, 133 — 134: *ad quos olim . . sic adibatur, non solum*

lebhaft an die Stellung des Patrons zum Clienten erinnernde [1] Zustände nur unter patriarchalischen Verhältnissen möglich; Cicero selbst bezeichnet sie als vergangene, im siebenten Jahrhundert war die Jurisprudenz längst zu einer fachmässigen Wissenschaft geworden. Natürlich war darum die F r e q u e n z bei den Juristen keine geringere : der wachsende Verkehr, welcher Rom von einer Landstadt zur Hauptstadt Italiens erhoben und nach den punischen Kriegen in eine Weltstadt umgewandelt hatte, welcher neben das Landrecht die grosse Masse des Weltrechts gestellt hatte, und neben den Quellen des Civilrechts die des praetorischen Edicts immer reichlicher strömen machte, hatte natürlich die juristischen Fragen, die man dem Respondenten vorlegen konnte, ungeheuer vermehrt, und je grösser sein Ruf war, um so stärker war auch der Andrang bei ihm. Schon am frühen Morgen erwarteten ihn die Consulenten [2] und liessen ihn den ganzen Tag über nicht los; im Hause [3] oder auf dem Markte [4], je nachdem

---

ut de iure ciuili ad eos uerum etiam de filia collocanda, de fundo emendo, de agro colendo, de omni denique aut officio aut negotio referretur. haec fuit P. Crassi illius ueteris, haec Ti. Coruncanii, haec .. P. Scipionis, prudentissimi hominis, sapientia, qui omnes pontifices maximi fuerunt, ut ad eos de omnibus diuinis atque humanis rebus referretur; eidemque et in senatu et apud populum et in causis amicorum et domi et militiae consilium suum fidemque praestabant.

[1] Vgl. Mommsen Forsch. I, 373.

[2] Cic. p. Mur. 22 (von Ser. Sulpicius Rufus): *uigilas tu de nocte, ut tuis consultoribus respondeas; .. te gallorum .. cantus exsuscitat.* Hor. Sat. 1, 1, 9—10: *Agricolam laudat iuris legumque peritus, Sub galli cantum consultor ubi ostia pulsat.*

[3] Cic. de or. 1, 200: *est enim sine dubio domus iuris consulti totius oraculum ciuitatis. testis est huiusce Q. Mucii ianua et uestibulum, quod in eius infirmissima ualetudine adfectaque iam aetate maxima cotidie frequentia ciuium ac summorum hominum splendore celebratur:* Tusc. 5, 112: *C. Drusi domum compleri a consultoribus solitam accepimus;* de leg. 1, 10: *quo minus more patrio sedens in solio consulentibus responderem;* vgl. de or. 3, 133; in Verr. II, 1, 120: Tibull. 1, 4, 77—78: *me qui spernentur amantes Consulent: cunctis ianua nostra patet;* Hor. Sat. 1, 1, 10 (cit. A. 2). Ueber Pomp. 37 ist die Biographie des P. Scipio Nasica zu vergleichen.

[4] Cic. de or. 3, 133: *M' uero Manilium nos etiam uidimus transuerso ambulantem foro, quod erat insigne eum qui id faceret facere ciuibus omnibus consilii sui copiam.* Ovid. ars am. 1, 79 ff. Aus dieser Sitte des Consultirens auf dem Markte ist auch der Ausdruck *disputatio fori* (ob. p. 86 A. 2; p. 232 ff.) zu erklären.

es seine Gewohnheit oder seine sonstigen Verhältnisse zuliessen, gab er ihnen, umgeben von Freunden und Schülern, Antwort auf ihre Fragen [1].

In der römischen Republik galten Kriegsdienst, Rechtskunde und Beredsamkeit für die ehrenvollsten Beschäftigungen [2]; speziell wird das Ansehen, welches die Juristen genossen, oft in den Quellen hervorgehoben [3]; ja die erfolgreiche Wirksamkeit als

---

[1] Als Beispiel für solche Consultationen vgl. Cic. de or. 1, 239 f., auch de fin. 2, 55, wo zwar kein Jurist genannt ist, aber sicher einer oder mehrere zugegen waren: *memini me adesse P. Sextilio Rufo, cum is rem ad amicos ita deferret* . . ; *aderamus nos quidem adulescentes sed multi amplissimi uiri, quorum nemo censuit plus Fadiae dandum quam posset ad eam lege Voconia peruenire.* Vgl. Brisson. de form. 3, 85 ff.; die ,Formel' *licet consulere? consule* war indessen schwerlich mehr als eine gebräuchliche Art der Anfrage (das Citat aus Horaz muss lauten: Sat. 2, 3, 192). Vgl. auch Jhering II, 415 f.

[2] Liv. 39, 40: *ad summos honores alios scientia iuris alios eloquentia alios gloria militaris prouexit.* Tac. dial. 28: *quae disciplina* (Erziehung, speziell durch die Mutter) *ac seueritas eo pertinebat, ut sincera et integra* . . *natura toto statim pectore arriperet artes honestas et siue ad rem militarem siue ad iuris scientiam siue ad eloquentiae studium inclinasset, id solum ageret, id uniuersum hauriret.* Interessant sind in dieser Hinsicht die Gegenüberstellungen der Verdienste des Ser. Sulpicius und L. Murena in der Rede Ciceros für den lezteren (18 ff.). Vgl. auch Hor. Epist. 1, 3, 23 ff.: *Seu linguam causis acuis seu ciuica iura Respondere paras seu condis amabile carmen, Prima feres hederae uictricis praemia.* Diese Verse sind bereits im Sinne des kaiserlichen Regiments geschrieben: die militärische Auszeichnung wird nicht mehr erwähnt, der Dichterruhm findet schon seine Anerkennung unter den ehrenvollen Beschäftigungen. — Die oft wiederholte Aeusserung Ciceros (p. Mur. 29; or. 141; Brut. 151; de off. 2, 66; vgl. p. Quinct. 1); dass die Beredsamkeit die erste, die Jurisprudenz die zweite Kunst in Rom gewesen sei, wird uns später noch näher beschäftigen.

[3] Cic. de or. 1, 198 ff., wo die römischen Juristen im Gegensaz zu den griechischen πραγματικοί (vgl. ob. p. 242 A. 3) folgendermassen charakterisirt werden: *in nostra ciuitate contra amplissimus quisque et clarissimus uir, ut ille qui propter hanc iuris scientiam sic appellatus a summo poëta est ,Egregie cordatus homo Catus Aelius Sextus' multique praeterea qui cum ingenio sibi dignitatem peperissent perfecerunt, ut in respondendo iure auctoritate plus etiam quam ipso ingenio ualerent;* vgl. ebend. 235; or. 142 und die folg. Anm.

Cavent und Respondent giebt in der Anschauungsweise jener Zeiten
geradezu ein Anrecht auf Auszeichnung und politische Beförderung[1].
Es wird erzählt, dass ein sonst nicht bekannter Jurist aus der ersten
Hälfte des siebenten Jahrhunderts, C. MARCIUS FIGULUS, bei der
Bewerbung um das Consulat unterlegen sei und sich am nächsten
Tage geweigert habe, seinen Mitbürgern fürderhin zu respon-
diren, weil sie ,ihn, den sie so viel consultirt hätten, nicht zum
Consul wählen wollten'[2]. Von diesem hohen Ansehen, das die
Juristen genossen, zeugen auch die vielfachen, ihnen wegen ihrer
Rechtskenntnis und speziell wegen ihrer Bewährung in der Praxis
verliehenen Beinamen der Scharfsinnigen und Weisen (Sapiens,
Sophus, Catus, Corculum)[3], welche sie teils als ehrende persönliche
Zunamen führten, teils aber auch als wirkliche Familiennamen auf
ihre Nachkommen vererbten[4]. Und im engsten Zusammenhange

---

[1] Cic. de off. 2, 65: *nam in iure cauere, consilio iuuare atque hoc
scientiae genere prodesse quam plurimis uehementer et ad opes augendas
pertinet et ad gratiam;* . . *haec igitur opera grata multis et ad beneficiis
obstringendos homines accomodata;* Brut. 155. In der Rede für Murena (24 f.
28 f.) können wir allerdings das Gegenteil lesen: *dignitas in ista scientia
consularis nunquam fuit quae tota ex rebus fictis commenticiisque con-
staret, gratia uero multo etiam minus;* . . *sapiens existimari nemo potest
in ea prudentia quae neque extra Romam usquam neque Romae rebus pro-
latis quidquam ualet;* aber diese Auslassungen erklären sich vom Standpunkt
des Advokaten aus von selbst, und verdienen ebenso wenig ernst genommen
zu werden wie Ciceros übrige Ausfälle gegen die Jurisprudenz in dieser Rede.
— Vgl. auch Panegyr. 11, 20 (Bährens): *iuris ciuilis scientia quae Manilios
Scaeuolas Seruios in amplissimum gradum dignitatis euexit.* (Der Cod. Vpsa-
lensis hat richtig *Manilios,* drei andere Handschriften *Mallios,* Bährens hat
geglaubt, dafür *Manlios* in den Text setzen zu müssen. Es dürfte ihm schwer
werden unter den Bekennern des Privatrechts einen andern Manlier anzuführen
als den einmal bei Val. Max. 5, 8, 3 erwähnten T. Manlius Torquatus, von
dessen juristischen Leistungen wir gar nichts wissen, und der jedenfalls eine
sehr untergeordnete Grösse war. Natürlich hat der Panegyrist den allbekannten M'. Manilius gemeint).

[2] Val. Max. 9, 3, 2. Die Zeit bestimmt sich aus der Angabe, dass
Figulus ein Sohn des Consuls gleichen Namens (von 592 und 598) gewesen
sei. Vgl. Zimmern I, 275; Teuffel R. LG. 133, 6.

[3] P. Sempronius Sophus, Sex. Aelius Catus, L. Acilius Sapiens, P.
Cornelius Scipio Nasica Corculum: Nachweise s. bei Maianisius XXX Ictorum fr. II, 39 ff.; Sanio Varr. 131. 149. Nach Plutarch hat der Name Cato
dieselbe Ableitung und Bedeutung wie Catus (Cato mai. 1: ὕστερον δὲ τὸν
Κάτωνα τῆς δυνάμεως ἐπώνυμον ἔσχε · Ῥωμαῖοι γὰρ τὸν ἔμπειρον κάτον
ὀνομάζουσιν).

[4] Als blosse *agnomina* erscheinen Sapiens bei Acilius und Corculum

damit steht auch die Tatsache, dass die Juristen während der Republik zum grössten Teil den ersten Familien Roms angehörten[1].

Natürlich finden sich, namentlich seit der zweiten Hälfte des siebenten Jahrhunderts, auch Männer von geringerer Herkunft als Juristen erwähnt, aber zu wirklich hervorragender Bedeutung haben sie es während der Republik nie gebracht[2]. In einzelnen vornehmen Geschlechtern dagegen gehörte die Beschäftigung mit dem Recht geradezu zur Familientradition: bei den Mucii Scaevolae vererbte sie sich, wie allbekannt, vom Vater auf den Sohn[3], auch die Aelier (Paeti und Tuberones) weisen eine Reihe namhafter Vertreter unserer Wissenschaft auf.

Nicht zum geringsten Teile beruhte dies allgemeine Ansehen der Rechtswissenschaft und ihrer Bekenner auch auf der Tatsache, dass die juristische Beihülfe unentgeltlich gewährt wurde[4].

bei Scipio. Vererbliche *cognomina* sind Sophus (es wird ein Sohn des Juristen in den Cap. Fasten zu 502 (C. I. L. I. p. 434) erwähnt) und Catus (wir finden unter Augustus einen Consul Sex. Aelius Catus; s. Klein fasti cons. z. d. J.).

[1] S. die in den vorhergehenden Anm. citirten Stellen.

[2] Diese Erscheinung ist dieselbe bei allen einheimischen Gattungen der Litteratur und Kunst: die Jurisprudenz war aus dem Pontifical-Collegium geflossen, wo sie stets von den vornehmsten Männern gepflegt war; die Beredsamkeit war jederzeit im Senat und in der Volksversammlung Sache der Leiter des Staates gewesen; die Geschichtsschreibung ging aus der Redaction der öffentlichen und Familienannalen hervor; alle diese Disciplinen weisen schon in ihren Anfängen Vertreter aus den ersten Geschlechtern auf. Von den Historikern bemerkt dies Cornelius Nepos (bei Suet. Rhet. 3) ausdrücklich, und hier ist die Tatsache allerdings auffallend, da die ältesten Annalisten nicht lateinisch sondern griechisch schrieben. — Anders verhielt es sich mit den aus Griechenland importirten Zweigen der Litteratur, wie Philosophie, Rhetorik, Grammatik, Poesie. Ihre ersten Bekenner sind zum grössten Teil Nichtbürger oder Freigelassene und erst allmählich haben sich auch erlauchte Römer ihnen zugewandt.

[3] Vgl. Cic. de or. 1, 244: *Mucius paterni iuris defensor et quasi patrimonii propugnator sui.* Wenn Kuntze (I, 127) hier von einer Familientradition spricht, welche die Stelle der späteren Schultradition vertrete, so verstehe ich diesen Vergleich nicht: es dürfte diesem Gelehrten schwer fallen, eine Familientradition aus den Fragmenten oder sonstigen Nachrichten über die Mucier zu erweisen; das einzige, was wir in dieser Hinsicht wissen, dass P. und Q. Scaevola gleichmässig die Notwendigkeit sacralrechtlicher Studien zu betonen pflegten (Cic. de leg. 2, 47 ff.) ist doch etwas ganz äusserliches; in der Methode steht, so weit wir urteilen können, Quintus sogar im directen Gegensaze zu seinem Vater, wie später darzutun sein wird.

[4] Das geht aus der Art und Weise wie Cicero in den oben (p. 253 A. 4;

Nicht um Geld zu verdienen boten die Juristen dem Publikum ihre
Dienste an: daher kam es, dass nur solche Männer sich diesem
Berufe widmen konnten, welche eine wirkliche Neigung dazu ver-
spürten, und vor allen Dingen, dass die Juristen nicht unter, sondern über der Partei standen, dass nicht persönliche, sondern sachliche Interessen für ihre Tätigkeit massgebend waren: Rechtsbeu-
gungen lassen sich wol den Richtern, nicht aber den Juristen
nachsagen. Mehr als irgend ein anderer Stand sind sie sich der
Verantwortlichkeit und der Hoheit ihrer Aufgabe bewusst geblieben;
fast durchweg haben sie sich als ehrenhafte Charaktere erwiesen
und dadurch nicht wenig dazu beigetragen, die Achtung vor ihrer
Arbeit in der öffentlichen Meinung zu bewahren. Wenn man die
ganze Reihe der Juristen von Coruncanius bis auf Labeo durch-
geht, so ist es eine erfreuliche Erscheinung, dass zu einer Zeit,
in welcher die allgemeine Corruption immer reissender um sich
griff, gerade in der Rechtswissenschaft sich eine so grosse Anzahl
von Männern findet, deren sittliche Reinheit über allen Zweifel er-
haben ist.

Wurde nun auch die Jurisprudenz nicht um klingenden Lohnes
willen betrieben, so war sie dagegen wol geeignet ihren Bekennern
anderweite äussere Vorteile einzubringen. Es ist schon (p. 256)
darauf hingewiesen, dass die praktische Bewährung dem Respondenten zu Macht und Ehrenstellen verhalf. Fast regelmässig haben
sich die Juristen dieser Periode am politischen Leben [1] beteiligt und
Staatsämter bekleidet, die meisten sogar mit Erfolg, indem sie
es bis zum Consulat brachten; aber es ist geradezu auffallend,
— sieht man von einzelnen Ausnahmen ab [2] — wie wenig glänzend
ihre Rollen auf diesem Gebiete gewesen sind. Am allerwenigsten
haben ihnen kriegerische Lorbeeren geblüht: Manilius hat sich in

---

p. 255 A. 3; p. 256 A. 1) citirten Stellen von den Juristen spricht, unzweideutig
hervor. Vgl. namentlich die Gegenüberstellung der griechischen πραγματικοί,
dieser *infimi homines mercedula adducti* mit den römischen Respondenten
(de or. 1, 198). Treffliche Ausführungen über diesen Punkt findet man bei
Jhering II, 418 f.

[1] Im vierten Kapitel soll noch eine anderweite Tätigkeit vieler Juristen
im öffentlichen Leben zur Darstellung kommen: die Verwaltung von Ponti-
ficaten und Auguraten.

[2] So war Scipio Nasica ohne Frage ein trefflicher Beamter und bedeutender Staatsmann; Rutilius hat sich im jugurthinischen Kriege als tüchtiger
Offizier hervorgetan; die Provinzialverwaltung des Q. Scaevola in Asien war
musterhaft.

seinen spanischen und karthagischen Feldzügen, Q. Fabius Servilianus in den Kämpfen gegen Viriathus sogar völlig unfähig gezeigt. Meistens vermieden sie es auch im Felde ihren Ruhm zu suchen, aber ihr Auftreten in der innern Politik ist während des siebenten Jahrhunderts ebenfalls kein glückliches gewesen. Und diese Erscheinung ist wol keine rein zufällige, sondern dürfte darauf zurückzuführen sein, dass der Jurist nur zu leicht geneigt ist, die Grundsäze seiner Wissenschaft auf die Politik zu übertragen. Gerade deswegen aber erweist er sich als ungeeignet zum Staatsmann: er ist gewohnt mit peinlicher Genauigkeit das Für und Wider jeder Frage abzuwägen, nicht aber im gegebenen Momente sofort diejenige Entscheidung zu treffen, welche den Umständen nach als die zweckmässigste geboten ist. Fast durchweg haben sich die römischen Juristen bei den inneren Kämpfen des siebenten Jahrhunderts zu der Mittelpartei gehalten, welche zwischen den Vorkämpfern der Senatsherrschaft und der Demokratie stand und zu allen Zeiten viele geistreiche Männer in sich vereinigte, aber kaum einen oder den andern wirklichen Politiker hervorbrachte. Man wollte die Verfassung bewahren, konnte sich aber auf der andern Seite auch der Erkenntnis nicht verschliessen, dass die bestehenden Verhältnisse unhaltbar geworden waren: indem man nun bald das eine, bald das andere Moment betonte, schwankte die Partei unsicher zwischen den extremen Richtungen hin und her, war meistens von den Optimaten oder Demokraten ins Schlepptau genommen, und hat es selten und immer nur auf kurze Zeit vermocht, selbst das Ruder in die Hand zu nehmen. Wir verhehlen uns nicht, dass wir mit diesen Bemerkungen nur allgemeine Gesichtspunkte gegeben haben, welche keineswegs überall zutreffen, doch werden sie dazu beitragen, die politische Haltlosigkeit so bedeutender Männer wie P. Scaevola oder Ser. Sulpicius Rufus verständlich zu machen. Aber auch in anderer Beziehung konnte die Vermengung juristischer und politischer Axiome verderblich werden, wie die Geschichte des Pontifex Q. Scaevola lehrt: dieser Mann besass allerdings Consequenz genug und an dem Mute der eigenen Ueberzeugung hat es ihm nie gefehlt, indem er aber die Bundesgenossenfrage als eine Rechtsfrage auffasste und zu lösen versuchte, hat gerade er wesentlich dazu beigetragen, den unseligsten Krieg über Italien herauf zu beschwören.

Neben den vielfachen Beweisen für die allgemeine Achtung
vor der Jurisprudenz und ihren Vertretern finden sich natürlich
auch manche absprechende, ja geringschäzige Aeusserungen
in den Quellen. Nicht eigentlich gehört hierher das schon früh in
Rom gebräuchliche Sprichwort, dass ‚das höchste Recht zum höchsten
Unrecht‘ werden könne [1]: die urteilslose Menge mochte darin einen
Vorwurf gegen die Wissenschaft erblicken, jeder denkende Mensch
wird damals so gut wie heute die Wahrheit dieses Sazes als ein
notwendiges Uebel aufgefasst haben. Aehnlich verhält es sich mit
den Vorwürfen der Wortklauberei, Formelspielerei und Silben-
stecherei [2]. Dass sie manchmal begründet waren, soll nicht in
Abrede gestellt werden, denn auch bei den grössten Juristen lässt
sich oft eine gewisse Pedanterie nicht verkennen; aber ebenso
häufig waren derartige Redensarten auch nichts weiter als der Ausdruck persönlichen Missmutes. Wenn man den Juristen brauchte,
so verlangte man, dass er alle seine Kunst aufwende; wenn man
sein Eingreifen nicht begehrte, oder wenn sein Gutachten gegen
den Wunsch der consultirenden Partei ausfiel, war man ebenso
schnell mit derartigen Ausdrücken bei der Hand. Am allerwenigsten
aber war es den römischen Juristen gegenüber gerechtfertigt,
wenn man ihnen vorhielt, sie suchten mit ihrer Wichtigtuerei und
Kleinkrämerei unbedeutende Dinge ohne Not aufzubauschen. Solchen
Aeusserungen liegt fast immer geringes Verständnis für das Recht
oder die Absicht eines Angriffes gegen die Juristen zu Grunde.
Wenn Cicero, der es bekanntlich verstand, heute eine Sache mit
den höchsten Lobesergüssen in den Himmel zu erheben, um sie
morgen unter beissendem Spott in den Staub zu ziehen, sich wiederholt in dieser Weise ausliess, sich sogar in der Rede für Murena vermass, er wolle in drei Tagen einen Rechtsgelehrten aus

---

[1] Terent. Heaut. 795 f.: *uerum illud, Chremes, Dicunt ‚ius summum
saepe summa est malitia‘*. Cic. de off. 1, 33: *existunt etiam saepe iniuriae
calumnia quadam et nimis callida et malitiosa iuris interpretatione. ex quo
illud ‚summum ius summa iniuria‘ factum est iam tritum sermone prouer-
bium.* Vielleicht stammte das Sprichwort aus dem Griechischen.

[2] Cic. de or. 1, 236: *ita est tibi iuris consultus ipse per se nihil nisi
leguleius quidam cautus et acutus, praeco actionum, cantor formularum, an-
ceps syllabarum*; vgl. Quint. 12, 3, 11: *formularii uel, ut Cicero ait, legulei.*
Cic. p. Caec. 65: *tum aucupia uerborum et litterarum tendiculas in inuidiam
uocant.* Vgl. Jhering II, 442, A. 610. Manche missgünstige Aeusserungen
sind auch durch die Rivalität zwischen Jurisprudenz und Beredsamkeit hervorgerufen: darüber später das Nähere.

sich machen[1], so hatte er seinen Zweck dabei: er wollte die Lacher
auf seine Seite ziehen[2]. Und dass ihm das gelang, beweist, in wie
mancher Brust seine Ausfälle gegen die Juristen Widerhall fanden.

Wenn wir im Vorhergehenden wiederholt von einem Berufe
der Juristen gesprochen haben, so dürfen wir dabei nur annähe-
rungsweise an einen Beruf in unserm Sinne denken. Denn weder
zog der Jurist seinen Lebensunterhalt aus seiner Praxis (ob. p. 257 f.),
noch lagen ihm irgend welche amtlichen Verpflichtungen ob, auch
nahm ihn die Beschäftigung mit seiner Wissenschaft nicht in dem
Maasse ausschliesslich in Anspruch, wie das heutzutage der Fall ist.
Im Gegenteil wurde, wie wir (p. 258 f.) gesehen haben, die öffentliche Aemtercarriere fast regelmässig von den Juristen durchgemacht, und der Siz im Senate, welcher daraus resultirte, fesselte
sie lebenslänglich an die Staatsverwaltung; vielfach galt es auch
als Ziel des Strebens eine Stelle im Augural- oder Pontificalcolle-
gium zu erlangen. Aber dennoch war die juristische Wirksamkeit
der berühmten Respondenten etwas anderes als blos eine Ausfüllung müssiger Stunden: sie war und blieb die eigentliche Lebensaufgabe des Mannes. Es ist deshalb falsch, die Jurisprudenz
lediglich als Altersbeschäftigung zu charakterisiren; vielmehr
haben sich die meisten Juristen schon in jungen Jahren als Ler-
nende ihrer Wissenschaft hingegeben (vgl. oben p. 231 ff.) und
sich schon im besten Mannesalter als Praktiker oder Schriftsteller
ihren Ruf erworben. Der jüngere Cato starb als designirter Praetor, also etwa vierzig Jahre alt, nachdem er ein hochbedeutendes
juristisches Werk geschrieben hatte; P. Scaevola hat sich ebenfalls
um die Zeit seiner Praetur eifrig an den juristischen Erörterungen
über das Bürgerrecht des Consuls Mancinus beteiligt[3]; auch Manilius soll schon als junger Mann respondirt haben[4], und das

---

[1] § 25 ff. 28: *itaque si mihi homini uehementer occupato stomachum
moueritis, triduo me iuris consultum esse profitebor.*

[2] Vgl. Cic. de fin. 4, 74.

[3] Vgl. die betreffenden Biographien, für den Fall des Mancinus auch
die des Brutus.

[4] Cicero (de rep. 3, 17) spricht von der Veränderlichkeit des Rechts
und bemerkt dabei: *ut hic iuris noster interpres alia nunc Manilius iura
dicat esse de mulierum legatis et hereditatibus, alia solitus sit adulescens
dicere nondum lege Voconia lata.* Manilius gelangte im Jahre 600 zur Prae-

gleiche wird man auch ohne Quellenzeugnisse von andern Vertretern
der Wissenschaft annehmen dürfen. Indessen stieg der Ruf des
Juristen natürlich mit den Jahren: erst allmählich konnte er die
für seine Wissenschaft so notwendige Bewährung in der eigenen
Praxis finden und damit seine selbständigen Erfahrungen als Quelle
für seinen Beruf verwerten. Auch das moralische Ansehen, das
sich der Greis durch ein langes ehrenhaftes Leben erworben hatte,
trug nicht wenig dazu bei, das Vertrauen seiner Mitbürger in seine
Tüchtigkeit zu bestärken. So kommt es, dass in den Schilderungen
zeitgenössischer Schriftsteller über das Leben und Treiben der
Juristen das ehrwürdige Alter oft eine grosse Rolle spielt [1].

Weiter aber unterschied sich die berufsmässige Tätigkeit der
Juristen auch dadurch von der unserer Tage, dass sie eine völlig
voraussezungslose und freie war. Die Möglichkeit, den Parteien
Gutachten abzugeben, war keinen Schranken unterworfen, sondern
jeder, der sich dessen für fähig hielt, konnte seine Mitbürger mit Rat
unterstüzen, und diese suchten ihn bei jedem, dem sie Kenntnis juristischer Dinge zutrauten [2]. Unter diesen Umständen gab es neben
den grossen Juristen, welche allein diesen Namen verdienen, natürlich auch untergeordnete Geister und Charlatane genug [3]; jedoch

--- --- ---

tur, stand also damals mindestens im vierzigsten Lebensjahre und zählte zur
Zeit des voconischen Gesezes (585) demnach 25 Jahre oder etwas mehr. Dass
er damals und auch vorber schon respondirt habe, ist wol glaublich, ob man
aber die Worte Ciceros, der den Manilius doch nur beispielsweise erwähnt,
so auf die Wagschale legen darf, ist zweifelhaft; jedenfalls kann man sie im
allgemeinen als Beleg für das Respondiren junger Männer verwerten.

[1] Vgl. namentlich Cic. de or. 1, 200 (ob. p. 254 A. 3). Oft spricht
Cicero auch davon, dass er selbst, wenn ihm die Beschwerden des Alters
eine anderweite öffentliche Tätigkeit unmöglich gemacht hätten, sich der
Jurisprudenz zuwenden wolle, so de leg. 1, 10: *ego uero aetatis potius ua-
cationi confidebam, cum praesertim non recusarum, quo minus more patrio
sedens in solio consulentibus responderem senectutisque non inertis grato
atque honesto fungerer munere*; vgl. § 12; de or. 1, 199 (durch den Mund
des L. Crassus): *senectuti uero celebrandae et ornandae quod honestius potest esse perfugium quam iuris interpretatio? equidem mihi hoc subsidium
iam inde ab adulescentia comparaui . . ad decus et ornamentum senectutis.*
Indessen ist solchen Aeusserungen gegenüber doch hervorzuheben, dass der
wirkliche Jurist seinen Beruf als Hauptzweck seines Lebens ansah und sich
ihm nicht erst widmete, wenn er zu anderen Aufgaben nicht mehr fähig war.

[2] Pomp. 49: *ante tempora Augusti publice respondendi ius non a
principibus dabatur, sed qui fiduciam studiorum suorum habebant consulentibus respondebant.*

[3] Cic. or. 145: *at ius profitentur etiam qui nesciunt.*

sind wir über diese Zustände nur für die Kaiserzeit einigermassen
unterrichtet, wo das Gewerbe der ‚Volksanwälte‘, die für Geld
dem Publikum ihre Dienste anboten, in Blüte stand. Dieselben
erscheinen bald als Mäkler, um Rechtsgeschäfte zu vermitteln,
bald als Notare, um sie schriftlich zu redigiren, bald als Berater
der Parteien vor Gericht, und werden als *tabelliones, tabularii*
oder *pragmatici* bezeichnet[1]. Man darf jedoch diese Verhältnisse
nicht ohne weiteres auf die republikanischen Zeiten übertragen;
denn was die erstere Tätigkeit angeht, so stand sie überhaupt in
keinem ersichtlichen Zusammenhange mit der Jurisprudenz, die andern beiden Zweige aber fielen der Hauptsache nach den eigentlichen Juristen zu (vgl. ob. p. 199 ff. 240 ff.). Erst in der Kaiserzeit
war das Ansehen der Cautelarjurisprudenz so weit gesunken, dass
die Juristen sich nicht mehr damit befassten, sondern sie Schreibern
wie den Concipienten der siebenbürgener Wachstafeln überliessen.

Aus unseren bisherigen Erörterungen geht eins mit Sicherheit hervor: dass man in Rom sowol bei allen wichtigeren Vorgängen des geschäftlichen Lebens wie bei der klagweisen Verfolgung oder der Verteidigung eines Rechts den Beirat des Juristen
für unentbehrlich hielt. Das Ansehen der Jurisprudenz in der
öffentlichen Meinung beruhte aber im lezten Grunde auf der natürlichen Beanlagung des Römers für diese Disciplin[2].

---

[1] Juvenal 7, 122: *Si quater egisti, si contigit aureus unus, Inde ca-
dunt partes ex foedere pragmaticorum:* der Sachwalter musste also seinen
Gewinn mit dem *pragmaticus* teilen (vgl. das Scholion: *iuris peritorum qui
negotiales causas agunt*). Martial 12, 72, wo der frühere Mäkler (*pragmaticus*) sich als ehrsamer Landmann zur Ruhe sezt. Suidas Ταβελλίων· ὁ
τὰ τῆς πόλεως γράφων συμβόλαια, ὁ παρὰ τοῖς πολλοῖς νομικός (= *iuris
consultus*) λεγόμενος, ἅπαντα ἐπιτελῶν τὰ τῶν πολιτῶν γραμματεῖα ἕκαστον
αὐτῶν οἰκείοις ἐπισφραγίζων γράμμασι. Vlp. de off. proc. 10 (D. 48, 19. 9, 4),
wo gesagt wird der Statthalter könne den *iuris studiosis uel aduocatis uel
tabellionibus siue pragmaticis* ihr Gewerbe verbieten. Auf eine derartige
Beschäftigung sind auch wahrscheinlich die Erwähnungen der *iuris consulti,
periti, prudentes* auf Inschriften der Kaiserzeit zu beziehen; z. B. C. I. L.
V, 1026 (vgl. Add. p. 1025); VI, 1621. 1853. 9487. 10229, 27; VIII, 8489.
10490. 10899; vgl. auch X, 4919 (ob. p. 81 A. 4), wo der Gestorbene gegen
den Vorwurf, ein Jurist gewesen zu sein, in Schuz genommen wird.

[2] Dieser Punkt ist oft in der neueren Litteratur erörtert; vgl. namentlich die Ausführungen von Jhering I, 312 ff.

Es ist gewiss keine zufällige Erscheinung, sondern ein sprechendes Zeugnis für den Volkscharakter, dass wie die griechische Litteratur mit Homer, so die römische mit den Zwölf Tafeln anhebt, dass wie dort die Ilias und Odyssee, hier das Gesez die Grundlage des ersten Schulunterrichts bildete (vgl. oben p. 234). Dadurch war dem römischen Börger eine allgemeine Kenntnis der wichtigsten Säze seines Rechts für das ganze Leben mit auf den Weg gegeben. Aus dieser natürlichen Anlage erklärt es sich auch, dass der Formalismus des Rechts nichts Abschreckendes für den Römer hatte: die Herbeiführung eines vermögensrechtlichen Erfolges durch klug und scharf gefasste Worte entsprach durchaus seiner berechnenden Natur, die Solemnität des Rechtsgeschäfts dem Ernst seines Wesens. Nirgends wurde ein Process schneller bekannt, und wurden die dabei auftauchenden Rechtsfragen lebhafter erörtert als in Rom.

Ueberall hat dies allgemeine Interesse für das Recht seine Spuren in der Cultur des römischen Volkes zurückgelassen, und wer diese verstehen will, muss jenes zu würdigen wissen. Welche hervorragende Stellung nimmt zum Beispiel das R e c h t b e i d e n D i c h t e r n ein[2]! Immer wird bei ihnen Bekanntschaft mit dem Recht vorausgesezt, nichts ist häufiger als Anspielungen auf juristische Verhältnisse. Plautus ist eine der ergiebigsten Fundgruben für unsere Kenntnis des älteren Rechts[3]; bei Ennius respondirt der pythische Apollon den Völkern und Königen, die ihn um Rat fragen, wie ein römischer Jurist seinen Consulenten[4]; technische Rechtsausdrücke, die sich bei diesem Dichter fanden, machten schon den Grammatikern der Kaiserzeit viel Kopfzerbrechen[5]. Terentius

---

[1] Sehr richtig bemerkt Mommsen (Forsch. I, 321 f.): Zu der ältesten Geschichte schliesst nun einmal kein anderer Schlüssel als der der Rechtsforschung.

[2] Vgl. Teuffel R. L. G. 48, 3.

[3] Belege aufzuführen ist überflüssig; man findet sie reichlich in der bei Teuffel 98, 6 angeführten Litteratur.

[4] Vahlen 186 ff.; Ribbeck 350 ff.: *Sibi unde populi et reges consilium expetunt Summarum rerum incerti quos ego ope mea Ex incertis certos compotesque consili Dimitto, ut ne res temere tractent turbidas.* Cicero (de or. I, 199), dem wir dies Fragment verdanken, illustrirt damit die Wirksamkeit des römischen Respondenten.

[5] So in den Annalen (8, 276 Vahlen): *Non ex iure manum consertum sed magi' ferro Rem repetunt regnumque petunt;* (Gell. 20, 10); Ann. 6, 189 Vahlen: *Proletarius publicitus scuteisque feroque Ornatur ferro;* (Gell. 16, 10).

glaubt eine Komoedie seines Rivalen Luscius nicht besser dem allgemeinen Spott preisgeben zu können, als indem er ihm Unkenntnis über die Grundsäze von der Verteilung der Beweislast im Process nachweist[1]. Bei Lucilius finden sich Anspielungen auf die von den Juristen jener Zeit so oft zum Gegenstand ihrer Interpretationen gemachten Vermächtnisse von Schmuck und Speisevorräten[2]. Höchst interessant ist auch eine Reihe von Lustspieltiteln[3], in welchen juristische Verhältnisse das komische Motiv bildeten oder doch wenigstens mitwirkten, um das Gelächter der Zuschauer zu erregen: so die Palliata ‚der Schuldknecht‘ (*Addictus*) des Plautus; die Togaten ‚die Hinterlegung‘ (*Depositum*), ‚die Ehescheidung‘ (*Diuortium*), ‚der emancipirte Sohn‘ (*Emancipatus*) des Afranius; ‚die Rechtsgelehrte‘ (*Iuris perita*)[4] des Titinius; die Atellanen ‚der adoptirte Bucco‘ (*Bucco adoptatus*), ‚die Mitgift‘ (*Dotalia*), ‚die Frau mit der Mitgift‘ (*Dotata*), ‚der klagende Erbe‘ (*Heres petitor*), ‚Maccus als Sequester‘ (*Maccus sequester*), ‚der übergangene Pappus‘ (*Pappus praeteritus*) von Pomponius; ein Stück unter lezterem

---

[1] Eun. Prol. 10 ff.: *Atque in Thensauro scripsit causam dicere Prius unde petitur aurum, quare sit suom. Quam ille qui petit, unde is sit thensaurus sibi Aut unde in patrium monumentum peruenerit.* Den Namen des Luscius (vgl. Teuffel R. L. G. 107, 5) und die Fabel des angegriffenen Stückes verdanken wir den Scholien des Donatus. Der hier gerügte Verstoss gegen das Recht bestand darin, dass Luscius in seinem Stück bei einer Vindication den Besizer als Kläger einführte und ihm den Eigentumsbeweis aufbürdete.

[2] 16, 458 f. (Lachm.): *Legauit quidam uxori mundum omne penumque. Quid mundum? quid non? nam quis diiudicet istuc?* vgl. ob. p. 225 A. 1. Auch 11, 355 ff. (Lachm.) gehört hierher: *Cassiu' Gaius hic operariu' quem Cefalonem Dicimu' sectorem furemque hunc Tulliu' Quintus Iudex heredem facit et damnati alii omnes*; offenbar wird ein allgemein bekanntes ungerechtes Urteil verspottet. Vgl. auch die Anführung der ersten Worte der Zwölf Tafeln: 17, 467 f. (Lachm.)

[3] Die Titel sind aus dem zweiten Bande von Ribbecks Scaenicorum Romanorum poesis fragmenta[2] entnommen.

[4] Wie weit Frauen sich mit der Jurisprudenz befassten, lässt sich nicht sagen; dass es vorkam, wird man aus diesem Titel schliessen dürfen. Selbstverständlich kann von einem eigentlichen juristischen Beruf dabei keine Rede sein und gehört die Erscheinung, dass Frauen als Respondentinnen auftraten, in das Capitel der Frauenemancipation, welche in dieser Zeit immer mehr um sich griff. Vgl. Mommsen R. G. I, 872 f.; III, 529 f. Bei Juvenal 6, 243 ff. wird von Frauen als öffentlichen Anklägerinnen gesprochen.

Namen auch von Novius[1]; ein Mimus ‚der Vormund‘ (*Tutor*) von einem unbekannten Verfasser. Man kann ja wenig aus diesen Titeln entnehmen, zumal manche von ihnen nur eine entfernte Beziehung zur Jurisprudenz haben, auch lassen die sehr geringen Reste dieser Stücke keine näheren Schlüsse auf ihren Inhalt zu. Aber jedenfalls zeigen diese Aufzählungen doch, dass juristische Fragen allgemeines Interesse fanden: wenn die Dichter es wagen konnten, gerade in der Atellanenposse, welche in ihren Wirkungen vorzugsweise auf die unteren Volksschichten berechnet war, juristische Verhältnisse in solchem Umfange auf die Bühne zu bringen, so mussten diese wirklich sehr im Vordergrunde des täglichen Lebens stehen.

Mit dem Interesse und der Beanlagung für das Recht stand ein anderer höchst wichtiger Factor in unmittelbarem Zusammenhange: der wirtschaftliche Sinn des Römers. Von Alters her zählte es zu den Pflichten des „guten und sorgsamen Hausvaters‘ (*bonus ac diligens pater familias*), wenigstens im allgemeinen im geltenden Recht bewandert zu sein und sich in den gewöhnlichsten Fragen selbst helfen zu konnen, wenn auch andrerseits die Vorsicht es dringend erheischte, bei irgendwie schwierigeren Verhältnissen den Juristen zu Rate zu ziehen. Zur sorgsamen Wirtschaft aber gehörte nach römischer Auffassung zweierlei: das Seinige karg und sparsam zu Rate zu halten und das Vermögen zu vermehren. Seitdem nun Rom an dem grossen internationalen Handelsverkehr teil zu nehmen begann, trat die leztere Seite immer mehr in den Vordergrund. Ein gewisser Geschäftssinn war zwar von jeher dem Römer eigen gewesen, jezt aber entwickelte er sich speziell als Kaufmannsgeist und als Lust an kühnen Speculationen. In jeder dieser beiden Beziehungen ist die interessanteste Erscheinung dieser Zeit die Persönlichkeit des alten Cato, dessen Leben und Wirken wir, da er für die Jurisprudenz in mehrfacher Hinsicht von Bedeutung gewesen ist, nunmehr näher treten müssen.

---

[1] Von Novius wird auch ein Stück *Tripertita* erwähnt (Ribb. p. 268): darf man annehmen, das Werk des Sex. Aelius Catus (ob. p. 104 ff.) habe eine solche Berühmtheit erlangt, dass es das Motiv einer Volksposse abgeben konnte? etwa in der Weise, dass ein Jurist lächerlich gemacht wurde, der auf dies Buch zu schwören pflegte?

XXV. M. PORCIUS CATO.

M. Porcius M. f. Cato[1] war im Jahre 520 zu Tusculum am Albanergebirge geboren. Ein echter römischer Bauernsohn war er in harter Jugend zum Manne gereift. Siebzehn Jahre alt trat er in das Heer (537) und machte den hannibalischen Krieg in allen seinen Wechselfällen mit: er diente unter Q. Fabius Maximus und war bei der Eroberung von Tarent zugegen (545), an der entscheidenden Schlacht von Sena (547) nahm er ruhmvollen Anteil; kurz darauf ging er als Quaestor des älteren Scipio (550) nach Sicilien und Africa. Nach dem Frieden sezte er seine politische Laufbahn fort. Unter dem lebhaftesten Widerstreben der Nobilität, welche den ‚Neuling' nicht in ihrer Mitte dulden wollte, errang er ein Staatsamt nach dem andern: die plebejische Aedilität (555), die Praetur mit der Provinz Sardinien (556) und das Consulat mit dem Commando im diesseitigen Spanien (559). Im Jahre 563 ging er noch einmal ins Feld, als Legat unter dem Consul M'. Acilius Glabrio, dessen Sieg über König Antiochos in den Thermopylen wesentlich Catos Verdienst war. Bald darauf verwaltete er seine berühmte Censur (570). Seitdem bekleidete er, abgesehen von einer Gesandtschaft nach Karthago, kein öffentliches Amt mehr, war aber im Senat und auf dem Markt in politischen und privaten Angelegenheiten bis in sein leztes Lebensjahr unermüdlich tätig. Er starb im Jahre 605, ein fünfundachtzigjähriger Mann, nachdem er noch den Anfang vom Ende der verhassten Stadt Karthago gesehen und prophetischen Geistes auf den künftigen Eroberer derselben hingewiesen hatte.

---

[1] Antike Biographien besizen wir von Cornelius Nepos und Plutarch. — Neuere Litteratur: Grotius Vitae ICtorum 1, 5; Maiansius XXX ICtorum fragm. I, 1 ff.; Heineccius Hist. iur. Rom. Germ. I, 3, 129—130; Hugo 470 f.; Drumann V, 97—148; Teuffel in Paulys R. E. V, 1904 ff.; R. L. G. 118—122; Mommsen R. G. I, 814 ff. 869 ff. 937 ff. u. ö.; Rudorff I, 158; Rein 52; Kuntze I, 128; Gerlach M. Porcius Cato (Baseler Programm 1869); Padelletti-Cogliolo 110; Ferrini Storia delle fonti 26. — Die Fragmente aus Catos Schriften sind gesammelt von Jordan: M. Catonis praeter librum de re rustica quae extant (1860). — Catos Leben ist oft Gegenstand eingehender Schilderungen gewesen, hier würde eine solche zu weit führen: es mag bei einigen Andeutungen, für welche die Belege namentlich aus Maiansius und Drumann zu entnehmen sind, sein Bewenden haben.

Cato ist von späteren Geschlechtern oftmals als der erste Mann
seiner Zeit und als das glänzendste Vorbild unverfälschten alten
Römertums gepriesen worden. In der Tat war er eine grossartige Persönlichkeit, ein Mann von echtem Schrot und Korn: sein wetterfester
Körper befähigte ihn jede Strapaze zu ertragen, seine geistige Kraft
blieb in Wort und Tat bis in das späteste Alter immer gleich rege[1];
eine unvergleichliche Energie und das Bedürfnis, sich immer und
überall zu betätigen, liessen ihn ohne Rast und Ruhe von einer
Beschäftigung zur andern eilen; und was die Hauptsache ist, auf
so vielen Gebieten er sich auch bewegt hat, nirgends hat er Ober-
flächliches geleistet, sondern überall war er gründlich bewandert.
Als Soldat und Feldherr, als Bürger und Staatsmann zählte er zu
den Besten seiner Zeit, als Landwirt und Kaufmann, als Redner
und Schriftsteller hat er aussergewöhnliche Erfolge zu verzeichnen[2].
Aber so wunderbar auch seine Vielseitigkeit hinsichtlich der Gegenstände ist, mit denen er sich befasste, ebenso charakteristisch
für ihn ist die Einseitigkeit, mit der er sie zu behandeln und zu erledigen pflegte. In dem einen so gut wie in dem andern beruht
seine Eigentümlichkeit und seine Grösse. Er hatte das sichere
Bewusstsein, stets mit strengster Gewissenhaftigkeit seine Pflicht
erfüllt zu haben, und forderte gerechter Weise auch von anderen
das gleiche, aber er konnte dabei pedantisch und rücksichtlos
werden[3]. Nie fehlte es ihm an dem Mute unerschrocken seine
Meinung zu sagen, aber er wusste sie schwer von Vorurteilen zu
unterscheiden, und nicht leicht liess er sich wieder davon abbringen,
sondern pflegte sich eigensinnig in seine Ansichten zu verbohren:
sein *celerum censeo* charakterisirt ihn, mag es wahr oder gut erfunden
sein. Am wenigsten erfreulich ist seine Erscheinung im Alter[4]:

---

[1] Liv. 39, 40: *in patientia laboris periculi ferrei prope corporis ani-
migue quem ne senectus quidem .. fregerit.* Seine vielen treffenden Antworten und Wizworte sind bekannt; in der Derbheit seiner Ausdrücke und der
Fähigkeit, den Nagel auf den Kopf zu treffen, erinnert er an eine ähnliche
Kernnatur, an Luther. Sammlungen seiner Aussprüche bei Plutarch 8. 9 und
in den Ἀποφθέγματα βασιλέων καὶ στρατηγῶν (Dübner I p. 210 ff.).

[2] Liv. 39, 40: *versatile ingenium .. paritir ad omnia fuit.* Quint. 12,
11, 23: *M. igitur Cato idem summus imperator, idem sapiens, idem orator,
idem historiae conditor, idem iuris, idem rerum rusticarum peritissimus fuit;
inter tot operas militiae, tantas domi contentiones, rudi saeculo litteras Grae-
cas aetate iam declinata didicit, ut esset hominibus documento ea quoque per-
cipi posse quae senes concupissent.* Nepos Cato 3.

[3] Vgl. Drum. p. 141.

[4] Vgl. den XXVI. Abschnitt.

der heitere Greis, der in gleichmässiger Geschäftigkeit sein Tage-
werk verrichtet und in rubiger Beschaulichkeit auf ein langes taten-
reiches Leben zurückblickt, welchen uns Cicero in seinem Dialog über
das Alter schildert, ist nicht der Cato der Geschichte. Im Gegenteil
war er rastlos bewegt, seine Leidenschaften hatten sich im Alter nicht
abgeklärt, seine Schroffheit war stets dieselbe geblieben; bis in sein
leztes Lebensjahr verfolgte er seine Feinde mit erbittertem Hass und
wusste er den Gegner mit schneidenden Worten zu treffen[1]. Die
politische Anklage betrieb er wie eine Lebensaufgabe; natürlich suchten auch seine Widersacher ihn, wo sie nur konnten, zu fassen: er soll
vierundvierzig Mal vor dem Richter gestanden haben[2]. Es kann auch
nicht dem geringsten Zweifel unterliegen, dass Cato sein ganzes
Leben lang von glühendem Patriotismus geleitet wurde, aber die
Liebe zum Nationalen und Altrömischen beherrschte ihn so völlig,
dass sie ihn oftmals der Fähigkeit einer ruhigen Beurteilung der
politischen Lage beraubte und ihn gegen vieles Gute, das aus der
Fremde kam, blind machte. Zu seiner Haltung in der karthagischen Frage bestimmte ihn der Hass, nicht die politische Einsicht;
seine Opposition gegen den Hellenismus war zweifellos zum guten
Teil berechtigt, aber sie kannte weder Maass noch Ziel. Der Grieche
galt ihm von vorn herein für einen Lumpen, aus seiner Verachtung
für diese ,Bande, mit der nichts aufzustellen sei'[3], hat er nie ein
Hehl gemacht. Und doch konnte er sich dem gewaltigen Strome
nicht entziehen, er stand schon in reiferen Jahren, als er sich ent-
schloss, die viel geschmähte griechische Bildung kennen zu lernen,
und bis zu einem gewissen Grade gelang ihm das auch: er war
nicht unbewandert in der griechischen Litteratur[4]; aber sein Wort,
dass man die Schriften der Griechen wol einsehen, nicht aber sich
darin vertiefen solle, zeigt deutlich, dass er dabei gegen seine

---

[1] Liv. 39, 40: *orationes et pro se multae et pro aliis et in alios:
nam non solum accusando sed etiam causam dicendo fatigauit inimicos*;
Nep. 2; Plut. 15: τῆς δὲ πολιτείας φαίνεται τὸ περὶ τὰς κατηγορίας καὶ
τοὺς ἐλέγχους τῶν πονηρῶν μόριον οὐ μικρᾶς ἄξιον σπουδῆς ἡγησάμενος.
Vglg. d. Arist. u. Cato 2: μέχρι γήρως ὥσπερ ἀθλητὴς ἀγωνιζόμενος. Schrift
de uir. III. 47: *accusator adsiduus malorum.*
[2] Plut. u. Schr. de uir. ill. a. a. O.; Val. Max. 3, 7, 7; Plin. H. N.
7, 100.
[3] Ad M. fil. (p. 77 Jord.; Plin. H. N. 29, 14): *uincam nequissimum
et indocile esse genus illorum.* Vgl. die geringschäzigen Aeusserungen bei
Plut. 9; Apopoth. 28.
[4] Nachweise bei Maiansius c. 229; Drum. p. 144.

Neigung handelte und sich nur dem Zwange der Verhältnisse
fügte[1]. Auch seine Stellung zu der römischen Nobilität ist bezeichnend für ihn. Man liess ihn fühlen, dass er ein Emporkömm-
ling war, und er blieb die Antwort auf die Geringschäzung
seiner Person und seiner Abkunft nicht schuldig[2]: jenen Familien-

---

[1] Ad M. fil. (s. p. 269 A. 3) *quod bonum sit illorum litteras inspicere non
perdiscere.* Augenscheinlich hat Cato, was die Litteratur der Griechen angeht,
eine Wandlung durchgemacht; aber gerecht ist er ihr auch im Alter nicht geworden; vgl. Plut. 2. Es ist gewiss richtig, was Mommsen (R. G. I, 938 ff.)
ausführt, dass Catos Opposition gegen den Tageshellenismus seiner Zeit berechtigt war und dass auch seine Schriften unter hellenischem Einfluss, nur
freilich in anderer Art als die der Gegenpartei entstanden sind. Aber darf man
daraus folgern, dass Cato sich der Opposition gegen einen gesunden Hellenismus überhaupt nicht schuldig gemacht habe? war es wirklich ein richtigerer In-
stinct, der ihn bei der Nachahmung oder Benuzung griechischer Muster leitete?
und kann man wirklich Cato in den Einzelheiten seiner Polemik gegen das
Griechentum Recht geben? So geschmacklose Ausfälle, wie wir sie in den
Vorschriften für seinen Sohn lesen (Jord. p. 77), sind doch mehr als ,Aeusse-
rungen des Unwillens, bezeichnet von der ihm eigenen schroffen Borniertheit.'
Und sie sind nicht die einzigen: der Hass gegen das Griechentum dringt bei
ihm überall durch. — Dass er sich über des Isokrates langweilige Methode
lustig machte, war gewiss berechtigt; dass er aber in Sokrates nichts als
einen Schwäzer und gewalttätigen Menschen erkennen konnte (Plut. 23), beweist, dass er nicht nur gegen das ,griechische Gesindel, das er in Rom oder
Athen kennen lernte', loszog, sondern dass seine Einseitigkeit ihn verhinderte,
auch den besten der Hellenen gerecht zu werden. Und zeugt es wirklich
von ,richtiger Einsicht', wenn er erschreckt durch den Erfolg, welchen die
griechischen Philosophen (599) bei der römischen Jugend fanden, im Senat
deren Entlassung beantragte, weil sie die Leute zu allem, was sie wollten,
zu überreden und ihnen die Begriffe von wahr und unwahr zu verdrehen
verständen (Plut. 22; Plin. H. N. 7, 112)? Cato eiferte eben gegen das Griechentum als solches und gegen die Philosophie, von der er am wenigsten
verstand, am meisten. Plutarch trifft ohne Frage das richtige, wenn er sagt (23):
ὅλως φιλοσοφίᾳ προςκεκρουκὼς καὶ πᾶσαν Ἑλληνικὴν μοῦσαν καὶ παιδείαν
ὑπὸ φιλοτιμίας προπηλακίζων. Und wenn auch Cato von den Griechen
lernte, und sie in seinen Schriften benuzte, so beruht das nicht auf einer
unbefangeneren Würdigung ihrer Verdienste, sondern auf dem notgedrungenen
Zugeständnis, dass ohne das Studium und die Benuzung der Griechen eine
römische Litteratur nicht möglich sein werde. Und schliesslich: gab es denn
wirklich damals nur ,griechische Modenarren' in Rom? Der Hellenismus der Scipionen, die feine Bewunderung eines Paullus, der doch gewiss eine echt
nationale Persönlichkeit ist, sind ungleich woltuendere Erscheinungen als die
widerwillige Anerkennung, welche Cato schliesslich der überwältigenden Macht
einer höheren Cultur zollen musste.

[2] Liv. 39, 40: *simultates nimio plures et exercuerunt eum et ipse*

cliquen und Coterien, welche die Staatsämter als ihre Domäne betrachteten, sezte er den berechtigten Stolz des eigenen Wertes entgegen, aber er tat das nicht immer in würdiger Weise. Wer ihn getroffen hatte, den traf er wieder, in geradezu händelsüchtiger Weise band er mit den Scipionen immer von neuem an[1]: dass er als Censor den gefeierten Sieger von Zama nicht weiter als Vormann des Senates belassen wollte und ihn durch L. Valerius Flaccus ersezte, dem niemand als er selbst etwas verdankte, ist ein unschönes Beispiel persönlicher Rachsucht. Freilich war er bei allen seinen Maassnahmen immer in dem guten Glauben, sie geschähen zum Besten des Staates, und in dieser Hinsicht war er sich der lezten Triebfedern seines Handelns wol selbst nicht bewusst: er gelangte schliesslich dazu, sich eine Freund und Feind verlezende Unfehlbarkeit zuzuschreiben, so dass ihm die Befriedigung seiner persönlichen Eitelkeit[2] und die Sorge für das gemeine Wohl in eins zusammenliefen. Die Sucht, allzeit der erste zu sein und überall originell zu erscheinen, beherrschte ihn in jeder Beziehung[3]; als die lebendige Stimme des öffentlichen Gewissens zu erscheinen, war sein höchster Ehrgeiz. Es mag dahingestellt sein, ob seine Zeitgenossen wirklich, wie er behauptet hat, wenn sie Unrecht getan, sich zu entschuldigen pflegten, sie seien ja keine Catonen[4]: dass die Nachwelt seinen Namen in dieser Weise gebrauchte, war gewiss in seinem Sinne.

---

exercuit eus, nec facile dixeris utrum magis presserit eum nobilitas, an ille agitauerit nobilitatem.

[1] Die Feindschaft stammt aus dem Antagonismus des Q. Fabius Maximus und Scipio: Plut. 3; Verglg. 5. Cato teilte die politischen und militärischen Ansichten des ersteren und geriet gelegentlich seiner Quaestur zum ersten Mal mit Scipio aneinander (vgl. Drum. 101 f.).

[2] Liv. 34, 15: *haud sane detrectator laudum suarum*; Plut. 14; Verglg. 6. Beweise für seine Ruhmredigkeit liefern auch die Fragmente seiner Reden: *dierum dictarum de consulatu suo* (p. 33 ff. Jord.), *de sumtu suo* (37 f. J.), *cum in Hispaniam proficisceretur* (p. 38 J.), *de suis uirtutibus* (p. 43 J.), *de moribus Claudi Neronis* (p. 60 J.), *de innocentia sua* (? p. 64 J.). Inc. 10 (p. 72 f. J.).

[3] Plut. 25: ἐν παντὶ φιλοτιμούμενος περιττός εἶναι καὶ ἴδιος.

[4] Plut. 19.

Mit Recht hat Cato jederzeit für das Muster eines tüchtigen Hauswirtes gegolten. Seine Einfachheit und Bedürfnislosigkeit, seine Sparsamkeit und Enthaltsamkeit sind allbekannt. Aller Luxus erschien ihm sündhaft, er duldete ihn weder im eigenen noch im fremden Hause: ‚kaufe nicht was brauchbar sondern nur was notwendig ist‘, so ermahnt er seinen Sohn, ‚was aber nicht einmal brauchbar ist, ist schon mit einem As zu teuer bezahlt‘[1]. Andrerseits hielt er es aber für Mannespflicht, beständig auf die Vergrösserung seines Vermögens bedacht zu sein[2], und es entspricht seiner Art, dass er den mühelosen Erwerb gering anschlug im Vergleich zu dem, welchen er seiner eigenen Arbeit verdankte[3]; als die beste Tätigkeit erschien ihm die, welche ihm die höchsten Erträge versprach. Es war, als ob zwei Seelen in seiner Brust wohnten: mit der einen hing er als altrömischer Bauer an der Landwirtschaft, die andere trieb ihn zu den gewinnbringenden Geschäften des Speculanten. Wie erfahren er als Landmann war, bedarf keiner näheren Auseinandersezung: seine Neigung galt in dieser Hinsicht zwar in erster Linie dem Ackerbau[4], aber dennoch betrieb er ihn nur nebenbei und gab der Viehzucht, weil sie ihm lohnender schien, den Vorzug[5]; ebenso gründlich wie auf Behandlung und Verwertung des Viehes verstand er sich auf die der Sklaven[6]. Vor

---

[1] Ad M. fil. (p. 79 Jord.): *emas non quod opus est sed quod necesse est: quod non opus est asse carum est.* Plut. 4.

[2] Plut. 21: οὐκ ἀνδρὸς ἀλλὰ χήρας γυναικὸς εἶναι τὸ μειῶσαί τι τῶν ὑπαρχόντων.

[3] Ebend.: θαυμαστὸν ἄνδρα καὶ θεῖον εἰπεῖν ἐτόλμησε πρὸς δόξαν ὃς ἀπολείπει πλέον ἐν τοῖς λόγοις ὃ προσέθηκεν οὗ παρέλαβεν.

[4] De agri cult. praef.: *uirum bonum quom laudabant* (sc. *maiores*), *ita laudabant: bonum agricolam bonumque colonum. amplissime laudari existimabatur qui ita laudabatur. mercatorem autem strenuum studiosumque rei quaerendae existimo, uerum . . periculosum et calamitosum. at ex agricolis et uiri fortissimi et milites strenuissimi gignuntur, maximeque pius quaestus stabilissimusque consequitur minimeque inuidiosus, minimeque male cogitantes sunt qui in eo studio occupati sunt.* Vgl. Cic. Cato 51 ff.

[5] Vgl. Cic. de off. 2, 89.

[6] De agricult. 2. 142; Plut. 5. 21. Man hat aus der Erzählung, dass Catos Frau die Sklavenkinder wie ihren eigenen Sohn säugte (Plut. 20), auf eine besonders menschliche Empfindung gegen die Sklaven von Seiten Catos geschlossen. Aber der Grund, den Plutarch dafür angiebt, sie sollten mit der Muttermilch die Anhänglichkeit an den künftigen Herrn aufsaugen, lässt eher auf eine ökonomische und medicinische Maxime als auf eine aussergewöhnlich humane Gesinnung schliessen.

allem aber lockte ihn der Unternehmergewinn: zu Lande und zu
Wasser speculirte er mit gleicher Fertigkeit[1]. Er kaufte Ländereien
an und verpachtete sie zu landwirtschaftlichen und gewerblichen
Zwecken aller Art; als eigentlichen Kaufmann aber lernen wir Cato
in dem von ihm mit besonderer Vorliebe gepflegten Betrieb der
Bodmerei kennen. Dies Geschäft, das sich als Darlehn auf Schiff
und Fracht unter besonders hoher Praemie für die in der Seefahrt
liegende Gefahr darstellt (Seezins, *faenus nauticum*), war zwar den
Senatoren als für ihren Stand unpassend verboten[2], aber Cato
wusste sich zu helfen: die Geschäfte gingen auf den Namen eines
seiner Freigelassenen; und sie warfen ihm ohne Frage hohe Erträge ab, da das Gesez hier keine Zinsbeschränkungen kannte[3].
Es mag uns seltsam anmuten, wenn der Mann, welcher das Recht
hochhielt wie wenig andere, sich zu so offenbaren Umgehungen
desselben herbeiliess. Aber die öffentliche Meinung tadelte ihn
darum gewiss am wenigsten, nicht nur weil derartige Geschäfte
überhaupt zu jener Zeit durchaus an der Tagesordnung waren, sondern weil diese Art der formellen Beobachtung der Geseze und der
Benuzung aller Lücken, welche sie dem schlauen Mann zum Durch-
schlupf offen liessen, durchaus dem römischen Volkscharakter entsprach. Auch dass er sich an den damals lebhaft aufblühenden
Associationen beteiligte, war ganz im Geiste seiner Zeit gehandelt. So gelang es Cato durch die Klugheit seiner Oekonomie
im Verein mit einer seltenen Sparsamkeit und Enthaltsamkeit allmählich ein bedeutendes Vermögen zusammen zu bringen[4].

---

[1] Vgl. für das folgende Plut. 21; Marquardt Pr. A. 384.

[2] Durch das claudische Gesez von 536; Liv. 21, 63; vgl. Cic. in Verr.
II, 5, 45.

[3] Paul. Sent. 2, 14, 3. Vgl. Mommsen R. G. I, 854 Anm., der mit
Recht hervorhebt, dass Cato durch dies *faenus nauticum* nicht in Widerspruch geriet mit seinem bekannten Wort, dass der Wucher dem offenbaren
Meuchelmord gleich zu achten sei (Cic. de off. 2, 89). Was Cato damit für
verwerflich erklärte, war die Ausbeutung der Notlage seiner Mitbürger, nicht
das Speculiren auf hohe Prämien.

[4] Dass Cato auf diese Weise ein reicher Mann wurde, leuchtet von
selbst ein und ist auch von Plutarch (21; Verglg. 3) ausdrücklich bezeugt.
Wenn es dagegen im Auszug des Livius (48) bei Gelegenheit des Begräb-
nisses seines Sohnes heisst: *M. Porcius Cato filii in praetura mortui funus
tenuissimo, ut potuit — nam pauper erat — sumptu fecit*, so ist diese An-

Vielseitig wie im Leben ist Cato auch in seiner Schriftstellerei: was er für wissenswert hielt, hat er litterarisch behandelt, was er der Erinnerung für wert hielt, hat er aufgezeichnet[1].
Zweierlei aber ist für alle seine Werke massgebend: der nationale
und der praktische Zweck. Cato arbeitete für seine Mitbürger und
schrieb in seiner Muttersprache: dadurch ist er der Schöpfer der
lateinischen Prosa geworden. Hellenischen Einflüssen hat er sich allerdings nicht verschlossen: namentlich verrät die Anlage seiner ‚Urge-
schichten‘ deutlich die griechischen Muster, auch der Stoff der
ersten Bücher dieses Werkes ist griechischen Vorbildern entlehnt[2];
doch waren das mehr äusserliche Anlehnungen, zu der Methode der
griechischen Arbeit verhielt er sich durchaus ablehnend[3]. Hand in
Hand mit dieser vaterländischen geht die praktische Tendenz seiner
litterarischen Publicationen: sie ist sowol für die Wahl seines Gegenstandes wie für den Umfang und die Form seiner Schriften
immer massgebend; der künstlerische Zweck, welcher in der griechischen Litteratur so sehr im Vordergrund stand, oft sogar das sachliche Interesse überwog, spielt bei Cato gar keine Rolle. Er zeichnete
seine Reden[4] nicht auf, um rhetorische Meisterwerke zu liefern,
denn alle Schönrederei war ihm gründlich verhasst; sein bekannter

---

gabe über seine Armut entschieden unrichtig. Cato mochte aus Princip ein
prunkhaftes Leichenbegängnis verachten, gerade wie M. Lepidus, von dessen
leztem Willen über diesen Punkt gleich darauf die Rede ist. Es gehört einmal bei den späteren Schriftstellern die Armut zu den notwendigen Attributen
für die Musterbeispiele von Römertugend, als deren vornehmstes Cato allezeit
gegolten hat.

    [1] Cic. de or. 3, 135: *nihil in hac ciuitate temporibus illis sciri di-
sciue potuit quod ille non cum inuestigarit et scierit tum etiam conscrip-
serit.* Nepos Cato 3; Quint. 12, 11, 23 s. ob. p. 268 A. 2.

    [2] Vgl. Momms. R. G. I, 940; auch die Einflechtung der Reden ist
den griechischen Historikern nachgebildet. Ueber Catos Stellung zum Hellenismus überhaupt vgl. ob. p. 269 f. — Die Inhaltsangabe der *Origines* s. bei
Nepos 3, weitere Nachweise bei Teuffel R. L. G. 120; Jordan p. XIX ff.
(Fragm. p. 3 ff.), Peter Hist. Rom. rel. I, p. CXXVII ff. (Fragm. p. 51 ff.).

    [3] Cic. de or. 3, 135: *Quid enim M. Catoni praeter hanc politissimam
doctrinam transmarinam atque aduenticiam defuit?* Nepos 3: *in quibus*
(den *Origines*) *multa industria et diligentia comparet nulla doctrina.* Ueber
diese wissenschaftliche Methode der Griechen und den Begriff der *doctrina*
wird in dem Abschnitt über Philosophie und Jurisprudenz näher gehandelt
werden.

    [4] Vgl. Teuffel R. L. G. 119; Jordan p. LXII ff. (Fragm. p. 33 ff.);
Meyer Orat. Rom. fr. p. 11 ff.

Ausspruch, man solle die Sache ins Auge fassen, die Worte kämen
dann von selbst[1], dürfte wenig dem Geschmack der griechischen
Redekünstler entsprechen, Cato aber charakterisirt er wie kein anderer. Mit der Herausgabe seiner Reden verfolgte er vielmehr durchweg politische Zwecke, man kann sie in dieser Hinsicht am besten
unseren Broschüren und Flugschriften vergleichen. Auch bei seinem
Geschichtswerke leiteten ihn ähnliche Ziele : während in den
ersten Büchern durch die Darlegung der italischen Urgeschichte
und der römischen Machtentfaltung in allgemeinerer Weise der
Sinn für die Vaterlandskunde und Bewunderung für die Taten der
grossen Vorfahren geweckt werden sollte, nähern sich die späteren,
die Geschichte der Gegenwart behandelnden Bücher, wie namentlich die Einfügung der eigenen Reden zeigt, wieder der direkten
politischen Tendenz der lezteren.

Aehnliche Gesichtspunkte beherrschen auch Catos Schriften
über unmittelbar praktische Gegenstände, zu welchen vor allem
sein uns erhaltenes Werk über den Ackerbau[2], weiter aber auch
seine Anleitungen über Medizin, über Kriegswesen, über die Fertigkeit zur Rede und über das Privatrecht gehören. Wir werden dem
Kreise dieser Schriften später noch näher treten[3]; müssen uns
aber vorerst über Catos Stellung zur Jurisprudenz überhaupt Rechen-
schaft zu geben suchen.

Cato hat sich viel mit der Jurisprudenz befasst, sowol im
Privatrecht[4] wie im Sacralrecht[5] war er bewandert. Und doch war

---

[1] Iul. Vict. ars rhet. p. 197 Or. (Schol. Cic.): *Catonis praeceptum paene
diuinum qui ait: rem tene, uerba sequentur.*

[2] *De agri cultura* Ausg. von Keil 1884; vgl. Teuffel 122.

[3] S. unt. p. 277 ff.

[4] Cic. de or. 1, 171: *iuris ciuilis omnium peritissimus*; de or. 3, 135:
*num quia ius ciuile didicerat, causas non dicebat? aut quia poterat dicere
iuris scientiam neglegebat? utroque in genere et elaborauit et praestitit.*
Nepos 3: *peritus iuris consultus.* Cic. Cato 38 (s. A. 5). Val. Max. 8, 7, 1:
*cumque eloquentia magnam gloriam partam haberet, id egit, ut iuris ciuilis
quoque esset peritissimus.* Quint. 12, 3, 9: *iuris fuit peritissimus*; ebend.
12, 11, 23 (s. ob. p. 268 A. 2).

[5] Orig. 7, 2 Jord. (Gell. 1, 12, 17): *Ego me nunc uolo ius pontificium
optime scire: iamne ea causa pontifex capiar? si uolo augurium optime
tenere: ecquis me ob eam rem augurem capiat?* Cic. Cato 38: *ius augurium*

er nicht in dem Sinne Jurist von Beruf, dass er die Beschäftigung
mit dem Recht als vorzüglichste Aufgabe seines Lebens oder auch
nur seines Alters aufgefasst hätte[1]. Sie galt ihm vielmehr als notwendige Voraussezung für eine geordnete Vermögensverwaltung und
tüchtige Geschäftsführung. Einen Tag ohne Testament gewesen zu
sein, rechnete er zu den Hauptsünden seines Lebens[2]. Nicht eine
besondere Neigung sondern das Interesse, welches der praktische
Römer überhaupt dem Rechte entgegenbrachte, machte ihn zum
Juristen. Und wie es in allen Dingen seine Art war, nichts oberfläch-
lich anzufassen und sich immer auf sich selbst zu verlassen, so blieb
er auch auf diesem Gebiete kein Dilettant, sondern vertiefte sich
in das Studium des Rechts, so dass er sich selbst und anderen
mit seinen Kenntnissen nüzlich werden konnte.

Schon die Fragmente seiner R e d e n beweisen viel Interesse
für juristische Fragen. Am wenigsten darf man das freilich daraus
schliessen wollen, dass er für das privatrechtlich so wichtige v o c o -
n i s c h e G e s e z (585) eintrat[3]. Hier kamen für ihn entschieden
die politischen und sozialen Gesichtspunkte in weit höherem Grade
in Betracht als die juristischen; galt es doch, gegen die Emancipation des weiblichen Geschlechts einzuschreiten, die Cato sein
ganzes Leben lang bekämpft hat. Wichtiger sind seine R e d e n
i n b ü r g e r l i c h e n R e c h t s s t r e i t i g k e i t e n : schon in früher Jugend
machte er sich in seiner Heimat einen Namen als Anwalt[4], nach-

---

pontificium ciuile tracto. Cato war selbst Augur: Bardt Priestercollegien
p. 22.

[1] In dieser Beziehung ist die Gegenüberstellung des Cato und des L.
Acilius (vgl. ob. p. 247 f.) bei Cicero (Lael. 6) bedeutsam: jeder dieser beiden
Männer sei *Sapiens* zubenannt, *sed uterque alio quodam modo: Acilius, quia
prudens esse in iure ciuili putabatur, Cato quia multarum rerum usum habebat.*

[2] Plut. 9.

[3] Cic. Cato 14: (*Ennius*) *autem Caepione et Philippo iterum consulibus mortuus est, cum ego quinque et sexaginta annos natus legem Voconiam
magna uoce et bonis lateribus suasissem.* Die Fragmente dieser Rede s. bei
Jordan p. 54 f; Meyer Orat. R. fr. 2 p. 98 ff. — Juristisch wichtige Erörterungen
finden sich auch sonst öfter; so z. B. in der Rede *de dote* (p. 68. XCIII Jord.;
p. 76 Meyer), ohne dass wir über deren Charakter etwas Näheres sagen könnten.
Voigt (lex Maenia de dote p. 15 ff.) bringt die Fragmente dieser Rede mit
der *suasio legis Maeuiae* (p. 70 Jord.; p. 142 f. Meyer) zusammen und glaubt,
Cato sei für die von ihm reconstruirte *lex Maenia de dote* eingetreten, eine
Vermutung, die wir, da eine Erörterung über dieses Gesez hier ausgeschlossen
ist, auf sich beruhen lassen müssen.

[4] Plut. 1: ἐν ταῖς περιοικίσι κώμαις καὶ τοῖς πολιχνίοις ἑκάστοτε συν-
δικῶν τοῖς δεομένοις.

her sezte er diese Tätigkeit in Rom fort[1], und hat sie auch nie
ganz liegen lassen, obwol in späterer Zeit die politischen Angelegenheiten und criminalrechtliche Fälle sein Rednertalent bei weitem
mehr in Anspruch nahmen. Für uns ist diese Seite der Wirksamkeit Catos so gut wie verschollen[2]; nur ein Fragment aus seinen
Reden ist dadurch wichtig, dass es Regeln über den Beweis im
Civilprocess enthält[3].

Aber Cato war mehr als ein rechtskundiger Redner, er war
wirklicher Jurist und hat als solcher mit Erfolg respondirt[4] und
geschriftstellert[5]. In ersterer Hinsicht können wir allerdings blos
die Tatsache feststellen, Gutachten, die mit Sicherheit auf ihn zurückgeführt werden könnten, sind uns nicht erhalten[6].

Von einer Betrachtung seiner litterarischen Leistungen auf
juristischem Gebiete müssen zuvörderst die Kapitel in der Schrift
über den Ackerbau, welche eine Zusammenstellung von *leges* für
landwirtschaftliche Veräusserungen und Verdingungen enthalten,

---

[1] Plut. 3: καθελθὼν οὖν (εἰς 'Ρώμην) εὐθὺς τούς μὲν αὐτὸς ἐκτᾶτο
θαυμαστὰς καὶ φίλους διὰ τῶν συνηγοριῶν.

[2] Jordan (p. LXXXVII ff.) rechnet hierher die Fragmente der Reden
de re Floria (vgl. p. 64; Meyer p. 126 ff.; Maians. c. 124, p. 43), *de bonis
Pulcrae* (*Dulciae*), *de re A. Atili* (vgl. p. 65; Meyer p. 128 f.), *de fundo
oleario, de agna musta pascenda* (vgl. p. 65; Meyer p. 83; Maians. c. 128,
p. 44). Ohne Frage gehört aber auch die Rede *pro Turio* (vgl. d. folg. Anm.)
hierher.

[3] *Pro L. Turio contra Cn. Gellium* (Gell. 14, 2, 21. 26. Jord. p. 62;
Meyer p. 140). Dass das Fragment einer privatrechtlichen Rede entstammt,
beweist sowol der Inhalt wie die Benennung des Klägers und Beklagten.
Vgl. unt. p. 307.

[4] Liv. 39, 40: *in pace, si ius consuleres, peritissimus.* Cic. de or. 1, 171:
quid uero ille M. Cato? nonne ... iuris ciuilis omnium peritissimus? 3, 135
(vgl. p. 275 A. 4): *num propter hanc ex priuatorum negotiis* (Respon-
denten- und Sachwaltertätigkeit) *collectam gratiam tardior in re publica capes-
senda fuit?* Val. Max. 8, 7, 1: *id egit, ut iuris ciuilis quoque esset peritissimus.* Ueber Cic. de or. 2, 142 vgl. unt. p. 311 und d. Fragmentensammlung.

[5] Pomp. 38: *M. Cato princeps Porciae familiae, cuius et libri exstant.*
Vgl. unt. p. 279 A. 1. Dass Pomponius selbst diese Bücher nicht mehr gekannt hat, wird man Sanio (Proleg. p. 30 f.) gewiss zugeben. Cic. de or. 3,
135 (nachdem er Catos Talente als Redner und Jurist gerühmt hat): *utroque in
genere et elaborauit et praestitit.* Cic. Cato 38 (bei einer Aufzählung
von Catos schriftstellerischen Leistungen; vgl. unt. p. 281 A. 2): *ius augurium
pontificium ciuile tracto.*

[6] Ueber Augustin. de doctr. Christ. 2, 31 (Ben. Ausg. Venedig 1729;
Bd. III, 1) vgl. die Fragmentensammlung.

ausgeschlossen werden. So wichtig diese *leges* als Quelle für unsere Kenntnis des älteren materiellen Rechts sind, so wenig tragen sie für die Geschichte der juristischen Litteratur aus[1]. Wir haben ihrer schon oben (p. 217 f.) gedacht, und sie dort als Anweisungen eines praktischen Landmannes in Gegensaz gestellt zu der technisch-juristischen Cautelarjurisprudenz. Sie sind verschiedenartig gestaltet: im allgemeinen erscheinen sie als öffentlich bekannt zu gebende Bedingungen an den Mindestfordernden oder Meistbietenden[2]. Der Hauptsache nach stellen sie sich als fertige Formeln dar, wie sie der Landmann direkt in den Kauf- oder Mietvertrag aufnehmen kann; sie enthalten einerseits Zusagen, welche er sich selbst von dem Mitcontrahenten machen lassen soll, andrerseits solche, zu welchen er sich verpflichten soll: für erstere ist die imperativische, für leztere die verheissende Form die Regel (vgl. oben p. 213 f.). Daneben finden sich aber auch blosse Ratschläge und Fingerzeige für die vorzugsweise ins Auge zu fassenden Punkte, deren genauere Formulirung dem Benötigten überlassen bleibt. Alles das spricht für die Richtigkeit unserer Auffassung: es kam dem Cato in erster Linie darauf an, seinem Leser zu zeigen, welche Versprechungen und Garantien beim Verkauf einer Oel- oder Weinerndte, des Winterfutters, der Tierjungen u. s. w. nötig seien, wie dieselben im gegebenen Falle abgefasst werden mussten, war für seine Schrift nebensächlich; ersteres ist aber im wesentlichen eine wirtschaftliche, lezteres die eigentlich juristische Frage.

Ueber die fachmässigen juristischen Schriften Catos sind zweifellose Resultate nicht zu gewinnen. Dem Umfange nach darf man sich dieselben nicht zu gross vorstellen, denn Cato bewegte sich nur nebenbei auf diesem Gebiete. Mit grosser Wahrscheinlichkeit kann man für ihn die *Commentarii iuris ciuilis* in Anspruch nehmen, aus welchen bei Festus[3] ein Fragment erhalten ist. Es enthält eine Interpretation des Wortes *mundus*, und weist so seinem

---

[1] Darum können wir uns auch des näheren Eingehens auf diese Kapitel enthalten. Vgl. Bekker, Zsch. f. R. G. III, 416 ff.; Bechmann Kauf I, 526 ff.

[2] Das zeigen die Worte in Cap. 146: *olea pendens in fundo Venafro uenibit.*

[3] p. 154. 157. Auffallend ist allerdings, dass das Fragment, obwol aus *commentarii iuris ciuilis* herrührend, doch sacralrechtlichen Inhalt hat und auch von Festus (Verrius Flaccus) einem pontificalrechtlichen Werke des Capito entlehnt ist (vgl. unt. p. 281 A. 2). Das weitere über dieses Fragment, sowie die Auseinandersezung der sonstigen unter dem Namen Cato erhaltenen Citate zwischen Vater und Sohn gehört in die Fragmentensammlung.

Titel und seinem Charakter nach darauf hin, dass wir es mit einem
den Tripertita des Sex. Aelius Catus ähnlichen Werke zu tun haben[1].

---

[1] Das ist m. E. auch der einzig mögliche Sinn von Pomp. 38: *hos sectatus ad aliquid est Cato.* Vergl. darüber Cuiacius in Uhlius Opusc. ad
hist. iur. p. 27; Rupertus ebend. p. 174 f.; Bynkershoek ebend. 270; Maiansius (ob. p. 267 A. 1) 81 f.; v. d. Muelen In hist. Pomp. de or. iur. exerci-
tationes III, p. 24 ff.; Huschke Zsch. f. g. RW. XV, 183 ff.; Sanio Varr. 191 ff.
Mit Recht hat man längst den Vorschlag von Maiansius, welcher das *hos*
auf die vorher erwähnten apokryphen Bücher des Sex. Aelius (ob. p. 110 A. 1)
bezieht, zurückgewiesen: da Pomponius selbst ihre Echtheit anzweifelte und
augenscheinlich nichts Näheres von ihnen wusste, konnte er nicht behaupten,
Cato sei von ihnen abhängig. Ueber die Conjectur von Huschke ist ebenfalls
schon oben (p. 110 A. 1) die Rede gewesen. Ohne Frage hat Pomponius sagen
wollen, Cato habe sich an die Aelier angeschlossen; um zu einem richtigen
Verständnis zu gelangen, wird es aber nötig sein die folgenden Worte hinzu-
zunehmen: *deinde M. Cato, princeps Porciae familiae, cuius et libri exstant, sed plurimi filii eius, ex quibus ceteri oriuntur.* Nachdem schon
von Cato die Rede gewesen ist, wird also fortgefahren, als ob er noch
gar nicht erwähnt worden sei. Dass das so unmöglich bei Pomponius gestanden haben kann, liegt auf der Hand. Einen auf den ersten Blick sehr
einleuchtenden Erklärungsversuch hat Sanio a. a. O. gemacht: er bezieht die
Erwähnung des ersten Cato auf den Sohn und meint, Pomponius habe vor-
gegriffen und bemerkt, dass in der Reihe der fachmännischen Juristen auf die
Aelier der jüngere Cato gefolgt sei; nun habe aber auch dessen Vater als
Jurist nicht ganz unerwähnt bleiben können: so sei er denn auch mit den
Worten ,*deinde M. Cato*' eingefügt, darauf sei erst er, dann sein Sohn behandelt, und nur durch ungeschickte Streichungen der Compilatoren sei die
curiose Formulirung dieser Gedanken in unserm Texte entstanden. Methodisch
wäre eine solche Erklärung allerdings die nächstliegende (vgl. ob. p. 11 ff.),
aber sie widerspricht allem, was wir von dem jüngeren Cato wissen. Dass
derselbe eine neue Richtung in der Jurisprudenz anbahnte, geht aus seinen
Fragmenten hervor und wird auch von Pomponius selbst im Nachsaz deutlich
genug gesagt, indem er die Tätigkeit des ältern sich an die Aelier anschlies-
senden Cato scharf der des Sohnes, mit dessen Schriften eine neue Periode an-
hebe, gegenüberstellt (vgl. unt. p. 308 A. 1). — Wenn man (abgesehen von der
Vermutung Sanios) die Stelle durch Streichungen der Compilatoren erklären
wollte, so müsste man diese in grossem Umfange annehmen; nachdem einmal
die Richtung des älteren Cato charakterisirt war, müssten dann noch so viel
andere Dinge dagestanden haben, dass Pomponius die frühere Notiz übersehen
konnte. Mir scheint eine derartige Annahme zu gewaltsam, ich halte es für
geboten, auf das schon von Cuiacius vorgeschlagene Auskunftsmittel zurückzugreifen: die Worte *Cato. deinde* als Glossem zu streichen. Dass ausserdem in der
Stelle manches gekürzt ist, ist sehr wol möglich, aber dass es zwischen diesen Worten geschehen ist, halte ich für unwahrscheinlich. Wir gewinnen also für den älteren Cato das Resultat, dass seine juristische Wirksamkeit sich in ähnlichen Bahnen
bewegte wie die der Aelier; er gab dabei aber nicht seine Originalität auf, sondern

Auch werden wir nicht fehlgehen, wenn wir es mit seiner eigenen
Schrift über den Ackerbau in Parallele stellen: wie diese wird es
kurzgefasste praktische Anweisungen erhalten haben, die wol ebenfalls im Imperativ[1] erteilt wurden; natürlich werden auch hier die
nötigen Formulare für Rechtsgeschäfte und gelegentliche Responsa
aus der Praxis nicht gefehlt haben.

Vielleicht dürfen wir aber noch eine andere juristische Arbeit
Catos annehmen. Unter dem Titel ‚Unterweisungen für meinen
Sohn Marcus' (*praecepta* (oder *libri*) *ad Marcum filium*)[2] gab er
eine encyclopaedische Zusammenstellung dessen, was er für die
Ausbildung seines Sohnes und damit jedes echten römischen Bürgers
für notwendig erachtete, heraus. Nachweislich enthielt das Werk
Vorschriften über Arzneikunde, Landwirtschaft und Redekunst —
sollte nicht auch das Recht darin seinen Plaz gefunden haben?
Ein direktes Zeugnis für diese Annahme lässt sich allerdings nicht
beibringen, aber es steht ihr andrerseits auch nichts im Wege, und
die Wahrscheinlichkeit spricht eher dafür als dagegen. Denn es kann
keinem Zweifel unterliegen, dass das Recht in Catos Augen zu
den Gegenständen gehörte, deren Kenntnis er für das praktische
Leben für erforderlich hielt, und ausserdem wissen wir von ihm,
dass er seinen Sohn in dieser Disciplin unterrichtet hat (vgl. unt.
p. 289). Die weitere Vermutung jedoch, dass die eben besprochenen, bei Festus erwähnten Commentare diesen Teil der Encyclopaedie darstellten, steht auf schwachen Füssen[3]. Einmal passt

---

schloss sich ihnen nur ‚in gewisser Beziehung' (*ad aliquid*) an: in wie fern
er selbständig war, können wir allerdings aus unseren Quellen nicht ermitteln.

[1] Der ja überhaupt in der älteren juristischen Litteratur üblich war;
vgl. ob. p. 88.

[2] Drumann V, 143 ff.; Jahn in den Berichten d. Sächs. Ges. d. Wiss.
(phil.-hist. Cl.) II (1850) p. 263 ff.; Jordan Cato p. IC ff.; Teuffel R. L. G. 121;
vgl. ob. p. 234. 249.

[3] So Jahn a. a. O., welcher unter den Praecepta eine Encyclopaedie,
bestehend aus Abschnitten über Medicin, Ackerbau, Redekunst, Rechtskunde,
Kriegskunst und römische Sitten versteht. Dagegen macht Jordan unter Anerkennung des allgemeinen Gesichtspunktes mit Recht geltend, dass sich aus
den Quellen (namentlich aus Quint. 12, 11, 9. 23. 24) und aus der Analogie
mit Celsus der von Jahn angenommene Umfang dieser Encyclopaedie nicht
erweisen lasse, und giebt nur die drei ersteren der angeführten Materien
als Inhalt der Praecepta zu. Ueber das *carmen de moribus* und die Schrift
de re militari soll hier nicht entschieden werden. Bezüglich der *commentarii
iuris civilis*, stimme ich Jordan aus den allgemeinen von ihm geltend gemachten und den speziellen oben im Text angeführten Gründen zu, glaube
aber daneben aus dem allgemeinen Charakter der Praecepta die Wahr-

diese technische Bezeichnung der für die juristische Praxis geschriebenen fachmässigen Werke (vgl. ob. p. 246) sehr wenig für
den isagogischen Charakter solcher Anleitungen, und ferner steht
unserer Auffassung, dass Cato ausser seinem juristischen Haupt-
werke, den Commentaren, denselben Gegenstand noch einmal in
den Praecepta behandelt habe, eine Analogie zur Seite: auch das
gedachte Buch über den Ackerbau, welches wir besizen, ist nicht
identisch mit dem betreffenden Abschnitte in den Unterweisungen
für seinen Sohn[1]. So wird man richtiger das Citat aus den Commentaren nicht den Fragmenten der Praecepta einreihen, sondern
einer selbständigen Schrift vorbehalten.

Sonstige Werke Catos auf juristischem Gebiete sind nicht
bekannt[2]. Ueberblicken wir seine Wirksamkeit im ganzen, so
geht aus den auf uns gekommenen Nachrichten jedenfalls das her-

scheinlichkeit, dass sie, wenn auch nicht diese, so doch überhaupt juristische
Bestandteile enthalten haben, stärker betonen zu müssen.

[1] S. Jordan p. CI. Die Fragmente aus dem lezteren, finden sich nicht
im Text des ersteren; die Praecepta wenden sich direkt an den Sohn, die
Schrift *de agri cultura* gar nicht, sondern ist für das Landgut eines gewissen
L. Manlius verfasst (vgl. ob. p. 152 A. 4).

[2] Im Dialog *de senectute* (38) lässt Cicero den Cato, um zu zeigen,
welche geistige Frische er sich im Alter bewahrt habe, seiner litterarischen
Beschäftigungen gedenken: die *Origines*, die Reden werden erwähnt, dann
folgen die Worte: *ius augurium pontificium ciuile tracto*. Man könnte versucht sein, aus diesen Worten auf eine eigene sacralrechtliche Arbeit Catos
zu schliessen, jedoch sprechen äussere wie innere Gründe gegen eine
solche Annahme. Die geistige Tätigkeit Catos, deren Cicero in den nächst-
folgenden Worten gedenkt, ist nämlich keineswegs eine schriftstellerische:
‚ich beschäftige mich' — so heisst es — ‚viel mit der griechischen Litteratur
und Abends pflege ich, um mein Gedächtnis zu üben, zu überdenken, womit
ich meinen Tag ausgefüllt habe'. Dass Cato über Pontificalrecht geschrieben
hätte, wäre an sich nicht ausgeschlossen, denn, wie wir sehen werden, brachte
der Anfang des siebenten Jahrhunderts eine ganze Reihe von Arbeiten auf
diesem Gebiete hervor, auguralrechtliche Publicationen aber fehlen, wie im
folgenden Kapitel gezeigt werden soll, in dieser Zeit gänzlich. Eine Notwendigkeit bei dem obigen *tracto* an eine eigene sacralrechtliche Arbeit zu
denken, liegt aber auch garnicht vor: der Ausdruck bedeutet nur ‚ich beschäftige mich'; und dass das bezüglich der berührten Gegenstände bei Cato
der Fall war, hat er uns selbst gesagt (vgl. ob. p.275 A. 5). Auch kann
es nicht Wunder nehmen, wenn manches von diesen Beschäftigungen in seine
privatrechtlichen Schriften eingeflossen ist, eine Tatsache, die am besten durch
das uns erhaltene Citat aus den Commentaren (ob. p. 278 A. 3) illustrirt wird.
Vgl. auch die Fragmente.

vor, dass sein Ruf als Jurist kein geringer gewesen sein
kann. Und wenn unsere Vermutung, dass die Praecepta einen
Abschnitt über Jurisprudenz enthielten, richtig ist, so dürfen wir
Cato auch als den Schöpfer einer neuen Gattung in der juristischen Litteratur, der isagogisch-propaedeutischen, ansehen. Im
übrigen aber bewegte sich seine praktische wie schriftstellerische
Beschäftigung mit der Jurisprudenz durchaus in den alten Bahnen,
seine Methode war im wesentlichen die herkömmliche, eine hervorragende Stellung in der Entwicklungsgeschichte des Rechts
und der Jurisprudenz nimmt er keinesfalls ein. Dieses negative
Resultat kann man bei der oftmaligen Erwähnung seiner juristischen Tätigkeit und dem völligen Schweigen der Quellen darüber, in welcher Weise sich dieselbe bewährt habe, mit Sicherheit
hinstellen. Er ist als Jurist weniger bedeutend als interessant,
denn aus den Nachrichten über ihn vermögen wir am besten zu
erkennen, von welcher Bedeutung zu jenen Zeiten die Kenntnis des
Rechts für das praktische Leben war.

DRITTES KAPITEL.

DIE REGULARJURISPRUDENZ.

XXVI. DER JÜNGERE M. PORCIUS CATO.

Von weit grösserer Wichtigkeit für die Jurisprudenz als der
ältere Cato war sein Sohn M. Porcius M. f. M. n. Cato[1]. Ueber
seine Mutter Licinia sind wir nicht näher unterrichtet[2]. Um das
Jahr 563 geboren[3] genoss er die sorgfältigste Erziehung durch
seinen Vater. Der alte Cato rechnete die Sorge um Weib und
Kind zu den heiligsten Bürgerpflichten[4]: nicht duldete er, dass ein
Sklave den Knaben unterrichte, er selbst übernahm seine körper-
liche und geistige Ausbildung. Er lehrte ihn die Taten der Vorfahren, ihr Staatswesen und ihre Geseze kennen: mit grossen Buch-
staben — so erzählt er — habe er seinem Sohne die Geschichte
Roms aufgeschrieben[5], als wenn er zu einer Vestalin spräche, habe
er sich vor jedem unanständigen Worte in Gegenwart des Jünglings
gehütet. Und diese Erziehung trug ihre Früchte. Der junge Cato

---

[1] In den Quellen finden wir Zusammenhängendes über ihn bei Plutarch
Cato 20. 21. 24. — Litteratur: Bern. Rutilius ICtorum uitae (in Franck Vitae
tripertitae ICtorum I) p. 77 ff.; Bertrandus βίοι νομικῶν (ebend.) p. 166;
Grotius Vitae ICtorum (ebend.) p. 34; Maiansius XXX ICtorum fr. I, 81 ff.;
Heineccius Hist. iur. Rom. Germ. 1, 3, 131—132; Zimmern I, 270 ff.; Drumann V, 149 f.; Rein 52; Rudorff I, 159; Teuffel in Paulys R. E. V, 1910
und R. L. G. 125, 6; Mommsen R. G. II, 459; Padelletti-Cogliolo 110.

[2] Plut. 20. vgl. Plin. 7, 62. Nach ersterer Stelle scheint sie einem der
zur Nobilität gehörigen Zweige des licinischen Geschlechts angehört zu haben.

[3] Im Jahre 581 finden wir Cato als *tiro* im Heere (s. p. 284 A. 1).
Da die erste Gestellung zum Dienst regelmässig mit dem vollendeten 17.
Lebensjahre geschah (Momms. St. R. I, 487 f. Marq. St. V. II, 314 f.), so
lässt sich sein Geburtsjahr mit einiger Sicherheit berechnen.

[4] Hierfür wie für das folgende Plut. 20.

[5] Ob damit die *Origines* oder ein Auszug aus diesem Werke gemeint
ist (Jordan Cat. p. XXI), kann hier dahingestellt bleiben.

lernte in der Schule seines Vaters eins vor allem: das Gebot der
unbedingten Pflichterfüllung. Seine Gesundheit war von Anfang an
nicht sehr fest; der Vater suchte sie durch Leibesübungen und
Abhärtungen zu stärken, sah sich aber bald genötigt Schonung
walten zu lassen; um so grösser war die Energie, mit welcher
der junge Cato selbst die Schwäche seines Körpers zu überwinden
trachtete.

Im Jahre 581 stand er im ligurischen Kriege unter dem
Commando des Consuls M. Popillius Laenas zum ersten Mal im
Felde. Bei den blutigen Kämpfen um die Festung Carystus gab
es Gelegenheit genug sich hervorzutun, und Cato scheint diese nicht
ungenuzt gelassen zu haben. Er fand Gefallen am Dienst: als der
Consul die Legion, in welche er eingestellt war, entliess, blieb er
freiwillig unter der Fahne zurück [1].

---

[1] Cic. de off. 1, 36. 37: *Popilius imperator tenebat prouinciam, in cuius
exercitu Catonis filius tiro militabat. cum autem Popilio uideretur unam
dimittere legionem, Catonis quoque filium qui in eadem legione militabat
dimisit. sed cum amore pugnandi in exercitu remansisset, Cato ad Popilium
scripsit, ut, si eum patitur in exercitu remanere, secundo eum obliget militiae
sacramento quia priore amisso iure cum hostibus pugnare non poterat. 37.
Adeo summa erat obseruatio in bello mouendo. M. quidem Catonis senis est
epistula ad M. filium in qua scribit se audisse eum missum factum esse a
consule, cum in Macedonia bello Persico miles esset. monet igitur, ut caueat
ne proelium ineat: negat enim ius esse qui miles non sit cum hoste pugnare.*
Wir haben hier offenbar zwei verschiedene Berichte über dieselbe Tatsache
(deren lezterer sich in analoger Weise bei Plutarch (Röm. Fragen 39) findet).
Es ist klar, dass beide neben einander nicht existiren können, es fragt sich,
welcher der richtige ist. Jordan p. CIIII f. erklärt aus sprachlichen Gründen
den ersteren (§ 36) für eine Interpolation. Ob *amittere sacramentum* so
stilwidrig ist, dass Cicero es nicht hätte schreiben können, wage ich nicht zu
entscheiden; dass der Anfang des § 37 (*adeo — mouendo*) unlateinisch ist, gebe
ich zu; aber die Worte bilden nicht den Schluss der Erzählung des § 36,
sondern sind von dem Interpolator des § 37 hinzugefügt. Denn sachliche
Gründe zwingen m. E. unbedingt dazu, den lezteren Bericht als den einge-
schobenen anzusehen. Einmal ist in dem ersteren eine genauere Angabe der
Einzelheiten enthalten; weiter aber erhält die Erzählung erst durch den
Umstand ihre rechte Grundlage, dass die ganze Legion entlassen wurde,
Cato aber freiwillig zurückblieb: die Annahme Jordans, dass er im Kriege
gegen Perseus allein entlassen sei, ist da er sich bei Pydna ausgezeichnet
hatte und auch später zu Paullus in den intimsten Beziehungen stand,
grundlos und unwahrscheinlich; auch ist es viel eher glaubhaft, dass der
Vater sich an den Feldherrn wandte, der über den Verbleib und die
neue Vereidigung seines Sohnes zu entscheiden hatte, als an diesen selbst.

Fünf Jahre später begab sich Cato wieder ins Feldlager und zwar nach Makedonien. Der Krieg gegen König Perseus, welcher bisher unter einer Reihe unfähiger Führer ohne jeden Erfolg geblieben war, wurde im Jahre 586 dem besten Manne Roms, dem Consul L. Aemilius Paullus übertragen. Aller Erwartungen waren auf ihn gerichtet; ein stattliches Gefolge junger Männer[1] schloss sich dem in vielen Feldzügen erprobten Imperator an, um von ihm die Kunst der Kriegführung zu erlernen und ihn zum Zeugen ihrer ersten kriegerischen Lorbeeren zu haben; unter ihnen befand sich auch der junge Cato. In der Schlacht von Pydna gab er Proben ausgezeichneter Tapferkeit und militärischen Ehrgefühls, indem er sein Schwert, das ihm in der Hize des Kampfes verloren gegangen war, aus dem dichtesten Gewühl der Feinde wieder herausholte[2]. So gewann Cato die Anerkennung seines Feldherrn[3], und diese trug gewiss nicht wenig dazu bei, seine Bewerbung um dessen Tochter Aemilia[4] zu unterstüzen. Er machte damit eine glänzende

---

Und wie sollte ein Interpolator der späteren Zeit auf den ganz unbekannten ligurischen Krieg verfallen, wenn der Vorgang wirklich in dem berühmten perseischen stattgefunden hatte? das Umgekehrte ist viel eher denkbar: die Tatsache, dass Cato nicht gewollt hatte, sein Sohn solle unbeeidigt bei der Fahne bleiben, war bekannt, die sorgsame Beaufsichtigung seines Sohnes und dessen ruhmvoller Anteil an der Schlacht von Pydna ebenfalls; darauf hin wurde (vielleicht schon früh) ein Brief des Vaters erdichtet, welcher die bebekannte Erzählung an den bekannten Feldzug knüpfte, und dieser Brief ist in die Pflichtenlehre Ciceros hineingetragen und liegt auch der Erzählung Plutarchs — ja vielleicht schon dessen Quelle — zu Grunde. Wenn schliesslich Jordan meint, ein späterer Interpolator würde den makedonischen Krieg kaum noch *bellum Persicum* genannt haben, so ist dagegen zu bemerken, dass dies, wie die Fasten ausweisen, seine herkömmliche offizielle Bezeichnung war, und eine solche sich heutzutage wie im Altertum gerade für Kriege im dauernden Andenken erhält. Wir sprechen vom Kriege der roten und weissen Rose, vom schmalkaldischen Krieg, vom Devolutionskrieg: wesshalb sollte der Ausdruck *bellum Persicum* nicht in ähnlicher Weise ein feststehender geblieben sein? Aus diesen Gründen glaube ich die Erzählung Ciceros de off. 1, 36 als authentisch der Biographie Catos einreihen zu können. Das Jahr ergiebt sich aus Liv. 42, 1; vgl. 7—9.

[1] Vgl. unt. die Biographie des P. Scipio Nasica.

[2] Plut. Cato 20; Paull. 21; Val. Max. 3, 2, 16 (wo eine Verwechslung mit dem Vater vorliegt). Justin. 33, 2. Front. Strat. 4, 5, 17.

[3] Plut. 20.

[4] Plut. Cato 20. 24. Paull. 5; Cic. Cato 15. An ersterer Stelle nennt Plutarch die Frau Aemilia Tertia und sezt die Heirat nach der Schlacht von Pydna, was auch gewiss richtig ist; ungenau wird Cato bei Plut. Paull. 21 schon bei Gelegenheit dieser Sohlacht als Αἰμιλίου γαμβρός bezeichnet.

Heirat, sehr im Sinne seines Vaters, welcher die Verbindung mit einer vornehmen Frau für wünschenswerter hielt als die mit einer reichen[1]. Die Familie der Catonen erwarb sich durch diese Verschwägerung mit dem erlauchten Hause der Aemilier (und damit zugleich auch der Scipionen und Fabier[2]) einen Plaz in der römischen Nobilität, und als bald darauf Aemilia ihrem Manne zwei Söhne, Marcus und Gaius Cato[3], gebar, durften sich der Vater und Grossvater der Hoffnung auf künftigen Glanz ihres Geschlechts hingeben, dessen Vorfahren niemand kannte und dessen Ansehen sie durch ihre eigene Tüchtigkeit begründet hatten.

Indessen waren gerade im häuslichen Leben dem Cato noch schmerzliche Erfahrungen aufgespart[4]. Das Verhältnis zu seinem Vater, welchen er bisher mit unverhohlener Bewunderung verehrt hatte, erfuhr eine Trübung, die wol nie ganz gewichen ist. Die Mutter Licinia war schon gestorben, als der Sohn sich verheiratete. Der Vater aber unterhielt als Wittwer in seinen späteren Jahren ein Liebesverhältnis zu einem Mädchen[5], das zu ihm in das Haus

---

[1] Plut. Cato 20.

[2] Die Brüder der Aemilia waren bekanntlich in diese Häuser adoptirt: P. Cornelius Scipio Aemilianus (Consul 607. 620) und Q. Fabius Maximus Aemilianus (Consul 609).

[3] M. Cato Consul 636: Gell. 13, 20, 10. — C. Cato Consul 640 (Liv. ep. 63): merkwürdiger Weise wird er in der Genealogie bei Gellius nicht erwähnt; seine Abkunft steht aber durch Cicero Brut. 108; in Verr. II, 4, 22 und Velleius 2, 8 fest.

[4] Nach Drum. V, 151 wurde ihm auch durch seine Gemahlin viel Verdruss bereitet. Es heisst bei Seneca (de matr. fr. 65 Haase, aus Hieron. in Jouinian.): *M. Cato Censorius habuit uxorem Actoriam Paulam humili loco natam uinolentam impotentem et, quod nemo posset credere, Catoni superbam. hoc ideo dico, ne quis putet, si pauperem duxerit, satis se concordiae prouidisse.* Drumann meint durch Schuld der Abschreiber sei *Actoriam* statt *Aemiliam* in den Text des Hieronymus gekommen, und die Angabe, dass sie die Frau des älteren Cato gewesen sei, beruhe auf einem Irrtum. Dagegen spricht, dass in der republikanischen Zeit weibliche Cognomina nicht vorkommen (Momms. Forsch. I, 60 f.), und dass die Eigenschaften der niedrigen Geburt und Armut nicht auf die Aemilia passen. Wenn die Notiz überhaupt einen historischen Grund hat, so kann sie nur auf die Salonia des älteren Cato, von der gleich die Rede sein wird, bezogen werden: freilich bleibt sie auch dann für uns uncontrolirbar.

[5] Cato dachte über diesen Punkt· nicht anders als das gesammte Altertum, wie die Erzählung bei Hor. Sat. 1, 2, 31 ff. (vgl. das Scholion des Acron) lehrt. Auch Plutarch (s. d. folg. Anm.) macht ihm nicht aus der Sache an sich sondern nur aus den sie begleitenden Umständen einen Vorwurf.

kam, welches er gemeinsam mit seinen erwachsenen Kindern bewohnte. So heimlich die Sache betrieben werden mochte, blieb sie doch den Augen der Schwiegertochter nicht verborgen, und diese beklagte sich darüber bei ihrem Gatten. Cato hatte für seinen Vater keine Worte aber doch Blicke des Tadels, welche dieser nicht missverstand. Er entliess seine Maitresse, rächte sich aber an seinen Kindern dadurch, dass er, ein Greis von achtzig Jahren, alsbald eine gewisse Salonia, die Tochter eines Lohnschreibers, ehelichte. Es mag der hochadligen Aemilia schwer angekommen sein, dieser Schwiegermutter Ehrerbietung und Gehorsam zu erweisen. Für seinen Sohn, der ihn vorwurfsvoll fragte, ob er ihn in irgend einer Hinsicht gekränkt oder betrübt habe, hatte Cato nur die ironische Antwort, dass er ein vorzüglicher Mann sei, er wolle aber dem Staate mehr so treffliche Bürger hinterlassen. Und der alte Mann hielt Wort: Salonia gebar ihm einen Knaben, den er ebenfalls Marcus nannte [1].

Diese Vorgänge, welche um das Jahr 600 fallen [2], haben Catos lezte Lebensjahre verbittert. Sie mögen das ihrige dazu beigetragen haben, seine nie sehr feste Gesundheit vollends zu erschüttern. Er war zum Praetor, wie es scheint für das Jahr 602, erwählt, starb aber, bevor er sein Amt angetreten hatte (Ende 601) [3]. Sein Vater hat ihn noch um einige Jahre überlebt (gestorben 605).

---

[1] Die Erzählung ist entnommen aus Plut. Cato 24; Verglg. 6.

[2] Cato (geb. 520) hatte das achtzigste Jahr vollendet, als ihm der Sohn von der Salonia geboren wurde: Plin. H. N. 7, 61—62; Schr. de uir. ill. 47. vgl. Gell. 13, 20.

[3] Die Quellen weichen von einander ab: Cicero (Tusc. 3, 70) und Gellius (13, 20, 9) sagen, Cato sei als *praetor designatus* gestorben, der Auszug des Livius 48 und Plutarch 24 sezen den Tod in die Praetur. Die ersteren Schriftsteller verdienen unbedingt den Vorzug, weil sie die speziellere Angabe haben und weil Gellius die sichersten Quellen, die *laudationes funebres* und einen *liber commentarius de familia Porcia* für seine Notizen anführt. Das Todesjahr lässt sich nur annähernd aus Liv. ep. 48 bestimmen, da die Jahresgrenzen hier nicht klar erkennbar sind. Das 47. Buch schliesst mit dem Jahre 600 ab, wie aus der Erwähnung des Consuls Opimius und der Verlegung des Amtsantrittes der Magistrate auf den 1. Jan. 601 (vgl. Momms. St. R. I, 579) hervorgeht. Buch 48 begann dann mit 601. Es wird des Lustrums der (im Vorjahre gewählten) Censoren (M. Valerius Messalla und C. Cassius Longinus) gedacht. Dann folgen Berichte über die Verhandlungen betreffs Karthago und Massinissa, und darauf der Tod des jüngern Cato. Weiter wird von der Entsendung des Andriskos, von dem Ableben des M. Ae-

Wenn es möglich ist, aus den geringen Nachrichten, welche
wir über Cato haben, sich ein Bild des Mannes zu entwerfen, so
tritt er uns als ein reiner und tüchtiger Charakter entgegen, der
selbst vor dem strengen Urteil seines Vaters volle Anerkennung
fand[1]. Von ähnlicher Festigkeit des Willens wie dieser scheint er
doch körperlich und geistig eine ungleich zartere Natur gewesen zu
sein. Die Strapazen des Krieges wusste er troz seiner Schwäche
standhaft zu ertragen, höher noch ist die Selbstüberwindung anzuschlagen, welche er in den lezten Jahren dem Vater gegenüber
bewies: obwol er denselben in kleinlicher, ja unwürdiger Weise
handeln sah, sezte er doch die Pietät gegen ihn nicht aus den
Augen, sondern trug schweigend seinen Schmerz. Wir sind wol
berechtigt aus solchen Zügen, auch wenn sie uns nur in vereinzelten
Erzählungen entgegen treten, auf den Charakter des Mannes zu
schliessen.

Dass der alte Cato selbst der Lehrmeister seines Sohnes war,
ist schon gesagt. Er hat sich dieser Aufgabe mit Gewissenhaftigkeit und Energie unterzogen, freilich auch mit all der Unduldsam-
keit, welche für ihn nicht weniger bezeichnend ist, wie jene Eigenschaften. Der Sohn sollte in genau dieselben Bahnen einlenken,
in welchen er selbst zu wandeln pflegte. Er suchte ihm seine
wirtschaftlichen Grundsäze einzuprägen[2], mit welchem Erfolge, lässt
sich nicht sagen. Auch in die Wissenschaften hat er ihn durch
Wort und Schrift eingeführt: unter den uns erhaltenen Resten der

---

milius Lepidus, von einem Capitalprocess gesprochen, und nach neuen karthagischen Wirren werden die Consuln von 603 genannt. Wir gewinnen also
für Catos Tod den Zeitraum von 601 bis 602; wo aber bei Livius die
Grenze zwischen diesen beiden Jahren gewesen ist, lässt sich nicht genau
ermitteln. Aber wenn man die Gewohnheit dieses Schriftstellers, die Magi-
stratswahlen immer am Ende des Jahres anzugeben, berücksichtigt, und wenn
man ferner in Betracht zieht, dass nach dem Tode Catos noch eine ganze
Reihe von politischen Ereignissen erzählt wird, so wird die Annahme am
wahrscheinlichsten, Livius habe am Ende von 601 bei Gelegenheit der Prae-
torenwahlen für das nächste Jahr den Tod des designirten Cato erwähnt —
denn das *in praetura* kann man wol fraglos dem Epitomator zur Last schreiben
— und mit der äusseren Politik, speziell mit der Angelegenheit des Andriskos,
das neue Jahr begonnen.

[1] Plut. 24: καὶ μέμνηται μὲν αὐτοῦ πολλάκις ἐν τοῖς βιβλίοις ὁ Κάτων
ὡς ἀνδρὸς ἀγαθοῦ γεγονότος. Auch Cicero (Cato 15. 68. 85) legt dem Vater
gern Lobeserhebungen über den Sohn in den Mund. Vgl. Cic. Lael. 9: *per-
fecto et spectato uiro*; ad fam. 4, 6, 1: *summo ingenio, summa uirtute*.

[2] Plut. 21.

Praecepta sind manche goldene Regeln, freilich auch manche Verschrobenheiten. So sollte der Sohn sich mit demselben Hass wie er selbst gegen die Griechen durchdringen, gegen dieses Volk, ‚das Rom den Untergang geschworen habe, und dessen Aerzte willens seien alle Barbaren zu vergiften'[1]. Ob derartige geschmacklose Aeusserungen auf den jungen Cato Eindruck machten, und speziell, welche Stellung er dem Hellenismus gegenüber einnahm, ist nicht bekannt, aber es ist wol möglich, dass er durch den Einfluss seines Schwiegervaters Paullus[2] zu einer gerechteren Würdigung desselben gelangt ist. Seine juristische Unterweisung erhielt Cato ebenfalls durch den Vater[3]. Hier können wir jedoch mit Sicherheit behaupten, dass er sich zu einer selbständigen Auffassung durcharbeitete. Er bewegte sich natürlich wie alle Juristen in den hergebrachten Bahnen der Praxis, indem er cavirte und respondirte, aber er hat auch einen folgenreichen Schritt in eine neue Richtung hinein getan, deren näherer Betrachtung wir uns nunmehr zuwenden.

XXVII. DIE RECHTSREGELN.

Während über die praktische Tätigkeit des jüngeren Cato keine direkte Nachricht auf uns gekommen ist, wissen wir, dass er der Verfasser eines fachwissenschaftlichen Werkes über das Recht war, das aus mindestens fünfzehn Büchern bestanden und im Altertum grosse Anerkennung gefunden hat[4]. Ob es sein einziges war, ist nicht überliefert, auch über den Inhalt fehlen die näheren Angaben; aber dennoch sind wir wol berechtigt, die in den Rechts-

---

[1] ad M. fil. 1 p. 77 Jord. (Plin. H. N. 29, 14; vgl. Plut. 23).

[2] Vgl. Liv. 45, 27—28; Plut. 28. Vielleicht ist auch Cato wie seine Schwäger im Hause des Paullus dem Polybios näher getreten.

[3] Plut. 20: νομοδιδάκτης.

[4] Gell. 13, 20, 9: *ex maiore autem Catonis filio qui praetor designatus uiuo patre mortuus est et egregios de iuris disciplina libros reliquit nascitur* . . (es ist weiter von der Genealogie der Catonen die Rede). Das fünfzehnte Buch wird von Paulus (D. 45, 1, 4, 1) citirt. Der Titel ist unbekannt; die Vermutung von Mommsen (R. G. II, 459 A.) dass er *de iuris disciplina* gelautet habe, scheint mir namentlich deswegen wenig glaubhaft, weil der Ausdruck *disciplina* bei Gellius in keinem technischen Sinne gebraucht ist (vgl. unt. p. 312 A. 2). Nähere Ausführungen über die Bedeutung von Catos Werk finden sich im XXX. Abschnitt.

büchern Justinians unter dem Namen Cato erhaltenen Fragmente[1] auf dieses Werk des jüngern Cato zurückzuführen. Von ihnen ist eins am wichtigsten, welches bis auf unsere Tage Catos Namen in Andenken erhalten hat, die sogenannte *regula Catoniana*[2]: ‚ein Vermächtnis, das ungültig sein würde, wenn der Testator zur Zeit seiner Errichtung gestorben wäre, bleibt ungültig, zu welcher Zeit er auch gestorben sein mag.' Das Fragment kennzeichnet sich als Rechtsregel[3], und ist als solche das Ergebnis einer bestimmten Methode der Behandlung des Rechts, welche man als Regularjurisprudenz bezeichnen kann, und welche von der grössten Wichtigkeit für die Entwicklung unserer Wissenschaft gewesen ist. Bei der Darstellung derselben wird es am zweckmässigsten sein, zunächst über das Wesen der Rechtsregeln überhaupt zu handeln, und dann erst die Frage zu stellen, welche Verdienste Cato um dieselben gehabt hat.

———

Schon längst hat man erkannt, dass die meisten Rechtsregeln

———

[1] Genaueres über die Frage der Zugehörigkeit der Fragmente an Cato den Vater oder den Sohn in der Fragmentensammlung. Hier nur das Resultat: dass D. 45, 1, 4, 1 (Fr. 1) und D. 34, 7, 1 pr. (Fr. 2) m. E. unbedingt, und dass J. 1, 11, 12 (Fr. 3) und D. 21, 1, 10, 1 (Fr. 4) mit Wahrscheinlichkeit auf den jüngeren Cato zurückzuführen sind.

[2] Fr. 2 (D. 34, 7, 1 pr.). Die Bezeichnung als *regula Catoniana* gehört übrigens wahrscheinlich einer späteren Zeit an, da in der Republik die Ableitung fast ausnahmslos von den Gentilnamen oder von selteneren Vornamen geschah; vgl. Mommsen Forsch. 1, 23 ff.

[3] Litteratur über die Rechtsregeln: Hugo[11] p. 464 ff.; Schilling Bemerkungen über R. Rechtsgesch. 130 ff.; Dirksen im Rh. Mus. f. Jur. III, 106 ff.; Sanio De antiquis regulis iuris (1833, 2 Teile); Rechtshist. Abh. p. 137 ff.; Karlowa R. RG. I, 480; vgl. Jhering Geist I, 28 ff.; III, 352 ff. — Eine antike Begriffsbestimmung haben wir bei Paulus ad Plaut. 16 (D. 50, 17, 1): *regula est quae rem quae est breuiter enarrat*; vgl. darüber unt. p. 292 A. 3. — Auch der Ausdruck *definitio* findet sich gleichbedeutend mit *regula*: s. namentlich die Einführung der Catonianischen Regel durch Celsus (D. 34, 7, 1 pr.): *Catoniana regula sic definit . . . quae definitio in quibusdam falsa est*; Scaevolas Buch ὅροι (= *definitiones*) enthielt eine Sammlung von Rechtsregeln; vgl. auch Pap. defin. 2 (D. 46, 3, 97): *quod ueteres ideo definierunt*. Wir werden auf die nähere Bedeutung dieses Ausdruckes in dem Kapitel über Philosophie und Jurisprudenz zurückkommen.

der älteren Jurisprudenz ihre Entstehung verdanken[1]. Nicht nur
lässt sich eine grosse Anzahl derselben auf die Namen republikanischer Juristen zurückführen oder wird ausdrücklich den ‚Alten'
zugeschrieben[2], sondern vor allem zeigt die Art und Weise, wie die
späteren Juristen diese Regeln behandeln, dass sie grösstenteils einer
früheren Zeit angehören: sie werden als allbekannte Wahrheiten
citirt[3], ja sie werden gleich gesezlichen Vorschriften als geltende
Rechtssäze angewendet und sind als solche Gegenstand der mannigfachsten Interpretationen gewesen[4].

Die erste Frage, welche uns entgegentritt, ist die: worin bestand denn das Wesen der Regularjurisprudenz? Die bisherige Methode der Rechtsanwendung in der Praxis sowol wie in der ältesten
Litteratur beruhte im wesentlichen auf äusserlichen Principien:
mehr oder weniger mechanisch wurde der vorliegende Fall nach

---

[1] Das Verdienst dies nachgewiesen zu haben gebürt Dirksen und Sanio
a. a. O.

[2] Wir kennen Rechtsregeln von Q. Scaevola: Gai. 3, 149; D. 13, 6,
5, 3; D. 17, 2, 30; D. 24, 1, 51; D. 26, 1, 3 pr.; D. 32, 29, 1; D. 41, 1,
64; D. 43, 20, 8; D. 50, 16, 25, 1; D. 50, 17, 73; weiteres bei Sanio de
ant. reg. p. 26; Abh. p. 139 ff. — Regeln, als deren Urheber die *Veteres*
(vgl. ob. p. 252 f.) bezeichnet werden, findet man z. B. bei Gai. 3, 180; D. 2,
14, 39; D. 12, 5, 6; D. 26, 8, 12; D. 28, 1, 20, 8; D. 28, 6, 32 pr.; D.
41, 2, 3, 19; ebend. 19, 1 (vgl. unt. p. 302 A. 4); D. 45, 1, 91, 3; D. 46,
3, 97; D. 49, 16, 4. Auch das dürfte hier in Betracht kommen, dass der
Titel der Digesten, welcher sich die Sammlung von Rechtsregeln zur Aufgabe macht (50, 17), überschrieben ist: *de diuersis regulis iuris antiqui*.

[3] Einführungen mit *certum est, constat, non est nouum, uulgo dicitur,
traditum est* u. dgl. sind ausserordentlich häufig; vgl. Hugo 466; Schilling
136 f.; Sanio de ant. reg. 25 f.

[4] So werden aufgestellte Entscheidungen durch *regulae* begründet
z. B. von Q. Scaevola (bei Labeo D. 32, 29, 1): *quia in maiore minor quoque (pars) inesset*; vgl. Paul. (D. 50, 17, 110 pr.); Gai. (ebend. 113); dgl.
von Cassius (bei Paul. D. 41, 6, 1, 2): *cessare usucapionem, quoniam non
possit causam possessionis sibi ipsa mutare*. Dieselbe Regel wird genauer
interpretirt von Iulian (D. 41, 5, 2, 1): *quod uulgo respondetur causam
possessionis neminem sibi mutare posse, sic accipiendum est, ut possessio
non solum ciuilis sed etiam naturalis intellegatur*. Vgl. weiter Gai. 2, 49.
61. 70; 3, 180; 4, 153 (wo die Einführung durch ‚*et hoc est quod uulgo
dicitur*' bezeichnend ist) D. 26, 1, 4 pr.; D. 45, 1, 91, 3; D. 47, 2, 41, 2
Vgl. auch Dirksen (p. 200 A. 3) p. 108. Ueber die Regula Catoniana gab es
sogar eine Monographie des Paulus (s. den Index Flor.), aus welcher die
Digesten (49, 17, 20) ein Fragment erhalten haben.

ähnlichen früheren beurteilt[1], wurde in der Litteratur mittelst der
Actionen- und Responsensammlungen das Material für die Entscheidung zukünftiger Rechtsfragen zusammengehäuft. Bei dieser
Schriftstellerei war man nicht darüber hinausgekommen, das Resultat der juristischen Arbeit und Kunst der Nachwelt zu über-
liefern. Auch die Tripertita des Sex. Aelius Catus hatten kein
weiteres Ziel gehabt, wenn sie auch ihre Aufgabe mit andern Mitteln
zu lösen versuchten — deswegen mussten wir sie an den Abschluss
der vergangenen, nicht in den Anfang der gegenwärtigen Periode
stellen —. Jezt fing man an, sowol das Recht selbst als auch die
seit Jahrhunderten angewandte Methode zu beobachten, sich
des Gleichartigen in den einzelnen Fällen der Praxis und speziell
in den Responsen bewusst zu werden. Aus der Menge
der Fälle, welche zur Begutachtung vorlagen und Gegenstand der
juristischen Disputationen waren, aus der Mannigfaltigkeit der Klag-
und Geschäftsformeln zog man die gemeinsamen und verwandten
Gesichtspunkte hervor[2] und sprach sie in der Form einer kurzge-
fassten Regel aus[3]. Nicht als ob die den Consulenten erteilten

---

[1] Das Nähere s. unt. p. 305 ff.

[2] Dass die *regulae* in ihren Anfängen auf die Formeln, Responsen
und Disputationen zurückgehen, hat Sanio de ant. reg. p. 7 ff. 44 ff. überzeugend nachgewiesen.

[3] Einen eigentümlichen Ausdruck hat diese historische Tatsache durch
Paulus (ad Plaut. 16) und Sabinus gefunden. Es heisst (D. 50, 17, 1): *per
regulam igitur breuis rerum narratio traditur, et, ut ait Sabinus, quasi
causae coniectio est.* Das *tertium comparationis* bei dieser Vergleichung der
Rechtsregeln mit der *causae coniectio* des Processes (XII Taf. I, 7 Schöll)
ist klar: wie die Parteien den Inhalt der Verhandlungen *in iure* vor dem
Richter kurz zusammenfassten, so zogen die Juristen aus der Mannigfaltigkeit der Erscheinungen des Rechtslebens die Regel heraus. So richtig diese
Auffassung ist, hinkt der Vergleich doch nach einer andern Seite hin bedeutend, denn die *causae coniectio* betraf den Tatbestand (Paul.: *breuis rerum
narratio*) die Regel aber eine Rechtsfrage: *summa iuris antiqui* wird sie
deshalb passend von Sanio (de ant. reg. 20) genannt. Wenn schliesslich
Sabinus zu dem Ausdruck *causae coniectio* hinzufügt: *quae simul cum in
aliquo uitiata est, perdit officium suum,* so war das als Postulat für die
Rechtsanwendung gewiss nur gut zu heissen; in Wirklichkeit aber hielt man
an den überkommenen Regeln fest, auch wenn man erkannt hatte, dass sie
in einem oder dem andern Punkte nicht zutrafen; vgl. unt. p. 302 ff. Dagegen entspricht völlig den Tatsachen die Mahnung des Paulus: *non ex regula ius sumatur, sed ex iure quod est regula fiat.*

Rechtsbescheidungen selbst die Regel enthalten hätten [1]: damit wäre
den Richtern und den Parteien wenig gedient gewesen, statt der
einen Rechtsfrage wäre ihnen nur eine andere vorgelegt. Die Responsa waren und blieben Begutachtungen, wie das Recht auf den
speziellen Fall angewandt werden müsse, nicht allgemeine Rechtsbelehrungen (vgl. ob. p. 39 ff.). Die Regeln sind in erster Linie
nicht Anweisungen für den Richter sondern für den Juristen:
je grösser die Menge und Mannigfaltigkeit der Consultationen wurde,
um so nötiger wurde es auch, die leitenden Gesichtspunkte für ihre
Begutachtung zu fixiren: je lebhafter der Streit der Meinungen [2]
geführt wurde, um so mehr musste jeder einzelne Jurist das Bedürfnis empfinden, seine Ansicht, mit welcher er einen im Recht
enthaltenen Saz zum Ausdruck bringen wollte, mit kurzen Schlag-
worten zu präcisiren. So kam es, dass die Regeln auch ihrer äusseren
Gestalt nach sich vielfach den gesezlichen Vorschriften annäherten.
Wie das Gesez aussprach, was für die Folge Recht sein sollte, so
stellten die Juristen durch ihre Regeln fest, was gegenwärtig Rechtens war, und ihre Worte waren wie die des Gesezes möglichst
scharf und knapp, bald mehr im imperativischen, bald mehr im
sprichwörtlichen Charakter gehalten [3]. Als ein nicht zu unterschä-
zender Factor kommen bei dieser Entwicklung der Rechtsregeln
die öffentlichen Disputationen über Rechtsfragen [4] in Betracht:
aller Wahrscheinlichkeit nach sind eine grosse Anzahl der älteren

---

[1] Es kommt vor, dass Regeln als Responsa aufgeführt werden, aber
sie sind dann als Begründung, welche der Jurist seiner Bescheidung hinzu-
fügte, aufzufassen (so Paul. ad ed. 54: D. 41, 2, 3, 18), auch wenn das nicht
ausdrücklich gesagt ist, wie bei Jul. Dig. 44 (D. 41, 3, 33, 1).

[2] So ist die Regel, dass der *partus ancillae* nicht zu den Früchten
gehöre, aus einer Controverse zwischen Manilius, Brutus und P. Scaevola
hervorgegangen. Vgl. Cic. de fin. 1, 12; Vlp. ad Sab. 17 (D. 7, 1, 68);
Gai. res. cott. 2 (D. 22, 1, 28, 1).

[3] Vgl. Gai 3, 140: *pretium certum esse debet;* Gai. ad ed. pr. urb.
de test. 1 (D. 28, 5, 32 pr.): *ueteres decreuerunt;* Vlp. ad Sab. 41 (D. 47,
1, 1 pr.): *ciuilis constitutio est;* Paul. ad ed. 54 (D. 41, 2, 3, 19): *a ueteribus praeceptum est;* andrerseits Gai. 2, 49: *quod uulgo dicitur* etc.; dgl. 2,
51. 70; 4, 104. 114. 153; Vlp. ad ed. 4 (D. 2, 14, 7, 5): *solemus enim dicere pacta conuenta inesse bonae fidei iudiciis.* Weitere Beispiele können
aus den Citaten der vorhergehenden und folgenden Anmerkungen in Menge
entnommen werden. — Auch die antithetische Form ist beliebt: so z. B.
Gai. 3, 180; Valens fideic. 1 (D. 35, 1, 87. 89).

[4] Ueber die *disputatio fori* und ihren Zusammenhang mit dem Rechtsunterricht s. ob. p. 84 f. 232 ff.

Regeln geradezu als Belehrungen für die Schüler entstanden; sie bedeuten also genau das, was ihr Name anzeigt: eine ‚Richtschnur', welche der Lehrer dem Zuhörer für die Entscheidung von Rechtsfällen an die Hand gab. Aus diesem Gesichtspunkt erklärt sich namentlich die grosse Menge von Regeln über die bei der Auslegung von Gesezen und Rechtsgeschäften zu befolgenden Grundsäze, die um so wichtiger wurden, je lebhafter man seit der Reception des Weltrechts den Gegensaz zwischen dem Wortlaut der äusseren Form und dem Inhalt des wirklichen Willens betonte (vgl. ob. p. 115 f. 225 f.)[1]. So die Regeln, wie es in zweifelhaften Fällen zu halten sei: dass womöglich die passendste, wahrscheinlichste und fehlerfreieste Auslegung zu wählen[2], dass zu Gunsten bestimmter Rechtsverhältnisse (wie Freiheit und Dos) zu interpretiren[3], dass bei Verträgen für den Promittenten, gegen den, von welchem der Vertrag ausgeht, zu entscheiden[4], dass die mildere Ansicht vorzuziehen sei[5] u. s. w. Es soll keineswegs behauptet werden, dass

---

[1] Regeln über diesen Gegensaz selbst finden wir bei Celsus Dig. 26 (D. 1, 3, 17); Pap. Quaest. 2 (D. 50, 16, 219); Paul. ad Ner. 1 (D. 32, 25, 1); vgl. Vlp. ad ed. 3 (D. 50, 16, 6, 1).
[2] Cels. Dig. 33 (D. 1, 3, 19); Marcell. Dig. 11 (D. 34, 5, 24); Iul. Dig. 87 (D. 50, 17, 67).
[3] Für die Freiheit: Paul. ad Plaut. 16 (D. 50, 17, 179); Pomp. ad Sab. 7 (D. 50, 17, 20); für die Dos: Paul. Quaest. 6 (D. 50, 17, 85 = D. 23, 3, 70); ebenso, dass bei Testamenten eine freiere Interpretation zulässig sei: Paul. ad Sab. 3 (D. 50, 17, 12).
[4] So bei Stipulationen gegen den Stipulator: Cels. Dig. 26 (D. 34, 5, 26); ebend. 38 (D. 45, 1, 99 pr.); Vlp. ad Sab. 49 (D. 45, 1, 38, 18), bei Kauf- und Mietverträgen gegen den Verkäufer und Vermieter: Pomp. ad Sab. 33 (D. 18, 1, 33); Pap. Quaest. 5 (D. 2, 14, 39); Paul. ad Plaut. 5 (D. 50, 17, 172); — über den Zusammenhang dieser Regel mit den *leges contractus* vgl. Bechmann Kauf I, 268 —, ebenso gehört hierher der Saz dass eine Befristung für den Promittenten, den Erben gelte: Vlp. ad Sab. 50 (D. 45, 1, 41, 1); ebend. 23 (D. 50, 17, 17). In der allgemeinsten Fassung findet sich die Regel bei Maec. Fideic. 12 (D. 50, 17, 96): *in ambiguis orationibus maxime sententia spectanda est eius qui eas protulisset*.
[5] Diese bekannte Regel ist vielleicht zuerst für Fälle aufgestellt, in welchen ein poenaler Gesichtspunkt Plaz griff: Paul. ad ed. 65 (D. 50, 17, 155, 2), dann aber verallgemeinert: Cels. Dig. 29 (D. 1, 3, 18); Gai. ad ed. urb. de leg. 3 (D. 50, 17, 56); Marcell. Dig. 11 (D. 34, 5, 24); ebend. 29 (D. 28, 4, 3 = 50, 17, 192, 1); Paul. ad Plaut. 1 (D. 50, 17, 168). Hieran schliesst sich Vlp. ad Sab. 15 (D. 50, 17, 9): *quod minimum est sequimur*; ebend. 45 (D. 50, 17, 34), wo drei Auslegungen für den mutmasslichen Willen des Contrahenten aufgestellt werden; vgl. auch ebend. 26 (D. 50, 17, 41, 1).

diese zahlreichen Regeln alle so, wie sie in den Digesten erhalten sind, von den republikanischen Juristen abgefasst sind; dass sie aber ihrem Kern nach auf diese zurückgehen, ist deshalb nicht weniger sicher. Ebenso beruht auf einer Auslegung des vermutlichen Parteiwillens und ist als Anleitung für die Entscheidung von zweifelhaften Fällen aufzufassen die speziell den 'Alten' zugeschriebene Regel[1], welche Forderung als getilgt anzusehen sei, wenn jemand seinem Gläubiger, dem er aus verschiedenen Gründen schuldet, ohne nähere Angabe geleistet hat.

Von der Erkenntnis, dass der Rechtsanwendung bestimmte durch die juristische Forschung zu ermittelnde und festzustellende Regeln zu Grunde lägen, war es nur ein kurzer Schritt zu dem weiteren Gedanken, dass auch das Gesez nicht als blosse Summe von Vorschriften betrachtet werden dürfe, sondern dass diese Vorschriften selbst nur eine Erscheinungsform, ein Niederschlag von bestimmten Rechtsideen seien, welche man als Regeln theoretisch formuliren müsse[2].

XXVIII. WESEN UND BEGRIFF DER REGULAR-METHODE.

Bisher haben wir die Rechtsregeln an sich betrachtet; wie gestaltete sich nun ihre Verwertung für die juristische Praxis? Auch für die Beantwortung dieser Frage sind wir in der glücklichen Lage uns auf ein Fragment Catos[3] beziehen zu können: suchen wir es

---

[1] Pap. Defin. 2 (D. 46, 3, 97); vgl. Vlp. ad ed. 2 (D. 50, 17, 104).
[2] So Gai. 1, 132; 2, 15. 19; weiteres bei Sanio de ant. reg. p. 7 ff.; 40 ff.
[3] Fr. 1: Paul. ad Sab. 12 (D. 45, 1, 4, 1). Für ein Eingehen auf die verschiedenen Auslegungen, welche diese vielbesprochene Stelle gefunden hat, ist hier kein Plaz; sie kann nur hinsichtlich ihrer Bedeutung für die Regularmethode erörtert werden. Meine Auffassung von den Worten Catos ist im Text angegeben worden, die Begründung derselben behalte ich mir für die Fragmentensammlung vor.

zunächst zu analysiren, die für die Methode massgebenden Grundsäze werden dann unschwer zu erkennen sein.

Cato beginnt mit einer allgemeinen Regel: wenn jemand in
einer Stipulation für den Fall eines vertragswidrigen Verhaltens
eine Conventionalstrafe zugesagt hat, und wenn dann nach seinem
Tode einer seiner Erben gegen das Versprechen verstösst, so sind
entweder alle Miterben zusammen im Verhältnis ihrer Erbteile oder
nur der eine zuwider handelnde Erbe allein im Verhältnis seiner
Quote für die Strafe verhaftet. Die hierin liegende Frage, wann
das eine oder das andere der Fall sei, beantwortet der Jurist wieder
mit einer Rechtsregel: wenn die von der Stipulation betroffene
Handlung eine unteilbare ist, so sind alle Erben zahlungspflichtig,
ist sie teilbar, nur der eine gegen das Versprechen verstossende.
Diese Säze werden einmal durch eine aus der Natur der Sache
gezogene Begründung gestüzt: weil eine Handlung, — so heisst
es — welche nicht in Teile zerlegt werden kann, gewissermassen
als von allen vorgenommen anzusehen ist, sind auch alle haft-
pflichtig; und weiter werden spezielle Stipulationsformeln als
Beispiele beigefügt, für den ersten Fall das Versprechen: ‚es
solle eine Wegegerechtigkeit bestellt werden‘, für den zweiten:
‚der Gegner solle nicht weiter verklagt werden‘. Nunmehr bringt
Cato den schon angegebenen Grund für die von ihm ge-
machte Unterscheidung auf diese beiden Fälle zur Anwendung,
spricht aber nur von dem ersteren und überlässt die Schlussfolgerung für den lezteren seinen Lesern. Es sei (bei der Stipulation
auf Bestellung einer Wegegerechtigkeit) so anzusehen, sagt er, als ob
alle die Conventionalstrafe verwirkt hätten, weil hiergegen nur ein
Verfehlen im ganzen möglich sei. Und diesem Falle wird schliesslich ein anderer gleichgestellt, nämlich die Stipulation: ‚nichts
vornehmen zu wollen, wodurch der andere Teil in der Ausübung
seiner Wege- oder Fahrgerechtigkeit behindert wird[1].

---

[1] *Differentiae hanc esse rationem, quod in priore casu omnes commissise uidentur, quod nisi in solidum peccari non poterit [similemque esse
huic] illam stipulationem ‚per te non fieri, quo minus mihi ire agere liceat‘?*
Die eingeklammerten Worte sind ein Zusaz von Mommsen, der m. E. durchaus notwendig ist, denn einmal ist *peccari stipulationem* grammatisch unmöglich (vgl. Ubbelohde Unteilb. Obl. p. 301), und weiter spricht Paulus in
den folgenden Worten *sed uideamus, ne non idem hic sit sed magis idem quod
in illa stipulatione* etc. über die Richtigkeit oder Verkehrtheit — wir lassen
das zunächst dahingestellt — einer Vergleichung. Da eine solche nun im
Text der Pandekten nicht enthalten ist, so muss sie in dem vorgehenden Saz
ausgefallen sein. Denn nur auf diesen kann sich das *hic* beziehen, und hier

Nirgends tritt uns das Wesen der Regularjurisprudenz deutlicher entgegen als in diesem Fragment. Augenscheinlich bietet
die zulezt genannte Stipulation den Anlass zu den Erörterungen.
Wir dürfen annehmen, dass sie den Gegenstand eines praktischen Falles bildete, welcher entweder dem Cato selbst oder
einem andern Juristen zur Begutachtung vorgelegen hatte. Zur
Entscheidung beruft sich Cato, wie es von jeher üblich gewesen
war, auf bekannte Fälle. Wahrscheinlich lagen hinsichtlich der
beiden ersteren von ihm erwähnten Stipulationen praejudicirende
Responsen vor, in welchen einerseits die Rechtsansicht vertreten
war, dass, wenn dem Versprechen auf Bestellung einer Wegegerechtigkeit eine Strafe beigefügt war, diese auch im Falle der Be-
hinderung an der Ausübung der bestellten Servitut verwirkt [1], und
dass, wenn einer der Erben des Promittenten sich der Behinde-
rung schuldig gemacht habe, die Klage auf die ganze Strafsumme
gegen alle Miterben insgesammt zuzulassen sei; sowie andrerseits,
dass bei der Stipulation, aus einem bestimmten Rechtsverhältnis
nicht weiter klagen zu wollen, unter gleicher Sachlage nur dem
einen dennoch klagenden Erben gegenüber ein seiner Erbquote
entsprechender Teil der Strafe verfallen sei. Das Eigenartige und
Neue der Behandlungsweise Catos liegt darin, dass er zunächst
von der Entscheidung des ihm vorliegenden Falles absieht, ihn

---

ergeben sich die Glieder der Vergleichung von selbst: die beiden Stipulationen
iter fieri? (der *prior casus*) und *per te non fieri, quo minus mihi ire agere
liceat?* das *tertium comparationis* ist die Unteilbarkeit der beiden in diesen
Stipulationen enthaltenen Verpflichtungen. Das Nähere zur Begründung dieser
und der Widerlegung entgegenstehender Ansichten s. in der Fragmentensammlung.

[1] Diese Unterstellung ergiebt sich aus dem Zusammenhang der Stelle
als notwendig, denn anders sind die Ausdrücke *ab omnibus quodammodo
factum, commissise, peccari*, welche auf ein Tun gegenüber einer Verpflichtung zum Unterlassen hinweisen, nicht verständlich. Die Juristen müssen also
die einer Stipulation auf Bestellung einer Servitut beigefügte Conventionalstrafe nicht nur dann als verfallen angesehen haben, wenn der Promittent
dieser primären Verpflichtung nicht genügt hatte, indem er die Vornahme des
nötigen Formalactes verweigerte (*non facere* gegenüber der Pflicht zum *facere*),
sondern auch wenn er hinterher die Ausübung der eingeräumten Servitut störte
(*facere* gegenüber der Pflicht zum *non facere*). Cato hebt diesen Punkt als
für seine Frage unwesentlich gar nicht weiter hervor: ihm kommt es nur auf
die Verhaftung der Erben an. Die beiden Stipulationen *iter fieri* und *per
te non fieri, quo minus mihi ire agere liceat* als identisch zu betrachten
(vgl. Vangerow, Pand. III⁷, p. 12), haben wir m. E. nicht das geringste Recht.

vielmehr nur als Anlass benuzt ähnliche Fälle zu suchen, um aus
diesem gesammten Material die allgemeinen juristischen Gesichtspunkte herauszuziehen und als Regel zu formuliren. Diese Regel
wird dann zum Ausgangspunkt der ganzen Erörterung gemacht,
die einzelnen Fälle werden als einzelne Erscheinungen gleichsam
als Früchte, deren Kern jene Regel bildet, behandelt. Nichts
desto weniger bleibt die Entscheidung des bestimmten Falles
doch das eigentliche Ziel der Juristen, aber um dies zu erreichen, kann er die an die Spize gestellte Regel unmittelbar nicht
verwerten. Sie ist zu allgemein gefasst, besagt nur, dass bald alle,
bald nur einer der Erben die Strafe verwirkt haben. Der Gewinn
beruht lediglich in der Fixirung des massgebenden Gesichtspunktes und in der Zergliederung der Hauptfrage in zwei Unterfragen. Und diese werden nun mit positiven Regeln beantwortet,
welche eine für die Entscheidung der einzelnen Fälle massgebende
Norm darbieten: wenn die verbotene Handlung unteilbar ist, so
haften alle, ist sie teilbar, nur der zuwider handelnde Erbe.

Diese Zerspaltung der Regel in Unterfragen, welche die verschiedenen in ihr enthaltenen Möglichkeiten auseinander legt, ist
ein wichtiger Factor der neuen Methode. Sie beruht auf keiner
andern Gedankenarbeit als die Regelbildung selbst, stellt nur den
umgekehrten Weg im Verhältnis zu dieser dar. Denn während
wir die Gewinnung der Regel als die Hervorziehung eines allgemeinen Gedankens aus den einzelnen Erscheinungen des Rechtslebens kennzeichneten, sehen wir in ihrer Zergliederung das Zurückgehen auf die speziellen Fälle. Aber auch diese Operation geschieht in der Weise, dass die Beobachtung des innern Wesens der Verschiedenheiten an die Stelle der blossen Aufzählungen tritt, dass der
Jurist ein theoretisches Princip für die Unterscheidungen zu ermitteln
sucht. Dass wir solche ‚Unterscheidungen‘, die sich in den späteren
Rechtsbüchern oft genug finden und in der Kaiserzeit sogar als spezielle Art der Schriftstellerei begegnen (die sogenannten *differentiae*),
nicht in grösserem Umfange als Eigentum der Alten in Anspruch
nehmen können, hat seinen Grund hauptsächlich darin, dass sie nicht
wie die eigentlichen Regeln in einer typischen Form erscheinen.
Sie enthalten notwendig breitere Darlegungen, und sind daher, wenn
die nähern Angaben fehlen, nicht durch ein äusseres Merkmal von

denen späterer Juristen in den Digesten zu unterscheiden. Indessen darf man mit einiger Wahrscheinlichkeit zwei derartige Erörterungen, welche der eben berührten des Cato auch inhaltlich nahe stehen, der älteren Jurisprudenz zuschreiben. Die eine betrifft die Frage nach der passiven Vererblichkeit der Klagen: die Juristen bejahten sie für die Klagen, welche die Verfolgung einer Sache, verneinten sie für die, welche die Beitreibung einer Privatstrafe bezweckten [1]. Und ebenso mag die Frage nach dem Uebergang der Vermächtnisse auf den Erben des Bedachten in dieser Zeit zuerst einer allgemeinen Betrachtung unterzogen und mit der bekannten Unterscheidung zwischen reinen, befristeten und bedingten Legaten beantwortet sein [2].

Auf Grund der vorstehenden Erörterungen wird es möglich sein, die von uns als Regularjurisprudenz bezeichnete Methode genauer zu bestimmen. Es wäre sehr falsch ihr eigentümliches Wesen allein in den typischen Regeln erblicken zu wollen: dasselbe liegt vielmehr — um es mit einem Wort zu sagen — in der theoretischen Bearbeitung des Rechts. Freilich darf man diesen Ausdruck nicht falsch verstehen: die römische Jurisprudenz ist nie in dem Sinne eine theoretische gewesen, dass sie sich in unfruchtbare

---

[1] Das erste Glied dieses Satzes, welches die Vererblichkeit der *actiones quae rei habent persecutionem* betrifft, liegt uns allerdings nur als Begründung von Entscheidungen der späteren Juristen vor, doch darf man aus der Art seiner Anführung als einer allbekannten Wahrheit und aus dem Gleichlaut der Worte auf eine frühere Regularform schliessen: vgl. Vlp. ad Sab. 42 (D. 13, 1, 7, 2); Vlp. ad ed. 30 (D. 16, 3, 7, 1); Paul. ad ed. 41 (D. 37, 6, 2, 4). Die Unvererblichkeit der Strafklagen wird oft als eine längst bekannte Regel bezeichnet: Gai. 4, 112: *est enim certissima iuris regula poenales actiones in heredem non competere;* ähnlich Gai. ad ed. prou. 2 (D. 50, 17, 111, 1); Vlp. ad Sab. 41 (D. 47, 1, 1 pr.: *ciuilis constitutio);* Paul. ad Plaut. 18 (D. 48, 19, 20: *commenticium ius;* vergl. zu diesem Ausdruck Sanio Rechtshist. Abh. p. 127 ff.). Anwendungen der Regel finden sich bei Pomp. ad Sab. 29 (D. 50, 17, 38); Vlp. ad ed. 11 (D. 4, 2, 16, 2); ebend. 18 (D. 9, 2, 23, 8); ebend. 57 (D. 47, 10, 13 pr.); ebend. 62 (D. 42, 5, 9, 8). Es ist wol nicht zu gewagt, auf Grund dieser Citate eine allgemeine Erörterung über die Vererblichkeit der Klagen bei einem der älteren Juristen vorauszusezen.

[2] Vlp. 24, 30—31; Vlp. ad Sab. 20 (D. 36, 2, 5 pr. — 2); man dehnte diese Unterscheidung nebst den daraus gewonnenen Regeln später ganz allgemein auf die Obligationen aus: Vlp. Reg. 1 (D. 50, 16, 213 pr.).

Speculationen aufgelöst hätte, sondern die praktische Verwendbarkeit ihrer Resultate ist in viel höherem Grade ihr Ziel geblieben, als dies in der modernen Rechtswissenschaft der Fall ist. Wol aber kann man in so fern einen Unterschied zwischen theoretischer und praktischer Jurisprudenz machen, als die juristische Litteratur der Römer jenes Ziel entweder dadurch zu erreichen suchte, dass sie von den Fällen der Praxis ausging und bei ihnen stehen blieb, indem sie sie nur als solche bearbeitete, oder dadurch dass sie die das Recht bewegenden Gedanken zur Grundlage und zum eigentlichen Gegenstand der Darstellung machte und die Erscheinungen des Rechtsverkehrs als Verkörperungen dieser inneren Kräfte auffasste. Ersteres hatte die ältere Jurisprudenz getan, indem sie Formeln und Responsen sammelte, und, wie schon (ob. p. 244) bemerkt, blieben derartige Arbeiten auch später noch ein beliebter Gegenstand der Schriftstellerei; die leztere Richtung ist als Litteraturgattung zuerst bei Cato nachweisbar. Ein Mittelglied bilden die Commentare: ihr Ausgangspunkt, das Gesez und die Formeln, und ebenso ihr Zweck ist ein praktischer; die Erläuterungen bestehen aber schon in den Tripertita des Sex. Aelius Catus nicht mehr allein in Wortinterpretationen, sondern ziehen auch den allgemeinen Gedanken, welchen die Gesezesworte zum Ausdruck bringen, und den Kreis von Rechtsverhältnissen, welchen die Formel decken soll, in Betracht[1]: damit ist schon ein vorbereitender Schritt in die neue Bahn hinein getan.

Wenn wir nun in dem gegenwärtigen Kapitel nicht von der theoretischen Jurisprudenz schlechthin sprechen, sondern für die neue Methode, welche hier unserer Betrachtung unterliegt, die Bezeichnung ‚Regularjurisprudenz' gewählt haben, so geschieht das, um einen engeren Begriff zu gewinnen. Die spätere, ausgebildete theoretische Jurisprudenz weist noch anderweite Elemente als die hier geschilderten auf, nimmt namentlich das Mittel der Systematik zur Hülfe, von welcher bei Cato noch keine Spuren begegnen; die Regeln aber stellen in der historischen Entwicklung den ersten Versuch einer theoretischen Formulirung des Rechts dar, so dass es gerechtfertigt erscheint, dies frühere Stadium der Wissenschaft nach ihnen zu benennen.

---

[1] Als Beispiel vgl. Fr. 4 des Sex. Aelius (Cic. ad fam. 7, 22; oben p. 100).

XXIX. UNVOLLKOMMENHEITEN DER REGULAR-METHODE.

Da die Regularmethode der erste Versuch war, zu allgemein
gültigen Rechtssäzen vorzudringen, so kann es nicht Wunder nehmen,
wenn diese so unendlich schwierige[1] Kunst zunächst nur unvollkommen gehandhabt wurde.

In dem Ursprunge der Regeln aus den Consultationen und
Disputationen liegt einmal der Grund, dass viele von ihnen, obwol sie dasselbe besagen, doch in verschiedener Gestalt vorliegen[2]:
jeder Jurist formulirte sie nach seinem freien wissenschaftlichen
Ermessen, und wie über die einzelnen Rechtsfälle so stritt man
jezt auch über die allgemeinen Rechtsregeln. An anderen kann
man die Entwicklungsgeschichte aus der wachsenden Vervollkomm-
nung der Fassung erkennen: dem Juristen, der die Frage nach
der Verteilung der Beweislast theoretisch betrachtete, drängte sich
notwendig zuerst der Saz auf, dass der Kläger für seine Behauptungen beweispflichtig sei[3]. Diese Regel bestand schon, als man
die weitere aufstellte, der Beweis der Einreden treffe den Beklagten, was deutlich aus der Form, in welcher die leztere auftritt,
dass die Einrede den Beklagten zum Kläger mache[4], hervorgeht.
Nur eine Folgerung aus dem ersten Saze war es, wenn die Juristen den ferneren hinzufügten, der nicht erbrachte klägerische

---

[1] Vgl. Jhering Geist I, 28 ff.

[2] z. B. Cic. de inuent. 2, 63: *Vnius enim pecuniae plures dissimilibus
de causis heredes esse non possunt, nec unquam factum est, ut eiusdem
pecuniae alius testamento alius lege heres esset*; verglichen mit Pomp. ad
Sab. 3 (D. 50, 17, 7): *Ius nostrum non patitur eundem in paganis* (Zusaz
der kaiserlichen Juristen) *et testato et intestato decessisse: earumque rerum
naturaliter inter se pugna est ,testatus' et ,intestatus'*; und mit Paul. Quaest.
10 (D. 50, 17, 89) *Quamdiu possit ualere testamentum, tamdiu legitimus non
admittitur.* Aehnlich Vlp. ad Sab. 42 (D. 50, 17, 31) verglichen mit Cels.
Dig. 8 (D. 50, 17, 185) und Vlp. ad ed. 23 (D. 50, 17, 135); ferner Pomp.
ad Sab. 16 (D. 50, 17, 27) verglichen mit Vlp. ad ed. 30 (D. 50, 17, 45, 1).

[3] Marcian. Inst. 6 (D. 22, 3, 21): *quia semper necessitas probandi incumbit illi qui agit.*

[4] Vlp. Disput. 7 (D. 22, 3, 19 pr.): *In exceptionibus dicendum est reum
partibus actoris fungi oportere ipsumque exceptionem uelut intentionem im-
plere*; Vlp. ad ed. 4 (D. 44, 1, 1): *Agere etiam is uidetur qui exceptione
utitur: nam reus in exceptione actor est.*

Beweis verschaffe dem Beklagten ohne weiteres den Sieg[1]. Bald aber musste man fühlen, dass alle diese Regeln nicht genügten, denn sie trafen nicht die Fälle, in welchen der Beklagte einer an ihn gerichteten Forderung gegenüber Zahlung behauptete[2], oder der Kläger der Einrede des Beklagten eine Replik entgegensezte. So kam man schliesslich zu dem ganz allgemeinen Rechtssaze, dass jeder Partei der Beweis für ihre Behauptungen, nicht für ihre Bestreitungen obliege[3].

In den häufigsten Fällen haben aber die Regeln schon zur Zeit ihrer Entstehung eine feste Form angenommen und für die Folgezeit behauptet, obwol sich bald herausstellte, dass sie entweder zu eng oder zu weit gegriffen waren. Aber gerade diese Unbeholfenheit ist als Kennzeichen einer erst im Werden begriffenen Methode bemerkenswert: man konnte ebenso wenig alle Fälle übersehen, welche die Regel, richtig gefasst, hätte decken müssen, als die, welche man, ohne es zu wollen, mit umspannte. Die späteren Juristen haben, wenn ihnen eine bessere Erkenntnis aufgegangen war, zwar die principielle Geltung der einmal feststehenden Regeln meist unangetastet gelassen, ihnen aber einerseits Ausnahmen und Einschränkungen, andererseits Ausdehnungen hinzugefügt, welche bisweilen so weit gehen, dass sie den Wert der ursprünglichen Regel recht zweifelhaft erscheinen lassen[4].

---

[1] Const. des Antoninus v. 15. März 212 (C. 2, 1, 4): *Actore enim non probante qui conuenitur, et si nihil ipse praestat, obtineat.* Dass diese Regel uns in einer kaiserlichen Constitution erhalten ist, beweist nichts gegen ihre Herkunft: der Einfluss der Juristen auf die Redaction kaiserlicher Erlasse ist bekannt. Eine ältere Form dieses Sazes s. unt. p. 307.

[2] Diese Zwischenstufe wird ausgedrückt bei Paul. Quaest. 3 (D. 22, 3, 25, 2): *secundum generalem regulam quae eos qui opponendas esse exceptiones adfirmant uel soluisse contendunt haec ostendere exigit.*

[3] Paul. ad ed. 69 (D. 22, 3, 2): *Ei incumbit probatio qui dicit non qui negat.*

[4] Beispiele: für die Regel *nemo sibi causam possessionis mutare potest:* Jul. Dig. 44 (D. 41, 3, 33, 1); Marc. Dig. 17 (D. 41, 2, 19, 1); — *quotiens culpa interuenit debitoris perpetuari obligationem:* Paul. ad Plaut. 17 (D. 45, 1, 91, 3); — *tutoris dolum pupillo non nocere:* Pap. Quaest. 20 (D. 26, 9, 3); — *noxa caput sequitur:* Vlp. ad Sab. 41 (D. 47, 2, 41, 2); Paul. ad Sab. 9 (D. 47, 2, 18); — *in legatis nouissimam, in libertatibus leuissimam condicionem spectandam esse:* Valens Fideic. 1 (D. 35, 1, 87. 89);

Auch an den beiden Fragmenten Catos zeigen sich die geschilderten Mängel. Bei dem zulezt besprochenen (Fr. 1 : D. 45, 1, 4, 1) ist freilich die Möglichkeit eingehenderer Ausführungen im Texte Catos nicht ausgeschlossen, wenn aber unsere Ansicht, dass ein spezieller Fall den Anlass zu den hier aufgestellten Regeln und Unterscheidungen gab, richtig ist, so ist das wenig wahrscheinlich. So wie die Stelle uns erhalten ist, bleibt sie bei der Erörterung über die Verhaftung der Erben für eine Conventionalstrafe, welche einer von ihnen verwirkt hat, stehen, und dringt nicht zu der Frage nach der Teilbarkeit oder Unteilbarkeit von Forderungsrechten überhaupt oder auch nur von Stipulationen vor. Und weiter : Cato erklärt die Erben insgesammt für verhaftet, wenn die Handlung, mit welcher der eine von ihnen gegen das Versprechen des Erblassers verstossen hat, eine unteilbare ist ; wann das aber der Fall ist, wird nur durch Beispiele erläutert, eine allgemeine Regel über diese Frage fehlt: wir erkennen darin einen Rest der älteren Methode des Respondirens, welche nach Aehnlichkeiten der Fälle entschied, aber das, was ihnen gemeinsam war, noch nicht auszusprechen vermochte.

Interessanter noch sind in dieser Hinsicht die Schicksale der sogenannten catonianischen Regel (Fr. 2; s. ob. p. 290). Einerseits ist sie zu weit gegriffen, indem sie das eigentümliche Wesen des bedingten Vermächtnisses nicht berücksichtigt, und die spätere Jurisprudenz hat sie in dieser Beziehung corrigirt[1]. Andrerseits

Modest. Pand. (D. 40, 4, 45); — *actus legitimi non recipiunt diem uel condicionem :* Pap. Quaest. 28 (D. 50. 17, 77); — *qui nasci speratur pro superstite est:* Paul. ad S. C. Tert. l. s. (D. 50, 16, 231); vgl. Paul. de port. q. lib. damn. conc. l. s. (D. 1, 5, 7); Gai. 1, 147. Vgl. Dirksen Rh. Mus. III p. 108; Sanio de ant. reg. p. 20. 29 ff. 52 ff. 58 ff. Sanio Rechtshist. Abh. p. 140. Aehnlich ist es zu erklären, wenn man die Lehre von den Verwendungen vorzugsweise am Dotalrecht, die von den Bedingungen, Befristungen und Auflagen an den Testamenten entwickelte; vgl. die Titel der Digesten 25, 1: *de impensis in res dotales factis* (vgl. auch Fulcin. (D. 50, 16, 79, 1); Vlp. 6, 14 ff.); und 35, 1 : *de condicionibus et demonstrationibus et causis et modis eorum quae in testamento scribuntur.* Auch hier reichte der Blick der älteren Juristen nicht weit genug.

[1] Vlp. ad Sab. 21 (D. 30, 41, 2): *purum igitur legatum Catoniana regula impediet, condicionale non, quia ad condicionalia Catoniana non pertinet.* Hier hat also auch die Ausnahme bereits Regularform angenommen : es genügt dem Ulpian ein blosser Hinweis darauf, als auf etwas längst Feststehendes. Noch allgemeiner Pap. Quaest. 15 (D. 34, 7, 3) *Catoniana regula non pertinet . . . ad ea legata, quorum dies non mortis tempore sed post aditam cedit hereditatem.*

hat Cato nicht gewagt, seinen Gedanken über das Vermächtnis hinaus auf andere Rechtsgeschäfte auszudehnen: erst später hat man den Saz aufgestellt, kein ungültig errichtetes Rechtsgeschäft könne hinterher zu Kräften kommen [1]. Die Richtigkeit einer solchen Verallgemeinerung kann hier nicht besprochen werden: das trifft die schwierige Frage nach der Convalescenz ungültiger Geschäfte; es genügt zu bemerken, dass, so viele Einwendungen sich dagegen machen lassen, und so oft sich die römischen Juristen darüber hinweggesezt haben, die Quellen doch eine principielle Bekämpfung dieser Regel als solcher nicht vermuten lassen: man mochte dem allgemeinen Saze weniger Bedeutung zuschreiben, als man es heute zu tun pflegt. Merkwürdig aber ist, dass während man die ganz generelle Fassung des Gedankens unbeanstandet liess, in der Kaiserzeit über die Anwendbarkeit der catonianischen Regel auf die dem Vermächtnis am nächsten liegenden Rechtsverhältnisse, speziell auf die Erbeinsezung, ein lebhafter Streit zwischen den Schulen entstand: Sabinus und seine Nachfolger bejahten, die Proculianer verneinten die Frage [2]. Hinsichtlich der

---

[1] Paul. ad Sab. 8 (D. 50, 17, 29): *Quod initio uitiosum est non potest tractu temporis conualescere.* Auch die Umkehrung dieses Gedankens tritt als Rechtsregel auf bei Paul. Quest. 6 (D. 50, 17, 85, 1): *Non est nouum, ut quae semel utiliter constituta sunt durent, licet ille casus exstiterit a quo initium capere non potuerunt.* — Eine ganz ähnliche Verallgemeinerung zeigt sich in folgenden beiden Regeln: Paul. ad ed. 12 (D. 50, 17, 120): *Nemo plus commodi heredi suo relinquit quam ipse habuit.* Vlp. ad ed. 46 (D. 50, 17, 54): *Nemo plus iuris ad alium transferre potest quam ipse haberet.*

[2] Die Sabinianer erklärten eine Erbeinsezung, in welcher der *filius in potestate* praeterirt war, für ungültig, auch wenn der Sohn vor dem Vater gestorben war, die Proculianer erkannten das Testament in diesem Falle an: Gai. 2, 123; Pomp. und Paul. ad Sab. 1 (D. 28, 2, 7, 8). Danach erklärt sich auch Vlp. ad Sab. 10 (D. 34, 7, 4): *Placet Catonianam regulam ad condicionales institutiones non pertinere,* denn eine solche Ausnahme hinzustellen, hatte nur dann Sinn, wenn man im Princip die Catonianische Regel auf die Erbeinsezung ausdehnte. Dass Sabinus selbst diese Meinung ausgesprochen hatte, geht wol sicher daraus hervor, dass drei verschiedene Commentatoren seines Civilrechts sie behandeln. Diese Sabinianische Fassung ist uns in Regularform erhalten bei Lic. Ruf. Reg. 2 (D. 50, 17, 210): *Quae ab initio inutilis fuit institutio ex postfacto conualescere non potest.* Die proculianische Meinung, wie sie uns bei Gaius entgegentritt, ist allgemein anerkannt von Papinian Quest. 15 (D. 34, 7, 3) *Catoniana regula non pertinet ad hereditates.*

testamentarischen Freilassungen dagegen scheint man die Ausdehnung durchweg zugelassen zu haben [1].

Bei dieser Sachlage könnte man geneigt sein, im Gegensaz zu der hier vertretenen Auffassung die allgemeine Regel von der Convalescenz ungültiger Rechtsgeschäfte als die frühere, und sowol die catonianische als auch die zulezt berührten Regeln bezüglich der Erbeinsezungen und Freilassungen als spezielle Fassungen derselben anzusehen, eine Meinung, die in der neueren Litteratur vielen Anklang gefunden hat [2]. Wer sich aber genau und allein an unsere Ueberlieferung hält, wird finden, dass diese Ansicht den Quellen nicht entspricht: für die römischen Juristen bildet, wenn es sich um die Frage nach der Heilbarkeit oder Unheilbarkeit eines bestimmten Rechtsgeschäfts handelt, nie die allgemeine, wohl aber oft die catonianische Regel den Ausgangspunkt, nicht wird über die Anwendbarkeit jener, sondern über die Ausdehnung dieser Regel gestritten.

XXX. ENTWICKLUNG UND BEDEUTUNG DER REGULARJURISPRUDENZ.

Indem wir nun schliesslich auf unsern Ausgangspunkt zurückkommen, haben wir uns noch die Frage vorzulegen, wie weit denn die Regularjurisprudenz Catos Verdienst war. Auf keinen Fall darf man in dieser Hinsicht den Ruhm einer neuen Erfindung für ihn in Anspruch nehmen, vielmehr stellt die Regularjurisprudenz eine Methode der juristischen Arbeit dar, deren Grundlagen so alt sind wie das Recht überhaupt. Jede Rechtsanwendung sezt die Unterordnung des concreten Falles unter allgemeine Gesichtspunkte voraus, was schon aus der einzigen Tatsache hervorgeht, dass auch das Gesez nie für jeden speziellen Fall Sorge tragen kann, sondern stets bemüht sein muss, eine Reihe von Fällen zu umspannen, also allgemeine Bestimmungen zu treffen, mag ihm das auch noch so unvollkommen gelingen. Damit ergiebt sich für den Juristen die notwendige Aufgabe, aus den vorliegenden Tatumständen die allgemeinen Gesichtspunkte herauszusuchen, welche denen des Gesezes entsprechen, und umgekehrt muss

---

[1] Flor. Inst. 10 (D. 28, 5, 50 pr.), vgl. Paul. ad reg. Cat. l. s. (D. 49, 17, 20). — Ueber den Saz Ulpians ad Sab. 22 (D. 34, 7, 5) vgl. Heineccius ad leg. Iul. et Pap. p. 380. 409.

[2] Sanio de ant. reg. p. 15. 16. 55; Vangerow Pand. II[7] § 640 p. 598 f.

er den Rechtssaz zergliedern, um den Punkt, welchen er für seinen
Fall verwerten kann, zu finden. Indessen ist diese Operation,
so viele Schwierigkeiten sie auch in ihrer speziellen Anwendung
bieten mag, doch, wenn man sie nur als solche betrachtet, eine
verhältnismässig einfache. Denn das Gesez selbst bietet dem Juristen in der Form von Geboten oder Verboten eine Anzahl greif-
barerer Regeln, er hat also nur unter ihnen auszuwählen. Für
das römische Recht kam aber von vorn herein noch ein weiteres
hinzu: die uralte Methode, nach Praejudizien, das heisst an der
Hand früherer Responsen zu entscheiden (vgl. ob. p. 56 f. 77 f.), bedingte schon eine höhere juristische Arbeit. Zwar war das nicht eigentlich der Fall, wenn der Jurist das frühere Responsum nur heranzog, um
ein Muster für eine bestimmte Interpretation des Gesezes zu finden:
er musste dann eben für zwei Fälle die gleiche Regel suchen.
Anders aber verhielt es sich, wenn das frühere Responsum Gewohnheitsrecht zur Anwendung brachte und wenn es nicht blos
die Worte des Gesezes auslegte, sondern weitere Schlussfolgerungen
aus ihnen zog: da das ältere Responsum ja auch nur die Begutachtung eines einzelnen Falles enthielt, so musste hier der massgebende Rechtssaz erst durch die juristische Kunst ermittelt werden.

Dieses Ermitteln war zunächst eine mehr instinctive Tätigkeit:
die Juristen sahen die Aehnlichkeiten der Fälle und Responsen und
liessen sich von diesen leiten, ohne sich des in ihrer Arbeit liegenden
juristischen Vorganges bewusst zu werden. Sie fühlten die latenten
Rechtsregeln und wurden von ihnen beherrscht; je intensiver aber
diese Herrschaft wurde, um so mehr musste natürlich auch die
Entwicklung dazu drängen, die Regeln in Worte zu fassen. Und erst
diese leztere Kunst dürfen wir als Regularmethode bezeichnen
(vgl. ob. p. 292). Ist sie dem Cato zuzuschreiben? war er
der erste, der Rechtsregeln formulirte? Auch diese Frage ist
zu verneinen. Die Fertigkeit, das, was man als leitende Regel
beim Respondiren schon längst empfand, auch als solche auszusprechen, muss sich ganz allmählich entwickelt haben. Man kann
wol die Frage aufwerfen, ob nicht bezüglich der Ausbildung und Ver-
vollkommnung dieser Kunst ein bestimmter Jurist einen massgebenden
Einfluss ausgeübt hat, aber von einem Erfinden oder Einführen
einer neuen Methode kann auch in dieser Hinsicht keine Rede
sein. Jedenfalls bestanden bereits vor dem jüngern Cato Rechtsregeln: bei Sex. Aelius Catus sind sie allerdings aus unsern Frag-

menten nicht nachweisbar[1], dagegen wird in einer Rede des älteren
Cato eine höchst interessante, schon ,von den Vorfahren überkommene' Regel angeführt[2]: ,in einem Privatstreit' — so lautet
sie — ,ist bei gleicher Moralität der Parteien, wenn das zu Grunde
liegende Rechtsgeschäft ohne Zeugen abgeschlossen wurde, dem
Beklagten am meisten Glauben zu schenken'. Offenbar haben
wir hier eine ältere Fassung des schon oben (p. 302) berührten
Sazes, dass bei mangelndem Beweise des Klägers der Beklagte
freizusprechen sei, vor uns. Sie stammt aus einer Zeit, in welcher
die Jurisprudenz noch nicht zu einer Verteilung der Beweislast
vorgedrungen war, sondern der Richter in erster Linie auf die
Glaubwürdigkeit, welche er den Parteien beilegte, angewiesen war.
Nach freiem Ermessen soll er bestimmen, wer der bessere Mann ist,
und diesem trauen; nur wenn er diese Frage nicht zu beantworten
vermag, kommen ihm die Juristen mit einer formalen Theorie zu
Hülfe. Wann diese Regel aufgekommen ist, lässt sich natürlich
nicht bestimmen, aber sie ist die einzige, welche wir mit Sicherheit
vor das Ende des sechsten Jahrhunderts sezen können. Und wenn
man aus diesem einen Beispiel einen allgemeinen Schluss wagen
darf, so war damals die Kunst Regeln zu bilden, noch eine recht un-
vollkommene: man hing an äusseren Momenten, war noch nicht
in das innere Wesen des Rechts eingedrungen. Die sonstigen uns
bekannten Regeln, welche den ,Alten' zugeschrieben werden (vgl.
ob. p. 291 A. 2), zeigen im Vergleich hierzu schon eine viel
grössere juristische Feinheit. Das drängt darauf hin, um die Wende
des sechsten zum siebenten Jahrhundert einen bedeutenden Auf-

---

[1] Man könnte am ersten bei Fr. 3 des Sex. Aelius (D. 19, 1, 38, 1)
geneigt sein an eine Regel zu denken; m. E. handelt es sich hier aber um ein
einzelnes Responsum, das der Jurist bei einem zutreffenden Punkte seines
Commentars herangezogen hat (vgl. ob. p. 107 A. 1). Augenscheinlich lag
ein bestimmter Fall (*mancipium, cibaria*) vor, über welchen sowol Sex. Aelius
wie Drusus ein Responsum abgegeben hatten, das vielleicht erst von späteren
Juristen seine allgemeinere Fassung, welche es in den Digesten aufweist, erhalten
hat. Eine Regel würden wir nur dann annehmen dürfen, wenn Sex. Aelius
das, was ein solcher Fall mit anderen gleichartigen gemeinsam hat, den Ver-
zug, hervorgehoben hätte.
[2] pro Turio contra L. Gellium (Gell. 14, 2, 21. 26; Jordan p. 62; Meyer
p. 140; vgl. ob. p. 277): *atque ego a maioribus sic accepi, siquis quid alter
ab altero peteret, si ambo pares essent, siue boni siue mali essent, quod
duo res gessissent, uti testes non interessent, illi unde petitur potius creden-
dum esse.*

schwung der Regularjurisprudenz zu vermuten; und diesen auf
den jüngeren Cato zurückzuführen, ist eine Annahme, der zunächst
jedenfalls nichts im Wege steht, und die an Wahrscheinlichkeit
gewinnen wird, wenn wir ihr andere, sie unterstüzende Tatsachen
und Zeugnisse an die Seite zu stellen vermögen.

Pomponius berichtet: von beiden Catonen, Vater und Sohn,
seien juristische Schriften vorhanden, die meisten derselben rührten
aber von dem Sohne her; ferner: der ältere Cato habe sich im
ganzen an Sex. Aelius Catus und L. Acilius angeschlossen (also
hauptsächlich interpretirend und commentirend gearbeitet; vgl. ob.
p. 108 ff., 247 f., 277 ff.), die Werke des jüngeren aber seien die
Grundlage für alle späteren Arbeiten geworden[1].

---

[1] Pomp. 38: *Hos sectatus ad aliquid est* [*Cato. deinde*] *M. Cato, princeps Porciae familiae, cuius et libri exstant, sed plurimi filii eius, ex quibus
ceteri oriuntur.* Was den Zusammenhang der Stelle und ihren Inhalt bezüglich des älteren Cato sowie die eingeklammerten Worte angeht:
vgl. ob. p. 279 A. 1; hier soll sie nur, sofern sie den jüngern Cato
betrifft, in Betracht gezogen werden. Zunächst machen die Worte *ex
quibus* Schwierigkeiten: sprachlich ist es jedenfalls das nächstliegende,
sie auf die Bücher, von denen vorher die Rede war, zu beziehen. Auch sach-
lich ist nichts anderes möglich: die Beziehung der Worte auf die beiden
Catonen, welche Sanio (Varr. 198) befürwortet, ist deswegen ausgeschlossen,
weil die übrigen Catonen zwar alle von dem Consul von 559 und Censor
von 570, nicht aber alle von unserm M. Cato abstammen. Auf lezteren geht
nur die früh vom Schauplaz der Geschichte verschwundene Linie der Lici-
nianer zurück, während die späteren Catonen, namentlich der bekannte Gegner
Caesars Salonianer waren; vgl. Plin. H. N. 7, 62; Gell. 13, 20. Eine Unrichtigkeit in dieser Beziehung könnte man dem Pomponius allerdings zutrauen, doch
soll man das nicht ohne Not tun und namentlich nicht, wenn auch die grammatische Interpretation der Stelle das Gegenteil fordert. *Ex quibus* gehört
also zu *libri*, und bei *ceteri* ist nicht *Porcii*, sondern *iuris auctores* zu
ergänzen: der Sinn ist der, dass die späteren Juristen von den Schriften
des jüngern Cato ihren Ausgang nahmen. In dem lezten Worte des Sazes
schlägt Mommsen eine Textänderung vor: statt *oriuntur* will er *ordiuntur*
lesen, und rechtfertigt diese Conjectur durch den Hinweis, dass Cato der
älteste der republikanischen Juristen sei, der — abgesehen von einer Erwähnung
des Sex. Aelius (19, 1, 38, 1) — in den Digesten vorkäme; die späteren „beginnen" mit Cato, soll also soviel heissen als: er ist der älteste, den sie citiren.
Ob dafür *ordiri ex aliquo* der sprachlich zutreffende Ausdruck wäre, ob man
nicht wenigstens *ab aliquo* erwarten müsste, will ich dahingestellt sein lassen.

Das Hauptverdienst unseres Cato sieht Pomponius also darin, dass er eine wesentliche Umwandlung in der juristischen Litteratur herbeigeführt hat. Worin diese bestand, sagt er nicht; wenn man aber den Zusammenhang der Dinge betrachtet, so ist sie unschwer zu erkennen. Jede Betätigung des geistigen Interesses der Menschen wird sich zuerst den Dingen zuwenden, welche sie äusserlich wahrnehmen kann, die Jurisprudenz also dem Gesez, dem Rechsgeschäft, der Klage und dem Urteil, als den greifbarsten Factoren des Rechtslebens. Auch in Rom war das so gewesen, nur dass die Stelle des Urteils der Bescheid des Juristen vertrat: man hatte Actionen und Responsen formulirt, gesammelt und erläutert, man hatte die Geseze interpretirt und commentirt, und damit dem praktischen Bedürfnisse des früheren Zeitalters genug getan. Seit dem siebenten Jahrhundert aber beginnt die Jurisprudenz sich höhere Ziele zu stecken: die Juristen versuchen, wie wir sahen, in das innere Wesen des Rechts einzudringen und die Grundsäze, welche Jahrhunderte lang die Rechtsbescheidungen und Rechtserörterungen beherrscht hatten, zu erkennen und erforschen. Sie taten das, indem sie aus der Flut der einzelnen Erscheinungen das, was diesen gemeinsam war, herauszuziehen und zu Regeln zu formuliren unternahmen. Wenn also Catos litterarische Wirksamkeit diejenige neue Epoche in der Jurisprudenz einleitete, welche auch für die späteren Juristen massgebend geblieben ist, so kann sie nur darin bestanden haben, dass er die Rechtsregeln zuerst schriftstellerisch verarbeitete und damit eine eigenartige Litteraturgattung schuf. Doch ist auch hier vor einem Missverständnis zu warnen. Da ohne Frage schon vor unserm Cato Regeln vorhanden waren (ob. p. 307), so ist auch anzunehmen, dass sie sich bereits in den Werken seiner Vorgänger gefunden haben, wenn uns auch in deren juristischen Fragmenten keine

---

Aber einmal war Sex. Aelius ohne Frage auch D. 33, 9, 3, 9 genannt (vgl. Fr. 2 daselbst), und weiter sind wir nicht berechtigt, aus der trümmerhaften Ueberlieferung, welche uns von den Schriften der späteren Juristen in den Digesten vorliegt, solche Schlüsse zu ziehen, zumal es sich die Compilatoren Justinians angelegen sein liessen, das historische Material und speziell auch viele Citate in ihren Vorlagen zu streichen (ob. p. 11 ff.). Vor allem aber giebt die Stelle, wenn wir die Lesart der Florentiner Handschrift beibehalten, einen viel prägnanteren Sinn als diese äusserliche Verweisung auf den ältesten citirten Juristen: Pomponius will geradezu sagen: die späteren Juristen resp. ihre Arbeiten sind wissenschaftlich aus denen des Cato hervorgewachsen (*oriri ex aliquo*); es wird im Text darzustellen sein, in welcher Weise das der Fall war.

mehr enthalten sind. Nichts hindert uns, sie schon in den Tripertita zu vermuten, und wenn der ältere Cato sie sogar in seinen
Gerichtsreden anbrachte, so war gewiss in seinen Rechtsbüchern noch viel mehr Veranlassung dazu gegeben. Indessen ist
noch ein grosser Unterschied zwischen dem gelegentlichen Citiren
von Regeln und ihrer Verwertung als Grundlage für die Erkenntnis des Rechts. Wer das erstere tat, führte sie nur als Beleg-
stücke für bestimmte Rechtsfragen an. Wer das leztere unternahm,
der suchte die das Recht bewegenden Kräfte und Gedanken zu
ermitteln und die einzelnen Fälle den Regeln unterzuordnen[1], und
drang so zu einer theoretischen Darstellung des Rechts vor (vgl.
ob. p. 299 f.); der hatte das Ziel aller wahren Forschung, die Erkenntnis der Einheit in der Vielheit und wiederum der Mannigfaltigkeit in dem allgemeinen Gesez erfasst, der erhob — um es
mit einem Worte zu sagen — die Jurisprudenz von einer technischen Fertigkeit zu einer Wissenschaft.

Und nichts geringeres bedeutet die Schriftstellerei Catos: so
wenig umfangreich die uns bekannten Reste derselben sind, so zeigen
sie doch deutlich genug, dass die Regeln den Ausgangspunkt der Erörterungen bildeten, sowol um den Inhalt des geltenden Rechts zu
ermitteln, als auch um dasselbe für den praktischen Fall zu verwerten. Die Zeit der R e c h t s w i s s e n s c h a f t war gekommen:
darum ist — wie Pomponius sagt — alle spätere Litteratur aus
den Arbeiten Catos hervorgewachsen, darum verstanden es auch
die classischen Juristen, gleichviel ob sie ihn aus erster oder zweiter
Hand[2] benuzten, sehr wol, dass sie mit Cato durch ein viel engeres
Band verbunden waren als mit der früheren Formeln sammelnden
und interpretirenden Schule[3].

---

[1] Responsen, Formeln und Gesezesworte mussten ihm zu Beispielen und
Belegen werden: vgl. für Cato ob. p. 297 f.; ausserdem Gai. 3, 167; Vlp. ad
ed. 70 (D. 50, 17, 151); für Gesezesworte ob. p. 295 A. 2.

[2] Lezteres ist das wahrscheinlichere: vgl. Sanio Proleg. p. 28 ff.

[3] Die Aufstellung kurzgefasster Regeln wird allerdings in der Kaiserzeit mit viel weniger Eifer betrieben als in unserm Zeitalter. Der Grund liegt
darin, dass die meisten Regeln als feststehende Säze aus der republikanischen
Jurisprudenz übernommen und selten umgeformt, sondern grösstentheils in ihrer
herkömmlichen Gestalt zum Gegenstand der Kritik gemacht wurden (vgl. ob.
p. 301 ff.). Aufgehört hat aber auch später die Regelbildung nicht, und bei

Ueber die äussere A n l a g e und D i s p o s i t i o n des catonischen Rechtsbuches verlautet nichts und sind auch keine Schlüsse möglich. Nur das mag hervorgehoben werden, dass wir ein freies System noch nicht darin vermuten dürfen [1]. Wie die Materien geordnet waren, ob in der Reihenfolge des Zwölf-Tafel-Gesezes oder ganz willkürlich, muss also dahingestellt bleiben, doch ist das erstere das wahrscheinlichere.

Ebenso wenig lässt sich mit Sicherheit ausmachen, ob die schon öfter erwähnte Notiz Ciceros, dass Cato und Brutus bei der Anführung von Responsen immer genau die Namen der Consulenten referirt hätten, auf unsern Cato oder auf seinen Vater zu beziehen ist [2]. Jedenfalls liegt eine zwingende Notwendigkeit an den lezteren zu denken nicht vor; auch widerspricht der Inhalt der Stelle

---

vielen in unsern Rechtsbüchern aufgeführten Regeln wird man zu keinem sichern Resultat über ihre Entstehungszeit kommen können. Als Beispiele von Regeln, die fraglos der Kaiserzeit angehören vgl. Gai. 4, 104 (über die *lex Iulia iudicaria*); Gai. 4, 114 (der Sabinianer); D. 2, 14, 1, 3 (des Pedius); D. 50, 16, 85 (des Neratius); D. 44, 2, 3; ebend. fr. 7, 4 (des Iulian). — Ausserdem nimmt aber auch der Begriff der Rechtsregel später Elemente auf, die wir bei Cato noch nicht nachzuweisen vermögen, und entwickelt sich eine eigene Litteraturgattung der *libri regularum* als blosser Sammlungen allgemein anerkannter Rechtsregeln. Darüber wird unten näher zu sprechen sein. Was wir aber im Text (vgl. auch ob. p. 299 f.) als das Wesen der neuen Methode bezeichnet haben, ist eine dauernde Errungenschaft des römischen Rechts geblieben.

[1] Dass die systematische Jurisprudenz noch andere Voraussezungen hatte als Regularjurisprudenz wird später in der Biographie des Q. Scaevola zu zeigen sein.

[2] Cic. de or. 2, 142 : *Video enim in Catonis et in Bruti libris nominatim fere referri, quid alicui de iure uiro aut mulieri responderint; credo, ut putaremus in hominibus non in re consultationis aut dubitationis causam aliquam fuisse.* Wäre auf die lezten Worte Gewicht zu legen, so würde die Stelle ohne Zweifel nicht auf den jüngern Cato zu beziehen sein, denn dass in seiner Regularmethode das sachlich-juristische Interesse das vorherrschende war, steht nach dem Gesagten fest. Aber die Worte sollen im Munde des Redners Antonius nur dazu dienen, die Juristen zu verspotten: es ist also durchaus zweifelhaft, ob seine Schlussfolgerung aus der Tatsache des ersten Sazes der Wirklichkeit entsprochen hat. Beschränken wir uns auf diese Tatsache allein, so spricht g e g e n den jüngern Cato nur, dass Cicero sonst niemals seine Schriften erwähnt, ja ihn überhaupt nirgends als Juristen nennt, während beides bezüglich des älteren Cato wiederholt geschieht. F ü r ihn kann nur die Zusammenstellung mit Brutus angeführt werden, dem er zeitlich näher stand als sein Vater.

in keiner Weise dem Charakter der Schriften des jüngern Cato.
Dass er seine Rechtsregeln durch Fälle aus der Praxis erläuterte,
versteht sich von selbst; dass er die Responsen dabei in der herkömmlichen pontificalen Manier vorbrachte, findet in unseren obigen
Ausführungen (p. 90) seine hinreichende Erklärung.

Schliesslich muss auch die Frage eine offene bleiben, ob
nicht bei der Entwicklung der Regularjurisprudenz ein gewisser Einfluss der wissenschaftlichen Methode der Griechen massgebend
gewesen ist[1]. Es giebt dafür weder eine äussere Beglaubigung in
den Quellen[2], noch muss es aus dem innern Wesen der Regeln
gefolgert werden[3]. Im Gegenteil kann mit Sicherheit behauptet
werden, dass die Grundlagen der Regularmethode schon in der
ältesten Rechtsanwendung latent vorhanden waren (vgl. ob. p. 291 ff.;
305 ff.), und dass die Aufstellung und Formulirung der Regeln
nur eine notwendige Consequenz der bisherigen Entwicklung war:
von einem eigentlichen Zurückführen dieser Erscheinung auf die
Einwirkungen griechischer Principien kann also nicht die Rede
sein. Nichts ist verkehrter als die Ansicht, die Römer hätten die
Kunst des Abstrahirens allgemeiner Wahrheiten aus gegebenen
Tatsachen überhaupt erst von den Griechen gelernt. Eine andere
Frage aber ist es, ob nicht bei der wissenschaftlichen Ausbildung

---

[1] Ausführlicher kann über diesen Punkt erst in dem (VI.) Kapitel über
Philosophie und Jurisprudenz gehandelt werden.

[2] Man könnte geneigt sein, hierfür das Citat aus Gellius (s. ob. p. 289
A. 4) anzuführen, wonach Cato *de iuris disciplina* geschrieben hat. *Disciplina* kann allerdings die wissenschaftliche, von den Griechen entlehnte Methode bezeichnen, die *doctrina transmarina atque aduenticia* (Cic. de or. 3,
135; vgl. Nep. Cato 3; Cic. Brut. 236. 268, welche sonst gewöhnlich *ars* genannt
wird (Cic. de diu. 2, 9 ff., or. 4. 16; de off. 2, 6; p. Cael. 72; s. d. Nähere
unten im VI. Kapitel), eine Bedeutung, die auch den Varronischen *libri IX
disciplinarum* zu Grunde liegt (vgl. Jahn, Ber. d. sächs. G. d. W. II, 272). Jedoch ist diese spezielle Bedeutung dem Worte erst später beigelegt; sie in
Stelle des Gellius zu vermuten, wären wir nur befugt, wenn wir aus sonstigen
Beweisen wüssten, dass Cato die Methode der griechischen Philosophen auf
die römische Jurisprudenz übertragen hätte. Da das aber nicht der Fall ist,
die Regularjurisprudenz sich vielmehr genügend aus der Entwicklung der
römischen Jurisprudenz erklären lässt, so können wir aus den Worten des
Gellius nichts anderes herauslesen, als dass Cato über das ‚Fach' der Jurisprudenz gearbeitet. Dass *disciplina* in dieser allgemeinen Bedeutung oft genug
vorkommt, bedarf keines Beweises, auch speziell für die Jurisprudenz wird der
Ausdruck so verwandt: vgl. Cic. p. Mur. 23; de or. 1, 180.

[3] Diese Anschauung findet sich in der älteren Litteratur: Nachweise s.
bei Sanio Abh. 142 ff.

der Regularmethode, und speziell bei derjenigen, welche sie in Catos Schriften fand, die Vorbilder der griechischen Forschungsweise, die ja dem jüngern Cato ohne Zweifel bekannt waren, in einer oder der anderen Beziehung mitgewirkt haben. Das uns zu Gebote stehende Material reicht für die Beantwortung dieser Frage nicht aus; positiv nachweisbar ist in unserer Ueberlieferung der griechische Einfluss auf die römische Jurisprudenz erst im Laufe des siebenten Jahrhunderts. Man tut also besser diesen Gesichtspunkt unerledigt zu lassen.